인간의 영적 비밀을 푸는 일곱 개의 열쇠
그대, 아직도 '나'를 찾고 있는가?

그대,
아직도 '나'를
찾고 있는가?

인간의 영적 비밀을 푸는
일곱 개의 열쇠

초판 1쇄 발행 2024년 5월 7일

지은이 윌리엄 워커 앳킨슨
펴낸이 윤민
편집 윤민
디자인 김성엽의 디자인모아
펴낸곳 윤앤리퍼블리싱
임프린트 마름돌
주소 경기도 용인시 기흥구 보정로 30, 114-1502
전화 070-4155-5432
팩스 0303-0950-9910
카페 http://cafe.naver.com/ynl
유튜브 http://www.youtube.com/user/yoonandlee
이메일 krysialove@naver.com
페이스북 https://www.facebook.com/yoon.min.10
인스타그램 https://www.instagram.com/yoon.min.10

ISBN 979-11-91653-12-0 03270

**인간의 영적 비밀을 푸는 일곱 개의 열쇠
고대의 오컬트 마법이 알려주는 우주의 법칙**

그대, 아직도 '나'를 찾고 있는가?

윌리엄 워커 앳킨슨 지음 | 윤민 옮김

FOURTEEN LESSONS IN
YOGI PHILOSOPHY
BY YOGI RAMACHARAKA

마름돌

────────── 역자 서문 ──────────

"이 즈음해서 독자들이 신비주의 기독교의 내적 가르침, 비밀 교리라는 것이 정확히 무엇을 지칭하는 것인지에 대한 의문을 품을 것 같다는 생각이 든다. 비밀 교리란 다름 아닌 모든 시대에 걸쳐 소수에게 전파된 오컬트 철학과 신비주의 가르침을 말하는 것이다. 필자가 예전에 '요기 철학과 동양의 오컬티즘'을 주제로 진행한 일련의 강의와 이번 강의 시리즈에서 다룬 '예수 그리스도의 속성, 임무 및 희생에 관한 특별 가르침'이 바로 이 비밀 교리의 골자다. 어떤 이름으로 어떤 이에 의해 전파되든, 진리는 언제나 진리다. 진리를 전하는 여러 스승이 걸친 껍데기를 벗겨내면 진리만 남는다."

- 윌리엄 워커 앳킨슨의 『신비주의 기독교 - 오컬트 마스터, 예수의 비밀 생애와 가르침』 중에서

2022년 8월에 출간된 윌리엄 워커 앳킨슨의 『신비주의 기독교』 원고를 번역하면서 제10강, '비밀 교리'에 나온 위 인용문이 계속 머릿속에 맴돌았던 기억이 난다. 기독교와 요기 철학이라…. 얼핏 보기엔 전혀 어울리지 않을 법한 조합이지만, 동양이든 서양이든, 힌두교든 기독교든, 다 같은 씨앗에서 나왔다는 사실을 고려했을 때, 말도 안

되는 얘기는 아닌 것 같았다. 『미스티컬 카발라(Mystical Qabalah)』의 저자, 디온 포춘도 유대교의 신비주의 전통인 카발라를 '서양의 요가'로 표현한 바 있는데, 이번 책을 번역하고 교정하고 편집하면서 아주 적절한 비유라는 생각이 들었다.

『신비주의 기독교』가 오컬트 마스터, 예수 그리스도의 활약상과 당시로써는 혁신적이고 새로운 가르침을 중점적으로 다뤘다면, 이번에 출간하는 후속작 『그대, 아직도 '나'를 찾고 있는가? - 인간의 영적 비밀을 푸는 일곱 개의 열쇠』는 저자가 인용문에서 언급한 '요기 철학과 동양의 오컬티즘' 입문서라고 부를만한 작품이다. 예수가 수차례 행한 치유의 기적, '초능력'이라는 개념 없이는 설명할 수 없는 여러 행적, 그가 십자가에서 처형된 후 부활하여 동에 번쩍, 서에 번쩍 나타났다가 사라지기를 반복하는 현상의 배후에 흐르는 기본 원리를 제시하는 책이다.

예수는 어떻게 순수하지 않은 의도를 품고 자기를 저녁 식사에 초대한 바리새인의 속마음을 정확하게 읽어냈을까? '인간의 오라'를 설명하는 제4강과 '생각의 송수신' 개념을 다루는 제6강을 읽어보면 그 의문의 실마리를 풀 수 있다. 죽음의 문턱에서 사경을 헤매는 아이를 치유하기 위해 발길을 옮기던 예수는 왜 어떤 병자가 지푸라기라도 잡는 심정으로 자신의 옷깃을 만지자 놀라며 이렇게 반응했을까? "내게 손을 댄 자가 있도다. 이는 내게서 능력이 나간 줄 앎이로다." 예수가 말한 이 '능력'의 실체는 무엇이고, 그 '능력이 나갔다'는 말은 도대체 무슨 의미일까? '오컬트 치유'라는 흥미로운 주제를 다루는 제8강을 읽어보면 독자들도 고개를 끄덕이게 될 것이다. 왜 이 세상은, 왜 내 인생은 내가 원하는 것만으로 채워져 있지 않을까? 삶이 왜 이렇게 힘겹게만 느껴지는 것일까? 나는 신의 저주라도 받은 인간이란 말인가? '영적 인과관계의 법칙'이 작용하는 방식을 설명하는 제13강을 읽어보면 내가 왜 지금의 상태에 이르게 되었는지 명확하게 이해할 수 있을 것이다.

『신비주의 기독교』와 마찬가지로 이 책은 본래 매월 서면 강의의 형태로 제공되었던 14편의 강의를 모아 책으로 엮은 것으로, 원제목은 『요기 철학에 관한 14편의 강의(Fourteen Lessons in Yogi Philosophy)』다. 무려 120년 전에 진행된 강의지만, 책을 읽다 보면 아르주나의 곁에서 일대일 코칭으로 인생의 교훈을 전수하는 크리슈나처럼, 마치 저자가 내 옆에서 친절하게 특별 과외를 해주고 있다는 느낌이 들 것이다. 이 책에서 다루는 요기 철학의 개념 이해를 돕고 독자들의 편의를 위해 『힌두-요기 호흡의 과학(원제: The Hindu-Yogi Science of Breath)』과 『생각의 힘과 치유(원제: Self-Healing By Thought Force)』라는 두 편의 부록도 함께 수록하였다. 저자가 이 책과는 별도로 집필했던 짧은 책자들로, 본 책의 내용을 보완하는 역할을 한다.

저자에 따르면 이 책은 자극적인 센세이션, 신기하고 희한한 것, 최신 유행에 민감하게 반응하는 사람들의 관심은 끌지 않고 요기들이 전하는 비밀 가르침을 받을 자격이 있는 사람들, 전생에서 이미 오컬트에 관한 공부를 시작했거나 일정 수준의 경지에 도달한 사람들, 현생에서 더 깊은 지식을 얻고자 하는 갈증을 느끼는 사람들만 끌어당기도록 쓰였다고 한다. 지금 이 책을 집어 들고 읽기 시작한 독자들도 무언가에 이끌려 여기까지 왔을 것이다. "학생이 준비되면 스승이 나타난다."는 말이 있다. 역자도 때가 되어 얼마 전에 이 책을 만나게 되었고, 독자들도 준비가 되었으므로 오늘 이 책을 펼친 것이다. 소중한 인연에 감사하는 마음이 앞선다. 내년, 이 무렵에 요기 철학의 비밀 가르침, '고급편'으로 다시 찾아뵙게 되기를 기원하면서 역자 서문을 마친다.

차 례

제1강. 세 가지 원리 _015
    인간의 구성 _019
    인간을 구성하는 일곱 가지 원리 _021
    첫 번째 원리, 육신 _022
    두 번째 원리, 아스트랄체 _025
    세 번째 원리, 프라나, 또는 활력 _029
    정신의 원리 _032

제2강. 정신의 원리 _039
    네 번째 원리, 본능적 정신 _041
    다섯 번째 원리, 지능적 정신 _048

제3강. 영의 원리 _061
    여섯 번째 원리, 영적 정신 _064
    일곱 번째 원리, 영 _076
    깨달음, 또는 영적 의식 _078

제4강. 인간의 오라 _087
    오라의 색과 의미 _095

제5강. 생각의 역학 _107

제6강. 텔레파시와 투시력 _133
    투시력 _137
    기본 투시력 _138
    공간 투시력 _141
    과거 투시력 _147
    미래 투시력 _150
    투청력 _151
    사이코메트리 _152
    초자연적 힘을 계발하는 방법 _153

제7강. 휴먼 마그네티즘 _167

제8강. 오컬트 치유 _195
    마그네틱 치유 _205
    정신적 치유 _206
    영적 치유 _209
    실험적 치유 _215

제9강. 초자연적 영향력 _229

제10강. 아스트랄계 _261

제11강. 삶과 죽음의 경계선 너머 _295

제12강. 영적 진화 _321

제13강. 영적 인과관계의 법칙 _345

제14강. 깨달음에 이르는 요기의 길 _369

부록 1. 힌두-요기 호흡의 과학 _392

부록 2. 생각의 힘과 치유 _499

일러두기

- 이 책은 저자가 1904년부터 1905년까지 총 열네 차례에 걸쳐 매월 서면으로 진행한 강의를 한 권의 책으로 묶은 것으로, 1905년에 Yogi Publication Society에 의해 출간되었다.
- 이 책의 원제는 『Fourteen Lessons in Yogi Philosophy and Oriental Occultism』이며, 저자의 예명 중 하나인 'Yogi Ramacharaka'의 이름으로 출간되었다.
- 모든 주석은 역자 주다.
- 본문에 등장하는 회색 박스 안의 내용은 원문에는 없고, 이해를 돕기 위해 역자가 별도로 삽입한 것이다.
- 부록으로 윌리엄 워커 앳킨슨이 집필한 두 편의 책자, 『힌두-요기 호흡의 과학(원제: The Hindu-Yogi Science of Breath)』과 『생각의 힘과 치유(원제: Self-Healing By Thought Force)』를 수록하였다.

제1강

세 가지 원리

ॐ

1904년 요기¹⁾ 철학 수업에 참여하는 학생들에게 인사를 올리기에 앞서 감개가 무량하다는 말부터 건네고 싶다. 학생들은 의식하고 있을지 모르겠지만, 이번에 진행하는 일련의 강의는 비옥한 토양에 씨를 뿌리는 행위에 비유할 수 있다. 때가 되면 이 씨앗은 싹을 틔우고, 의식의 햇빛을 받으면서 가지를 뻗고, 꽃을 피우고, 열매를 맺을 것이다. 이번 강의 시리즈에서 전달할 진리의 조각 중에는 학생들의 마음에 와 닿지 않는 내용도 많을 것이다. 하지만 시간이 흐른 후 이번 강의를 통해 받은 인상에 담긴 진정성이 느껴지는 시점이 찾아올 것이고, 그때가 되면 비로소 이 진리를 여러분의 것으로 만들게 될 것이다.

우리는 학생들이 강당에 직접 와서 청취하고 있다는 기분으로, 우리 앞에 실제로 앉아 있다는 기분으로 강의를 진행할 것이다. 강의를 진행하면서 강사와 학생들 간에 공감대가 형성되고, 학생들도 이 책에

---

1) Yogi. 요가(Yoga) 수행자. '요가'는 고대 인도에서 유래된 일련의 수련법으로, 정신을 다스리고 가라앉히기 위한 목적으로 수행하는 다양한 신체적, 정신적, 영적 수련을 총칭하는 용어다. 오늘날 '요기'는 요가를 수행하는 남성, 그리고 '요기니(Yogini)'는 요가를 수행하는 여성을 지칭한다.

쓰인 내용을 읽으면서 마치 자기 앞에 강사가 서서 말을 하고 있다는 느낌을 받게 될 것으로 확신한다. 비록 몸은 떨어져 있지만, 정신은 여러분과 함께할 것이다. 우리가 이번에 소개하는 요기 철학의 가르침에 따르면 강사와 학생 간에 조화와 교감이 이루어지면 초자연적[2] 연결이 맺어지며, 차가운 이성으로 종이에 인쇄된 글자만 읽는 사람과 달리, 가르침에 담긴 정신까지 온전히 흡수하고 강사의 생각을 완전하게 파악할 수 있다고 한다.

이번 1904년 과정을 이수하는 학생들은 상호 간에, 그리고 강사와 처음부터 이런 교감을 형성할 것이고, 우리조차 놀랄만한 결과를 얻게 될 것으로 믿어 의심치 않는다. 또한 이번 강의를 통해 많은 학생이 영적인 성장을 이룰 것으로 기대한다. 불특정 다수를 대상으로 이런 강의를 진행한다면 학생들이 원하는 영적 성장이라는 결실을 보기 불가능할 것이다. 강의 내용을 불신하고 악의적인 마음을 품는 다수의 부정적인 생각에서 발산되는 진동이 강사와 교감하면서 진지한 태도로 가르침에 임하고자 하는 학생들의 생각을 상쇄하거나 훼방을 놓을 것이기 때문이다. 하지만 이번 강의는 오컬트의 가르침에 관심을 가진 학생들만을 대상으로 진행하므로 이런 장애물이 없을 것이다. 이번 강의의 수강생들을 모집하기 위한 공지 문구는 가르침을 받을 만한 자격을 가진 학생들만 끌어들이도록 작성되었다. 자극적인 센세

---

2) 원문은 'psychic'으로, 이 단어는 본래 '영혼(soul), 영(spirit), 또는 정신(mind)'을 의미하는 단어에서 유래되었다. 오늘날에는 '정신의 통상적인 역량을 초월한,' 즉, '초자연적'이라는 의미로도 쓰이고 있다. 이 책에서는 '초자연적'으로 번역하였다.

이션을 탐하거나 최신 유행에 탑승하고 싶어 하는 사람들은 강의에 관심을 가지지 않도록 의도적으로 고안된 공지문이었다. 반면 우리가 목표로 삼았던 학생들은 공지문의 의미를 제대로 파악하여 서둘러 수강 신청을 마쳤다. 어느 옛 시인이 말했듯이, "내가 지나가면 자녀들은 다 나를 알아본다." 이번 강의에 이끌린 학생들, 우리가 모집하고자 했던 학생들은 앞으로 강사와 한 몸이 되어 자기계발과 성장이라는 공동 목표를 향한 여정을 시작할 것이다. 이와 같은 조화와 목표는 모두에게 큰 도움이 될 것이다. 수업을 듣는 학생들과 강사의 뜻이 하나가 되어 서로에게 든든한 버팀목이 되어주면 모든 학생이 이번 과정을 통해 많은 것들을 성취하고, 큰 힘을 얻어갈 수 있을 것이다.

이번 강의에서는 서양보다는 동양의 교습 방식을 따를 것이다. 동양의 교사는 수업 중 자기가 한 말 또는 이론을 매번 '입증'하기 위해 강의를 중단하지 않는다. 영적 진리를 설명하기 위해 칠판에 그림을 그려가며 설명하지도 않고, 학생들과 논쟁을 벌이거나 토론하는 법도 없다. 그는 단호한 태도로 자기가 스승으로부터 배운 내용을 학생들에게 있는 그대로 전달한다. 학생들이 자기의 가르침에 동의하는지 여부를 확인하기 위해 진도를 멈추지도 않는다. 모든 학생이 자기의 가르침을 수용하는지 아닌지에 대해 신경 쓰지도 않는다. 가르침을 받아들일 준비가 된 학생은 직관적으로 받아들일 것이고, 준비되지 않은 학생에게는 아무리 자세히 설명해도 소용이 없다는 것을 알고 있기 때문이다. 영적 진리를 접할 준비가 된 영혼 앞에 진리 또는 진리의 단편이 말이나 글의 형태로 나타나면 직관적으로 이를 인지하고 받아들이게 되어있다. 동양의 교사는 가르침을 전하는 행위가 씨앗을 뿌리는 일과 같으며, 학생이 가르침 하나를 이해하고 나서 충분한 시간이 흐르고 나면 백을 알게 되리라는 사실도 잘 알고 있다.

동양의 교사는 학생들이 자기가 전하는 진리의 메시지를 맹목적으로 받아들일 것을 요구한다는 얘기는 아니다. 오히려 이와 정반대다. 동양의 교사는 학생 스스로 입증할 수 있는 것만 진리로 받아들이라고 가르친다. 직접적인 실험 또는 경험을 통해 입증할 수 없으면 진리라고 할 수 없기 때문이다. 하지만 스스로 진리를 입증할 수 있으려면 학생부터 자기를 계발하고 내면의 잠재력을 펼쳐야만 한다. 진정한 스승은 학생에게 나아갈 길을 제시하는 것이 자기의 역할이라고 생각하며, 학생은 이 사실을 믿고 따라올 것만을 주문한다.

"이것이 바로 네가 앞으로 가야 할 길이다. 어서 여정을 시작하라. 길을 걷다 보면 내가 가르친 것들을 곳곳에서 발견할 수 있을 것이다. 직접 다뤄보고, 따져보고, 재보고, 맛보고, 스스로 터득하라. 이 길을 따라 걸으면 너도 나와 나보다 앞서 같은 길을 걸었던 영혼들이 같은 지점에 이르렀을 때 얻었던 것들을 확보하게 될 것이다. 하지만 어느 시점에 이르기 전까지는 너보다 먼저 길을 걸었던 선배들의 이야기를 일단 믿거나, 아니면 아예 그 주제를 통째로 부정하거나, 둘 중 하나를 선택해야 한다. 본인 스스로 입증하기 전까지는 그 어떤 무엇도 내 것으로 받아들이면 안 된다. 하지만 지혜로운 학생은 이 과정에서 선배 영혼들의 조언과 경험에 귀를 기울임으로써 큰 도움을 받을 수 있을 것이다. 누구나 직접적인 경험을 통해 배워야 하나, 이 과정에서 스승이 나침반 역할을 할 수도 있다. 먼저 여정을 시작한 선구자들은 뒤이어 오는 사람들을 위해 길 이곳저곳에 유용한 이정표를 설치해 두었다. 지혜로운 자들은 이런 이정표를 유용하게 활용할 것이다. 나는 학생의 맹목적인 믿음을 요구하지 않는다. 나는 내가 스승들에게 받고 나 스스로 입증한 진리를 학생에게 다시 전달할 뿐이며, 이 가르침의 유효성을 입증하는 것은 어디까지나 학생의 몫이다. 그전까지는 그저 스승으로서의 나의 역할을 신뢰해 주길 바랄 뿐이다."

우리 역시 학생들이 강의를 들으며 인내심을 발휘해 달라고 당부하고 싶다. 처음에 들었을 때 이해되지 않는 가르침도 시간이 흐르면 그 의미가 점차 선명하게 다가올 것이다.

인간의 구성

인간은 우리가 일반적으로 생각하는 것보다 훨씬 완전한 존재다. 인간은 단순히 육신과 혼(soul[3])만으로 구성된 존재가 아니라, '혼을 가진 영(spirit)'이다. 영을 표현하고 드러내기 위한 수단이자 매개인 인간의 혼은 밀도를 기준으로 여러 개의 단계로 나뉘어 있으며, 이 중에서 가장 낮은 단계, 즉, 밀도가 가장 높은 단계가 바로 우리에게 익

---

[3] 한글 사전에서 'spirit'과 'soul'을 검색하면 둘 다 '영혼'으로 나오나, 이 둘은 다른 개념이다. 영(spirit)은 '신성'의 일부로 우주에 존재하는 모든 생명에 깃들어 있는 것이고, 혼(soul)은 모든 생명마다 별도로 가진 것이다. ('자아'와 유사한 개념이다) 이 대목에서는 둘을 구분하는 차원에서 '영'과 '혼'으로 표현했으나, 이후부터는 'soul'이 나올 때마다 우리에게 더 익숙한 '영혼'으로 표기한다.

숙한 육신이다. 영의 여러 매개는 각각이 속한 차원(planes)에서 활동하며 구체화한다. 물질계, 아스트랄계(Astral Plane) 등을 차원의 예로 들 수 있다. 강의를 진행하면서 각 차원에 관해 더 자세히 설명할 예정이다.

진아(眞我; Real Self)는 순수한 영, 즉, 신성한 불의 불꽃이다. 이 영은 여러 개의 겹 또는 껍질에 감싸져 있어서 자신을 완전하게 드러내고 표현하지 못한다.[4] 영적으로 발달하면서 인간의 의식은 혼의 낮은 단계에서 높은 단계로 점차 상승하며, 자신의 상위 속성을 더욱 구체적으로 인지하게 된다. 영은 인간의 모든 잠재력을 품고 있으며, 인간은 성장하면서 그 안에 내재한 새로운 힘, 새로운 속성을 차례대로 발견하고 활용하게 된다.

요기 철학에 따르면 인간은 일곱 개의 원리로 구성된 존재다. 인간의 중심에는 진아인 영이 있고, 하위의 원리들이 여러 겹으로 영을 둘러싸고 있다고 이해하면 된다. 인간은 잠재적으로 총 일곱 개의 차원에서 자신을 표현할 수 있다. 영적 성장의 수준이 높은 사람일수록 상위의 원리까지 인지하고 그 차원 안에서 활동할 수 있으나, 오늘날 대다수 인간은 아직 하위 원리에 머물러있다. 하지만 세상에서 가장 영적 수준이 낮은 사람도 최고 수준의 원리에 이를 수 있는 잠재력을 지

---

4) 강의를 진행하면서 더 자세히 설명하겠지만, 영(진아)은 인간의 중심에 있고, 혼의 여러 단계인 껍질들이 영을 양파처럼 겹겹이 둘러싸고 있고, 가장 바깥에 있는 껍질이 육신에 해당한다고 이해하면 된다. 영 또는 진아를 혼의 최상위 상태로 볼 수도 있다.

니고 있다. 오늘날 일곱 원리가 활동하는 일곱 차원 중 다섯 번째의 차원까지 도달한 사람은 다수고, 여섯 번째까지 오른 사람은 소수, 그리고 일곱 번째 차원에 도달한 사람은 사실상 없다고 봐도 무방하다.

인간을 구성하는 일곱 가지 원리

인간을 구성하는 일곱 가지 원리는 다음과 같다. 산스크리트 원어를 영문으로 최대한 충실하게 번역한 것이다.

7. 영 (Spirit)
6. 영적 정신 (Spiritual-Mind)
5. 지능적 정신 (Intellect)
4. 본능적 정신 (Instinctive-Mind)
3. 프라나, 또는 활력 (Prana, or Vital Force)
2. 아스트랄체 (Astral Body)
1. 육신 (Physical Body)

이 용어들은 향후 강의에서 반복적으로 언급될 것이므로 이번 장부터는 학생들의 이해를 돕기 위해 일곱 원리의 속성에 관한 대략적인 설명을 진행할 것이며, 각 원리의 세부적인 설명은 강의 후반부에서 더 자세히 다룰 예정이다. 그럼 최하위에 있는 '육신'의 속성부터 시작해서 하나씩 살펴보자.

첫 번째 원리, 육신

인간을 구성하는 일곱 가지 원리 중 우리가 가장 쉽게 인지할 수 있는 것은 물론 육신이다. 일곱 원리 중 최하위에 해당하는 육신은 인간이 자신을 드러내고 구체화하는 가장 기본적이고 조악한 수단이다. 하지만 그렇다고 육신을 경멸하거나 무시해도 된다는 뜻은 아니다. 육신은 현재의 인간이 성장을 이루기 위해 꼭 필요한 원리로, '살아있는 영의 성전'이라고 할 수 있다. 따라서 육신이 완벽한 도구로서 기능할 수 있도록 항상 정성스럽게 관리하고 보살펴야 한다. 주변을 둘러보면 정신의 힘으로 육신을 다스리는 방법을 터득한 사람과 그러지 못한 사람의 차이를 확실하게 볼 수 있다. 올바르게 성장하고 있는 인간이라면 육신을 꾸준히 단련하여 유용하게 쓸 수 있는 최적의 상태로 만들기 위해 노력하는 것이 마땅하다. 육신을 건강한 상태로 유지함으로써 정신의 지시를 충실하게 따르는 종으로 만들어야 한다. 반대로 정신이 육신의 지배를 받아서는 안 된다. 아쉽게도 현실에서는 육신이 정신을 자기 마음대로 주무르는 사례가 많다. 정신의 힘으로 육신을 관리하고 다스리는 것도 요기 철학의 중요한 줄기 중 하나로, '하타 요가(Hatha Yoga)'라 부른다. 조만간 하타 요가를 주제로 한 책도 출간할 예정이다.

육신의 단련도 자기계발의 매우 중요한 요소임을 한시도 잊어선 안 된다. 육신은 수많은 세포로 구성되며, 각각의 세포 안에 깃든 작은 '생명'이 세포의 모든 활동을 제어한다. 세포 안의 이 작은 '생명'들은 일정 수준의 지능을 갖춘 정신 또는 지성체로, 세포가 제 기능을 수행하도록 보장하는 역할을 한다. 물론 이 작은 지성체들은 인간 정신의 지배를 받는다. 육신의 본부에서 의식적으로 또는 무의식적으로 내보내는 지시를 따르게 되어있다. 개별 세포를 통제하는 이 지성체들은 세포가 제 기능을 올바르게 수행하도록 완벽하게 작용한다. 체내에 흐르는 혈액에서 영양분을 흡수하고, 필요 없는 성분은 버리고, 음식물을 소화하고, 동화하고, 배설하는 등, 전부 세포를 통제하는 생명이 단독으로 또는 집단으로 지성을 발휘하는 대표적 사례들이다. 몸에 난 상처를 치유하고, 치유가 필요한 부위에 세포를 집중적으로 투입하고, 이 외에도 생리학을 공부한 학생들에게 익숙한 수백여 가지의 신체 기능 역시 육신을 구성하는 작은 원자5)들 안에 깃든 생명의

황금새벽회(Hermetic Order of the Golden Dawn)의 오각성과 바포멧(Baphomet)의 인장

황금새벽회의 오각성에서는 영혼을 상징하는 수레바퀴 심볼이 육신을 구성하는 4대 원소에 상응하는 네 개의 고정사인 별자리 기호를 다스리고 있다. (사자자리-불, 황소자리-흙, 전갈자리-물, 물병자리-공기) 이것이 인간의 이상적인 모습이다. 하지만 오른쪽 그림에서처럼 오각성이 반대로 뒤집어지면 육신이 영혼 위에서 군림하게 된다. 영혼과 정신을 경시하고 물질과 육신을 숭배하는 인간의 비뚤어진 정신 상태를 표현한 심볼이다.

작용을 보여주는 명백한 증거들이다. 요기에게 있어 모든 원자는 자기만의 삶을 사는 독립적인 생명체다. 이 작은 원자들은 어떤 목적을 위해 하나의 집단을 형성하기도 하고, 집단이 유지되는 동안에는 집단 지성의 지배를 받는다. 이 집단들이 모여 더욱 다양하고 새로운 조합과 육신을 만들어내고, 상위 형태의 의식이 활용할 수 있는 도구의 역할을 하게 된다.

육신이 죽으면 그때까지 집단을 이루어 특정한 기능을 수행했던 세포들은 집단에서 떨어져나와 각자 뿔뿔이 흩어지며, 이때부터 '부패'의 과정이 개시된다. 세포들을 하나의 집단으로 유지했던 힘이 육신에서 이탈하면서 세포들도 그 영향권에서 해방되며, 자유를 얻은 각 세포는 새로운 형태와 조합을 만들어내기 위한 새로운 여정에 오른다. 부패한 사체 근방에 있던 식물과 결합했다가 궁극적으로 다른 동물의 육신에서 새로운 보금자리를 마련하는 세포도 있고, 식물의 육신과 하나가 된 상태로 남아있는 세포도 있고, 오랜 시간 땅속에 묻힌 상태로 세월을 보내는 세포도 있다. 어쨌든, 원자는 이처럼 끊임없이 변신을 거듭하며 생명을 유지한다. 어느 작가가 말했듯이, "죽음은 삶의 한 측면일 뿐이며, 하나의 형상이 파괴되면 새로운 형상이 탄생한다."

육신의 특성에 관한 설명은 이 정도 선에서 마칠까 한다. 깊게 들어가면 하나의 독립적인 학문이라고 말할 수 있을 정도로 방대한 주제

---

5) 저자는 본 책에서 '세포'와 '원자'를 혼용하고 있다.

이기도 하고, 많은 이들에게 새로운 지식으로 다가올 상위 원리로 어서 넘어가길 바라는 학생들도 많을 것 같다. 두 번째 원리의 설명으로 넘어가기 전에 요기 자기계발의 첫 번째 단계는 육신의 다스림과 건강 관리라는 점을 다시 한번 강조하고 싶다. 이번 강의 시리즈를 마치기 전에 육신의 중요성에 관한 이야기를 더 많이 하게 될 것이다.

두 번째 원리, 아스트랄체

전 섹션에서 살펴본 육신의 짝이자 형제격이라 할 수 있는 두 번째 원리는 일반 대중에게 상대적으로 덜 알려진 '아스트랄체'다. 아스트랄체는 육신과 완전히 똑같은 형상을 띠고 있다. 시대와 지역을 불문하고 전 세계 모든 민족이 아스트랄체의 존재를 인지하고 있었으나, 정확한 속성을 이해하지 못해 이를 둘러싼 수많은 미신과 미스터리, 오해가 생겨났다. '에테르체,' '유체,' '더블,' '레이스,' '도플갱어' 등의 개념도 모두 아스트랄체에 대한 오해에서 비롯되었다. 아스트랄체는 육신을 구성하는 물질보다 미세한, 즉, 밀도가 낮은 물질로 구성되어 있다. 하지만 이것도 엄연한 물질이다. 우리에게 익숙한 물질보다 상대적으로 밀도가 낮은 아스트랄체의 이해를 돕기 위해 예를 들어보겠다. 다양한 상태로 존재하는 '물'을 생각해보자. 온도가 일정 수준 이하로 내려가면 물은 단단한 고체인 '얼음'의 형태를 띠게 된다. 여기서 온도가 올라가면 우리에게 익숙한 액체 형태로 존재하고, 온도가 계속 오르면 액체 상태에 있던 물의 입자가 밖으로 빠져나와 '증기'가 된다. 진짜 증기는 우리 눈으로 볼 수 없다. 공기와 섞이거나 온도가 약간 떨어져 물방울이 생성될 때 보이는 것은 증기가 남긴 흔적이다.

육신과 완전히 똑같은 형상을 띠고 있는 아스트랄체는 특수한 상황에서 육신과 분리될 수 있다. 보통 사람이 의식적으로 자신의 아스트랄체를 육신으로부터 분리하기란 매우 어려운 일이지만, 초자연적 힘을 일정 수준 이상으로 계발한 사람은 자유자재로 아스트랄체를 움직이고, 심지어 육신과 분리된 상태(유체이탈)에서 아스트랄계를 유영(Astral Travel)할 수도 있다. 투시력을 가진 사람의 눈에는 육신과 같은 모습을 띤 아스트랄체와 이 둘을 연결하는 비단처럼 가느다란 줄도 보인다.

육신이 사망한 후에도 아스트랄체는 한동안 물질 세상에 머무르며, 특수한 상황에서 물질계에 남아있는 사람의 눈에 뜨일 수도 있다. 사람들은 이를 보고 '유령'이라 부른다. 육신을 떠난 영혼이 물질계에 자신의 모습을 드러내는 방법은 이 외에도 더 있다. 다만 이 영혼들이 육신의 사망 후 벗어던진 아스트랄체에는 영이 깃들어 있지 않다.[6] 영이 깃들어 있지 않은 아스트랄체는 말하자면 껍질, 다시 말해, 우리에게 익숙한 물질보다 미세한 성분으로 구성된 아스트랄 사체에 불과하다. 그 안에는 생명도, 지성도 없다. 그저 사람의 형상을 띤 구름조

---

[6] 아스트랄계를 다루는 책 후반부에서 더 자세히 나오겠지만, 인간은 육신이 사망한 후 아스트랄체를 걸친 상태로 한동안 존재하다가 일정 시간이 흐르면 아스트랄체마저도 벗어던진다.

각과 다를 바 없는 것으로, 껍질 그 이상도, 이하도 아닌 물질일 뿐이다. 죽음을 앞둔 사람의 강렬한 염원으로 살아있는 아스트랄체가 육신에서 분리되어 사랑하는 가족과 친구들 앞에 모습을 드러내는 경우도 있다. 이런 사례는 기록으로도 많이 남아있으며, 주변에서 유사한 사례를 접한 학생들도 아마 많을 것이다. 강의를 진행하면서 아스트랄체와 영혼이 남긴 껍질(Astral Shell)에 관해서 더 자세히 다룰 것이다. 특히 아스트랄계를 주제로 한 강의에서 여러 차례 아스트랄체를 언급할 예정이다.

보통 사람은 아스트랄체를 볼 수 없지만, 일정 수준의 투시력을 계발한 사람은 쉽게 인지할 수 있다. 관찰자와 관찰 대상의 정신 상태에 따라 살아있는 사람의 아스트랄체가 주변 사람들의 눈에 띄는 경우도 있다. 오랜 수련을 통해 초자연적 능력을 계발한 오컬티스트는 자유자재로 자신의 아스트랄체를 어디로든 투사할 수 있으며, 사람들 앞에 자신의 아스트랄체를 드러낼 수도 있다. 하지만 이 정도의 경지에 오른 오컬티스트는 소수에 불과하다.

최고 수준에 도달한 마스터는 죽음을 앞둔 사람의 육신에서 아스트랄체가 서서히 빠져나오는 모습을 볼 수 있다. 가느다란 선으로 육신과 연결된 아스트랄체는 한동안 육신 위에 둥둥 떠 있다. 그러다 선이 끊어지면 육신은 사망하고, 육신에서 벗어난 영혼은 아스트랄체를 걸친 채 다음 목적지를 향해 이동하며, 때가 되면 아스트랄체마저 벗어던진다. 아스트랄체는 육신보다 낮은 밀도를 가진 물질로 구성되어 있을 뿐, 영혼이 물질계에서 활동하는 동안 잠시 빌려 입는 '탈것

(vehicle)'이라는 점에서는 육신과 차이가 없으며, 용도가 다하면 육신처럼 폐기된다. 육신이 사망한 후에는 아스트랄체도 서서히 분해되며, 초자연적 능력이 발달한 사람은 때로 공동묘지 주변에서 망자가 벗어던진 아스트랄체의 껍질 또는 잔해가 발산하는 보라색 빛을 보기도 한다.

이번 강의는 학생들이 이후에 나오는 개념들을 이해할 수 있도록 인간이 사용하는 여러 탈것, 즉, 일곱 가지 원리의 개요만 설명하는 것이 목적이므로 이제 세 번째 원리로 넘어가자. 마음 같아서는 인간이 잠자는 동안 에고[7]가 아스트랄체를 걸친 채 육신을 일시적으로 탈출하는 흥미로운 현상에 관해서도 설명하고 싶다. 우리가 잘 때 일어나는 일들, 육신이 잠든 상태에서 아스트랄체에 명령을 내려 어떤 정보를 수집하거나 골치 아픈 문제의 해결책을 찾아내도록 일을 시키는 원리에 관해서도 자세히 설명하고 싶으나, 이런 내용은 다른 주제를 다루는 강의에서 별도로 설명할 예정이므로 일단은 학생들의 호기심만 자극하는 선에서 끝내고 어서 다음 섹션으로 넘어가야 할 것 같다. 인간을 구성하는 일곱 원리의 개념을 확실하게 잡는 것이 무엇보다 급선무다. 그래야 이후의 강의에서 이 용어들을 언급할 때 내용과 문맥을 이해할 수 있을 것이다.

---

7) Ego. 일반적으로 '자아'로 번역되며, 일상에서는 부정적인 뉘앙스로 많이 쓰이지만 ("저 사람은 에고가 너무 강해서 문제야."), 이 책의 저자는 '자아' 또는 '영혼'과 비슷한 의미로 사용하고 있다.

세 번째 원리, 프라나, 또는 활력

이번 강의를 이수하는 많은 학생이 이미 읽은 바 있는 소책자, 『호흡의 과학[8]』에서 '프라나(prana)'의 개념에 관해 비교적 소상하게 설명한 바 있다. 책자에서 기술했듯이, 프라나는 우주에 존재하는 보편적인 에너지이며, 이번 강의에서는 활력(vital force)의 형태로 구체화한 프라나로 한정하여 이 개념을 다룰 것이다. '활력'은 아메바 같은 단세포 동물에서부터 인간에 이르기까지, 가장 단순한 식물에서부터 최고 수준의 동물에 이르기까지 모든 생명체에서 발견된다. 프라나는 우주 전체를 관통한다. 생명이 있는 곳에는 어디서나 프라나가 존재한다. 오컬트 철학에서는 우주에 존재하는 모든 것 안에 생명이 있다고 가르친다. 우리가 '무생물'이라고 정의한 것들 안에도 생명이 깃들어 있다. 그 생명의 구체화 수준이 상대적으로 낮아서 우리 눈에는 생명이 없는 것처럼 보일 뿐이다. 따라서 프라나는 모든 곳에, 모든 것 안에 들어있다.

프라나와 에고는 다른 개념이다. 프라나는 에고가 물질계에서 활동하는 동안 사용하는 에너지의 한 형태다. 육신이 '죽음'에 이르면 에고가 떠나면서 그동안 에고의 통제를 받았던 프라나는 해방되고, 한때 육신을 구성했던 개별 원자 또는 원자 집단의 명령만 받는다. 죽음

---

[8] Hindu-Yogi Science of Breath. 책의 마지막에 부록 형태로 전문을 실었으므로 참고하기 바란다. 이 시점에서 부록의 내용부터 정독한 후에 본문을 계속 읽는 것도 좋은 생각이다.

후 육신이 분해되고 구성 요소들이 본래의 원소로 되돌아갈 때 각각의 원자는 장차 새로운 조합을 만들어내기 위해 필요한 만큼만의 프라나를 취하고, 남은 프라나는 우주의 원천에 다시 흡수된다. 프라나는 모든 형태의 물질 속에 존재하지만, 프라나 자체는 물질이 아니다. 프라나는 물질을 움직이게 하는 에너지 또는 힘이다. 『호흡의 과학』에서 프라나에 관해 비교적 소상하게 설명했으므로 이번 강의에서는 같은 내용을 반복하지 않고 다음으로 넘어가도록 하겠다.

세 번째 원리의 설명을 시작하기에 앞서 프라나는 마그네틱 치유, 정신 치유, 원격 치료의 배후에서 작용하는 것과 같은 힘이라는 점을 덧붙이고 싶다. '휴먼 마그네티즘(Human Magnetism)'이라 불리는 개념의 실체가 바로 프라나다.

『호흡의 과학』에서 우리는 프라나의 체내 공급량을 늘리고, 프라나를 몸 구석구석에 전달하고, 프라나를 이용하여 장기와 신체의 여러 부위를 강화하고, 세포를 자극하여 육신을 건강하게 만드는 방법을 설명한 바 있다. 이 방법을 제대로 익히면 대기에서 추출한 프라나를 나 자신 또는 타인의 환부에 집중적으로 투입하여 통증을 해소할 수 있고, 지리적으로 멀리 떨어진 곳에 있는 사람에게도 보낼 수 있다. 프라나를 투사하는 사람의 생각이 '치유'라는 목적에 부합하도록 프라나를 충전하고, 생각이 실린 프라나를 치유가 필요한 환자의 정신 속으로 투입하는 것이다. 이와 같은 프라나의 전송은 마르코니의 무선파처럼 인간의 눈에는 보이지 않으며(높은 수준의 투시력을 개발한 사람은 볼 수 있다.) 송/수신자 사이에 놓인 물리적 장애물을 쉽게 통과하여 목적지(환자)에 도달할 수 있다.

이처럼 인간의 의지를 통해 프라나를 전송하는 행위가 바로 생각의 전이, 텔레파시 등과 같은 현상의 배후에서 작용하는 원리다. 강력하고 긍정적인 생각으로 충전된 프라나를 이용하여 나를 감싸는 오라를 형성하면 타인이 발산하는 부정적인 생각의 파동도 나를 건드리지 못하며, 적개심과 부조화의 기운으로 가득한 환경에서도 아무런 영향을 받지 않으며 평온을 유지할 수 있다.

『호흡의 과학』 책자의 내용 중 프라나의 활용을 다루는 부분을 다시 한번 읽어볼 것을 학생들에게 권하고 싶다. 물론 이번 강의에서도 이 주제를 심도 있게 다룰 예정이긴 하지만, 『호흡의 과학』에서 프라나의 속성과 활용법의 기초 지식을 제시하고 있으므로 기억을 되살리는 데 도움이 될 것이다.

일곱 원리의 설명을 깊게 진행하느라 너무 많은 시간을 허비하고 싶지는 않다. 어서 더욱 흥미로운 주제로 넘어가기를 바라는 학생들도 많을 것이다. 하지만 강의 초반에 설명하는 인간의 일곱 가지 원리에 관한 확실한 기반이 있어야 이후에 나오는 개념을 제대로 이해할 수 있고, 대충 훑어보고 넘어갔던 내용을 다시 읽어보느라 앞으로 돌아가는 일도 피할 수 있을 것이다.

그럼 프라나의 대략적인 설명을 여기서 마치고 다음 원리로 넘어가자. 프라나의 개념, 속성, 용도를 명확하게 이해하기 전까지는 다음 섹션으로 넘어가지 않을 것으로 믿는다. 프라나의 개념이 확실하게 머릿속에 각인될 때까지 『호흡의 과학』을 다시 읽고 공부하길 권한다.

정신의 원리

최근 서양의 심리학자들이 출간한 여러 책을 읽어보고 이들이 제시하는 이론을 공부해 본 서양 학생들은 이번 강의에서 다루는 '본능적 정신'이 이 작가들이 수시로 언급하는 '주관적 정신' 또는 '잠재의식'과 여러모로 비슷하다는 생각을 하게 될 것이다. 이 심리학자/작가들은 인간의 여러 속성을 발견하고 정신의 상위 차원을 인지하는 수준까지 나아갔으나, 안타깝게도 여기서 연구를 중단하고 인간은 두 가지 정신, 즉, '객관적 정신'과 '주관적 정신' 또는 '의식'과 '잠재의식'만으로 구성되어 있다는 '새로운' 이분법적 이론을 발표하였다. 인간의 속성에 관한 연구가 일부 진보한 것은 사실이지만, 이들은 '의식' 이외의 모든 것을 '잠재의식' 또는 '주관적 정신'이라는 카테고리에 모두 집어넣는 실수를 범했다. 가장 높은 차원의 정신(6번째 원리: 영적 정신)과 가장 낮은 차원의 정신(4번째 원리: 본능적 정신)을 한 그룹으로 묶고, 중간에 있는 '의식(5번째 원리: 지능적 정신)'만 빼내어 별도로 분리한 것이다. 이들이 제시하는 '주관적 정신'과 '잠재의식'의 개념은 지극히 혼란스럽고 헷갈린다. 천재의 번뜩이는 영감(영적 정신)과 정신적으로 발달하지 못한 사람의 의미 없는 헛소리(그야말로 '주관적'인 생각)를 같은 그룹으로 분류하는 바람에 이런 혼선이 생겨난 것이다.

현대 심리학자들의 이론과 연구결과를 접해본 학생들은 이번 장에서 소개할 인간의 세 가지 정신을 다음과 같이 이해하면 될 것이다. 심리학자들이 말하는 '의식' 또는 '객관적 정신'은 요기 철학의 '지능적 정신'과 거의 유사하고, '주관적 정신' 또는 '잠재의식'의 가장 하위 부분은 '본능적 정신', 그리고 가장 상위 부분은 '영적 정신'에 각각 해당한다고 기억하면 된다. 다만 요기 철학에서 말하는 '영적 정신'에는 서양의 학자들이 상상조차 하지 못한 속성과 특성이 추가로 더 있다는 차이점이 있다. 세 가지 정신적 원리의 설명을 진행하면서 요기 철학과 서양의 이론 간의 공통점과 차이점을 파악할 수 있을 것이다.

우리가 지금까지 서양 학자들이 이룬 학문적 성과를 비난하거나 무시하는 것은 아니라는 점을 강조하고 싶다. 오히려 요기들은 서양 학자들의 연구결과가 일반 대중이 요기 철학의 완전한 가르침을 습득하는 과정에 크게 일조했다고 생각하며 감사하고 있다. 인간의 정신이

정신의 분류에 관한 요기 철학과 현대 심리학의 차이점	
요기철학	현대 심리학
영적 정신	잠재의식
지능적 정신	의식
본능적 정신	잠재의식

여러 개의 원리로 구성되어 있다는 개념을 전혀 모르는 학생보다는 서양 학자들의 이론을 접한 학생들이 인간을 구성하는 세 가지 정신을 더 쉽게 이해할 수 있을 것이기 때문이다. 우리가 인간의 정신을 단순 이분법으로 나눈 서양 학자들의 오류를 지적하는 이유는, 영감과 천재성의 원천이자 순수한 영에 닿아있는 정신, 성장하고 있는 인간이 조금씩 인지하고 있는 최상위 정신인 '영적 정신'을 (비록 인간에게 꼭 필요하고 유용하긴 하지만) 가장 낮은 수준의 인간도 가지고 있는, 심지어 동물과 식물도 가지고 있는 최하위 정신('본능적 정신')과 구분하지 않고 똑같은 것으로 취급하고 있는 점이 너무나 안타까워서이다. 학생들이 이 문제에 관한 기존의 편견을 버리고, 강의를 마치기 전까지는 어떤 결론도 섣불리 내리지 않기를 당부하고 싶다. 다음 강의에서는 인간의 세 가지 정신적 원리의 세부적인 내용을 다룰 것이다.

만트라

'만트라(Mantra)'란 동양인들이 어떤 생각에 집중하고 이를 정신에 깊게 새기기 위해 사용하는 단어, 구절 또는 시를 의미한다. 정신 과학자들을 비롯한 서양인들이 사용하는 '선언,' '확언'과 비슷한 개념이다.

제1강을 위한 만트라는 서양 시인, 오르(Charles H. Orr)가 쓴 시의 한 구절이다:

나는 천 개 세상의 주인이며,
시간이 시작된 이래 이 세상들을 다스려왔다;
밤과 낮이 반복적으로 순환하는 동안,
나는 세상에서 일어나는 일들을 굽어살핀다.
하지만 시간이 끝날 때까지 나는 해방되지 않을 것이다.
나는 인간의 영혼이기 때문이다.

이 시를 암기하고 인간의 불멸성이라는 개념이 머릿속에 각인될 때까지 여러 번 암송하라. 이 시의 주인공인 '나'는 바로 '여러분'임을 기억하라.

제2강

정신의 원리

제1강에서는 인간을 구성하는 일곱 가지 원리 중 세 개의 하위 원리를 중점적으로 다루었다. (1) 육신, (2) 아스트랄체, (3) 프라나, 또는 활력. 그리고 강의 마지막에 4, 5, 6번째에 해당하는 정신적 원리에 관해 간단하게 언급했다.

정리하는 차원에서 인간을 구성하는 일곱 가지 원리 중 상위 4개를 다시 한번 적어본다.

(7) 영 (Spirit)
(6) 영적 정신 (Spiritual mind)
(5) 지능적 정신 (Intellect)
(4) 본능적 정신 (Instinctive mind)

영문으로 번역한 용어들이 다소 아쉬운 감은 있지만, 서양 학생이 이해하고 감 잡기 어려운 산스크리트 원어보다는 나은 것 같아서 이대로 사용하기로 했다.

일곱 개의 원리 중 제1강에서 살펴본 하위 세 개(육신, 아스트랄체, 프라나)는 물질과 가장 가깝고, 이 원리들을 구성하는 원자들은 파괴되지 않고 변화무쌍한 형상으로 영원히 변신을 거듭하며 존속한다. 하지만 에고의 시각에서 봤을 때 이 하위 원리들은 의복, 난방, 전기처럼 인간이 물질계에 머무르는 동안에만 잠시 사용하는 도구일 따름이며, 따라서 인간의 상위 속성을 구성하는 요소들이라고는 할 수 없다.

반면 상위 네 개의 원리는 인간의 사고력, 즉, 그의 지성과 관련이 있다. 이중 가장 낮은 본능적 정신도 인간을 구성하는 상위 속성 중 하나다.

이 주제를 처음 접하는 학생들은 인간의 정신이 여러 개의 원리로 구성되어 있고, 두 개 이상의 차원에서 작용한다는 얘기를 듣고 어리둥절할지도 모르겠다는 생각이 든다. 하지만 심리학을 공부하는 학생들은 오래전부터 정신의 작용에도 여러 단계가 있다는 사실을 인지해 왔으며, 학자들은 연구를 통해 이 문제에 관한 다양한 이론을 수립해 왔다. 이런 학생들은 요기 철학만이 이 수수께끼의 명쾌한 해답을 제시하고 있음을 발견하게 될 것이다. 서양의 학자들이 제시하는 정신의 이분법 분류를 공부한 학생들 역시 인간의 정신이 둘 이상의 차원에서 작용한다는 개념에 어느 정도 익숙해져 있어서 이번 강의에서 설명하는 내용을 더 쉽게 이해하고 받아들일 수 있으리라 생각한다.

얼핏 보기에는 인간의 이성적 사고를 관장하는 '의식'이 대부분 또는 모든 정신 활동의 주체일 것으로 여겨질지 모르나, 조금만 깊게 생각해보면 의식이 수행하는 정신 활동은 전체의 작은 일부에 불과하다는 사실을 알게 된다. 인간의 정신은 세 개의 차원에서 기능하며, 세 차원은 완전히 독립되어 분리된 것이 아니라 조금씩 중첩되어 걸쳐있다. 예를 들어, 중간에 있는 '지능적 정신'은 위에 있는 '영적 정신'과 아래에 있는 '본능적 정신'에 맞닿아 있다. 하나의 정신이 세 가지 기능을 수행하거나 세 개의 정신이 중첩된 구조로 되어있다고 생각하면 편하다. 아주 정확한 표현은 아니지만, 개요 수준의 강의에서 너무 자세하게 들어가면 복잡할 수 있으므로 일단 이렇게 이해하면 좋을 것 같다. 중요한 것은 이 개념이 머릿속에 단단히 뿌리를 내리도록 하는 것이다. 이번 강의에서는 인간의 정신을 구성하는 세 가지 요소, 또는 세 가지 종류의 '정신'에 관해 간단하게 다룰 것이다. 첫 번째 주제는 '본능적 정신'이다.

네 번째 원리, 본능적 정신

본능적 정신은 동물도 가지고 있는 정신의 차원이다. 생명체가 진화하는 과정에서 가장 먼저 계발하게 되는 정신의 차원이라고 할 수 있다. 가장 낮은 수준의 본능적 정신이 작용하는 과정에는 의식이 거의 개입하지 않지만, 생명이 진화하면서 본능적 정신의 수준이 높아지면 그 위에 있는 의식(지능적 정신)과 맞닿게 된다. 지속적인 성장으로 본능적 정신이 다섯 번째 원리인 지능적 정신과 중첩되는 수준까지 이르면 이 둘을 사실상 구분할 수 없게 된다.

가장 낮은 수준의 본능적 정신은 광물의 세계에서도 발견할 수 있다. 특히 수정(크리스털)처럼 발달 수준이 높은 광물에서 본능적 정신의 흔적을 엿볼 수 있다. 생명이 진화를 통해 식물의 단계에 이르면 본능적 정신이 더욱 구체화하고 강해지며, 높은 발달 수준에 이른 일부 식물에서는 기초적인 의식의 단서마저 보인다. 동물의 단계에 이르면 거의 식물에 가까운 하등 동물의 본능적 정신에서부터 낮은 수준의 인간에 버금가는 고등 동물의 의식까지 두루 발견된다. 그리고 다섯 번째 원리인 지능적 정신의 단계에까지 이른 인간의 경우, 지능으로 본능을 다스리는 법을 터득한 수준까지 성장한 사람들도 있다. 하지만 가장 높은 경지에 이른 인간에게도 네 번째 원리인 본능적 정신이 내재해 있으며, 상황에 따라 본능을 활용하거나 본능의 지배를 받는 경우도 있다는 점을 기억해야 한다. 현재 인간의 성장에 있어 본능적 정신은 매우 유용한 요소다. 인간에게 본능적 정신이 없었더라면 육신을 가진 존재로 지금까지 생존할 수도 없었을 것이다. 본능적 정신의 속성을 올바르게 이해하면 나를 충실하게 따르는 종으로 부릴 수 있다. 하지만 반대로 본능이 자신의 형뻘인 지능을 지배하며 월권행위를 하면 끝이 좋을 수 없다.

이 시점에서 인간은 지금도 성장의 과정 중에 있는 생명체라는 점을 강조하고 싶다. 오늘날의 인간은 완성품이 결코 아니다. 갈 길이 아직도 멀었다. 인간은 오랜 세월에 걸친 분투 끝에 가까스로 오늘날의 상태에 도달했지만, 큰 관점에서 보면 기껏해야 해가 막 뜨기 시작한 아침에 불과하다. 다섯 번째 원리인 지능적 정신을 활짝 펼친 고차원의 영혼들도 일부 있지만, 아직 지능의 올바른 활용에 있어 걸음마 단계에 머물러있는 사람이 대부분이다. 대다수 인간은 동물보다 아주 약간 높은 수준에 이르렀으며, 동물처럼 거의 전적으로 본능적 정신의 작용에 의지하며 살아가고 있다. 매우 높은 영적 수준에 이른 극소수를 제외한 오늘날의 거의 모든 인간은 잠시 한눈파는 사이 본능적 정신이 자신을 지배하는 일이 없도록 언제나 경계하며 삶에 임해야 한다.

본능적 정신의 최하위 단계에서 벌어지는 일들은 식물의 왕국에서 일어나는 일들과 유사하다. 우리 몸 안에서 일어나는 다양한 일들도 본능적 정신의 담당 영역이다. 본능적 정신은 손상된 육신을 보수하고, 교체하고, 음식물을 소화하고, 흡수하고, 배설하는 일련의 작업을 통제하는 중요한 임무를 수행한다. 우리가 의식하지 못하는 사이에, 우리가 건강할 때나 아플 때나, 쉬지 않고 몸을 돌보고 있다. 우리 몸 안의 모든 장기, 부위, 세포가 수행하는 지능적 행동도 전부 본능적 정신이 주관하는 것이다. 『호흡의 과학』에서 비교적 소상하게 설명한 혈액의 순환, 정화 등의 과정을 떠올리면 비록 정신의 원리 중 최하위 단계에 있지만, 본능적 정신이 얼마나 놀라운 기능을 수행하는지 감을 잡을 수 있을 것이다. 이건 생리학의 다양한 학파에서도 명확하게 인지하고 있는 내용이다. 하지만 학계에서도 이 작용의 배후에 있는 근본적인 원인은 설명하지 못한다.

본능적 정신은 식물, 동물, 인간의 삶에서 중요한 역할을 하면서 원활하게 잘 돌아가고 있는데, 인간의 경우에는 본능보다 한 단계 위에 있는 지능을 활용하는 법을 조금씩 익히면서 문제가 발생하기 시작한다. 부정적인 생각, 두려움 등을 인위적으로 만들어내면서 본능적 정신이 정상적으로 기능하지 못하도록 훼방을 놓는 것이다. 하지만 인간도 지능적 정신이 더 발달하면 이 같은 어리석은 행위의 오류를 깨닫고 불필요하게 부정적인 생각을 생성하는 나쁜 습관을 고치는 일에 착수한다.

지금까지 설명한 내용은 본능적 정신이 수행하는 역할의 일부에 불과하다. 동물은 오랜 세월을 거쳐 진화하면서 자신을 보호하고 안전을 지켜야 할 필요성을 느끼게 되었다. 지능적 정신이 발달하기 전이었기에 왜 이런 것들이 필요한지 이성적으로 설명할 수는 없었지만, 본능적 정신 안에 내재한 지성은 주변 상황을 정확하게 파악하고 생존 확률을 높이기 위해 기능을 발휘하기 시작했다. 동물 안에서 '싸움의 본능'을 일깨운 것이다. 새롭게 태어난 생존 본능은 동물의 생명을 보존하는 데 크게 기여했고, 동물의 단계를 이미 졸업한 인간에게도 아직 이 본능이 남아 그의 정신을 강력하게 지배하는 경우가 종종 있다. 본능적 정신보다 높은 수준의 정신적 원리를 점차 깨우치면서 동물적인 본능을 통제하고 다스리는 방법을 어느 정도 익히긴 했으나, 여전히 우리 안에도 '파이팅 정신'이 많이 남아있다는 얘기다. 본능적 정신은 또한 동물에게 둥지와 보금자리를 짓고, 겨울이 오기 전에 따뜻한 지방으로 이주하고, 동면하도록 자극하는 등, 수천 가지의 지혜를 전수했다.

인간이 본능적으로 취하는 여러 행동 역시 본능적 정신에서 나오는 것이다. 우리가 지능적 정신의 힘으로 새로운 무언가를 배우고 익히면 이 정보가 본능적 정신에 이관되고, 그 이후부터는 우리가 특별히 의식하지 않아도 그 일을 거의 자동으로 해낼 수 있게 된다. 우리가 일상에서 행하는 일 중 상당수는 본능적 정신이 주도하며, 지능적 정신은 가끔 개입하여 감독만 한다. 행동이 '몸에 배었다'는 것은 지능적 정신을 통해 그 행동을 정복했고, 그 이후에 본능적 정신에 위임했다는 뜻이다. 능수능란하게 재봉틀을 작동하는 주부, 태연하게 중장비를 다루는 기술자, 자유로운 붓질로 캔버스를 채우는 화가 등, 전부 본능적 정신을 활용하여 임무를 수행하는 사람들이다. 이처럼 단순하고 반복적인 일을 수행할 때마다 매번 지능적 정신이 관여했더라면 금세 탈진했을 것이다. 무언가를 새롭게 학습하는 것과 이미 학습한 것을 수행하는 것은 다르다는 점을 주목하기 바란다. 이처럼 한 번 학습한 것을 자동화하는 행위는 본능적 정신의 상위 기능에 속하며, 본능적 정신의 상위 부분이 그 위에 있는 지능적 정신과 맞닿아 있기 때문에 가능한 것이다.

본능적 정신은 '습관'을 관장하는 정신이기도 하다. 지능적 정신은 자기가 학습 또는 습득한 생각/행동을 본능적 정신에 전달하고, 그 이후부터 본능적 정신은 상부(나 또는 타인의 지능적 정신)에서 별도의 수정 지시가 내려오기 전까지는 하달받은 지시사항을 있는 그대로 충실하게, 반복적으로, 습관처럼 수행한다.

본능적 정신은 별 희한한 생각과 정보를 잔뜩 저장하고 있는 잡동사니 창고에 비유할 수 있다. 이곳은 다양한 출처로부터 받은 내용으로 가득 채워져 있다. 유전을 통해 부모로부터 받은 정보도 있고, 세상에 처음 태어났을 때 내면에 심어졌던 씨앗이 발아하면서 피어난 꽃과 열매도 있고, 지능적 정신으로부터 받은 것들, 즉, 삶을 체험하면서 배운 것, 타인의 영향을 통해 받아들인 것, 그리고 대중이 내보내는 생각의 파동으로 형성된 '여론' 등도 본능적 정신 안에 자리를 잡고 있다. 이곳에는 온갖 어리석음과 지혜가 공존하고 있다. 이 부분은 암시, 자가암시, 생각의 힘 등을 다루는 강의에서 세부적으로 설명할 것이다.

본능적 정신의 스펙트럼은 거의 절대적인 잠재의식에서 동물과 성장 수준이 낮은 인간의 단순한 의식에 이르기까지 매우 광범위하고 다채로운 수준의 의식을 아우른다. 지능적 정신이 펼쳐지면서 인간은 자기를 의식하는 경지, 즉, '자아의식'을 갖게 된다. 한편 '우주적 의식'은 영적 정신이 펼쳐지면서 발현된다. 이 부분에 대해서는 이후에 더 자세히 설명할 것이다. 이처럼 단계별로 의식이 성장하는 과정은 매우 흥미롭고 중요한 주제로, 이번 강의를 진행하면서 수시로 언급하고 참조할 것이다.

다음 원리로 넘어가기 전에 본능적 정신은 하위 차원의 욕구, 욕정, 욕망, 본능, 감각, 느낌, 감정의 원천으로, 동물뿐 아니라 인간을 통해서도 발현된다는 점을 강조하고 싶다. 물론 높은 수준으로 성장한 인간에게는 여섯 번째 원리인 영적 정신이 조금씩 펼쳐지면서 상위 차원의 이상, 감정, 열망이 발현되지만, 인간의 동물적 욕망, 일상에서 접하는 느낌과 감정 등은 모두 본능적 정신에서 나오는 것이다. 식욕, 갈증, (육체적) 성욕, 그리고 육체적 사랑, 증오심, 질투심, 적대감, 복수심 등의 욕정도 여기에 포함된다. 물질을 향한 욕망(성장하기 위한 수단으로서의 물질 추구는 제외), 물질적 부에 대한 염원, 시각을 충족시키기 위한 욕망, 삶에 대한 자만심도 마찬가지다. 세 가지 정신적 원리 중 최하위인 본능적 정신은 우리를 물질로 끌어당기고 이에 얽이게 만드는 힘이다.

우리가 '물질적인 것'을 무조건 비하하는 것은 아니라는 점을 이해하기 바란다. 물질은 큰 그림 속에서 그 나름의 위치와 의미를 지니고 있다. 다만 성장하는 인간은 물질을 궁극적인 목표 달성을 위한 도구, 즉, 영적 진화를 위해 필요한 수단으로만 삼아야 한다. 성장하면서 세상을 바라보는 시각이 전보다 선명하고 예리해진 인간은 물질을 향한 집착으로부터 조금씩 벗어나며, 물질은 삶의 최종 목표가 아니라 높은 이상에 도달하기 위해 필요한 하나의 방편에 불과하다는 사실을 깨닫게 된다.

우리도 아직 동물 시절의 '야만적' 본능을 지니고 있다. 인간 중에서도 발달이 상대적으로 더딘 사람에게서 이런 증상을 쉽게 발견할 수 있다. 오컬티스트는 자신의 하위 본능이 함부로 날뛰지 않도록 다스리고, 통제하고, 상위 정신의 지배를 받도록 수련한다. 하지만 내 안에 동물적 본능이 남아있다고 해서 절망할 필요는 없다. 내 안에 동물이 있다고 해서 내가 나쁘거나 사악하다는 뜻은 아니다. 오히려 이 사실을 인지했다는 것은 성장이 시작되었음을 의미한다. 동물적 본능은 본래부터 내 안에 있었지만, 전에는 그 사실조차 몰랐다. 하지만 이제는 이 사실을 똑바로 알고 인지하게 되었으니 전보다 나은 상태에 이른 것이다. 아는 것은 곧 힘이다. 내 안에 동물적 본성이 남아있다는 사실을 인정한 후에는 그 야만적인 동물을 다스리는 유능한 사육사가 될 수 있다. 상위 원리는 언제나 하위 원리를 다스리게 되어 있지만, 그러기 위해서는 인내심과 신념이 요구된다. 인간의 '야만적' 본능은 한때 유용하게 쓰였다. 동물과 마찬가지로 야생에서 생존하기 위해 꼭 필요한 기능이었다. 하지만 진화를 거듭하면서 인간은 하위 정신인 본능적 정신은 상위 정신의 지배 아래에 두어야 한다는 사실을 점차 깨닫게 되었다.

내 안의 하위 본능은 '악마'가 심어놓은 것이 아니라 필요에 의해 인간이 계발한 것이다. 진화의 과정에서 반드시 거쳐야만 했던 올바른 선택이었다. 하지만 우리는 이 단계를 졸업할 시점에 이르렀으므로 이제는 조금씩 놓아줘도 된다. 과거로부터 물려받은 이 유산을 두려워할 필요는 없다. 영적 성장의 길을 걸으면서 이제부터는 상위 정신의 종으로 삼으면 된다. 본능적 정신을 밟고 지나가더라도 미워하지는 말자. 본능적 정신은 내가 지금의 상태에 도달하기 위해 발판으로 삼았던 도구고, 다음 단계로 올라서기 위해 또 밟아야 하는 계단이다.

다섯 번째 원리, 지능적 정신

이번 섹션에서는 인간과 동물/야만인을 구분하는 정신적 원리를 다룬다. 지금까지 다룬 네 개의 원리는 하위 생명체도 기본적으로 지니고 있으나, 다섯 번째 원리가 펼쳐지는 것은 인간의 성장 과정에서 특히나 중요한 단계다. 이때부터 내 안에 잠재해 있던 '인간'이 그 모습을 본격적으로 드러내기 시작하기 때문이다.

네 번째 원리(본능적 정신)와 다섯 번째 원리(지능적 정신) 사이에 어떤 구체적인 경계선이 있거나, 네 번째에서 다섯 번째 원리로의 전환이 급격하게 일어나는 것은 아니라는 점을 기억하기 바란다. 강의 초반에서 설명했듯이, 일곱 원리는 완전히 독립적으로 떨어져 존재하는 것이 아니라 가시광선의 스펙트럼처럼 연속적이고 상호 중첩되어 있다. 지능적 정신이 발달하고 펼쳐지면 그 빛이 네 번째 원리에 비쳐 본능에 이성이 가미되고, 단순했던 수준의 의식이 점차 자아의식으로 발전하게 된다. 다섯 번째 원리가 펼쳐지기 전, 네 번째 원리까지만 발달한 생명체는 욕정은 지니고 있으나 이성은 가지지 못했다. 감정은 있으나 지능은 부재하고, 욕망은 있으나 합리적인 의지는 지니고 있지 않았다. 그는 말하자면 자기를 다스려줄 왕의 출현을 기다리는 상태, 깊은 잠에 빠진 자신을 깨워줄 마법사의 손길을 고대하고 있는 존재라 할 수 있다. 야만적인 생물체의 신세에서 벗어나 진짜 인간으로 변신하기 위해 기다리고 있는 셈이다.

네 번째 원리의 상위 단계까지 도달하여 다섯 번째 원리의 하위 단계가 발하는 빛을 일부 받은 동물에서는 이성의 흔적이 희미하게나마 발견된다. 이와 반대로 성장 수준이 낮은 인간, 이를테면 '부시먼(Bushman)'의 경우, 다섯 번째 원리가 아직 네 번째 원리에 빛을 비추지 않아 동물과 크게 다르지 않은 상태에 머무르고 있다. 오히려 정신적인 면에서는 오랜 세대에 걸쳐 인간과 동고동락하면서 지능적 정신의 영향을 받은 동물보다 더 야만적이라고 할 수 있다.

다섯 번째 원리인 지능적 정신이 펼쳐지는 첫 번째 징후는 자아의식의 계발이다. 이게 정확히 무슨 의미인지 이해하기 위해 일단 '의식'의 개념부터 자세히 살펴보도록 하자.

하등 동물에게는 우리가 일반적으로 말하는 '의식'이 흔적이 매우 희미하다. 하등 동물의 의식은 단순한 '감각'보다 약간 높은 수준이다. 초기 동물의 생애는 거의 자동으로 진행된다. 정신의 작용은 대부분 잠재의식에서 비롯되고, 사고도 육신의 삶과 관련한 것에 한정된다. 즉, 오로지 원초적인 본능을 충족하기 위해 사고하고 행동하는 것이다. 생명체가 이 상태에서 더 진화하면 심리학자들이 '단순 의식'이라 부르는 상태에 도달하게 된다. 단순 의식은 외부의 것을 '인지'할 수 있는 상태를 의미한다. 자기 자신 이외의 것들을 느끼고 인지하는 것, 즉, 의식이 밖으로 향하기 시작하는 것이다. 동물 또는 낮은 성장 수준의 인간은 자신의 소망과 두려움, 열망, 계획, 생각에 관해 사유하고 동료(다른 동물 또는 타인)의 생각과 비교할 줄 모른다. 시선을 내면으로 돌려 추상적인 개념을 대상으로 사색하는 능력도 없다. 그저 자기에게 주어진 모든 것을 당연하게 여기고 받아들이며 의문도 제기하지 않는다. 자기 내면에 있는 질문에 대한 해답을 구하려 시도하지도 않는다. 그런 질문이 있다는 사실 자체를 인지하지 못하기 때문이다.

하지만 자아의식이 생겨나면서 인간은 '나(I)'의 개념을 조금씩 형성한다. 자기 자신을 타인과 비교하고, 이성을 동원하여 그 의미에 관해 사색하기 시작한다. 생각을 정리하고, 머릿속에서 정리한 내용을 토대로 어떤 결론에 도달한다. 자기 힘으로 생각하고, 분석하고, 분류하고, 분리하고, 추론하는 법을 익히고, 지능을 동원하여 도출해낸 새로운 결과물을 본능적 정신에 이관한다. 즉, 타인의 생각을 맹목적으로 받아들이지 않고, 자신의 정신에 의지하여 살아가는 법을 배운다. 로봇처럼 아무런 생각 없이 타인의 의지에 휘둘리지 않고, 사고와 창의력을 발휘하여 자신의 미래를 설계하기 시작하는 것이다.

희미한 의식의 태동으로 성장이 시작되면서 오늘날 인류는 최고 수준의 지성에 이른 위인들을 배출하였다. 의식의 성장 과정을 아주 정확하게 표현한 어느 작가의 말을 들어보자.

"인간의 눈에는 지극히 더딘 것처럼 보일지 모르지만, 우주적 진화의 관점에서 볼 때 인간의 자아의식은 지난 수백 년간 매우 빠른 속도로 진화하였다. 큰 용량의 뇌를 지니고, 직립보행을 하고, 군집을 이루어 생활하고, 모든 동물 중에서도 가장 야만적이고, 외형은 오늘날의 인간처럼 생겼지만 사실상 동물과 다를 바 없던, 단순 의식만 지니고 있던 종에서 자아의식과 언어가 탄생한 것이다. 인간은 그 후 무수히 많은 고통과 시련과 전쟁을 겪으며 성장했다. 짐승과도 같은 야만성으로 타인을 노예로 만들고, 남보다 더 많이 갖기 위해 욕심을 부리며 몸부림쳤다. 타인의 보금자리를 빼앗겠다는 잠재울 수 없는 욕망, 감당하기 어려운 고통스러운 패배, 경쟁에서 살아남기 위한 끝없는 투쟁, 별다른 생각 없이 야만인처럼 목숨을 연명하던 나날들…. 야생의 열매와 뿌리를 주식으로 삼며 육신을 보존하고, 땅에서 주운 돌맹이와 막대기로 포식자들과 싸우고, 깊은 숲속에서 견과와 씨앗으로 허기를 달래고, 바닷가에서 연체동물, 갑각류, 어류에 의존하던 오랜 세월…. 불을 길들이고 활용하는 법을 정복한 당시 인류의 최고 업적, 활과 화살의 발명, 가축의 사육, 오랜 시행착오 끝에 터득한 토지의 경작, 벽돌의 발명과 이를 사용하여 지은 집, 금속의 제련과 금속을 기반으로 하는 각종 기술의 개발, 문자의 발명과 글의 진화…. 쉽게 말해, 수천 세기의 세월에 걸친 인간의 삶, 열망, 성장을 거치면서 오늘날의 인류가 있게 되었고, 이 많은 것을 성취하고 가지게 된 것이다."

자아의식은 이해하기는 쉬우나 정의하기는 어려운 개념이다. 어느 작가는 이렇게 말했다. "생명체는 자아의식 없이도 알 수 있다. 하지만 자아의식의 도움을 통해서만 자기가 안다는 사실을 알 수 있다."

지능적 정신이 펼쳐지면서 인간은 정신의 힘을 활용하여 지금까지 많은 것들을 이룩하였다. 지금까지 이룬 업적도 대단하지만, 이것들도 인류가 장차 성취하게 될 일들에 비교하면 아무것도 아니다. 인간의 지능적 정신은 앞으로도 더욱 발전하며 승리를 거듭할 것이다. 지능적 정신이 펼쳐지면서 이보다 상위에 있는 여섯 번째 원리인 영적 정신의 빛을 조금씩 더 받고, 그 결과 지금으로서는 상상도 하지 못할 일들도 해내게 될 것이다. 하지만 이처럼 대단한 지능적 정신도 인간의 일곱 원리 중 세 번째로 높은 원리에 지나지 않는다는 점을 기억해야 한다. 지능적 정신이 본능적 정신보다 높은 위치에 있듯이, 지능적 정신 위에도 이보다 훨씬 높은 두 개의 원리가 있다. 지능적 정신을 신으로 삼고 숭배해서는 안 된다. 지능이 뛰어나다는 자만심에 사로잡혀 눈이 머는 우를 범해선 안 된다.

인간의 자아의식이 깨어나면서 '나(I)'를 느끼고 인지하기 시작할 때 영혼의 삶이 본격적으로 시작된다는 오컬트의 교리를 이해하고 나면 자아의식의 깨어남이 얼마나 중요한 사건인지 짐작할 수 있을 것이다. '영적인 깨달음'을 얻은 후에 찾아오는 삶을 말하는 것이 아니다. 그건 자아의식의 깨어남보다도 더 높은 경지다. 지금 설명하는 것은 영혼이 '나'를 의식하면서 정신적으로 깨어나는 과정을 말하는 것이다. 바로 이때부터 갓난아기와 다름없던 에고가 눈을 뜨기 시작하는 것이다. 그전까지 에고는 잠들어 있는 상태였다. 살아있으면서도 자기를 의식하지 못했다. 하지만 이 시점이 찾아오면 새롭게 태어나기 위한 산통을 겪어야 한다. 이제부터 영혼은 새로운 환경과 도전 과제를 맞을 것이고, 영적인 성인이 되기 위해 수많은 장애물을 뛰어넘어야 한다. 이 과정에서 좋든 싫든, 많은 경험을 쌓고 숱한 시험을 치러야 하며, 계속, 꾸준히 성장해야만 한다.

때로는 성장의 여정에 차질이 생겨 일정이 지체될 수도 있고, 오히려 후퇴하는 것처럼 보이는 상황도 올 수 있다. 하지만 이런 장애물들도 결국 다 통과하면서 영혼의 긴 여정은 계속된다. 진정한 의미에서의 후퇴는 없다. 전진 속도가 느릴 수는 있어도, 모든 인간은 꾸준히 앞으로 나아가고 있다.

이번 강의에서 여섯 번째 원리인 '영적 정신'까지 다루려 했으나,

지면 부족으로 이 흥미로운 주제는 다음 장에서 일곱 번째 원리인 '영'과 함께 진행해야 할 것 같다. 빨리 다음 원리로 넘어가고 싶은 학생들이 많을 것 같고, 우리도 최대한 시간 낭비를 줄이면서 진도를 나아가고 있으나, 새로운 주제를 접하기 전에 근본적 진리의 가르침을 확실하게 이해하고 넘어가야 한다는 점을 다시 강조한다.

이번 강의에서 다룬 본능적 정신, 지능적 정신과 관련하여 우리가 배워야 할 교훈이 참 많다. 다음 주제로 넘어가기 전에 간단하게 이 부분을 훑어보도록 하자.

우선 지능적 정신이 깨어났다고 해서 영혼이 자동으로 전보다 나은 사람이 되는 것, 다시 말해, '선해지는 것'은 아니다. 인간이 성장하면서 상위 원리 또는 역량이 펼쳐지면 대체로 전보다 높은 이상을 추구하게 되는 것은 맞는 말이지만, 자기 안의 동물성에서 쉽게 헤어나오지 못해서, 물질을 향한 집착을 버리지 못해서 저속한 욕망을 채우기 위해 새롭게 얻은 지능의 힘을 오히려 남용하는 사람도 많다. 지능을 가진 인간은 본인이 원하면 동물보다도 더 동물적으로, 더 야만적으로 행동할 수 있다. 동물은 상상조차 하지 못할 끔찍한 만행까지 저지르며 바닥을 뚫고 더 아래로 추락할 수 있다.

동물은 순전히 본능에 의지하여 행동한다. 따라서 동물의 행동은 자연적이고 올바르며, 동물이 자연적 본능을 따르는 것을 비난할 수는 없다. 하지만 지능적 정신이 펼쳐진 인간은 자기가 동물처럼 행동하면 안 된다는 사실을 알고 있음에도 동물보다 더욱 야만적으로 행동할 수 있다. 그는 지능을 통해 얻게 된 교활함과 영리함으로 자신의 동물적 욕망에 불을 지피고, 전보다 확대된 자신의 저속한 욕망을 충족하기 위해 상위 원리를 오용하는 짓을 서슴지 않는다. 자신의 욕망을 오용하는 동물은 거의 없다. 그건 일부 인간들이나 하는 짓거리다. 인간의 지능적 정신이 펼쳐질수록 그가 채울 수 있는 저속한 동물적 욕정과 욕망의 범위도 전보다 넓어진다. 심지어 전에는 없던 새로운 동물적 욕망을 창조하고 체계까지 만들어낼 수 있다.

물론 이런 행위에 몰두하는 사람의 궁극적 운명이 가져올 대가는 자명하다. 이런 식으로 자신의 역량을 오용하며 성장에 역행하는 영혼은 지금까지 통과했던 길, 지금까지 올랐던 사다리를 다시 걷고 오르며 오랜 참회의 세월을 보내야 한다. 성장의 장애물을 넘지 못하고 낙방하였기 때문에 동물적 속성에서 벗어나지 못한 낮은 수준의 영혼들과 함께 시간을 보내며 이전에 배웠던 것을 다시 학습해야 한다. 동물적 습성을 아직 벗어던지지 못한 영혼들은 자기가 동물에 가까운 존재라는 사실조차 모르므로 이에 따른 고통도 덜 받지만, 동물적 습성의 지배를 받는 단계를 졸업했다가 나락으로 떨어진 영혼들은 자기가 무슨 짓을 했는지 의식적으로 알기 때문에 더욱 큰 고통을 받으며 긴 세월을 감내해야 한다. 세련됨에 익숙해진 문명인이 어느 날부터 갑자기 부시먼들과 더불어 살아가야 하는 상황에 비유할 수 있다. 그런데 그는 자신의 화려했던 과거의 삶을 생생하게 기억하고 있다. 이것이 바로 저속한 욕망을 충족하기 위해 지능의 힘을 함부로 휘두르는 사람들의 말로다. 하지만 이들에게도 희망은 있다. 이들도 충분한 시간이 흐르면 언젠가는 나락에서 탈출할 수 있다.

나의 상위 속성이 내 생각과 행동을 통제하도록 지휘권을 부여하고 과거의 동물적 습성으로 회귀하는 일이 없도록 매사에 신중하게 삶에 임하자. 아래보다는 위를 바라보고, '앞으로 나아간다.'를 삶의 신조로 삼자. 내 안에 남아있는 동물의 습성이 자꾸만 나를 아래로 끌어내리려 발버둥을 치겠지만, 그때마다 상위의 영적 정신이 도움의 손길을 건넬 것이다. 내 안의 영적 정신에 대한 믿음만 있으면 모든 어려움을 헤쳐나갈 수 있다. 영적 정신과 본능적 정신의 중간에 낀 지능적 정신은 위아래의 영향을 동시에 받는다. 어느 쪽의 말에 귀를 기울일지는 각자의 몫이다. 도움은 언제나 내 안에 있다는 사실을 기억하자. 도움의 손길을 건네는 방향으로 시선을 돌리고, 나를 진흙탕으로 끌어내리려 하는 동물의 속삭임에 넘어가지 말자. 내 안의 '나(I)'를 정정당당하게 내세우는 강한 사람이 되자. 여러분 모두 더욱 크고 위대한 것들을 향해 발전하고 있는 불멸의 영혼이라는 사실을 항상 명심하자. 모두에게 평온이 깃들기를.

두 마리 늑대의 이야기

나이 든 체로키 추장이 손자에게 인생에 관해 가르치고 있었다. 그가 손자에게 말했다.

"지금 할아비 안에서 전투가 벌어지고 있단다. 두 마리의 늑대가 서로를 향해 으르렁거리고 있는 끔찍한 전투지. 둘 중 하나는 사악한 늑대란다. 분노, 질투, 슬픔, 회한, 욕심, 오만, 자기연민, 죄책감, 원망, 열등감, 거짓말, 자만, 우월감, 이기심 등으로 똘똘 뭉친 늑대지. 다른 한 마리는 선한 늑대란다. 기쁨, 평화, 사랑, 희망, 고요함, 겸손, 친절, 자비, 공감, 너그러움, 진리, 연민, 신념을 상징하는 늑대지. 지금 네 안에서도 이 두 마리 늑대가 싸우고 있단다. 다른 모든 사람도 마찬가지고."

손자는 골똘히 생각하다가 할아버지에게 물었다.

"그럼 둘 중 누가 이기게 되나요?"

할아버지가 대답했다.

"네가 밥을 주는 쪽이 이기게 된단다."

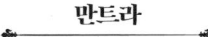

만트라

"나는 나의 주인이다."

이 문구를 암기하고 이번 강의의 명상 주제가 머릿속에 각인될 때까지 여러 번 반복하라. 여기서 '나'는 의식이 깨어난 나의 가장 높은 상위 속성이라는 사실을 기억하라. '나'는 지금까지 많이 벗어던진 나의 동물적 속성을 다스리는 존재라는 사실도 기억하자.

제3강

영의 원리

ॐ

제2강에서 인간의 네 번째(본능적 정신)와 다섯 번째(지능적 정신) 원리의 대략적인 개요를 설명했다. 인간은 네 번째 원리의 최고 수준에 이미 도달했고, 지금은 다섯 번째 원리인 지능적 정신의 단계를 통과하는 중이다. 오늘날 세상에는 지능적 정신의 단계를 꽤 깊게 섭렵하고 정복한 사람도 있고(물론 인류가 지금까지 탐험한 정신의 영역은 아주 작은 일부에 불과하고, 앞으로도 정복되어야 할 영역이 많아 남아있다), 지능의 흔적은 거의 보이지 않으면서 여태까지도 본능에만 의지하며 살아가는 사람도 있다. 이건 '야만족'에게만 해당하는 얘기가 아니다. 소위 말하는 '문명인' 중에도 스스로 생각하지 못하고, 어리석은 양처럼 리더만 쫓아다니며 스스로 생각할 권리를 반납한 사람들이 많다. 하지만 이런 상황에서도 인류는 더디지만 확실하게 진보하고 있다. 생각하는 방법을 몰랐던 많은 사람이 스스로 생각하기 시작했고, 타인의 생각을 그대로 받아들이기 거부하며 직접 알려고 하는 사람의 수가 조금씩 늘어나고 있다.

하지만 다섯 번째 원리인 지능적 정신을 아직 본격적으로 펼치지 못한 사람이 대다수고, 인류 전체적으로 봤을 때 지능적 정신 영역으로의 진입이 초기 단계라는 점을 고려하면, 특별히 높은 영적 성장의 경지에 이른 소수의 인간을 제외하고 그 위에 있는 원리들을 조금이라도 이해하는 것이 얼마나 어려울지 짐작할 수 있을 것이다. 이건 마치 시각장애인으로 태어난 사람이 빛을 이해하고, 청각장애인으로 태어난 사람이 소리의 개념을 파악하려고 시도하는 것이나 다름없다. 인간은 경험을 통해 머릿속에서 어떤 관념을 형성한다. 단맛을 경험해보지 않은 사람은 설탕을 이해할 수 없다. 대상에 대한 경험 또는 의식 없이는 관념을 형성할 수 없다.

하지만 이번에 진행하는 강의에 이끌려 지금 이 책을 읽고 있는 독자 대부분은 여섯 번째 원리인 '영적 정신'의 개념을 이해하는 데 도움이 되는 의식을 조금이라도 경험해 본 적이 있는 사람들이다. 오컬트 지식에 관한 흥미와 관심, 더 크고 밝은 빛을 얻고자 하는 영혼의 갈망 등은 영적 정신이 우리 의식에 빛을 비추기 시작했음을 암시하는 징후들이다. 내면에서 영적 의식이 완전히 펼쳐지기까지는 앞으로도 오랜 세월이 필요하겠지만, 희미하게나마 인지한 그 빛은 그날이 올 때까지 우리에게 꾸준한 영향과 도움을 줄 것이다. 지식으로 향하는 길에 오를 때까지는 이 영적 갈망과 불안감이 큰 고통을 안겨주고, 그 길에 오른 후에도 지식의 식탁에서 떨어지는 빵 부스러기만으로는 포만감을 느끼지 못해 절망감에 빠질 수 있다. 하지만 구도자여, 좌절할 필요는 없다. 이런 현상은 영적 탄생의 산고에 불과하다. 밝은 미래가 그대 앞에 놓여있으니 용기를 내고 두려움을 내려놓기 바란다.

이번 강의의 후반부에서 많은 사람에게 찾아오고 있는 '깨달음' 또는 영적 의식에 이르는 과정에 관해 설명할 것이다. 강의를 계속 듣다 보면 여러분이 지금까지 이해하지도, 설명하지도 못했던 몇 가지 희한한 경험의 참된 의미를 알게 될지도 모른다.

그럼 이제 여섯 번째 원리인 '영적 정신'에 관해 얘기해 보자. 이 단계의 의식을 희미하게나마 접해 본 독자는 지금부터 설명할 내용을 비교적 쉽게 이해할 수 있겠지만, 의식이 아직 이 단계까지 펼쳐지지 않은 독자에게는 다소 추상적이고 어렵게 느껴질 수도 있을 것이다. 하지만 일곱 번째 원리인 '영'은 보통의 인간보다 훨씬 높은 깨달음의 경지에 도달한 극소수(이 중에는 우리처럼 육신을 가진 영혼도 있고, 육신을 벗어던진 영혼도 있다)를 제외한 모든 인간의 이해를 넘어서는 개념이다. 현대의 문명인이 오지의 부시먼보다 성장의 관점에서 높은 위치에 있듯이, 우리보다 훨씬 큰 폭의 성장을 이룬 이 영혼들의 시각에서 봤을 때는 우리도 부시먼과 다를 바 없다. 따라서 이번 강의에서는 '영'의 의미에 관해 우리가 지적으로 이해할 수 있는 대략적인 설명만 제시할 것이다. 현재의 인류는 영을 실제로 의식할 수 있는 수준까지 성장하지 못한 상태다. 하지만 영이라는 것이 존재한다는 사실을 머릿속으로라도 인지하면 영이 지능적 정신과 소통하기 위해 사용하는 매개인 영적 정신을 이해하는 데 있어 큰 도움이 될 것이다. 영적 정신의 개념을 이해하는 것만으로도 생각의 폭이 놀랍게 펼쳐질 것이고, 성장을 통해 영의 의식이 자연스럽게 찾아오는 날까지 영적 갈증을 충분히 해소할 수 있을 것이다.

여섯 번째 원리, 영적 정신

여섯 번째 원리인 영적 정신을 '초의식(Super-conscious Mind)'으로 표현하는 작가들이 가끔 있는데, 이보다 하위에 있는 잠재의식 또는 본능적 정신과, 의식 또는 지능적 정신을 영적 정신과 구분한다는 점에서 그럭저럭 괜찮은 용어라고 할 수 있다. 대부분 사람이 인지하지 못하는 상위 영역에 위치한 영적 정신은 잠재의식 또는 본능적 정신과는 완전히 다른 개념이기 때문이다.

영적 정신의 실재를 인지하는 단계에 이른 인간은 소수지만, '내 안의 무언가'를 어렴풋이 느끼고 나서 전보다 높은 이상, 생각, 소망, 열망을 품으며 올바르게 행동해야겠다는 내면의 충동을 느끼는 사람들은 갈수록 늘어나고 있다. 이 외에도 자기가 영이 발산하는 빛을 받고 있다는 사실은 인지하지 못하지만, 그 빛의 영향을 받으며 삶의 방향을 조금씩 전환하고 있는 사람들도 많다. 사실 인류 전체가 영이 발산하는 빛을 받고 있으나, 인간을 둘러싸고 있는 물질의 벽이 너무 두꺼워서 그 빛이 내면 깊은 곳까지 도달하지 못하여 암흑처럼 느껴지는 경우가 많다. 하지만 인류는 지금, 이 순간에도 물질의 껍질을 조금씩 벗겨내며 내면을 펼치고 있고, 영혼의 고향으로 돌아가는 여정을 묵묵히 걷고 있다. 궁극적으로는 영의 빛이 모든 이를 감싸게 될 것이다.

인간이 머릿속에서 떠올릴 수 있는 모든 유형의 선, 고결함, 위대함은 영적 정신에서 발산(emanation)되어 점차 우리의 의식 속에 자리를 잡는다. 동양의 일부 작가들은 '발산'보다는 영에서 나온 광선이 완전한 영적 의식의 단계에 이르기 전인 인간의 의식에 '빛을 쏟다.'는 의미에서 '투사(projection)'라는 용어를 선호한다. 인간이 오늘날까지 진화하면서 성취한 고결함, 진정한 종교적 감성, 따스함, 인간애, 정의감, 이타적인 사랑, 자비심, 공감 능력 등이 모두 천천히 펼쳐지고 있는 영적 정신에서 비롯된 것이다. 신과 인간을 향한 사랑도 마찬가지다.

의식이 펼쳐지면서 정의감의 범위도 확대된다. 연민의 감정도 전보다 더 크게 솟아나고, 전 인류를 향한 형제애의 느낌도 강해진다. 사랑하는 마음과 대상도 넓어지고, 종교와 신앙을 불문한 보편적인 '선'의 이해가 확장되면서 이를 따르고자 하는 충동이 샘솟는다. 모든 종파의 오컬티스트는 잘 이해하고 있으나 말로만 예수를 믿는다고 주장하는 대다수 크리스천은 이해하지 못하는, 기독교의 위대한 영적 마스터의 가르침을 삶에서 실천하고 싶다는 열망이 마음속 깊은 곳에서 솟아나는 것이다.

두 가지 계명

(마태복음 22:37) 예수께서 가라사대 네 마음을 다하고 목숨을 다하고 뜻을 다하여 주 너의 하나님을 사랑하라 하셨으니

(마태복음 22:38) 이것이 크고 첫째 되는 계명이요

(마태복음 22:39) 둘째는 그와 같으니 네 이웃을 네 몸과 같이 사랑하라 하셨으니

(마태복음 22:40) 이 두 계명이 온 율법과 선지자의 강령이니라

영적 의식이 펼쳐지면서 인간은 '절대자'가 실제로 존재한다는 느낌을 받게 되며, 이와 동시에 세상 모든 인간을 향한 형제애가 의식 속에 조금씩 뿌리를 내리면서 자라나기 시작한다. 이런 느낌은 본능적 정신에서 솟아나는 것도, 지능적 정신을 통해 받게 되는 것도 아니다. '느끼는 것'은 지능을 통해 이루어지지 않는다. 영적 정신은 지능적 정신에 반하는 것이 아니라 이를 초월한다. 영적 정신은 자신의 활동 영역에서 발견한 진리를 지능적 정신에 전달(하달)하며, 지능적 정신은 이를 대상으로 이성적으로, 논리적으로 사고한 후에 어떤 결론을 내린다. 하지만 이 새로운 생각이 지능적 정신에서 탄생한 것은 아니다. 지능은 차갑다. 반면 영적 의식은 따뜻하고, 활기가 넘치고, 감정이 풍부하다.

인간이 성장하면서 신성한 힘의 이해가 깊어지는 것은 지능적 정신의 소관이 아니다. 지능적 정신은 영적 정신으로부터 받은 정보와 인상을 분석하여 이를 다양한 체계, 교리, 사상 등으로 분류하고 정리할 뿐이다. 지능적 정신에서 인간관계의 중요성에 관한 인식, 즉, 형제애가 탄생하는 것도 아니다. 오늘날의 인간이 그 어느 때보다 자신의 형제들과 자기보다 아래에 있는 생명체를 따스하게 대하고 있는 데는 분명한 이유가 있다. 인간이 지능적 정신을 통해 따스함과 사랑의 가치를 학습했기 때문이 아니다. 이성으로 인해 인간이 타인을 따스하게 대하며 사랑으로 충만해진 것도 아니다. 인간이 전보다 타인을 따스하고 사랑으로 대하기 시작하게 된 이유는, 원천을 알 수 없는 곳으로부터 어떤 충동과 열망이 솟아났기 때문이다. 이에 따라 불우한 처지에 있는 이웃을 보고 불편한 감정과 고통을 느끼지 않기가 불가능해졌다. 이런 충동과 열망은 인간의 기본적인 욕구와 같은 성질을 가지고 있으며, 인간이 성장하면서 더욱 확대되고 강화된다. 몇백 년 전과 오늘날의 인간을 비교해보면 우리의 애정과 사랑이 얼마나 크게 성장했는지 알 수 있다. 하지만 자만해서는 안 된다. 우리의 후손들은 우리의 비인간성을 보고 경악하며 현재의 인류를 무자비한 야만인으로 규정할 것이기 때문이다.

인간이 영적으로 성장하기 시작하면 나와 세상 모든 인간 간의 관계를 실감하게 되며, 타인에 대한 사랑과 연민의 감정이 강해지기 시작한다. 타인이 고통을 받으면 나도 그 고통을 느끼고, 그 고통이 견딜 수 없는 수준에 이르면 이 문제를 해결하기 위해 뭔가 해야겠다는 열망이 솟아나게 된다. 세월이 더 흐르고 인류가 꾸준히 성장하면서 오늘날 많은 사람이 겪고 있는 끔찍한 고통은 궁극적으로 사라질 수밖에 없다. 인류의 영적 의식이 펼쳐지면서 지금은 일부만 겪는 고통을 인류 전체가 느끼게 되고, 이를 더는 견딜 수 없는 지경에 이른 후에는 모두가 힘을 합쳐 해결책을 반드시 찾아내야만 한다는 결론을 내리게 되기 때문이다. 영혼의 내면에서 인간의 동물적 습성을 맹목적으로 따르는 행위에 저항해야 한다는 생각도 꿈틀대기 시작한다. 한동안은 이런 충동을 억제할 수 있을지 모르겠지만, 내면에서 꾸준히 압력이 가해지면서 결국에는 강제적으로라도 따를 수밖에 없는 시점이 찾아온다.

모든 인간의 한쪽 귀에는 상위 가르침을 따라야 한다고 조언하는 천사가 있고, 반대편에는 동물의 본능에 충실해야 한다고 유혹하는 악마가 있다는 옛 우화는 인간은 세 가지 정신을 가지고 있다고 설명하는 오컬트의 가르침과 거의 일치한다. 지능적 정신은 보통 인간의 '자아(I)' 의식을 상징한다. 이 'I'의 한편에서는 본능적 정신이 먼 옛날의 욕망, 우리가 동물의 의식에 머무르던 시절 갈망했던 충동을 채워줘야 한다며 자꾸 속삭이며 부추긴다. 본능적 정신의 충동질은 우리의 성장 수준이 낮았던 시절에는 유효했을지 모르나, 성장하는 영혼이라면 점차 벗어던져야 할 대상이다. 반대편에서는 영적 정신이 지능적 정신에 고차원의 가르침을 전파한다. 영적 성장과 계발의 길에서 이탈하지 않고 꾸준히 자기를 연마함으로써 나에게 아직 남아있는 동물적 습성을 다스리기 위해 노력해야 한다고 부드럽게 타이른다.

자기 안의 두 영혼 사이에서 괴로워하는 사도 바울의 독백

(로마서 7:14) 우리가 율법은 신령한 줄 알거니와 나는 육신에 속하여 죄 아래 팔렸도다
(로마서 7:15) 나의 행하는 것을 내가 알지 못하노니 곧 원하는 이것은 행하지 아니하고 도리어 미워하는 그것을 함이라
(로마서 7:16) 만일 내가 원치 아니하는 그것을 하면 내가 이로 율법의 선한 것을 시인하노니
(로마서 7:17) 이제는 이것을 행하는 자가 내가 아니요 내 속에 거하는 죄니라
(로마서 7:18) 내 속 곧 내 육신에 선한 것이 거하지 아니하는 줄을 아노니 원함은 내게 있으나 선을 행하는 것은 없노라

(로마서 7:19) 내가 원하는 바 선은 하지 아니하고 도리어 원치 아니하는 바 악은 행하는도다

(로마서 7:20) 만일 내가 원치 아니하는 그것을 하면 이를 행하는 자가 내가 아니요 내 속에 거하는 죄니라

(로마서 7:21) 그러므로 내가 한 법을 깨달았노니 곧 선을 행하기 원하는 나에게 악이 함께 있는 것이로다

(로마서 7:22) 내 속 사람으로는 하나님의 법을 즐거워하되

(로마서 7:23) 내 지체 속에서 한 다른 법이 내 마음의 법과 싸워 내 지체 속에 있는 죄의 법 아래로 나를 사로잡아 오는 것을 보는도다

(로마서 7:24) 오호라 나는 곤고한 사람이로다 이 사망의 몸에서 누가 나를 건져내랴

(로마서 7:25) 우리 주 예수 그리스도로 말미암아 하나님께 감사하리로다 그런즉 내 자신이 마음으로는 하나님의 법을, 육신으로는 죄의 법을 섬기노라

인간의 정신과 인성을 관찰하고 연구하는 학자들은 오래전부터 이와 같은 인간의 상위 속성과 하위 속성의 대결에 주목하며, 이 현상을 설명하기 위해 다양한 이론을 제시해 왔다. 옛날 사람들은 악마는 인간이 삿된 길로 빠지도록 계속 귀에 대고 속삭이며 유혹하고, 수호천사는 그가 올바른 길로 나아가도록 옆에서 지도해주는 존재라고 생각했다. 하지만 오컬티스트들은 이미 다 알고 있듯이, 이는 악마와 천사 간의 '대결'이 아니라 인간에 내재한 상반된 두 속성('본능적 정신'과 '영적 정신')이 자기만의 길을 추구하려 하고, 그 중간에 낀 'I'가 양쪽

에 치이고 갈등하면서 올바른 길을 찾아내려고 고군분투하는 현상이다. 오늘날 인류의 에고는 의식의 전환기를 맞은 상태다. 때로는 이런 내적 갈등이 무척 고통스럽게 느껴지지만, 올바른 방향으로 성장하고 있는 인간은 궁극적으로 하위 속성의 유혹을 이겨내고 영적 의식의 빛을 따르겠다는 선택을 내린다. 영적 의식의 빛에 의지하여 세상을 바라보며 상황을 정확하게 파악하고 자신의 하위 속성을 다스리는 동시에, 영적 정신이 발하는 빛에 저항하지 않고 온전히 받아들이기 위해 마음을 활짝 연다.

자신의 하위 속성을 베어버리는 지크프리트 (맥스 하인델의 『절망 속에서 태어나는 용기』 중에서)

이 이야기에도 아주 심오한 영적 가르침이 담겨있다. 인간의 저급한 하위 속성은 고고한 상위 속성을 이용하여 사악한 목적을 달성하려고 꾀를 쓴다. 이 시점의 지크프리트는 영적 깨달음으로 가는 여정에서 부모도, 가족도 모두 떠나보내고 완전히 혼자가 된 구도자를 상징한다. 그는 미메가 상징하는 '흙으로 빚은 육신'은 자신의 본질이 아닌 '다른 종족'이라 여기며, 이전 세대의 지크문트와 지클린데가 이루지 못했던 진리에 이르는 꿈을 실현하기 위해 부모로부터 물려받은 불굴의 투지를 방패 삼아 두려움과 패배를 모른다는 자세로 오직 앞으로 나아가는 중이다.

하지만 깊은 숲속에서 파르지팔을 낳고 기른 헤르츠라이데와 미메의 동굴에서 지크프리트를 출산한 지클린데처럼, 속세를 등지더라도 구도자의 하위 속성(미메)은 그의 영적 힘을 물질적인 목적으로 사용하기 위해 계속 뒤따라온다. 아! 보탄과 발할을 떠난 지크문트처럼 교리에 염증을 느끼고 교회를 떠났던 신도들이 얼마나 많았던가! 이들 중 약간의 영적 지식을 가지고 최면과 암시술 따위로 세상의 부를 끌어당기고, 영혼을 해방하는 천국의 보물보다 영혼을 구속하는 물질을 탐했던 자들은 또 얼마나 많았던가!

오늘날처럼 이 원리가 세상에 그대로 재현된 적도 일찌감치 없었다. 지크프리트와 미메, 제킬 박사와 하이드처럼 두 얼굴을 가지고 살아가는 사람들이 너무나도 많다. 이들은 대체로 지크프리트처럼 영의 힘을 인지하고 자신이 영적 존재라는 사실을 알고는 있으나, 미메가 상징하는 하위 속성에 자꾸 휘둘리면서 물질적 이득을 얻기 위해 책략을 꾸미는 짓을 멈추지 못한다.

이 신성한 힘의 오용을 '기독교'라 부르든, 아니면 다른 종교의 라벨을 붙이든, 영혼의 본래 목적과 무관함에는 틀림이 없다. 우리 모두 자신에게 솔직해질 필요가 있다. "머리를 둘 곳조차 없는 인자"였던 예수는 그리스도 영의 선택을 받은 살아있는 성전이었음에도 불구하고 자기를 위해 그 힘을 쓰지 않았다. 심지어 죽음을 눈앞에 둔 상황에서도 참았다. 사람들은 그가 남은 구원하였지만 자기는 구원하지 못했다고 손가락질했다. 못한 것이 아니라 안 한 것이다. 희생의 법칙(Law of Sacrifice)이 자기 보호의 법칙(Law of Self-preservation)보다 위에 있기 때문에 그 힘을 함부로 쓰지 않은 것이다. "사람이 만일 온 천하를 얻고도 제 목숨(영혼)을 잃으면 무엇이 유익하리요?"

진지한 마음으로 영적 성장의 여정에 오르면 하위 속성이 아무리 교활한 수단을 동원하여 자신을 보호하려 애써도 결국엔 죽게 된다. 미메는 욕망의 영, 파프너를 상대하라고 지크프리트를 부추긴 순간 자신의 무덤을 팠다. 물질에 대한 욕망을 정복한 영혼은 속세의 기준으로 죽은 것이나 다름없기 때문이다. 그는 물질 세상에 살면서 자기가 해야 할 일을 하지만, 세상에 적을 두지는 않은 사람이다.

지크프리트는 미메의 안내에 따라 용으로 둔갑한 거인, 파프너가 니벨룽의 보물을 지키고 있는 동굴로 향한다. 인간의 하위 속성은 세상의 지위와 권력을 얻기 위해 물질을 탐하라고 계속 상위 속성을 꼬드긴다. 세상에는 물질적 부와 권력을 얻고 싶어 안달인 사람이 얼마나 많은가! 우리는 미메처럼 황금을 위해 목숨까지 내걸 준비가 되어있는 존재들이다. 미메는 끔찍한 용이 있는 동굴로 가야 한다는 생각에 두려워하며 몸서리치지만, 음모를 중단하지 않는다. 에고를 상징하는 니벨룽의 반지가 '육신의 일부'가 되었을 정도로 물질의 늪에 깊게 빠지고, 인간의 하위 속성이 반지의 에너지를 다스리게 되면 무한한 권세를 얻을 수 있다는 사실을 알고 있기 때문이다. 하지만 두려움을 모르는 구도자 지크프리트는 욕망의 상징인 용을 처치한 후, 육체를 상징하는 미메마저 베어버린다.

영적 정신은 또한 모든 시대의 시인, 화가, 조각가, 작가, 설교가, 연설가 등에게 주어지는 '영감(靈感; Inspiration[9])'의 원천이기도 하다. 예언가의 비전과 선지자가 보는 미래의 모습도 모두 영적 정신에서 비롯된 것이다. 고도의 집중력을 발휘하며 높은 이상을 향해 정신통일을 하던 중 이처럼 영적 정신으로부터 놀라운 정보를 받은 사람 중에는 천사, 정령, 심지어 신으로부터 이런 계시를 받았다고 생각하는 사람도 많다. 하지만 이런 계시 대부분은 자기 안에서 나온 것이다. 즉, 내 안의 상위자아가 속삭이는 말에 귀를 기울인 결과인 것이다. 어떤 외부의 지성체가 우리에게 소중한 메시지를 전달하는 사례가 전혀 없다는 얘기는 아니다. 상위 지성체가 인간의 영적 정신을 매개로 삼아 그와 소통하는 경우도 많다. 다만 우리가 외부에서 받았다고 생각하는 계시 중 상당수는 사실 내 안에서 나온 것이라는 점을 강조하기 위해 한 말이다. 인간은 누구나 자신의 영적 의식을 계발하여 자신의 상위자아와의 관계를 강화할 수 있으며, 이를 통해 지능적 정신만으로는 상상도 하지 못했던 지식에도 접근할 수 있다.

이런 경로를 통해 놀라운 수준의 초자연적 힘을 얻게 되는 사례도 더러 있으나, 하위 속성의 유혹을 완전하게 정복하기 전까지는 이런 능력이 주어지는 경우가 매우 드물다. 저속한 목적을 위해 이런 힘이 함부로 사용되어서는 안 되기 때문이다. 진정한 힘은 자기를 높이기 위해 그 힘을 사용하겠다는 생각을 버린 사람에게만 찾아온다. 이것이 우주의 법칙이다.

---

9) 'Inspiration'이라는 단어에서도 볼 수 있듯이, '영감'은 '영(spirit)'이 '안(in)'으로 들어오는 것을 의미한다.

자신의 힘을 이타적인 목적으로만 사용하는 파르지팔 (맥스 하인델의 『절망 속에서 태어나는 용기』 중에서)

첫 만남에서 같은 질문을 받았던 파르지팔은 "모르겠습니다."라고 대답했었다. 하지만 이번에는 전혀 다른 답변을 내놓는다. "구하기 위해 고통받으면서 이곳까지 오게 되었습니다." 파르지팔의 첫 몬살바트 입성은 인간이 우연히 영적 세상을 엿보게 되는 사건을 상징한다. 하지만 두 번째 방문은 영적으로 성장하겠다는 의식적인 노력의 결과로 얻어진 것이다. 세상의 슬픔과 고통을 두루 경험하고 감내하면서 맺은 정당한 결실이다. 파르지팔은 그곳에 이르는 고단한 여정에서 겪은 무용담을 늘어놓는다. 그는 길에서 수많은 적을 만났고, 그때마다 성창으로 그들을 물리치고 위험으로부터 자신을 구하고 싶은 마음이 굴뚝같았지만, 성창은 남을 해치기 위해서가 아니라 치유하는 용도로 쓰인다는 사실을 알았기 때문에 참았다고 말한다. 성창은 순수한 마음으로 삶에 임하는 영혼에게 주어지는 영적 힘을 상징한다. 하지만 이 창은 오로지 이타적인 목적으로만 사용되어야 한다. 불순한 야망으로 함부로 성창을 휘두르면 암포르타스처럼 반드시 잃게 된다. 성창을 소유한 사람은 그 힘으로 배를 주리는 오천 명의 백성을 먹일 수 있지만, 자신의 허기를 달래기 위해 작은 돌멩이 하나를 빵으로 만드는 것은 허용되지 않는다. 귀가 잘려 나간 적의 얼굴에서 흐르는 피가 멈추도록 성창을 귀에 댈 수는 있지만, 자신의 옆구리에서 쏟아지는 생명수를 틀어막기 위해 사용해서는 안 된다. 그리스도도 자신을 위해서 그 힘을 쓰지 않았다고 성경에 기록되어 있다. "저가 남은 구원하였으되 자기는 구원할 수 없도다."

파르지팔과 구르네만츠는 몬살바트의 성으로 들어간다. 기사들이 암포르타스에게 성배 예식의 집전을 요구하고 있으나, 왕은 성배를 공개할 때마다 찾아오는 끔찍한 고통이 두려워 그들의 청을 거부하고 있다. 그는 추종자들에게 맨 가슴을 내민 채 차라리 자기를 죽여달라고 호소한다. 이때 파르지팔이 왕에게 나아가 옆구리에 성창을 대자 기적처럼 상처가 사라지고 치유된다. 파르지팔은 암포르타스를 퇴위시키고 자신이 앞으로 성배와 성창을 보호하겠노라고 선언한다. 오로지 완벽하게 이타적이고 선악을 분별할 수 있는 자만이 성창이 상징하는 영적 힘을 소유할 수 있다. 암포르타스는 적을 공격하고 해치기 위해 성창을 사용했다. 하지만 파르지팔은 자기방어의 목적으로도 성창을 사용하지 않았다. 암포르타스는 클링조르를 징벌하기 위해 팠던 무덤에 자기가 빠졌지만, 파르지팔은 성창으로 남을 치유하는 능력을 갖추게 되었다.

인간이 영적 정신의 존재를 인지하고 지도를 따르기 시작하면 소통이 강해지고, 전보다 더욱 밝은 빛을 받게 된다. 영에 대한 믿음이 강해질수록 각성과 깨달음의 빛이 더 자주, 더 밝게 빛나는 것이다. 영적 의식을 향한 마음이 열리면서 영의 속삭임, 즉, '내면의 목소리'에 더 의지하게 되며, 내면의 목소리와 자신의 하위 속성에서 비롯되는 충동과 부추김을 분별하는 역량도 커진다. 영이 내가 가야 할 길을 지도하도록 나 자신을 내맡기는 방법도 터득하게 된다. 수강생 중에는 '영에 이끌리는 것'을 이미 경험하고 배운 사람들도 많을 것이다. 그런 학생들은 우리가 자세히 설명하지 않아도 영에 이끌린다는 것이 무엇을 의미하는지 잘 이해하고 있으리라 생각한다. 아직 체험해보지 못한 사람은 때가 올 때까지 기다리는 수밖에 없다. 인간의 언어를 초월하는 개념을 말로 설명하기란 불가능하기 때문이다.

이번 강의의 후반부에서 '깨달음' 또는 영적 의식이 깨어나는 여러 단계의 개요를 간단하게 설명할 예정이다. 이런 깨달음의 순간을 이미 경험해 본 이들도 있고 아직 경험하지 못한 이들도 있겠지만, 궁극적으로는 모든 인간이 깨달음에 이르게 될 것이다. 이번 생이 아니면 먼 훗날, 미래의 생에서라도 그날이 반드시 올 것이다. 이제 우리가 아직 온전하게 이해하지 못하는, 대략적인 감만 잡을 수 있는 일곱 번째 원리, '영'의 설명으로 넘어가자.

일곱 번째 원리, 영

오늘날 지구상에 발을 딛고 사는 사람 중 최고 수준의 영적 성장을 이룬 영혼조차 제대로 이해하지 못하는 이 주제에 과연 어떻게 접근해야 할까? 유한한 존재가 어떻게 무한한 것을 표현하거나 이해할 수 있단 말인가? 인간의 일곱 번째 원리인 영은 신성한 불꽃, 우리가 신성한 힘으로부터 상속받은 가장 소중한 보물, 우주 중심의 태양으로부터 발산된 광선, 즉, 진아를 의미한다. 영은 단어로 설명할 수 없다. 인간의 정신으로 이해할 수도 없다. 영은 '혼의 혼(Soul of the Soul)'이다. 이 개념을 제대로 이해하려면 신부터 이해해야 한다. 영은 영의 바다에서 나온 물 한 방울, 무한의 해안에 깔린 모래 한 톨, 신성한 불꽃의 입자 하나이기 때문이다. 영은 우리가 고된 여정을 걸으면서 끊임없이 진화하고 성장하도록 부추기는 원동력이자 원천이다.

　영은 가장 먼저 태어나고, 가장 마지막에 펼쳐지게 될 의식이다. 인간이 영을 온전하게 인지하는 의식 수준에 도달하면 오늘날 우리가 가진 지능으로는 상상도 할 수 없는, 현재의 인간보다 훨씬 크고 위대한 존재로 거듭나게 된다. 여러 겹의 물질에 둘러싸인 채 억겁의 세월 동안 존재감조차 표현하지 못한 영은 인간의 내면에서 온전히 펼쳐질 때까지 또 오랜 세월을 감내할 것이다. 인간은 수많은 성장의 계단을 오르는 과정에서 대천사의 지위도 거치며 비로소 영을 온전히 맞이하게 될 것이다.

　영은 인간의 내면에서도 중심에 가장 가까운, 즉, 신과 가장 가까운 그 무언가다. 우리가 일상에서 내면의 영을 느끼는 소중한 체험을 하게 되는 경우는 극히 드물며, 그 짧은 순간 동안에는 마치 미지의 것 앞에 벌거벗겨진 채 서 있는 듯한 충격적인 경험을 하게 된다. 이런 신비체험은 깊은 종교적 사색에 잠겨 있을 때, 한 편의 시에서 영혼을 울리는 메시지를 발견했을 때, 인간으로서 시도해볼 수 있는 것은 다 해보고 위로의 말조차 조롱처럼 들리는 절체절명의 위기에 처했을 때, 가진 것을 전부 잃고, 오직 나보다 위에 있는 존재의 직접적인 조언 외에는 수렁에서 빠져나갈 방도가 없을 때, 그런 순간에 찾아온다. 이런 순간을 한 번이라도 체험하고 나면 평생 잊을 수 없는 평온함을 느끼게 되며, 그 이후부터는 사람이 완전히 변한다. 깨달음 또는 영적 의식이 펼쳐지기 시작하는 순간에는 영의 실재도 느끼게 된다. 모든 생명의 중심과의 관계와 연결됨을 느끼게 되는 소중한 순간이다. 신은 영이라는 매개를 통해 자신을 인간에게 드러낸다.

우리의 한계를 넘어서고 압도하는 이 주제에 계속 머무를 순 없다. 단어로 아무리 설명해봐야 실제로 체험해보기 전에는 영을 제대로 이해할 수 없다. 영적 정신이 주는 자극을 느껴본 사람은 비록 온전하게 이해하지는 못하더라도 내 안에 영이 존재한다는 사실을 어렴풋이 인지할 수 있다. 직접 체험해보지 않은 사람은 우리가 이를 주제로 수십 권의 책을 쓴다 한들 이해할 수 없을 것이다. 우리의 이해도 완전함과는 거리가 멀기 때문에 제대로 설명할 수도 없을 것이다. 따라서 영의 설명은 이쯤에서 마무리하자. 학생들이 최소한 영이라는 것이 존재하고, 내 안의 최고 지성, 진아와 조금 더 가까워지고 싶다는 마음을 품게 되었으면 그것만으로도 족하다. 여러분의 마음에 영의 평온이 깃들기를 기원한다.

깨달음, 또는 영적 의식

영적 정신은 점진적으로, 천천히 펼쳐지는 경우가 많다. 영적 지식의 증가와 의식의 확장은 꾸준히 느껴지더라도 획기적이거나 갑작스러운 변화를 체험하는 사례는 드물다. 간혹가다 강렬한 '깨달음'의 순간을 체험하는 사람도 있다. 평소의 의식 상태에서 거의 완전히 벗어나 고차원의 의식 수준으로 상승한 것 같은 기분이 들고, 이 상태에서 체험한 내용을 나중에 명확하게 기억하거나 묘사하지는 못하지만, 그 어느 때보다 크게 성장했다는 확신이 드는 체험이다. 소속된 종교와 신앙을 불문하고 다양한 형태와 수준으로 이런 경험을 한 사람들이 많으며, 일반적으로 이런 체험은 자신의 신앙을 대표하는 심볼을 동반하는 경우가 많다. 하지만 고위 오컬티스트들은 이런 다양한 체험들이 본질적으로 같다는 사실을 알고 있다. 즉, 영적 의식의 도래, 영적 정신의 확장을 사람에 따라 다른 형태로 체험하게 되는 것이다. 어떤 사람들은 이 체험을 '우주적 의식'이라는 용어로 표현했는데, 아주 적절한 것 같다. 상위 차원의 깨달음에 이르면 우주에 존재하는 모든 생명, 고등 생물과 하등 생물, '선'한 생명과 '악'한 생명을 막론하고 만물을 대상으로 형제애를 느끼게 되기 때문이다.

물론 이와 같은 체험의 수준은 개인의 성장 상태, 기존의 수련 이력, 성정 등에 따라 다를 수 있지만, 어떤 경우든 몇 가지 공통점이 있다. 가장 대표적인 공통점은 세상 모든 것에 관한 지식을 다 얻은 것 같은 기분이 드는 현상이다. 이 느낌은 순간적으로 찾아왔다가 순식간에 사라지며, 당사자는 손에 들어왔던 보물을 잃어버린 것 같은 깊은 회한과 괴로움에 빠지게 된다. 또 하나의 공통 체험은 인간의 불멸성, 즉, 나는 오래전부터 존재했고, 앞으로도 영원히 존재할 운명이라는 실재(Being)에 관한 확신이다. 모든 두려움의 감정이 눈 녹듯이 사라지고, 체험해보지 못한 사람은 절대 이해할 수 없는 어떤 확신, 믿음, 자신감이 한꺼번에 몰려온다. 그다음에는 모든 생명을 향한 사랑의 감정이 전신을 감싸는 듯한 기분이 든다. 내 옆에 있는 가까운 사람들부터 우주 반대편에 거주하는 미지의 존재들에 이르기까지, 우리가 순수하고 성스럽다고 생각하는 선량한 사람들부터 온 세상이 역겹고, 사악하고, 쓰레기라고 비난하는 사람들까지, 전부 다 사랑한다는 감정이 마음을 가득 채운다. 독선과 비난의 감정이 일거에 자취를 감추고, 대상을 차별하지 않고 자신의 빛을 모두에게 발산하는 태양처럼 만물을 사랑하는 마음이 자연스럽게 샘솟는다.

일정한 순간 심오하고 경건한 기분 또는 느낌에 완전히 휩싸이는 방식으로 이런 경험을 하는 사람도 있고, 마치 꿈속에서 영적으로 상승한 것 같은 기분, 우주의 모든 것을 감싸는 밝은 빛에 둘러싸인 것 같다는 느낌을 받는 사람도 있다. 어떤 상징이나 형상을 통해 진리를 접하는 사람도 있다. 체험 당시에는 그 의미를 완전하게 파악하지 못했을지라도, 충분한 시간이 흐른 후 상징 안에 담긴 의미를 깨우치게 되는 것이다.

이런 체험을 한 번이라도 하고 나면 정신 상태가 완전히 바뀌며, 이전과는 전혀 다른 사람이 된다. 체험 당시의 생생한 느낌은 시간이 흐르면서 서서히 퇴색되지만, 먼 훗날 내가 위기에 처했을 때, 지능적 정신의 의견과 생각이 불신을 조장하며 내 믿음을 갈대처럼 마구 뒤흔들 때 위안이 되고 힘을 주는 원천이 된다. 오래전에 체험했던 그 일의 기억이 새로운 힘을 솟구치게 하는 원천, 나를 이해하지 못하는 세상으로부터 상처를 입은 영혼이 안식을 취할 수 있는 피난처 역할을 하게 되는 것이다.

이런 체험은 또한 강렬한 기쁨과 환희를 동반하는 경우가 많다. 체험의 순간에 가장 먼저 떠오르는, 나의 전부를 지배하는 단어와 생각이 바로 '기쁨'이다. 하지만 우리가 일상에서 체험하는 것과는 질적으로 다른 기쁨이다. 실제로 체험해보기 전까지는 머릿속으로도 상상할 수 없는 기쁨, 그 기억이 떠오를 때마다 혈관이 따끔거리고 심장이 쿵쾅거리는 그런 기쁨이다. 그리고 앞서 얘기했듯이, 이 현상을 체험하는 순간에는 우주 만물을 이해하게 된 것 같은 느낌도 든다. 이는 말로 설명하기 불가능한 지적 깨달음의 경지다.

역사상 모든 민족의 고대 철학자들이 기록한 글, 위대한 시인들이 불렀던 노래, 모든 시대와 종교의 선지자들이 남긴 증언을 통해 이들이 체험했던 깨달음, 영적 정신의 펼쳐짐의 흔적을 발견할 수 있다. 지면상의 제약으로 이 책에서 그 수많은 사례를 일일이 열거할 수는 없다. 이 신비스러운 체험을 전하는 방식은 사람마다 다르지만, 사례들을 살펴보면 본질적으로 다 같은 이야기를 하고 있음을 알 수 있다. 아주 짧은 순간만이라도 이 신비스러운 현상을 체험해본 사람은 작가들의 이야기, 시인들의 노래, 또는 선지자들의 설교에 담긴 체험의 증언이 의미하는 바를 즉각적으로 이해한다. 수백, 수천 년의 세월이 나와 그들을 갈라놓고 있을지라도 그 신비스러운 체험의 공통점을 순간적으로 감지하게 되는 것이다. 이 영혼의 노래를 한 번이라도 듣고 나면 평생 뇌리에서 지워지지 않는다. 야만인에 가까운 원시인의 조잡한 악기를 통해 흘러나오든, 현대의 세련된 음악가가 연주하는 완성도 높은 악기를 통해 흘러나오든, 그 안에 담긴 신비스러움의 본질을 대번에 인지하게 된다. 옛 이집트, 인도, 고대 그리스와 로마, 초기 기독교의 성자, 퀘이커 교도의 형제, 가톨릭의 수도원, 이슬람의 모스크, 중국의 철학자, 아메리카 원주민들이 말하는 선지자 영웅의 전설 등, 모두가 같은 노래를 전하고 있으며, 더 많은 사람이 자신의 체험을 공유하기 위해 목소리를 더하고 연주를 덧입히면서 합창단의 노랫소리는 갈수록 커지고 있다.

많은 사람이 오해하는 서양의 시인, 월트 휘트먼[10]이 자신의 희한한 체험을 직설적으로 내뱉었을 때, 그는 자기가 한 말의 의미를 제대로 이해하고 있었다. 체험해 본 사람이라면 다들 공감할 것이다. 그의 시를 읽어보자. 이것보다 더 명확하게 신비체험을 묘사할 수 있을까?

"마치 실신할 것 같은 찰나의 순간에
형언할 수 없는 또 하나의 태양이 나를 황홀경에 빠트린다.
내가 아는 모든 천체, 미지의 천체보다도 밝다.
그 짧은 순간에 나는 미래의 땅, 천국의 땅을 보았다."

"내가 깨어있을 리가 없다. 지금까지 봤던 모든 것들이 다르게 보인다.
어쩌면 이전에 봤던 것들은 모두 꿈이었고, 태어나서 처음으로 깨어난 것인지도 모른다."

인간의 언어로 그 체험을 표현할 수 없다고 하소연하는 그의 말에는 우리도 동의할 수밖에 없다.

"아무리 노력해도 표현할 수 없다;
내 혀를 굴려도 무용지물이고,

---

10) Walt Whitman (1819~1892). 미국의 시인, 수필가, 저널리스트.

내 호흡도 몸의 말을 듣지 않는다.

나는 벙어리가 되었도다."

학생들에게도 이처럼 놀라운 깨달음의 기쁨이 찾아오길 기원한다. 때가 되면 여러분도 그 순간을 맞이하게 될 것이다. 그 순간이 오더라도 경악할 필요가 없고, 그 찰나의 순간이 지나갔다고 해서 슬퍼할 필요도 없다. 다시 찾아올 것이다. 굴하지 않고 진아를 발견할 때까지 계속 앞으로 나아가며 나의 모든 것을 영에 맡기자. 침묵 속에서 들려오는 그 목소리에 귀를 기울이고, 보이지 않는 손의 손길을 느끼며 이에 반응하자. 『길을 비추는 빛[11]』이라는 제목의 짧은 책자에 담긴 난해한 문장들도 전보다 쉽게 이해하게 될 것이다.

여러분 안에는 신성한 불꽃에서 나온 진아가 있으므로 전혀 두려워할 필요가 없다. 그 빛이 램프가 되어 여러분의 앞길을 안내해줄 것이다.

모두에게 평온이 깃들기를.

---

[11] 『Light on the Path』. 메이블 콜린스라는 작가가 영감을 받아서 쓴 짧은 책으로, 제14강에서 조금 더 자세히 다룬다.

만트라

이번 강의의 만트라는 심오한 영적 진리를 담고 있으나 매일같이 암송하는 대부분 사람도 그 의미를 완전하게 이해하지 못하는 존 뉴먼[12] 추기경의 시, 『따뜻한 빛이여, 나를 이끄소서(Lead, Kindly Light)』의 첫 구절이다. 강의를 통해 전달한 영의 개념을 이해했으면 이 위대한 시에 숨겨진 아름다움을 발견할 수 있으리라 생각한다.

따뜻한 빛이여, 어둠 가득한 곳에서
나를 이끄소서.
밤은 어둡고, 집은 멉니다;
나를 이끄소서.
내 발을 지켜주소서; 머나먼 저곳을 보고 싶은
생각은 없습니다; 한 발자국이면 충분합니다.
나를 이끄소서.

---

12) John Henry Newman (1801~1890). 영국의 신학자, 학자, 지식인, 철학자, 역사학자, 작가, 시인, 영국성공회 신부, 가톨릭 신부, 추기경. 2019년에 가톨릭교회에서 성인으로 공표되었다.

제4강

인간의 오라

지금까지 진행한 세 편의 강의를 통해 인간을 구성하는 일곱 가지 원리를 간단히 살펴보았다. 하지만 '인간의 구성'이라는 주제를 완전하게 설명하기 위해서는 오컬티스트들이 '인간의 오라(aura)'라 부르는 개념도 짚고 넘어가야 한다. 인간의 오라는 오컬트의 가르침 중에서도 상당히 흥미로운 영역으로, 모든 시대와 민족의 오컬트 문헌과 전통에 관련 내용이 기록되어 전해지고 있다. 지금까지 인간의 오라를 둘러싼 많은 오해와 혼란이 있었고, 이 분야를 연구하는 여러 학자의 다양한 추측과 이론으로 진실이 베일에 가려지는 사태가 벌어지고 말았다. 초자연적 힘을 높은 수준으로 계발한 사람의 눈에만 오라가 제대로 보인다는 점을 고려하면 이런 혼선이 발생한 것도 그리 놀랄 일이 아니다. 투시력의 역량이 떨어져 오라를 구성하는 여러 요소 중 가장 쉽게 드러나는 부분만을 본 사람들이 이를 전체로 착각하고 대중에게 널리 전파하는 바람에 혼란이 가중된 것이다. 하지만 이들은 일부만을 보았다. 높은 경지에 이른 오컬티스트만이 오라 전체를 볼 수 있다.

최근에는 육신을 겹겹이 둘러싼 오라가 곧 인간을 구성하는 여러 원리라고 가르치는 사람들도 있다. 일곱 원리가 육신을 중심으로 투사된 것이 바로 오라라는 것이 그들의 설명이다. 하지만 이것은 마치 태양광이 태양의 일부고, 전등에서 나오는 빛이 전등 자체의 일부고, 오븐에서 방사되는 열이 곧 오븐이고, 꽃향기가 곧 꽃이라고 주장하는 것이나 다름없다. 오라 역시 인간의 일곱 원리 자체가 아니라, '일곱 원리가 발산하는 무언가'라는 개념으로 이해해야 한다.

인간을 구성하는 일곱 가지 원리는 각각 고유의 에너지를 발산하며, 초자연적 감각이 발달한 소수의 눈에는 이 에너지가 보인다. 인간이 발산하는 이 에너지는 'X-레이'처럼 특수 도구를 사용하지 않으면 보통 인간의 눈에는 보이지 않는 에너지와 같은 성질을 지니고 있다. 초자연적 감각을 일정 수준 이상으로 계발한 사람이면 오라의 잘 드러나는 부분까지는 비교적 쉽게 볼 수 있으나, 상위 오라는 높은 경지에 도달한 사람의 눈에만 보인다. 오늘날 지구상에 사는 사람 중 인간의 여섯 번째 원리인 영적 정신이 발산하는 오라까지 본 사람은 소수에 불과하며, 일곱 번째 원리인 영이 발산하는 오라는 현생 인류보다 훨씬 높은 수준으로 성장한 존재들에게만 보인다. 반면 일곱 가지의 원리 중 하위 다섯 개가 발산하는 오라를 볼 수 있을 정도로 초자연적 힘을 계발한 사람은 많으며, 계발 수준에 따라 오라를 보는 시각의 선명도와 범위가 달라진다.

이번 강의에서 학생들에게 인간 오라의 대략적인 개념을 전달하고자 노력하겠지만, 두꺼운 책 한 권으로도 이 방대한 주제를 자세히 다룰 수 없다는 사실을 양해해주기 바란다. 이런 주제에 관한 지식을 압축된 형태로 요약하고 정리하기란 쉽지 않은 일이다. 하지만 열심히 강의 내용을 공부하는 학생에게는 오라에 관한 비교적 소상한 그림을 제시할 수 있을 것으로 생각한다.

앞서 설명했듯이, 인간을 구성하는 각각의 원리는 특정한 에너지를 발산하며, 이 에너지의 총체를 '인간의 오라'라고 부른다. 각각의 원리가 발산하는 오라는 육신을 중심으로 같은 공간을 점유한다. 즉, 여러 원리가 동시에 발산하는 오라는 중첩되어 있다. 하지만 각각의 진동률이 다르므로 서로 간섭하지 않는다. 강의에서 '오라'를 언급하면 일곱 가지 원리가 발산하는 개별 오라를 총칭하는 것으로 이해하기 바란다. 초자연적 시각을 계발한 사람은 이 오라 전체를 볼 수 있다. 한편 특정 원리가 발산하는 오라에 관해 논할 때는 해당 원리를 지칭하는 것으로 이해하기 바란다.

인간의 오라 중 가장 잘 드러나는 부분은 물론 육신이 발산하는 오라다. 이 오라는 발산하는 사람의 신체적 건강 상태를 보여주기 때문에 '건강 오라'로 불리기도 한다. 다른 형태의 오라와 마찬가지로 이 오라는 상황에 따라 몸에서 2~3피트(60~90cm) 정도의 거리까지 뻗어 나가며, 타원 또는 달걀의 모양을 띤다. 모든 형태의 오라가 달걀 모양을 띠고 있어서 일부 작가들은 '오라의 란(Auric Egg)'라는 표현을 쓰기도 한다. 육신의 오라는 사실상 색을 띠지 않고 있으나(또는 맑은 물과 유사한 푸르스름한 흰색), 다른 유형의 오라에서는 발견되지 않는 특이한 성질을 가지고 있다. 초자연적 시각을 가진 사람의 눈에는 마치 다수의 섬세한 선이 뻣뻣한 털처럼 몸에서 뻗어 나오는 것으로 보인다는 점이다. 건강하고 활력이 넘치는 사람의 몸에서 뻗어 나오는 오라의 '털'은 뻣뻣하고 곧지만, 활력이 떨어지고 건강 상태가 좋지 않은 사람의 몸에서 나오는 '털'은 동물의 부드러운 털처럼 축 늘어진다. 상태가 아주 안 좋은 경우에는 이 '털'들이 제멋대로 헝클어진 머리칼처럼 방향성 없이 튀어나와 서로 꼬이고 뒤얽히는 모습을 띠게 된다. 육신이 발산하는 오라의 모습은 육신에 에너지를 제공하는 프라나의 공급량에 따라 달라진다. 정상적으로 충분한 프라나를 공급받는 육신은 건강하고, 공급량이 부족한 육신은 병을 앓거나 약해진다.

육신이 발산하는 오라는 상위 오라를 볼 수 없는, 초자연적 시각의 발달 수준이 낮은 다수의 눈에도 잘 보인다. 반면 초자연적 시각이 뛰어난 수준으로 발달한 사람에게는 상위 오라가 발하는 다양한 색이 육신에서 나오는 오라와 중첩되어 보이는 바람에 오히려 '건강 오라'가 잘 보이지 않을 수도 있다. 따라서 이런 경우에는 의도적으로 상위 오라를 억제하고 보고자 하는 오라의 진동만 통과하도록 시각을 조절해야 한다. 육신에서 발산된 오라는 한동안 그 자리에 머무른다. 개와 같은 동물들이 사람의 '체취'를 맡고 추적할 수 있는 것도 사실은 그가 발산한 오라의 흔적을 감지할 수 있기 때문에 가능한 것이다.

인간을 구성하는 두 번째 원리인 아스트랄체가 발산하는 오라는 원천인 아스트랄체처럼 수증기와 유사한 모습과 색을 띠고 있으며, 분해되면서 시야에서 사라지기 직전에도 증기처럼 보인다. 아스트랄체에서 발산되는 오라 역시 다른 유형의 오라와 뒤섞인(중첩된) 상태에서는 분간하기 어렵지만, 아스트랄체가 일시적으로 육신에서 이탈한 순간(유체이탈)에는, 특히 다양한 색상을 발산하는 상위 원리의 진동을 인지하지 못하는 사람에게는 잘 보일 수 있다. 이 책을 읽고 있는 학생 중 아스트랄 형체, 또는 사람들이 보통 '귀신'이나 '정령'이라 부르는 형체를 본 적이 있는 사람은 인간의 형상을 띤 아스트랄체를 감싸고 있는 달걀 모양의 증기를 보았던 것을 기억할 것이다. 희미한 수증기처럼 보이는 이 타원형의 구름이 바로 아스트랄체가 발산하는 오라다. 물론 아스트랄체가 '구체화'한 형태로 나타나면 누구나 쉽게 볼 수 있다.

세 번째 원리인 프라나가 발산하는 오라를 말로 묘사하기란 쉽지 않다. X-레이를 실제로 본 적이 없는 사람이라면 이해하기 어려울 것이다. 프라나가 발산하는 오라는 수증기로 구성된 구름처럼 보이며, 전기 불꽃의 색과 모습을 띤다. 사실 프라나는 어떠한 형태로 구체화하든, 언제나 전등의 빛 또는 불꽃처럼 보인다. 프라나는 몸 안에 또는 몸과 가까운 곳에 있을 때 희미한 장밋빛 색조를 띠며, 몸에서 몇 센티미터씩 멀어지면서 색이 엷어진다. 초자연적 시각이 발달한 사람은 '마그네틱 치유'를 수행하거나 최면을 거는 사람의 손가락 끝에서 전기 스파크 같은 입자가 튀어나오는 모습을 생생하게 볼 수 있다. 심지어 초자연적 시각을 소유하지 않은 사람의 눈에도 보일 수 있다. 이들에게는 이 오라가 마치 오븐 또는 뜨겁게 달궈진 땅에서 가열된 공기가 솟아오르는 것처럼 보인다. 색은 없지만 뭔가 진동하고 고동치는 듯한 형상이 보이는 것이다.

활력이 떨어지는 허약한 사람이 건강한 사람 곁에 있을 때 그의 프라나를 무의식적으로 끌어오는 사례도 종종 있다. 이 경우, 본인의 동의 없이 타인에게 프라나를 '빼앗긴' 건강한 사람은 나른함과 무기력증을 느끼게 된다. 『호흡의 과학』 책자의 '오라의 형성' 편에서 우리는 의식적이든 무의식적이든, 이와 같은 '프라나 흡혈 행위'로부터 자신을 방어하는 방법을 소개한 바 있다. 그 책자에서는 다른 목적으로 이 내용을 소개했지만, 방금 설명한 것처럼 자신의 프라나를 보존하는 목적으로도 사용할 수 있다. 나의 동의 없이는 내 안의 힘이 밖으로 빠져나가지 않고 외부의 영향이 나를 침투할 수도 없도록 오라의 보호막(Auric Shell)을 머릿속에서 생성하여 나를 둘러싸게 하는 것도 강력한 효과를 발휘할 수 있다. 이 방식을 잘 활용하면 건강을 해치는 전염병이나 병원균에 노출된 상황에서도 나를 보호할 수 있다.

앞서 언급했듯이 최면 또는 초자연적 요법으로 몸이 아픈 환자를 치료할 때도 프라나의 오라가 발산되는데, 이 경우에는 치유사가 프라나의 흐름을 적절하게 통제하고 필요에 따라 자기 안의 프라나를 충전하여 여기에서 발산되는 오라의 생성과 흐름에 끊김이 없도록 조절하므로 큰 문제가 되지 않는다. 자세한 내용은 『호흡의 과학』에서 이미 소상하게 설명했으므로 이 주제에 더 이상의 지면은 할애하지 않겠으나, 이번 강의에서 설명하는 인간 오라의 개념을 숙지하고 이 책자를 다시 읽어보면 새롭게 이해하게 되는 내용도 있을 것이다. 『호흡의 과학』은 일반 대중을 위해 쓰인 책이다. 누구나 읽고 나면 유용한 지식을 얻을 수 있지만, 이번 강의를 이수하는 학생은 책에 담긴 내용을 보다 정확하고 깊게 이해할 수 있을 것이다. 짧고 직설적인 화법으로 쓰였으나, 일정 수준의 이해력을 확보한 사람만 그 참된 의미를 파악할 수 있는 숨겨진 내용이 많은 책이다. 이번 강의를 듣고 있는 학생들도 틈틈이 그 책자를 읽어보고, 그때마다 새로운 가르침을 발견하게 되길 기대한다.

그럼 이제부터 인간 오라의 가장 흥미로운 특성을 살펴보자. 지금까지 설명한 세 가지 유형의 오라의 개념에 이미 익숙한 학생도 이제부터 설명하는 내용을 듣고 깜짝 놀라는 대목이 제법 있을 것으로 생각한다. 이 내용을 접하고 도저히 믿을 수 없다며 의심하는 학생들도 있을 것이다. 그런 학생들에게는 모든 인간에게는 초자연적 힘을 충분한 수준으로 계발할 수 있는 능력이 내재해 있으며, 누구나 그 경지에 도달하면 이번 강의 내용의 진위를 직접 확인할 수 있다는 사실을 호소하고 싶다.

지금까지 이미 수천, 수만에 이르는 사람이 같은 과정을 거친 바 있다. 의심하는 자에게는 오컬트의 가르침을 굳이 숨길 필요도 없다. 성취의 대가를 치를 의사가 있는 사람이라면 누구든 오컬트의 세계에 입문할 수 있다. 여기서 말하는 대가란 금과 은이 아니라 나의 하위 속성을 내려놓고 상위 속성을 위해 헌신하겠다는 마음가짐을 의미한다. 물론 올바른 방법으로 자신을 닦고 정화하는 과정을 거치지 않고 샛길을 통해 오컬트와 초자연적 세계로 입문하는 사람도 있다. 이들이 얻는 오컬트 '능력'은 축복이 아니라 저주로 작용하게 되며, 결국에는 이들 모두 큰 고통을 받으며 걸어왔던 길로 되돌아가 정식 출입문으로 다시 입장해야 한다. 하지만 올바른 정신으로 출입문의 열쇠를 구하는 자는 쉽게 찾아낼 수 있을 것이다.

앞서 설명했듯이, 초자연적 시각을 계발한 사람에게는 오라가 육신을 중심으로 해서 사방으로 60~90cm 정도 밖으로 뻗어 나와 형성된, 타원에 가까운 모양의 빛나는 구름처럼 보인다. 하지만 특정 거리에 이르러 오라가 갑자기 끊어지는 것이 아니라 몸에서 멀어질수록 엷어지면서 시야에서 서서히 사라지는 것이다. 실제로는 우리 눈에 보이는 것보다 훨씬 길게 뻗어 나간다. 밝은 빛을 발하는 구름처럼 생긴 오라의 색은 수시로 변하는데, 사람의 상태에 따라 특정 색상이 두드러지게 나타난다. 잠시 후 그 이유를 설명할 것이다.

오라의 색은 이를 발산하는 사람의 정신 상태에 따라 달라진다. 우리의 모든 생각, 감정 또는 기분은 이에 상응하는 오라의 색을 만들어낸다. 초자연적 시각을 가진 사람은 인간이 발산하는 여러 오라의 색을 볼 수 있으며, 그 색을 통해 세 가지 정신 중 어떤 정신이 어떤 생각, 감정, 기분을 만들어냈는지까지도 파악할 수 있다. 다시 말해, 초자연적 역량이 발달한 사람, 높은 경지에 이른 오컬티스트들은 펼쳐진 책을 읽듯이 사람의 오라를 읽고 그의 생각까지 알아낼 수 있다는 얘기다. 물론 오라의 색이 의미하는 바를 모르고 우연히 오라를 엿보게 된 보통 사람의 눈에는 그저 형형색색의 빛을 발하는 구름 모양의 형상만 보일 뿐이다.

진도를 계속 나아가기 전에 오라가 발산하는 다양한 색과 각각의 색이 의미하는 생각, 기분 또는 감정에 관한 대략적인 설명을 진행하는 것이 좋을 것 같다. 각각의 색은 다른 색과 다양한 방식으로 혼합되어 수천 가지 조합을 만들어내지만, 다음 목록을 보면 오라의 색이 가지는 의미에 관해 어느 정도 감을 잡을 수 있을 것이며, 이후에 나오는 강의 내용을 이해하는 데도 도움이 될 것이다.

오라의 색과 의미

검정 증오심, 적개심, 복수심 등.

회색(밝은 톤) 이기심.

회색(시신을 연상시키는 색) 두려움, 공포.

회색(어두운 톤) 우울감, 비애.

초록(지저분한 톤) 질투심. 질투심에 분노가 더해지면 초록색 배경 위에 빨간빛이 번쩍이는 것처럼 보인다.

초록(슬레이트를 연상시키는 톤) 저질 속임수.

초록(밝은 톤) 타인의 의견과 신념에 대한 관용, 변화하는 환경에 쉽게 적응하는 능력, 융통성, 요령, 공손함, 세상의 지혜 등을 상징하며, 일부 사람들이 '세련된 속임수'라 부르는 속성도 포함된다.

빨강(불타는 건물에서 연기와 함께 뿜어나오는 칙칙한 톤) 관능과 동물적 본능.

빨강(전광석화를 연상시키는 밝은 톤) 분노. 증오심 또는 적개심에서 분노가 솟아날 때는 검은색 배경 위로 빨간빛이 보이며, 질투심에서 비롯되는 분노일 때는 배경의 색이 초록빛을 띤다. 분개 또는 '정의'를 변호하는 분노에는 이런 배경색이 없으며, 배경과 무관하게 빨간 섬광의 형태로 나타난다.

진홍 사랑. 사랑의 속성에 따라 톤이 조금씩 다르게 나타난다. 육체적인 사랑의 경우 칙칙하고 진한 진홍이며, 상위 차원의 감정이 곁들여졌을 때는 보기 좋은 옅은 진홍색으로 나타난다. 최상의 사랑인 경우에는 아름다운 장밋빛에 가까운 색상을 띤다.

갈색(붉은 톤) 탐욕과 욕망.

오렌지색(밝은 톤) 자부심과 야망.

노랑(다양한 톤) 지적 역량. 저속한 목적으로 지능을 활용하는 것에 만족하면 어둡고 칙칙한 노란색을 띠고, 상위 차원의 것을 추구하면 색이 밝고 맑아져 위대한 지적 성취, 폭넓고 천재적인 이성 등을 상징하는 아름다운 황금빛을 띠게 된다.

파랑(어두운 톤) 종교적 사유, 감정, 느낌. 하지만 이 색상은 당사자의 종교적 관념에 담긴 이타주의의 수준에 따라 선명함이 달라진다. 톤과 선명도는 칙칙한 남색(인디고)에서 아름답고 풍성한 보라색(바이올렛)에 이르기까지 다양한 스펙트럼을 드러낸다. 종교적 관념의 수준이 높을수록 후자에 가까운 색을 띤다.

밝은 파랑 선명하고 빛나는 톤은 영성을 상징한다. 영적 성장의 수준이 높은 일부 사람들은 겨울밤의 맑은 하늘에서 반짝반짝 빛나는 별처럼 밝고 푸른 빛의 오라를 발산한다.

지금까지 설명한 다양한 색은 서로 뒤섞여 헤아릴 수 없을 정도로 많은 조합을 만들어내고, 오라의 밝기와 크기도 다르게 나타나며, 최종 결과에 따라 이에 상응하는 의미가 결정된다.

위에서 설명한 것 외에 가시광선의 영역 밖에 있어서 우리가 아직 이름을 붙이지 못한 색도 많다. 이 색들은 이론적으로 분명히 존재하지만, 과학계에서 아직 이를 측정하는 방법을 개발하지 못하여 이름을 붙일 필요성도 느끼지 못하고 있다. 과학계에 따르면 인간의 눈으로 볼 수 없는 '자외선(ultra-violet)'과 '적외선(ultra-red)'이라는 것도 존재한다. 인간의 감각으로는 물론이고, 도구를 활용해도 이 광선들의 진동을 인지할 수 없다. 오컬티스트들은 이 '울트라' 색상(과학계에서 아직 발견하지 못한 이외의 여러 색도 포함)에 대해 잘 알고 있으며, 일정 수준의 경지에 오른 오컬티스트는 이런 색상을 띠는 오라도 볼 수 있다. 높은 수준의 초자연적 능력을 계발한 사람은 '울트라 색상'을 띠는 오라를 발산하며, 성장 수준에 따라 '색'의 강도가 강해진다.

또 하나의 놀라운 점은, 자신에게 내재한 초자연적 힘을 이타적인, 상위 차원의 목적으로 활용하면 오라가 '자외선' 색을 띠지만, 같은 힘이라도 이기적인, 하위 차원의 목적, 즉, '흑마술'을 수행하기 위해 활용하면 오라가 '적외선' 색을 띤다는 점이다. 자외선은 가시광선의 가장 높은 주파수 대역보다 위에, 그리고 적외선은 가장 낮은 주파수 대역보다 아래에 각각 위치한다. 자외선의 진동수는 너무 높아서, 그리고 적외선은 진동수가 너무 낮아서 보통 인간은 이를 감지하지 못한다. 이 '울트라 색상'이 상징하는 두 유형의 힘('백마법'과 '흑마술')은 가시광선 스펙트럼 상의 양극에 위치한 만큼이나 매우 대조적이다. 이 외에도 보통 사람이 인지하지 못하는 광선 중 영적 깨달음을 의미하는 '진성 원색 노랑(True Primary Yellow)'이라는 색상이 있다. 영적으로 위대한 사람들의 머리 부근에서 희미하게 발산되는 빛이 바로 이것이다. 마지막으로, 우리가 배운 바에 따르면 인간의 일곱 번째 원리인 영이 발산하는 색상은 순수하게 하얗고 밝은 빛으로, 이를 인지한 인간은 아직 한 명도 없다고 한다. 서양의 과학계에서는 절대적인 '하얀빛'의 실체 자체를 부정하고 있다.

본능적 정신이 발산하는 오라는 대체로 진하고 칙칙한 색을 띤다. 우리가 밤에 잠들고 정신이 고요해진 상태에서는 주로 칙칙한 빨간색의 오라가 발산되는데, 이는 본능적 정신이 육신을 대상으로 동물적 기능을 수행하고 있음을 의미한다. 이 색상은 사실 매 순간 그 빛을 드러내고 있지만, 우리가 깨어있는 동안에는 다양한 생각, 감정, 또는 기분이 발산하는 밝은 색상과 섞이고 어우러져 잘 보이지 않는다.

정신이 고요한 상태에서도 사람은 자신의 기질을 나타내는 오라를 발산한다. 현재까지 성장한 수준에 따라 이에 상응하는 '취향'과 성격

등을 상징하는 색이 평소에 자연스럽게 발산되는 것이다. 한편 인간의 정신이 어떤 강력한 열망, 기분 또는 감정에 사로잡히면 오라 전체가 이에 해당하는 색상으로 뒤덮이는 것처럼 보인다. 예를 들어, 강렬한 분노의 감정이 솟아오르면 검은 배경을 바탕으로 오라가 밝은 빨간빛을 띠어 다른 유형의 오라가 발산하는 은은한 색상을 거의 다 압도해버린다. 이 상태는 감정의 강도에 따라 짧은 순간 또는 오랜 시간 유지될 수 있다. 분노의 감정에 휩싸인 사람이 발산하는 오라를 조금이라도 볼 수 있다면 그 끔찍한 모습에 몸서리를 치고 다시는 화를 내지 않겠다고 다짐하는 사람이 많아질 것이다. 분노가 발산하는 오라는 일부 정교회에서 묘사하는 '지옥'에서 솟아나는 불꽃과 연기를 연상시킨다. 분노에 사로잡힌 사람은 일시적으로나마 지옥에 있는 것이나 다름없으니 이것도 틀린 말은 아니다. 강력한 사랑의 감정이 정신을 채우면 오라 전체가 진홍색으로 뒤덮이며, 사랑의 속성에 따라 톤이 정해진다. 마찬가지로 경건하고 독실한 종교적 감성이 가슴을 채우면 오라가 전체적으로 푸른색을 띠게 된다. 요약하자면, 강렬한 감정, 느낌 또는 열망이 지속하는 동안에는 오라 전체가 이에 상응하는 색을 띠게 된다.

지금까지 설명한 내용을 잘 이해했다면 오라가 발산하는 색상은 두 가지 측면을 지니고 있다는 사실을 깨달았을 것이다. 첫째는 사람이 평소에 습관적으로 하는 생각과 느끼는 감정에 따라 상시 드러나는 색상이고, 둘째는 특정 순간에 찾아오는 강렬한 기분, 감정 또는 열망이 일시적으로 정신을 지배하여 발산하는 색이다. 순간적으로 찾아왔던 느낌과 감정이 사라지면 강렬했던 색상도 점차 희미해지지만, 같은 기분, 열망 또는 감정이 수시로 반복되어 습관으로 자리를 잡으면 평소에도 오라가 이에 상응하는 빛을 발산하게 된다. 물론 습관에 의해 발산되고 고착된 오라의 색상도 사람의 성격이 개조되거나 변화하면 이에 상응하여 바뀌게 된다. 이 '습관적 색상'은 사람의 '평소 인격'을 보여주고, '일시적 색상'은 특정 순간에 사람을 지배하는 기분, 감정 또는 열망의 속성을 보여준다.

지금까지 설명한 내용을 충실하게 숙지한 학생은 인간의 내면이 펼쳐지고 성장이 이루어지면 본능적 정신에서 솟아나는 순간적이고 충동적인 열망, 감정, 또는 기분에 좌지우지되는 일이 줄어들고, 지금껏 잠들어있던 지능적 정신과 영적 정신이 점차 깨어나게 된다는 사실을 이해했을 것이다. 따라서 성장하지 못한 사람과 성장한 사람의 오라에도 극명한 차이가 드러날 것이라는 사실도 짐작할 수 있을 것이다. 둘 중 한 사람의 오라는 칙칙하고, 진하고, 찝찝한 색상으로 덩어리진 모습을 보이고, 그때그때 그를 지배하는 감정, 기분 또는 열망에 의해 수시로 색이 바뀐다. 반면 두 번째 사람이 발산하는 오라는 깨끗하고 선명하다. 그는 자신의 의지를 동원하여 수시로 그를 지배하려 드는 느낌, 감정, 열망을 통제하므로 오라의 색도 대체로 일정한 상태를 유지한다.

지능적 정신이 발달한 사람의 오라는 지성을 상징하는 아름다운 황금빛으로 환하게 빛난다. 이 황금빛은 특히 상체를 감싸는 부분, 즉, 머리와 어깨 주위에서 명백하게 드러나고, 동물적 속성을 상징하는 색상은 하체를 감싸는 부분에서 주로 나타난다. 조금 전 소개한 노란색 오라가 의미하는 바를 다시 한번 읽어보기 바란다. 인간의 지능적 정신이 영성의 개념을 흡수하고 영적 힘, 계발, 펼쳐짐을 위해 헌신하기 시작하면 이 노란색 오라의 가장자리가 선명하고 밝게 빛나는 푸른색 톤을 띠게 된다. 이 밝은 파란색은 우리가 일반적으로 말하는 '영성(Spirituality)'을 상징하는데, 엄밀히 말하자면 다소 역설적으로 들릴 수 있는 '지적 영성(Intellectual Spirituality)'을 의미하는 것이다. 즉, 여섯 번째 원리인 '영적 정신'과 같은 개념이 아니라 영적 정신이 지능적 정신에 빛을 비춘 상태, 다시 말해, 지능적 정신에 영적 정신의 씨앗이 뿌려진 상태를 지칭하는 것이다.

이처럼 영적 정신이 뿌리를 내린 지능적 정신의 상태가 최고 수준으로 발달하면 빛나는 밝은 파란색이 폭넓은 가장자리 또는 경계선의 형태로 나타나고, 특별한 경우에는 투명한 겨울 밤하늘의 별처럼 반짝반짝 빛나는 점들이 오라를 아름답게 수놓은 모습도 보일 수 있다. 이 밝은 점들은 영적 정신의 오라가 전면에 나섰고, 당사자가 영적 의식을 순간적으로나마 인지했거나 조만간 인지하게 되리라는 것을 의미한다. 지금 설명하는 이 상황이 의미하는 바를 두고 지금껏 많은 혼란이 있었다. 학생뿐 아니라 오컬트 스승들 간에도 이견이 있었다. 다음 문단에서 이 문제를 조금 더 자세히 조명해볼 것이다.

인간의 여섯 번째 원리인 영적 정신이 발산하는 오라의 색은 진성 원색 노랑으로, 보통 인간의 눈으로는 볼 수도 없고, 인공적으로 재현할 수도 없다. 이 오라는 영적 깨달음의 경지에 도달한 사람의 머리 주위에 나타나며, 때로는 초자연적 시각을 계발하지 못한 사람의 눈에도 독특한 불빛의 형태로 보인다. 이와 같은 현상은 특히 영적으로 발달한 사람이 진지하게 담론하거나 가르침을 전할 때 두드러진다. 그의 얼굴에서 광채가 나고, 사람 자체에서 빛이 사방으로 퍼져나오는 것처럼 느껴지는 것이다. 인류 역사상 최고의 영적 지도자를 묘사한 명화에서 종종 볼 수 있는 후광도 그들의 추종자들이 목격한 광경을 충실하게 재현한 것이다. 하인리히 호프만의 명작, 『겟세마네』를 다시 보면 위대한 영적 스승의 머리를 감싸고 있는 신비로운 빛의 실체를 새롭게 이해할 수 있다. 수백, 수천 년의 세월이 흐르면서 심오하면서도 진실한 그의 가르침은 그의 이름을 앞세워 후계자를 자청한 자들의 무지로 인해 만인의 시야에서 가려졌지만, 인종, 지역, 신앙을 불문하고 세상의 모든 진정한 오컬티스트들은 예외 없이 살아있는 그의 가르침을 따르고 실천하기 위해 지금도 노력하고 있다.

일곱 번째 원리인 영의 오라에 관해서는 우리도 전통을 통해 전해 듣기만 한 몇 가지 사실을 제외하곤 딱히 할 말이 없다. 우리가 배운 바에 따르면 영의 오라는 과학계에서도 존재를 알지 못하는 '순수한 하얀 빛'을 띠고 있다고 한다. 지구상의 인간 중 이 빛을 본 사람은 여태껏 단 한 명도 없으며, (인류의 현재 성장 단계에서는) 앞으로도 볼 수 없다고 한다. 말로 형용할 수 없는 이 놀라운 광채는 인류보다 훨씬 높은 단계까지 성장한 존재들의 눈에만 보인다. 하지만 이들도 한때는 우리와 같은 인간이었고, 우리도 때가 되면 언젠가는 그들과 어깨를 나란히 하게 될 것이다. "사랑하는 자들아, 우리가 지금은 하나님의 자녀라 장래에 어떻게 될 것은 아직 나타나지 아니하였으나 그가 나타내심이 되면 우리가 그와 같을 줄을 아는 것은 그의 계신 그대로

하인리히 호프만의 '겟세마네'

볼 것을 인함이니. (신약성경 요한1서 3장 2절)" 하지만 우리는 계속 그 길 위에서 여정을 이어가고 있고, 먼저 그 길을 걸었던 자들은 우리를 바라보며 열심히 응원의 메시지를 보내고 있다. 오랜 세월과 방랑 끝에 우리도 드디어 고향으로 돌아가게 될 것이다.

만트라

이번 강의의 만트라는 다음과 같다.

"나는 타인으로부터 받고 싶은 것과 같은 유형의 생각 파동을 발산한다."

이 만트라에는 강력한 오컬트 진리가 담겨있다. 의식적으로 반복하면서 실천하면 빠른 속도로 성장하고 성취할 수 있을 것이다. 베풀면 돌려받게 되는 것은 진리다. 베푼 만큼 돌려받게 된다. 내가 발산한 생각에 상응하는 생각을 돌려받는다. 내가 발산하는 생각의 파동은 눈에 보이는 오라를 넘어 타인에게 영향을 주며, 내가 내보낸 생각과 유사한 생각을 하는 사람들에게로 나를 끌어당긴다. 생각은 살아있는 생명체라는 사실을 명심하고 지혜롭게 활용해야 한다.

제5강

생각의 역학

이번 강의의 내용이 20년 전에 쓰였더라면 서양 독자들에게 생각에 내재한 힘, 속성, 효과의 중요성을 제대로 전달하고 이해시키는데 애를 많이 먹었으리라는 생각이 든다. 20년 전까지만 해도 서양에는 몇몇 오컬티스트를 제외하고 이 주제에 관해 아는 사람은 소수였다. 그 당시에 이번 강의 내용을 주제로 가르침을 전파했더라면 미친 사람이라는 소리나 들었을 것이 분명하다. 하지만 그 후 서방에서도 생각에 내재한 힘에 관한 이해가 부분적으로나마 확장되기 시작했고, 서양의 지식인들도 동양의 위대한 가르침에 귀를 기울이기 시작했다. 특히 영국과 미국에서 이 가르침을 빠른 속도로 흡수하는 추세다.

이처럼 인류가 깨어나기 시작한 것은 자연법칙의 작용에 따른 것으로, 인류의 진화를 수반하는 자연스러운 과정이라고 할 수 있다. 오늘날 많은 사람이 접하는 가르침의 상당 부분이 진리를 부분적으로만 깨우친 스승들에게서 나왔고, 따라서 이런 가르침은 불완전할뿐더러 글과 강연을 통해 이를 전파하는 스승들의 개인적 추론과 취향에 맞춰져 각색된 측면이 있다는 것도 사실이다.

최근 몇 년간 '신사고(新思考; The New Thought)'라는 용어로 총칭할 수 있는 다양한 영성 운동에 관심을 보이는 서양의 학생들은 전국 각지에서 부상하며 잠시 활동했다가 자취를 감추는 여러 스승의 상호 모순적인 이론과 가르침을 보며 혼란스러워하고 있다. 하지만 이처럼 곳곳에서 난무하는 가르침의 핵심을 자세히 분석해보면 그 이면에는 깨어난 사람이 진실로 받아들일 수 있는 근본적인 지식이 자리해 있음을 알 수 있다. 이 스승들 모두 열심히 노력하여 많은 사람에게 도움을 준 사람들이다. 학생마다 성장의 수준과 학습 진도는 다르기 마련이다. 이 스승들은 각 학생에게 적합한 가르침을 전파했고, 학생들도 이 스승들을 통해 자기 수준에 걸맞은 지식을 습득하고 한 단계 더 성장하는 기회를 얻을 수 있었다. 저마다 자기에게 맞는 스승을 택하여 배울 것을 배우고, 때가 되면 스승으로부터 받은 가르침에 자기가 이해한 진리를 더하고, 또 자기만의 색채를 가미하여 더 많은 사람에게 전파하는 교육의 선순환이 이루어지고 있다.

근래에 새롭게 등장하여 활동하고 있는 단체들의 가르침 이면에 있는 근본적 원리를 자세히 공부해본 학생은 이 사상이 선사시대부터 전해져 내려오는 동양의 가르침에 뿌리를 두고 있다는 사실을 알아챘을 것이다. 본래 동양에 기원을 두고 있던 이 가르침은 세월이 흐르면서 모든 시대와 민족의 오컬티스트들이 공유하게 되었다. 이 '신사고' 사상은 엄밀히 말해 새로운 것이 아니라 역사가 아주 오래된 옛 가르침이지만, 오늘날 처음 접하는 사람들에게는 새로운 가르침으로 여겨지고 있어서 그런 이름이 붙여졌다. 지금 열심히 이 운동을 확산하고 있는 단체들은 칭송을 받을 자격이 충분히 있다. 겉으로는 모순적으로 보이는 이론들의 이면에 있는 근본적 진리도 점차 빛을 보고, 여러 스승의 불확실한 추정과 이론의 문제도 점차 해소될 것이다.

이번 강의를 읽고 있는 학생 대다수는 생각에 내재한 힘이라는 주제에 관해 들어본 바가 있고, 실생활에서 그 힘이 작용하는 것을 체험한 적도 여러 차례 있었을 것으로 생각한다. 따라서 이번 강의에서 다룰 내용을 이미 잘 알고 있는 학생도 많겠지만, 그래도 이 주제에 관한 요기 철학의 가르침을 대략 설명하고 앞서 언급했던 혼선의 여지가 있는 이론들의 문제를 해소해보고자 한다.

'생각'이라는 것 자체가 무엇인지에 관한 설명은 시도하지 않을 것이다. 이번 강의와 같은 기초 과정에서 다루기에는 너무 복잡한 주제이기 때문이다. 하지만 생각의 속성, 법칙 및 효과의 설명은 제시할 것이다. 이론적인 측면보다는 '실용적' 측면부터 설명을 시작하겠다.

이전 강의에서 오라와 관련하여 설명한 내용을 기억할 것이다. 태양이 발산하는 빛, 오븐에서 나오는 열기, 꽃의 향기와 마찬가지로 인간을 구성하는 여러 원리도 사방으로 오라를 발산한다고 설명한 바 있다. 방금 언급한 원천들(태양, 오븐, 꽃)은 빛, 열, 향기라는 형태로 각각 진동을 발산한다. 어떤 면에서 보면 이렇게 발산된 물질은 원천의 작은 입자라고 할 수도 있다. 원천이 사라지더라도 원천에서 발산된 입자는 한동안 그 자리에 남아있을 수 있다. 예를 들어, 천문학에 따르면 지구에서 아주 먼 곳에 떨어져 있는 별이 폭발하여 사라지더라도 그 별이 발하는 광선은 빛의 속도로 계속 뻗어 나가며, 오랜 시간이 흐른 후에 지구에 도달한다. 즉, 우리 눈에 보이는 것은 별 자체가 아니라, 아주 오래전에 사라진 별이 발산한 광선이다. 지구로부터의 거리가 멀수록 별의 광선이 우리에게 도달하는 시간도 그만큼 길어진다. 오븐을 끄더라도 오븐에서 발생한 열기는 한동안 부엌에 남아있다. 작은 크기의 사향을 방에 놔두었다가 다시 가져가도 향기는 장시간 방안에 남아있다. 같은 원리로, 오래전에 어떤 사람이 떠올린 생각도 한동안 세상에 머무른다. 그 사람의 성격과 생각이 이후 완전히 바뀌었더라도, 심지어 이승을 떠난 지 오래되었더라도 그가 했던 생각은 세상에 남아있다. 특정 장소와 지역은 한때 그곳에 살았던 사람들의 생각으로 가득 차 있다. 그들이 다른 지역으로 이주하거나 세상을 떠난 후에도 남아있다.

인간의 정신은 매 순간 이런 식으로 생각의 파동을 밖으로 내보낸다. 생각의 파동은 육신으로부터 몇십 센티미터까지 확장하는 오라의 형태로 나타나며, 육신으로부터 멀어질수록 얇아지고 희미해져 감지하기 어려워진다. 생각의 파동은 우리 안에서 생성되어 발사체처럼 발산된 후 구름처럼 공간을 떠다니고, 타인이 내보낸 유사한 생각의 파동과 결합하며 지구 반대편까지도 확장할 수 있다. 어떤 생각의 파동은 이에 상반되는 생각의 강력한 파동과 충돌하지 않는 한, 최초로 생성되었던 곳에 수년간 머무를 수도 있다. 한편 명확한 목적 또는 강렬한 욕망, 감정, 열망이 뒷받침된 생각의 파동은 표적을 향해 빠른 속도로 발사된다. 강의를 진행하면서 몇 가지 사례를 다룰 예정이다.

대다수 사람은 자기가 평소 하는 생각에 큰 힘을 불어넣지 않는다.

거의 기계적으로 생각을 하고, 비슷한 생각에 잠긴 사람이 강력한 힘으로 끌어당기지 않는 한, 생각의 파동에 추진력이 없어서 멀리 뻗어 나가지도 못한다. 학생들이 이 개념을 흡수할 수 있도록 일반적인 원리부터 소개하고 필요할 때마다 같은 설명을 반복하도록 하겠다. 무미건조한 지식 전달보다는 양방으로 소통하는 방식의 설명이 훨씬 더 효과적이라고 생각한다.

"생각은 사물이다."라는 말은 시적인 표현도, 상징적인 표현도 아니다. 문자 그대로 생각은 일종의 사물이다. 빛, 열, 전기 등이 명확한 실체를 가진 물질이듯이, 생각도 엄연한 물질이라는 뜻이다. 초자연적 시각을 가진 사람은 생각을 볼 수 있고, 감각이 발달한 사람은 생각을 느낄 수 있고, 인류의 과학기술이 충분한 수준으로 발전하면 언젠가는 생각의 무게도 잴 수 있게 될 것이다. 인간의 머릿속에서 탄생하여 발산된 생각은 구름처럼 생겼으며, 오라를 다루는 강의에서 설명했던 대로 생각의 속성에 따라 구체적인 색을 띤다. 밀도는 다를 수 있지만, 생각은 아주 미세한 증기와도 같으며, 우리에게 익숙한 대기 또는 열을 발산하는 도구에서 나오는 김이나 가스처럼 실체를 지니고 있다. 또한 증기처럼 힘도 내포하고 있다.

힘이 뒷받침되어 발산되는 생각에는 프라나가 함유되어 있고, 이 프라나는 생각의 힘을 더욱 강화하여 때때로 가공할 위력을 발휘한다. 프라나가 생각에 활력을 부여함으로써 생명체와도 같은 무언가가 탄생하게 되는 것이다. 이 내용에 관해서는 잠시 후 더 자세히 다룰 것이다.

생각은 실체를 가진 사물이라는 말을 문자 그대로 받아들이기 바란다. 우리가 어떤 생각을 떠올릴 때마다 생각의 파동이 사방으로 퍼져나가는 모습을 상상함으로써 이 개념을 확실하게 머릿속에 각인시키자. 내 안의 빛이 파동처럼 밖으로 발산되는 광경을 떠올리는 사람도 있고, 뇌라는 오븐에서 열기가 발생하여 방을 따뜻하게 데우거나 꽃에서 진한 향기가 퍼져나가 공간을 가득 채우는 이미지를 활용하는 사람도 있다. 현재는 높은 수준으로 성장한 한 학생은 물이 끓는 주전자에서 김이 모락모락 피어오르는 이미지로 이 개념을 상상했다. 어떤 이미지를 사용하든, 내 생각의 파동이 사방으로 퍼져나가는 모습을 떠올리는 습관을 들이는 것이 중요하다. 추상적인 개념을 머릿속에 저장하고 끙끙대는 것보다는, 이처럼 물질적 심볼을 활용하여 어려운 개념을 파악하는 편이 훨씬 더 쉽다.

어떤 유형의 생각이든, 그 생각에 내포한 힘의 강도는 생각하는 사람이 그 안에 얼마나 많은 힘을 불어넣었느냐에 따라 정해지는 것이 기본 원칙이지만, 생각의 힘을 한층 더 강화하는 또 하나의 중요한 요소가 있다. 생각은 자기와 유사한 생각을 끌어당기고, 유사한 생각끼리는 서로 결합하여 힘을 불리는 경향을 가지고 있다는 점이다. 내가 어떤 생각을 떠올리면 생각의 대기에 둥둥 떠다니고 있던 유사한 생각의 파동을 끌어당길 뿐 아니라, 이 생각들이 힘을 합치고 하나로 뭉치면서 더욱 강해진다는 얘기다. 공동체에 형성된 생각의 대기는 공동체 구성원들의 생각을 모두 합친 결과다. 사람과 마찬가지로 장소도 저마다의 독특한 기질, 성격, 장단점, 그리고 분위기를 지니고 있다. 이 문제에 관해 깊게 생각해 본 사람들은 다들 공감할 것이다. 하지만 대부분 사람은 그 이유를 설명하려는 시도도 없이 그냥 지나친다. 장소 자체가 어떤 존재인 것은 아니다. 특정 장소가 어떤 기질과 성격을 지닌 것도 아니다. 장소마다 어떤 특성이 배어있는 이유는 따로 있다.

오컬티스트는 어떤 동네, 마을, 도시 또는 국가를 감싸고 있는 생각의 대기는 그 지역에 현재 거주하고 있거나 예전에 거주했던 사람들의 생각이 합쳐져 만들어진 결과물이라는 사실을 잘 알고 있다. 처음 방문하는 공동체에 발을 들인 이방인은 분위기가 갑자기 바뀌는 것을 인지하며 그 분위기가 자신의 기질과 조화를 이루지 못하면 불편함을 느끼며 자리를 뜨고 싶다는 마음이 솟아난다. 생각의 세상에서 작용하는 법칙을 이해하지 못하는 상태로 특정 지역에 장기간 머무르면 해당 지역을 지배하는 생각의 대기의 영향을 받게 될 가능성이 높고, 자기도 모르게 그 분위기에 휩싸여 변하게 된다. 질적으로 높은 수준의 생각이 지배하는 곳에 머무르면 나도 따라서 수준이 높아지고, 반대로 질적으로 낮은 수준의 생각이 지배하는 곳에 있으면 내 수준도 함께 떨어지는 것이다.

역사가 오래된 구세계(유럽)의 경우, 한 국가의 대도시들은 세월이 흐르면서 대체로 비슷한 속성을 지니게 된다. (물론 그래도 도시마다 독특함을 지니고 있으므로 새로운 도시를 방문하는 사람은 대번 차이를 느끼게 된다) 하지만 땅덩어리도 크고 새롭게 개척된 신대륙(아메리카)의 경우에는 지역 간의 차이가 눈에 뜨일 정도로 뚜렷하게 드러난다. 단순히 지리적으로 멀리 떨어진 지역 간에 큰 차이가 있는 것이 아니라, 비교적 가까이 있는 도시 간에도 명확한 차이가 있다. 미국에 처음 가본 사람이 대표적인 도시들을 한 번씩 방문하고 나면 도시마다 독특한 개성, 성격, 특성이 있다는 점을 느끼고 놀랄 것이다. 각 도시의 개성은 처음에는 해당 지역을 개척하고 정착한 사람들의 생각이 모여 형성되었고, 그 후 개척자들의 생각이 같은 지역에 눌러앉은 주민들에게 영향을 주었고, 그들의 생각이 또 도시의 개성에 더해지는 순환이 반복되고 개별 도시들의 특성이 강화되면서 같은 국가에 속했으면서도 마치 다른 나라에 온 것 같은 느낌이 들 정도로 간격이 벌어진 것이다.

예를 들어, 미국에 처음 와본 사람이 보스턴, 뉴욕, 필라델피아, 시카고, 덴버, 샌프란시스코를 차례로 방문하면 도시마다 큰 차이가 있음을 쉽게 직감할 것이다. 각 도시에 거주하는 개별 시민과 대화할 때는 별다른 차이점을 감지하지 못하지만, 해당 도시의 '정신'을 마주하면 확연한 차이를 느끼게 된다. 사람들은 이런 느낌을 '이곳의 기운'이라는 식으로 표현하는데, 앞서 설명했듯이 이 '기운'은 해당 지역이 형성한 생각의 대기에 의해 만들어진 것이다. 새로운 사람들이 해당 지역에 입주하여 정착하면 이 기운이 바뀔 수도 있다. 심지어 큰 폭으로 변화하는 경우도 있다. 활력이 넘치는 소수의 사상가가 특정 지역에서 생활하며 강력한 생각의 파동을 일상 속에서 발산하면 지역 전체의 분위기가 뒤바뀐다. 기존에 있던 생각의 대기가 교란되는 것이다. 강력한 생각의 힘을 지닌 한 명의 사상가는 별다른 목적의식 없이 부정적인 생각의 파동을 습관적으로 내보내는 다수의 약자를 누를 수 있다. 부정적인 생각을 확실하게 없애는 해독제는 다름 아닌 긍정적인 생각이다.

마찬가지로 한 국가의 '정신'은 해당 국가에 속한 각 지역의 '정신'을 모두 합친 것과 같다. 활력이 넘치는 지역으로 이주하는 사람은 입주 즉시 자기를 둘러싼 긍정적 생각의 에너지를 느끼게 되며, 그 영향을 받아 자기도 덩달아 비슷한 생각을 품게 된다. 이와 반대로 무기력하고 기운이 빠진 '죽은' 공동체로 이주하는 사람은 그 우울한 분위기에 억눌려 점차 그 마을의 주민들처럼 나약해진다. 물론 강력하고 긍정적인 개성을 계발하고 다진 사람은 어딜 가든 지역 분위기의 영향을 받지 않는다. 이런 사람들은 오히려 변화의 주체가 되어 마을의 분위기를 쇄신하는 원동력이 될 수도 있다. 하지만 이건 어디까지나 예외적인 사례고, 보통 사람은 하루 중 많은 시간을 보내는 장소에 형성된 생각의 대기의 영향을 크게 받으며 살아간다.

『테이프에 담긴 추억』의 서문 중에서

2000년에 개봉한 줄리엣 비노쉬 주연의 영화 『초콜릿(Chocolat)』 보셨나요? 딱딱하고, 근엄하고, 속박을 미덕으로 여기는 작은 마을에 어느 날 한 모녀가 이주하여 초콜릿 가게를 차립니다. 보수적인 시장은 금식을 실천하는 사순절 기간에 군것질을 부추기는 이 '죄인'을 보며 혀를 끌끌 차고, 모녀가 알아서 마을을 떠나도록 다양한 방해 공작을 펼칩니다. 하지만 그녀의 진실성과 자유로운 사고방식에 조금씩 감복한 마을 사람들은 꽁꽁 얼어붙었던 마음을 열기 시작하고, 1년 내내 먹구름이 낀 것만 같았던 칙칙한 마을은 비로소 아름다운 색채를 띠며 살아있는 생명체의 모습으로 변합니다. 주민들이 '초콜릿'이 상징하는 삶의 달콤함을 만끽하기 시작하면서 인생의 의미를 발견하게 된 것입니다.

올림포스산에 아프로디테가 없으면 신들도 힘을 잃어 제 역할을 하지 못한다고 합니다. 거인족에게 프레이야(노르딕 신화의 아프로디테)를 빼앗긴 북유럽의 신들은 서서히 늙어갔습니다. 영화 속의 초콜릿과 일상 속의 음악이 바로 아프로디테이고 프레이야입니다. 없다고 해서 죽는 것은 아니지만, 삶의 질은 현저하게 떨어집니다. 같은 일을 하더라도 아름다움이 배어있을 때 신바람이 나고 효율적으로 처리할 수 있습니다. 먹고 살기 바쁜 와중에도 잠시 멈춰 좋은 음악을 감상하고, 노래에 담긴 사연을 읽으면서 함께 공감해보는 것도 내가 하는 일에 도움이 되지 않을까 생각합니다.

같은 원리로 주거지, 근무지, 건물 등도 지금 그곳에서 거주하고 있거나 예전에 거주했던 사람들이 만들어낸 생각의 파동으로 가득 차 있다. 세상에는 희한하게도 '불운'을 안겨주는 것으로 알려진 장소들이 있다. 강력한 의지를 지닌 사람의 손길이 닿으면 이 같은 '액운'마저 퇴치할 수 있지만, 보통 사람은 그 불길한 기운의 영향을 받을 수밖에 없다. 밝은 햇살, 따뜻한 우정, 짜릿한 기쁨의 기운이 배어있는 집이 있는가 하면, 왠지 모르게 기운이 차갑고 혐오감이 밀려오는 집도 있다. 많은 직장인이 하루 중 많은 시간을 보내는 근무처는 회사의 대표 또는 경영을 담당하는 임원들이 발산하는 생각의 지배를 받을 가능성이 높다. 고객들에게 신뢰를 불어넣는 매장이 있는가 하면, 지갑을 부여잡고 직원들을 의심의 눈초리로 바라보게 만드는 매장도 있다.

범죄의 현장에는 불쾌한 기운이 배어있는 경우가 많다. 사건 당시 가해자와 피해자가 발산한 강력한 생각의 파동이 이런 기운을 만들어 낸 것이다. 초자연적 감각이 발달한 사람은 범죄자들이 밀집해있는 교도소의 분위기에 압도되어 치를 떤다. 영적으로 성장한 사람은 범죄, 비행 또는 동물적 쾌락의 현장이 발산하는 기운을 접하고 숨이 막히는 기분을 느끼며 괴로워한다. 병원의 기운은 문병을 온 사람들에게도 영향을 줄 가능성이 높다. 오래된 교회의 분위기는 방문객에게 고요와 평온의 느낌을 전해준다. 물론 지금까지 열거한 사례는 모두 일반적인 얘기고, 특정 장소에서 배어나는 기운에 영향을 줄 수 있는 다른 요소들도 있다.

사람도 마찬가지다. 쾌활하고, 밝고, 곁에 있는 사람들에게 용기를 북돋아 주는 사람이 있는가 하면, 들어서자마자 방 안의 조화를 깨고, 불화와 불신을 조장하고, 마음 한구석을 불편하게 만드는 사람이 있다. 화기애애한 분위기에 찬물을 끼얹으며 의욕과 표현의 자유를 꺾는 사람들도 많다. 이외에도 수백여 건의 사례를 들 수 있지만, 학생들도 일상에서 이런 사례를 많이 접하고 목격했으리라 생각하므로 이 정도 선에서 마치도록 하겠다.

윤민의 『보리밭을 흔드는 바람』 중에서

선택의 중요성에 관한 일화 하나를 소개한다. 그리스 신화에는 최고신 제우스가 프티아의 왕 펠레우스와 바다의 여신 테티스의 결혼을 축하하기 위해 연회를 베푸는 이야기가 나온다. 모든 신이 신혼부부를 축하해주기 위해 연회장을 찾았지만, 불화와 다툼의 여신 에리스는 초대장을 받지 못했다. 그녀가 연회장에 나타나면 흥이 깨지고 난장판이 벌어질 것이 뻔했기 때문이다. 따돌림을 당했다는 사실을 뒤늦게 알아차린 에리스는 씩씩거리며 연회장에 찾아와 여신들이 모여있는 곳에 황금 사과를 던졌다. 황금 사과에는 '가장 아름다운 여인의 것'이라고 적혀있었고, 사과가 자기 것이라고 서로 우기는 헤라, 아테나, 아프로디테 여신 사이에 급기야 다툼이 벌어졌다. 세 여신은 사과를 들고 제우스를 찾아가 최고의 미녀를 가려달라고 요구했다.

인생 최대의 위기를 맞은 제우스는 여자 보는 안목이 뛰어난 트로이의 왕자, 파리스에게 가서 물어보라고 여신들에게 권하며 책임을 회피한다. 헤르메스의 안내를 받아 지구로 내려온 세 여신은 아름다운 자태를 뽐내며 파리스의 환심을 사려 하지만, 그가 망설이며 쉽게 선택을 내리지 못하자 알몸까지 보여준다. 세 여신은 자기를 최고의 미녀로 낙점하면 큰 선물을 주겠노라고 약속한다. 헤라는 그에게 유럽과 아시아를 주겠다고 선언했고, 아테나는 어떤 전쟁에서도 승리할 수 있는 지혜와 능력을 주겠다고 약속했고, 아프로디테는 지구상에서 가장 아름다운 여인을 주겠다고 유혹했다. 사랑에 눈이 먼 파리스는 결국 아프로디테의 손을 들어줬다. 하지만 당시 세상에서 가장 아름다운 여인은 스파르타의 왕 메넬라오스의 왕비인 헬레네였고, 왕비를 빼앗긴 그리스는 군사를 일으켜 트로이를 친다. 파리스의 선택 하나로 트로이 전쟁이 시작된 것이다.

10년간 지속된 트로이 전쟁의 원인을 제공한 이 사건은 오늘날 '파리스

(분쟁과 불화의 여신, 에리스(Eris). 그녀의 로마식 이름, 디스코르디아(Discordia)에서 '불화,' '다툼'을 의미하는 단어, 'discord'가 탄생했다. 한편 에리스의 반대편에는 조화의 여신, 하르모니아(Harmonia)가 있고, 그녀의 로마식 이름은 '화합'을 의미하는 'concord'의 어원인 콘코르디아(Concordia)다. 음악에서 '하모니(harmony)'는 '화음'을, '디스코드(discord)'는 '불협화음'을 각각 의미한다.)

> 의 심판(Judgement of Paris)'으로 불린다. 후세의 사람들은 파리스가 아프로디테가 아닌 헤라를 선택했어야 했다고 평가했다. 아프로디테는 성적 매력을 물씬 풍기는 섹시한 여인이긴 하지만, 객관적으로 봤을 때는 헤라가 더 아름답다는 것이다. 게다가 헤라는 제우스의 부인이자 올림포스의 여왕이었다. 하지만 판단력이 좋다고 제우스의 인증까지 받았던 파리스도 사랑 앞에서는 콩깍지를 떼어낼 수 없었던 것 같다.

사람들이 내보내는 다양한 생각의 파동은 유사한 것끼리 서로 끌어당기며 하나의 큰 덩어리로 뭉친다. 하늘 위의 구름이 여기저기서 합쳐지면서 여러 그룹으로 나누어지듯이, 생각의 파동 역시 구름처럼 뭉치면서 아스트랄계의 공간에서 여러 개의 단층을 형성한다. 생각으로 구성된 각각의 층이 별도의 독립적인 공간을 차지한다는 의미는 아니다. 생각의 구름을 형성하는 입자들은 각기 다른 주파수로 진동하고 있으므로 수천 종류의 생각이 상호 간섭하지 않으면서 같은 공간을 차지하며 자유롭게 통과할 수 있다. 특별한 경우에는 속성이 다른 생각끼리 일시적으로 뭉치는 경우도 있으나, 대체로 이렇게 같은 공간에서 유사한 생각끼리 합쳐지고 구름을 형성하며 떠다닌다. (이번 강의에서는 방금 언급한 예외적인 경우에 관해서는 자세히 다루지 않는다)

인간은 자기가 떠올린 생각과 유사한 생각을 끌어당기며, 또 이렇게 자기에게 끌어당긴 생각의 영향을 받는다. 말하자면 불에 기름을 붓는 것과 같은 이치다. 장시간 적개심과 증오심을 품으면 부정적인 생각이 감당할 수 없는 눈덩이처럼 커져서 나에게 되돌아온다. 내가 끌어당긴 부정적 생각의 실체를 눈으로 볼 수 있다면 누구든 공포에 떨 것이다. 이런 정신 상태가 오래 유지될수록 상황은 더욱 나빠진다. 부정적인 생각을 모두 자기에게 끌어당기는 강력한 자석으로 변하게 되기 때문이다. 부정적인 생각이 습관으로 굳어지면 나쁜 생각을 행동으로 옮기는 상황과 조건까지도 끌어당기게 된다. 즉, 나의 부정적인 생각이 허공에 떠다니는 유사한 생각을 끌어당겨 그 힘을 강화할 뿐만 아니라, 나쁜 생각을 실제 행동으로 옮길 수 있을 만한 기회까지 계속 만들어낸다는 얘기다. 동물적 본능에 집착하며 그곳에 신경을 집중하면 온 우주가 팔을 걷어붙이고 협력하여 그 동물적 욕망을 실현하도록 돕는다는 점을 명심하자.

반면에 높은 이상과 긍정적인 생각이 습관으로 자리를 잡으면 이와 유사한 생각을 내게 끌어당기고, 내 생각과 조화를 이루는 환경에 이끌리고, 유사한 생각끼리 합쳐지면서 긍정적인 생각의 힘이 전보다 더욱 강해진다. 생각끼리만 합쳐지는 것이 아니라 나와 유사한 생각을 하는 사람끼리도 서로 끌어당기게 된다. 내가 어제 한 생각, 오늘 한 생각이 결국 내 주변 환경과 친구를 만들어내는 셈이다. 어제의 생각은 오늘의 나에게 영향을 주고, 어제의 생각이 부정적이었다고 하더라도 오늘을 긍정적인 생각으로 채우면 우울했던 과거가 드리운 어둠도 자연스럽게 걷힌다.

앞서 프라나로 충전된 생각은 그렇지 않은 생각보다 훨씬 강력한 힘을 지니고 있다고 설명했다. 사실 모든 긍정적인 생각은 기본적으로 일정량의 프라나로 충전되어 발산된다. 강력한 의지를 지닌 사람이 프라나를 가득 담아 활력이 넘치는 긍정적인 생각을 내보내면 생각은 이에 비례하는, 이에 상응하는 힘을 갖게 된다. 이처럼 프라나로 충전된 생각은 보통 사람이 내보내는 생각처럼 천천히, 무기력하게 공간을 떠돌지 않고 표적을 향해 발사된 총알처럼 빠른 속도로 나아간다. 이 기술을 연마한 연설가들의 연설을 듣다 보면 그들의 입에서 나오는 말의 배후에 강력한 생각의 힘이 실려있음을 느낄 수 있다.

강력한 에너지를 가진 사람이 프라나를 담아 생각을 내보내면 '상념체(想念體; Thought Form)'라는 것이 만들어진다. 즉, 활력이 워낙 강해서 생명체와 다를 바 없는 생각이 만들어지는 것이다. 이렇게 만들어진 상념체가 어떤 사람의 정신적 대기에 진입하면 마치 상념체를 발산한 사람이 그 사람 앞에서 직접 서서 말을 건네고 있는 것 같은 위력을 발휘한다. 높은 수준의 오컬트 힘을 계발한 사람들은 위기에 처해있거나 도움이 필요한 사람들을 향해 수시로 이런 상념체를 내보낸다. 학생들도 지금까지 살면서 어떤 곤경에 처했을 때, 갑자기 몰려오는 긍정적인 생각의 도움을 받아 어려움을 헤쳐나간 경험이 있을 것이다. 상상하지도 못한 생각이 어디에선가 찾아와 마음가짐을 바로 잡도록 도움을 주고, 이를 계기로 문제를 해결할 새로운 힘과 용기를 얻은 경험을 해보았을 것이다.

이기적인 욕망과 목적을 위해 무의식적으로 강력한 상념체를 만들어내는 사람들도 있고, 이런 부정적인 상념체의 영향을 받는 사람들도 있다. 하지만 사랑과 믿음으로 충만한 대기에 둘러싸인 사람은 부정적 상념체의 공격이 사방에서 쏟아지는 상황에서도 언제나 안전하다는 점을 강조하고 싶다. 사랑과 믿음은 나를 향해 발사되었거나 아스트랄계의 대기에서 유영하는, 세상에서 가장 강력하고 부정적인 생각의 파동도 효과적으로 막아낼 수 있다. 생각의 질이 높을수록 그 안에 실려있는 힘도 강하다. 세상에서 육체적으로 가장 나약한 사람이라도 정신이 우주 보편적 사랑과 유일한 힘(One Power)에 대한 믿음으로 채워져 있으면 생각의 힘을 이기적인 목적으로 사용하는 최강의 적수보다 몇십 배 강한 힘을 발휘할 수 있다.

이처럼 강력한 힘은 성장하지 못한 사람의 저속한 목적과 야망을 오래전에 떨궈버리고 큰 영적 성장을 이룬 사람만 가질 수 있다. 이런 사람들은 강력한 힘과 도움이 담긴 생각의 파동을 꾸준히 사방으로 발산하며, 도움이 필요한 상황에 있는 사람은 언제든 이 힘을 끌어다 쓸 수 있다. 강력한 생각의 힘을 가진 존재들에게 '내가 지금 도움이 절실히 필요하니 그 힘을 보내 달라.'고 머릿속에서 요청하면 그 즉시 우리와 함께 지구상에 살고 있거나 이승을 떠나 상위 차원에서 거주하면서 강력하고 영적인 생각을 매 순간 생산하고 있는 이들의 생각을 끌어당겨 활용할 수 있다. 만약 인류가 이들의 도움 없이 무방비 상태로 이기적인 생각의 공격에 계속 노출되었더라면 아마 오래전에 멸종했을 것이다. 인류가 그나마 아직 생존하고 있는 이유는 보이지 않는 조력자들의 도움 덕분이다.

상념체의 세계에서 우리가 두려워해야 할 유일한 것은 우리 스스로 만들어내고 있을지도 모르는 저속하고 부정적인 생각이다. 예를 들어, 우리가 질 낮고 이기적인 생각과 마음을 품으면 생각의 대기에서 구름처럼 떠다니고 있던 부정적 상념체가 가까이 다가와 내 정신을 침투하고, 평소 같았으면 절대로 하지 않았을 행동마저 저지르도록 부추길 수 있다. 인간은 어떤 손님도 자신의 정신 속으로 초대할 권리를 가지고 있다. 따라서 누구에게 초대장을 보낼지 언제나 주의해야 한다.

인간의 강렬한 열망은 그 열망을 채우기 위해 작용하는 상념체를 만들어낸다. 열망이 고고하든, 순수하든, 저질스럽든, 그 속성과는 무관하다. 우리는 상념체를 통해 사물을 끌어당기고, 상념체로 인해 사물에 이끌리기도 한다. 우리의 강력한 동맹군인 상념체는 밤낮을 가리지 않고 항상 목적 달성을 위해 일한다. 그러니 상념체를 만들어낼 때 특별히 주의해야 한다. 내 안의 최상위 자아, 즉, 진아가 승인한 생각만 강력한 상념체로 만들어 내보내야 한다. 그러지 않을 경우, 잘못 내보낸 상념체의 작용으로 인한 대가를 치르고 초자연적 힘의 오용은 언제나 큰 고통으로 내게 돌아오게 되어있다는 뼈아픈 교훈을 얻게 될 것이다. 내가 받는 '형벌'은 언제나 나의 행동에 기인한다는 점을 기억해야 한다.

무엇보다 어떤 경우에도 타인을 해치기 위해 강력한 상념체를 내보내면 안 된다는 점을 특히나 강조하고 싶다. 이런 행위에 따른 대가는 오로지 하나이며, 그 경험은 쓰디쓴 교훈으로 남게 될 것이다. 타인을 해치려는 마음을 품는 것은 타인을 생매장하려고 판 무덤에 자기 발로 들어가는 것과 같은 행위다. 순수한 사람을 겨냥하여 발사한 사악한 상념체는 그대로 부메랑이 되어 더 강력해진 힘으로 나에게 되돌아온다. 이 문제에 관해 같은 얘기를 계속 반복하는 이유는, 이번 강의에서 다루는 내용이 준비되지 않은 사람들의 손에 들어갈 가능성도 있기 때문이다. 생각이 없는 사람이 이 지식을 잘못 활용하고 본인은 물론, 타인에게까지 피해를 주는 일을 예방하기 위해 확실한 경고가 필요하다. 조심성도 없고 생각도 없는 사람들을 위한 '위험' 표지판으로 생각해주면 좋겠다.

> **순수한 파르지팔을 해치지 못하는 성창 (맥스 하인델의 『절망 속에서 태어나는 용기』 중에서)**
>
> 속셈이 들통난 쿤드리는 분노한다. 그녀가 도움을 청하자 클링조르가 성창을 들고 나타난다. 그는 파르지팔을 향해 힘껏 성창을 던지지만, 악의 없는 순수한 파르지팔을 해칠 수 있는 것은 이제 아무것도 없다. 클링조르가 던진 창은 파르지팔의 머리 위에 둥둥 떠 있다. 파르지팔이 성창을 집어 허공에 십자가를 그리자 클링조르의 성과 마법의 정원이 단숨에 무너진다.

생각의 역학이라는 주제를 깊게 공부한 사람은 과거와 현재의 사상가들이 생성하고 발산한 긍정적 생각 파동을 올바르게 활용했을 때 얼마나 굉장한 일들이 가능한지 잘 알고 있다. 이들이 만들어낸 생각의 에너지를 활용하고 받아들일 준비가 된 사람은 언제든 이를 끌어다 쓸 수 있다.

지금까지 이 주제로 쓰인 책은 그리 많지 않다. 생각의 힘이 제공하는 무한한 가능성을 고려했을 때 다소 의외다. 여태껏 역사의 수많은 사람이 다양한 분야에 관한 생각의 파동을 만들어냈고, 지금 어떤 분야에 종사하고 있든, 어떤 분야를 연구하고 있든, 원하면 누구든 자기에게 필요한 생각을 끌어다 쓸 수 있다. 당사자는 그 창의적인 생각이 어디에서 솟아났는지 전혀 인지하지 못하는 경우가 많지만, 이런 방식으로 인류 역사상 최고의 발명품과 기발한 아이디어가 탄생한 사례도 많다. 어떤 주제 또는 문제에 관해 깊게 생각하는 과정에서 잡념을 비워내고 외부의 영향이 들어올 수 있도록 마음을 활짝 열고 펼침으로써 그토록 찾고자 했던 계획, 문제를 해결하기 위한 결정적 단서가 갑자기 내 의식 안으로 스며들어오는 것이다.

생각하는 자의 강렬한 열망을 등에 업고 탄생했으나 세상에서 아직 실현되지는 않은 미완의 생각은 대기를 떠다니며 자기를 표현할 수 있는 출구를 찾아다닌다. 즉, 그 생각을 실현할 수 있는 행동력과 추진력을 가진 사람의 정신에 이끌린다는 것이다. 예를 들어, 어떤 천재적인 사상가가 놀라운 생각을 떠올렸는데, 그 기발한 아이디어를 실행으로 옮기거나 활용할 에너지와 역량이 부족하여 흐지부지되었을 경우, 이 강력한 생각은 수년간 생각의 대기를 떠돌면서 자기를 표현해 줄 힘을 가진 사람을 찾아다닌다. 그러다 그 아이디어를 실현할 수 있는 에너지를 가진 사람을 발견하면 마치 홍수처럼 그의 의식 속에 생각의 파동을 날려 영감을 준다.

만약 일상에서 도저히 해결의 기미가 보이지 않는 난제에 봉착했다면 이 원리를 적용해볼 것을 권하고 싶다. 허공에서 유영하는 생각이 내 의식 속으로 쏟아져 들어올 수 있도록 수용적인 자세를 취하고, 내 힘으로 끙끙대며 해법을 찾겠다는 마음을 내려놓고, 문제 자체가 머릿속에서 지워질 정도로 정신을 비우면 마치 마법처럼 순간적으로 내가 그토록 찾아 헤맸던 해법이 떠오를 것이다. 세계의 위대한 사상가, 작가, 연사, 발명가 중에도 영문도 모르고 생각의 세상에서 작용하는 이 법칙을 체험한 사람이 많다. 아스트랄계에는 아직 물질계에서 실현되지 않은 채, 누군가에게 제발 발견되어 활용되기만을 기다리는 생각들이 수없이 떠다니고 있다. 지금 설명한 내용은 큰 진리의 한 조각에 불과하다. 준비된 사람은 얼마든 이를 활용할 수 있을 것이다.

자기도 모르게 명곡을 작곡한 음악가들 (윤민의 『센과 치히로의 신곡』 중에서)

비틀스의 폴 매카트니는 어느 날 아침 갑자기 머릿속에서 맴돌기 시작한 아름다운 선율의 정체를 알아내기 위해 동료들은 물론이고, 아는 사람마다 다 붙잡고 멜로디를 흥얼거리며 곡의 제목을 물어봤다고 한다. 한 달 동안이나 수소문했지만 아무도 그 노래를 알지 못했고, 매카트니는 자기가 꿈결에 신곡을 작곡했다는 결론을 내렸다. 이 곡은 이듬해인 1965년에 『Yesterday』라는 제목으로 발표되어 전 세계적인 히트를 기록한다.

비틀스와 같은 시대에 활동했던 롤링스톤스의 대표작 『(I Can't Get No)

> Satisfaction』 역시 1965년에 기타리스트 키스 리차드가 꿈에서 들은 선율을 기반으로 만들어졌다. 당시 리차드는 선율이 기억에서 사라질까 봐 침대에서 즉시 일어나 녹음기를 꺼냈고, 방금 떠오른 멜로디를 기타로 연주하여 녹음한 뒤 다시 잠에 곯아떨어졌다고 한다. "저는 이 곡을 작곡한 기억이 전혀 안 납니다. 그런데 아침에 일어나 테이프를 틀어보니 기타 연주가 2분가량 나오고, 나머지 40분은 제가 코 고는 소리만 들리더군요."

이 원리를 이용하여 강렬하고 나에게 도움이 되는 생각을 끌어당겨 우울감과 좌절감을 극복할 수도 있다. 생각의 세상에는 실로 엄청난 양의 에너지가 저장되어 있고, 누구든 이곳에 '접속'하여 자기에게 필요한 것을 꺼내어 쓸 수 있다. 그저 내 것을 달라고 요구하기만 하면 된다. 세상이 지금까지 축적해온 모든 생각의 저장고는 내 것이나 다름없었다. 그러니 곳간의 문을 열고 필요한 만큼 써보는 것이 어떨까?

(마태복음 7:7) 구하라 그러면 너희에게 주실 것이요 찾으라 그러면 찾을 것이요 문을 두드리라 그러면 너희에게 열릴 것이니
(마태복음 7:8) 구하는 이마다 얻을 것이요 찾는 이가 찾을 것이요 두드리는 이에게 열릴 것이니라

만트라와 명상

이번 강의의 만트라는 다음과 같다.

"생각은 살아있는 힘이다. 나는 이를 올바르게, 지혜롭게 활용할 것이다!"

이번 강의의 명상 주제는 세상의 생각에 긍정적으로 기여할 우리의 책임에 관한 것이다. 내가 하는 모든 생각이 세상의 생각에 꾸준히 더해지고, 성장 수준이 낮은 사람들이 매일같이 쏟아내는 방대하고 저속한 생각이 세상을 채우고 있다는 사실을 깨닫고 나면, 내 생각의 수준부터 높이고 수북이 쌓여있는 부정적인 생각들을 정화해야 한다는 책무를 느끼게 될 것이다. 쓸모없는 생각에 잠기지 않도록 항상 경계하고, 타인을 돕고, 위로하고, 응원하고, 기분을 띄워주는 생각을 사방으로 발산하기 위해 노력하자. 우리 각자가 할 수 있는 일이고, 모두가 힘을 합쳐 도와야 할 일이다.

형제와 자매들에게 도움과 사랑으로 가득한 상념체를 보내자. 생각은 구체적이어도 되고, 일반적이어도 된다. 주변에 곤경에 처한 영혼이 있으면 그에게 위로와 응원이 담긴 생각을 보내자. 누구든 위기에 처했다면 그에게 힘과 도움이 담긴 생각을 보내자. 세상에 도움이 될 수 있는 생각을 사방으로 내보내자. 지금 당장 절실한 도움이 필요한 누군가가 그 생각을 받아 위기를 헤쳐나갈 수 있을지도 모를 일이다. 내가 위기에 처했을 때 타인들로부터 강력한 도움의 생각을 받는 가장 좋은 방법은, 나와 비슷한 상황에 있는 사람들을 위해 희망과 도움이 담긴 생각을 내보내는 것이다. 이렇게 도움이 필요한 사람들끼리 서로 도우면서 모두에게 혜택이 돌아가는 소통의 채널이 열릴 수 있다. 생각의 힘을 오용해선 안 된다. 생각의 힘을 활용할 때는 다음을 기본 규칙으로 삼아야 한다. 내가 끌어당기고 싶지 않은 생각은 타인에게도 보내면 안 된다는 것. 모두에게 평온이 깃들기를 기원하면서.

제6강

텔레파시와 투시력

'텔레파시'란 대략 '물질과학에서 한정한 인간의 오감, 즉, 시각, 청각, 후각, 미각 및 촉각에 의존하지 않고 다른 수단(감각)을 이용하여 인간끼리 소통하는 것'으로 정의할 수 있다. 물질 과학계에서는 두 사람이 오감을 이용한 정상적인 소통을 할 수 없는 조건에 놓이면 소통이 이루어질 수 없다고 설명한다. 하지만 만약 이런 조건에서 두 사람 간의 실제 소통이 가능하다면 인간에게는 물질 과학계에서 정의한 다섯 가지 외에 또 다른 감각이 있을 것이라는 합리적 추론을 할 수 있다.

하지만 오컬티스트들은 인간에게 물질 과학계에서 고려조차 하지 않는 감각과 기능이 있다는 사실을 잘 알고 있다. 이 주제를 깊게 다루지는 않고 이번 강의와 직결되는 내용을 중심으로 설명을 진행하겠지만, 요약하자면, 인간은 물질계에서 기능하는 다섯 개의 '물리적 감각' 외에 아스트랄계에서 작용하는 다섯 개의 '아스트랄 감각'을 지니고 있다. 인간은 오감을 관장하는 신체 기관(눈, 귀, 코, 혀, 피부)을 사용하지 않고도 물리적 감각과 짝(상응)을 이루는 아스트랄 감각을 통해서도 보고, 듣고, 맛보고, 심지어 느낄 수도 있다. 인간은 이 외에도 특별한 여섯 번째 물리적 감각(Sixth Sense; 이 감각을 지칭하는 영어 단어는 아직 존재하지 않는다)을 갖고 있으며, 이 감각 기능을 통해 지리적으로 아주 멀리 떨어져 있는 사람의 머릿속에서 발산되는 생각을 인지할 수 있다.

이 특별한 여섯 번째 물리적 감각과 다섯 개의 아스트랄 감각 간에는 큰 차이점이 하나 있다. 다섯 개의 아스트랄 감각은 다섯 개의 물리적 감각과 일대일로 짝을 이룬다. 물리적 감각이 물질계에서 작용하듯이, 아스트랄 감각은 아스트랄계에서 작용한다. 물리적 감각처럼 다섯 개의 신체 기관을 통해 사물을 감지하는 것이 아니라, 아스트랄 감각을 관장하는 기관을 통해 아스트랄계에서의 인상을 인지하고 의식 속에 새긴다. 하지만 이 여섯 번째 물리적 감각(정식 용어는 아니지만, '텔레파시 감각'이라 칭하자)은 물리적 오감과 마찬가지로 이를 관장하는 물리적 기관은 물론, 이와 짝을 이루는 아스트랄 감각기관도 따로 갖고 있다. 다시 말해, 코, 눈, 귀와 마찬가지로 '텔레파시'의 인상을 수신할 수 있는 물리적 감각기관을 별도로 가지고 있다는 것이다. 우리가 '텔레파시'라고 부르는 현상과 관련한 모든 소통을 관장하는 기관이다. 이 여섯 번째 감각과 짝을 이루는 아스트랄계의 감각은 일부 형태의 '투시력(Clairvoyance)'을 관장한다. 그럼 지금부터 타인의 정신에서 발산되는 진동 또는 생각의 파동을 수신하는 텔레파시의 신체 기관에 관해 알아보도록 하자.

두개골의 정중앙에서 가까운 척추 상단 바로 위에는 작은 콘(원뿔) 모양을 띤 적회색의 샘이 있다. 이 샘은 소뇌 앞에 있는 세 번째 뇌실의 바닥과 연결되어 있다. 수많은 신경 물질로 구성된 이 작은 샘은 신경세포를 닮은 혈구와 '뇌사'로 불리는 모래 같은 석회질을 포함하고 있다. 서양 과학계에는 이 기관을 '솔방울샘(송과체(松果體); pineal gland 또는 pineal body)'이라 부르며, 이름에 '솔방울'이 붙여진 이유는 말 그대로 솔방울처럼 생겼기 때문이다.

서양의 과학자들은 뇌 속에 있는 이 기관의 기능, 목적, 용도에 관해 아직 감조차 잡지 못하고 있다. 이들이 쓴 교재는 "송과체의 기능은 아직 밝혀지지 않았다."는 문장 하나로 이 중요한 기관의 설명을 얼버무리고 있으며, '신경세포를 닮은 혈구'와 '뇌사'의 존재와 목적을 설명하려는 시도도 하지 않는다. 하지만 이 미지의 기관이 성인보다 어린 아이일 때 더 크고, 성인 남성보다는 성인 여성에게서 더 발달했다고 설명하는 저자도 더러 있다. 아주 중요한 내용이라 할 수 있겠다.

요기들은 수천 년 전부터 이 '송과체'라는 것이 다른 사람의 뇌에서 발산된 생각의 파동을 읽기 위해 사용하는 기관, 즉, '텔레파시를 이용한 소통'을 관장하는 신체 기관이라는 사실을 잘 알고 있었다. 빛의 파동이 유리를 통과하고 X-레이가 나무, 돌 등을 통과하듯이, 생각의 파동은 육신을 통과할 수 있으므로 송과체는 귀, 코, 눈처럼 외부와 통하는 구멍이 필요 없다. 생각 파동의 특성은 '무선 전신' 기술로 파동을 송수신하는 것에 비유할 수 있다. 뇌 속의 작은 송과체는 정신의 무선 전신을 수신하는 기기라고 할 수 있다.

사람이 어떤 생각을 떠올리면 그 주변의 대기에 강하거나 약한 진동이 발생하며, 전구에서 빛이 퍼져나가듯이 생각의 파동이 사방으로 퍼져나간다. 이와 같은 생각의 파동이 타인의 텔레파시 수신 기관(송과체)과 접촉하면 수신자의 뇌에서 그 생각이 재현된다. 이렇게 재현된 생각은 상황에 따라 수신자의 의식 영역으로 진입하거나 본능적 정신의 영역에 머무를 수 있다.

제5강, '생각의 역학'에서 생각이 발휘하는 힘과 영향력에 관해 설명했는데, 이번 강의(제6강)를 마친 후 두 강의에서 다룬 내용을 확실하게 습득하기 위해 전 강의의 내용을 다시 한번 읽어볼 것을 권한다. 전 강의에서는 '생각의 파동이 하는 일'을 다뤘고, 이번 강의의 주제는 '생각의 파동을 수신하는 법'이다.

이번 강의에서 설명하는 '텔레파시'는 어떤 사람이 의식적으로 또는 무의식적으로 발산한 생각의 진동 또는 파동을 다른 사람이 의식적으로 또는 무의식적으로 수신하는 개념을 의미한다. 즉, 둘 이상의 사람 간에 생각을 전이하는 것이 바로 텔레파시이며, 타인이 나를 목표로 삼아 의도적으로 발산하지 않은 파동, 즉, 목적의식 없이 발산된 생각의 파동을 흡수하는 행위도 이에 포함된다. 전 강의에서 설명했듯이, 생각의 파동에 담긴 힘과 그 강도는 이를 발산한 사람마다 다를 수 있다. 발신자와 수신자의 집중력에 따라 발산되는 생각의 힘과 수신되는 생각의 정확도와 선명도도 달라질 수 있다.

투시력

　투시력의 개념을 제대로 설명하기 위해서는 아스트랄계라는 주제의 언급을 피할 수 없다. 투시력이라는 것 자체가 아스트랄계에서 작용하는 현상이기 때문이다. 하지만 아스트랄계를 주제로 한 별도의 강의에서 이 개념을 집중적으로 다룰 것이므로 지금 시점에서 자세히 설명하지는 않을 것이다. 아스트랄계의 속성과 이 영역에서 이뤄지는 일들에 관한 자세한 설명은 이후에 진행할 것임을 양해하고 이번 강의를 들어주기 바란다. 이번 강의에서는 우리에게 익숙한 물리적 감각기관으로 인지할 수 없는 파동을 감지하는 특별한 능력이 인간에게 있다는 말을 진실로 받아들이고 계속 진도를 나아갈 것을 당부하고 싶다. 앞서 설명했듯이, 물리적 감각마다 이에 상응하는 아스트랄 감각이 있으며, 인간은 이 아스트랄 감각을 이용하여 아스트랄계의 다양한 파동을 인지하고 해석하여 의식으로 전달할 수 있다.

　따라서 인간은 아스트랄 시력을 통해 지리적으로 아주 먼 곳에서 발생한 아스트랄 빛의 진동을 수신할 수 있다. 중간에 물체가 가로막고 있더라도 이를 쉽게 통과하는 아스트랄 빛을 수신할 수 있고, 에테르의 대기 속에서 부유하는 상념체도 인지할 수 있다. 또한 아스트랄 청력으로 아주 먼 곳에서 발생한 아스트랄 음의 진동을 수신할 수 있고, 음의 진동이 발생하고 긴 시간이 흐른 후 그곳에 흔적으로 남아있는 미세한 진동마저 인지할 수 있다. 물리적 감각에 상응하는 다른 아스트랄 감각들도 유사한 방식으로 아스트랄계에서 작용한다. 말하자면 아스트랄 감각은 물리적 감각의 연장선이라고 볼 수 있다. 몇 년 전에 이 개념을 세련되지는 않지만 비교적 정확하게 표현한 초자연적 감각 소유자가 있었다. 고등교육을 받지 못한 그녀는 아스트랄 감각과 물리적 감각의 유사성을 설명하기 위해 애를 쓰다가 이렇게 말했다. "아스트랄 감각은 물리적 감각과 다를 바 없습니다. 다만 아스트랄 감각이 더 세다고나 할까요?" 우리로서도 이것보다 더 나은 설명을 제시하기는 어려울 것 같다.

사람은 누구나 아스트랄 감각을 보유하고 있으나, 이를 의식적으로 활용할 수 있는 수준으로 계발한 사람은 비교적 적다. 어쩌다 우연히 아스트랄 감각을 활용하여 무언가를 인지하지만, 어떤 경로를 통해 그런 체험을 하게 되었는지 알지 못하는 사람들도 있다. 아무런 예고 없이 갑자기 머릿속에 떠오른 생각을 별 의미 없는 공상 정도로 치부하고 지나치는 것이다. 아스트랄 감각에 갓 눈을 뜬 사람은 태어나서 처음으로 물리적 감각기관이 전해주는 정보를 받고 해석하는 유아처럼 어설프고 어색하게 행동한다. 갓난아이는 눈과 귀를 통해 수신하는 사물의 인상을 올바르게 해석하기 위해 거리의 개념부터 익혀야 한다. 촉각도 마찬가지로 처음에는 서투르다. 초자연적 현상을 처음 접하는 '유아' 역시 이와 유사한 경험을 통과해야 하므로 처음에는 모든 것이 혼란스럽고 결과도 신통치 않을 수 있다.

기본 투시력

여러 형태의 투시 현상, 특히 우리가 '공간 투시력'이라 칭하는 형태의 투시 현상(아주 멀리 떨어진 곳에 있는 사물을 보는 능력)을 올바르게 이해하기 위해서는 '모든 형태의 물질은 매 순간 빛을 발산하고 있다.'는 오컬트 가르침부터 진실로 받아들여야 한다. (현대 물리학에서도 최근 이 사실을 확인하고 있다) 모든 물질이 발산하는 이 아스트랄 광선은 우리에게 익숙한 일반적인 물리적 광선보다 훨씬 감지하기 힘들고 미세하지만, 우리가 눈으로 빛이 반사하는 사물을 인지하듯이, 아스트랄 시력을 통해 이 아스트랄 광선도 수신하고 인지할 수 있다. 일반적인 광선과 마찬가지로 아스트랄 광선도 무한히 뻗어 나가며, 아스트랄 감각을 높은 수준으로 계발하고 단련한 고급 오컬티스트는 보통 사람은 상상할 수 없을 정도로 멀리 떨어진 곳에서 일어나고 있는 일들의 인상도 감지할 수 있다. 아스트랄 광선은 단단한 물질도 비교적 쉽게 통과할 수 있으며, 뛰어난 투시력을 가진 사람에게는 밀도가 아주 높은 사물도 거의 투명하게 보인다.

지금까지 여러 형태의 투시력에 관해 간략하게 언급했는데, 투시력도 계발 수준에 따라 정도의 차이가 있다. 놀라운 수준의 투시력을 보유한 사람도 있고, 평범한 투시력을 가진 사람도 있고, 대다수는 어쩌다가 한 번씩, 우연히 아스트랄계를 감지하는 초보적인 수준에 머무르고 있다. 고급 형태의 투시력뿐 아니라 이번 섹션에서 다룰 기본 투시력도 마찬가지다. 따라서 기본 투시력의 일부만 가지고 다른 형태의 투시력은 전혀 가지지 못한 사람도 있을 수 있다.

'기본 투시력'이란 아주 먼 곳에 있는 사물을 보거나 과거 또는 현재에 일어나고 있는 일들을 감지하지는 못하지만, 가까운 곳에 있는 아스트랄 인상은 수신할 수 있는 기초 능력을 의미한다. 완전한 기본 투시력을 보유한 사람은 단단한 물체를 통과하는 아스트랄 빛의 파동을 수신할 수 있다. 문자 그대로 '벽 맞은편에 있는 사물을 볼 수 있는 능력'을 말하는 것이다. 의료 도구를 이용하여 고체를 통과하는 X-레이를 감지할 수 있듯이, 단단한 물질이 반투명하게 보이면서 이를 통과하는 진동을 감지할 수 있게 되는 것이다.

기본 투시력을 소유한 사람은 옆 방에서, 또는 굳게 닫힌 문 뒤에서 일어나고 있는 일들도 관찰할 수 있다. 이 능력을 꾸준히 연마하면 개봉되지 않은 편지의 내용도 읽을 수 있고, 발아래 땅속 몇 미터까지 투시하여 그 안에 묻혀 있는 광물도 확인할 수 있다. 가까이에 있는 사람의 몸을 투시하여 장기가 작동하는 모습도 볼 수 있고, 이 정보를 통해 병의 원인을 파악할 수 있는 경우도 많다. 자신과 접촉하는 사람이 발산하는 오라의 색상을 인지하여 그들이 어떤 생각을 하고 있는지도 확인할 수 있다. 투청력(Clairaudience)을 이용하여 일반적인 청력으로 들을 수 없는 소리까지도 들을 수 있다. 일반적인(신체적인) 텔레파시 감각보다 훨씬 강력한, 아스트랄계에서 작용하는 텔레파시 감각의 힘으로 타인의 생각을 생생하게 느낄 수도 있고, 심지어 육신을 떠난 정령들을 포함하여 아스트랄계에 거주하는 존재들도 볼 수 있다. (이 주제에 관해서는 아스트랄계를 다루는 강의에서 더 자세히 설명할 것이다) 쉽게 말해, 새로운 세상의 모습이 내 앞에 나타나는 것이다.

드물긴 하지만, 기본 투시력을 보유한 사람이 꾸준한 단련을 통해 자신의 의지대로 작은 물체를 크게 확대하여 보는 능력을 계발하는 사례도 있다. 현미경으로 사물의 크기를 키워서 보듯이, 아스트랄 시각을 활용하여 내가 자세히 보고자 하는 사물의 아스트랄 이미지를 원하는 배율로 확대하여 볼 수 있는 것이다. 하지만 고도의 수련을 통해 일정 경지에 이른 오컬티스트가 아닌 이상, 자발적으로 이런 능력을 계발하고 보유하게 되는 사람의 사례는 매우 드물다. 공간 투시력을 다루는 다음 섹션에서 이 능력의 변종에 관해 살펴볼 것이다.

공간 투시력

초자연적 능력의 소유자 또는 고도의 수련을 거친 오컬티스트는 여러 가지 방법을 통해 맨눈으로는 보기 불가능할 정도로 멀리 떨어진 곳에 있는 사람, 사물, 장면, 상황 등을 인지할 수 있다. 이 중 두 가지를 이번 강의에서 설명할 예정이며, 그보다 상위에 있는 방법들은 최고 수준의 경지에 도달한 마스터와 오컬티스트의 영역이므로 자세히 다루지 않을 것이다. 이번 섹션에서 소개할 두 가지 방법은 엄밀히 말해 '아스트랄계에서 작용하는 공간 투시력'에 해당한다. 첫 번째 방법은 이미 설명한 '기본 투시력'을 확장한 개념으로, '아스트랄 튜브(Astral Tube)'라 부르는 도구를 이용하여 멀리 있는 사물을 인지하는 역량을 계발하는 것이다. 두 번째 방법은 의식적으로 또는 무의식적으로 자신의 아스트랄체를 투사(Astral Projection)함으로써 내가 보고자 하는 현장을 직접 방문하여 아스트랄 시력으로 관찰하는 것이다.

모든 사물은 아스트랄 빛의 광선을 발산하기 때문에 우리가 아스트랄 시력으로 이를 인지할 수 있다고 앞서 설명한 바 있다. 그리고 기본 투시력 섹션에서 이 능력을 계발한 사람은 마치 맨눈(물리적 시력)으로 사물을 보듯이, 아스트랄 시력으로 가까운 곳에 있는 사물을 볼 수 있다고 설명했다. 전자의 경우에는 일반적인 광선을 이용해서 사물을 보는 것이고, 후자의 경우에는 아스트랄 광선을 이용한다는 차이점만 있다. 하지만 나와 사물 사이에 광선의 통과를 가로막는 장애물이 없다 하더라도 대상이 너무 멀리 떨어져 있으면 눈으로 볼 수 없듯이, 기본 투시력으로도 멀리 떨어진 사물은 볼 수 없다. 장애물을 다 통과하는 아스트랄 광선임에도 거리상 너무 멀어서 볼 수 없는 것이다.

물질계에서는 이처럼 시력의 범위를 벗어나는 곳에 있는 사물을 보기 위해 망원경이라는 도구를 사용한다. 같은 원리로 아스트랄계에서도 아주 멀리 떨어진 곳에 있는 사물을 인지하려면 도움이 필요하다. 그런데 이 '도움'은 망원경처럼 외부에서 오지 않고 관찰자의 아스트랄체 내면에서 나온다. 즉, 아주 먼 거리에서 발산되는 아스트랄 광선을 수신하고, 이를 올바르게 해석할 수 있는 크기로 확대하는 아스트랄 기능이 내 안에 내재해 있는 것이다. 인간 안에 내재한 이 '망원경' 기능은 기본 투시력 섹션에서 다룬 '현미경' 기능의 변종이라고 할 수 있다. 사물을 확대하는 역량의 수준도 사람마다 다르다. 몇 킬로미터 떨어진 곳에 있는 대상을 볼 수 있는 사람이 있는가 하면, 지구상 모든 구역을 구석구석까지 볼 수 있는 사람, 그리고 드물긴 하지만 태양계의 다른 행성에서 일어나고 있는 장면까지 볼 수 있는 수준에 도달한 사람도 더러 있다.

이처럼 망원경처럼 작동하는 아스트랄 시력은 오컬티스트들이 '아스트랄 망원경,' '아스트랄 전신,' '아스트랄 기류' 등, 다양한 이름으로 불리는 기능과 연계하여 작동하는데, 이는 전부 '아스트랄 튜브'를 기반으로 하는 기능이라 할 수 있다. 아스트랄 튜브는 텔레파시에 의한 생각의 진동, 아스트랄 광선과 음의 진동 등, 모든 형태의 아스트랄 진동을 쉽게 통과시키는 일종의 전용 통로로, 투시 능력자가 아스트랄 계에서 생각의 기류(Thought Current)를 생성함으로써 만들어진다. (투시 능력자가 생각과 함께 발산한 강력한 프라나의 공급으로 통로가 유지되는 것이다) 말하자면 아스트랄 튜브는 관찰자와 관찰 대상, 투사의 주체와 수신자, 또는 소통의 두 당사자가 조화를 이루도록 유도하여 둘 사이에 라포(rapport; 친밀감)를 형성하는 기능을 한다. 아스트랄 튜브는 이 외에도 다양하고 놀라운 초자연적 현상을 가능케 하는 기본 수단이다.

'아스트랄 망원 비전' 또는 '공간 투시력'의 경우, 투시 능력자는 의식적으로 또는 무의식적으로 자신과 멀리 떨어져 있는 관찰 대상을 연결하는 아스트랄 튜브를 형성한다. 이렇게 아스트랄 튜브가 형성되면 아스트랄 광선의 진동이 관찰자에게 더 쉽게 도달하며, 튜브 밖의 인상이 억제되거나 배제되어 내가 집중하고 있는 대상만 깨끗하게 수신할 수 있다. 이렇게 해서 도달한 인상은 투시 능력자의 '망원경' 기능에 의해 확대되고, 아스트랄 시력에 의해 인지된다. 이 '망원경 기능'은 아스트랄 광선이 통과하는 렌즈에 불과하다는 점을 기억하자. 보통 사람이 망원경으로 일반적인 광선을 확대하여 보듯이, 아스트랄 계의 망원경도 사물을 아스트랄 시각으로 쉽게 인지할 수 있도록 크게 확대하는 기능을 할 뿐이다. 이 현상을 아주 정확하게 설명하는 망원경의 비유를 염두에 두면 머릿속에서 개념을 파악하는 데 큰 도움이 될 것이다.

아스트랄 튜브는 보통 투시 능력자의 의지, 또는 이에 버금가는 위력을 지닌 강력한 열망에 의해 형성된다. 하지만 조건이 유리한 상황에서는 스쳐 지나가는 생각만으로도 아스트랄 통로가 순간적으로 형성되어 전혀 생각지도, 알지도 못했던 광경이 갑작스럽게 눈앞에 보일 수도 있다. 별다른 의도 없이 떠올렸던 생각이 우연히 다른 사람이 형성한 생각의 통로와 연결을 맺었거나, 끌어당김과 연계의 법칙(Law of Attraction and Association)에 의해 같은 공간에 머무르던 다른 생각에 이끌렸을 때 이런 현상이 발생할 수 있다. 하지만 생각하는 자의 의지가 확고하면 이와 같은 외부의 영향(잡음)을 얼마든 차단하고 내가 원하는 대상과 연결을 맺을 수 있다. 이런 역량을 자유자재로 통제할 줄 아는 사람도 많고, 어쩌다가 한 번씩 우연히 체험하는 사람도 있고, 최면 등과 같은 외부의 도움 없이는 이런 역량을 전혀 발휘하지 못하는 사람도 있다. 수정구 또는 이와 유사한 물체를 출발지점으로 활용하여 아스트랄 튜브를 형성하는 사람도 있다. '수정구 응시'는 사실상 아스트랄 튜브를 이용한 공간 투시력과 다를 바 없다. 수정구라는 도구를 통해 관찰하고자 하는 대상을 관찰하는 기법인 것이다.

이번 강의에서는 이 주제에 관해 깊게 들어갈 수는 없고, 여러 형태의 초자연적 현상의 원리와 개념을 전달하는 수준에서 설명을 마칠 것이다. 과학적 관점에서도 설명 가능한 이 분야의 저명한 작가들이 남긴 기록을 살펴보고 투시력 활용의 여러 흥미로운 사례들을 일일이 설명할 지면이 부족하다는 점이 아쉽다. 하지만 투시력의 실재를 증명하는 것이 이번 강의의 목적은 아니다. 이번 강의는 학생들이 투시력의 실재를 진리로 받아들이거나 최소한 거부감을 가지지 않을 것을 기본 전제로 하고 있다. 이번 강의에서는 의심하는 자들을 설득하기 위해 지면을 낭비하기보다는 이 현상의 간략한 묘사와 설명에 더 많은 내용을 할애해야 한다. 어차피 이 주제는 남이 아무리 증거를 제시해봐야 소용이 없다. 직접 체험해보고 본인 스스로 만족할 만한 수준으로 입증하기 전에는 달리 방법이 없다.

지리적으로 멀리 떨어진 사물 또는 상황을 보는 두 번째 방법은 의식적으로 또는 무의식적으로 자신의 아스트랄체를 투사하여 그곳에서 벌어지고 있는 상황을 아스트랄 시력으로 직접 관찰하는 것이다.[13] 조금 전 설명한, 아스트랄 튜브를 활용하는 일반적인 기법보다 터득하기 더 어렵고 활용 사례도 상대적으로 드문 방법이지만, 자기도 모르게 아스트랄계를 유영하며 다양한 광경을 보고 이를 '꿈에서 본 것' 또는 '마음속으로 본 것'으로 착각하는 사람도 많다.

아스트랄체의 설명은 이전 강의에서 이미 진행한 바 있다. 자기에게 아스트랄계를 유영하는 능력이 이미 있다는 사실을 알고 있는 사람은 극소수고, 초보자는 이 능력을 계발하기 위해 많은 수련을 하고

---

13) 미국 드라마 『기묘한 이야기(Stranger Things)』를 시청한 적이 있는 독자는 초능력을 가진 주인공 '일레븐(Eleven)'이 집중력을 발휘하여 먼 곳에서 일어나고 있는 일들을 생생하게 보는 장면을 기억할 것이다.

주의해야 할 점도 많긴 하지만, 모든 인간은 자신의 아스트랄체를 투사하여 지구라는 한계선 내에서 어디로든 여행할 수 있다. 아스트랄체를 투사하여 원하는 목적지에 도착한 후에는 그곳에서 일어나는 일들을 직접 관찰할 수 있다.

아스트랄 튜브를 이용하여 주변의 모든 광경을 억제하고 아스트랄 시력을 특정 위치에 집중시켜서 보는 방식과 달리, 아스트랄체를 투사하면 관찰하고자 하는 현장과 주변의 모든 것도 함께 볼 수 있다. 아스트랄 유영 능력을 단련하면 이처럼 내가 원하는 곳 어디로든 아스트랄체를 '파견'할 수 있다. 이런 경지에 이른 오컬티스트는 어디론가 가고 싶다는 소망을 품기만 함으로써 빛의 속도, 심지어 그보다 빠른 생각의 속도로 그곳까지 순식간에 유영할 수 있다. 물론 수련이 부족한 오컬티스트는 자신의 아스트랄체를 아직 자유롭게 제어하지 못하여 여러 면에서 서투르다. 수면 중 자기도 모르게 아스트랄체를 투사하여 유영하는 사람도 많다.

상대적으로 드물지만, 깨어있는 동안에 무의식적으로 아스트랄계를 유영하는 사람도 있고, 이 능력과 관련 지식을 체계적으로 익혀 깨어있는 상태에서 의식적으로 아스트랄 여행을 하는 경지에 오른 소수의 사람도 있다. 아스트랄체는 가늘고 비단처럼 생긴 아스트랄 실(Astral Thread)로 언제나 육신과 연결되어 있으며, 이를 통해 육신과 아스트랄체 간 소통의 채널이 유지된다. 아스트랄계를 본격적으로 다루는 제10강에서 아스트랄체에 관한 더 많은 설명을 제시할 것이다. 아스트랄체의 활용은 우리가 지금까지 살펴본 여러 종류의 투시력보다 상위에 있는 고급 능력이지만, 아스트랄체의 도움을 받아 투시력을 발휘하는 경우도 있다는 점을 설명하기 위해 간단하게 언급했다.

과거 투시력

고급 오컬티스트에게 있어 과거에 있었던 일을 감지하는 시간 투시력(Time Clairvoyance)은 그리 보기 드문 역량이 아니다. 오히려 비교적 흔한 역량 중 하나라고 할 수 있다. 이 역량의 본질을 알지 못해 완전하게 사용하지는 못하지만, 일반 초자연적 능력 소유자 중에도 시간 투시력을 가진 사람들이 꽤 많다. 이들이 소유한 시간 투시력이 불완전하고 부정확한 이유는 잠시 후에 살펴볼 것이다.

아스트랄 시력을 활용하더라도 '과거에 있었던 일과 현장에서 벌어졌던 광경을 본다.'는 개념을 이해하려면 지금까지 살펴본 기본 또는 공간 투시력과는 완전히 다른 설명이 필요하리라는 사실을 짐작할 수 있을 것이다. 기본 또는 공간 투시력은 지금, 이 순간, 또는 몇 초 전의 상황을 관찰할 때 사용할 수 있는 능력이고, 이번 섹션에서 다루는 시간 투시력은 과거에 이미 일어난 일, 심지어 관련 기록마저 사라졌을 정도로 오래전에 일어났던 일들을 보는 능력을 지칭하는 것이기 때문이다. 하지만 엄밀히 말해 과거에 있었던 그 일에 관한 기록은 사라지지 않았다. 오컬티스트들은 이 세상에서 완전히 사라지는 것은 단 하나도 없으며, 상위 물질 영역에 가면 지금까지 세상에서 존재했거나 일어났던 모든 일, 광경, 행동, 생각, 사건을 하나도 빠짐없이 기록하고 영구적으로 보존해 놓은 정보의 저장소가 있다는 사실을 잘 알고 있다.

이 소위 말하는 '아카식 레코드(Akashic Records)'는 아스트랄계보다 훨씬 높은 영역에 존재하지만, 마치 하늘과 구름의 모습이 호수의 물 위에 비치듯이, 아카식 레코드의 내용도 아스트랄계에 상(像: reflection)을 드리운다. 따라서 하늘을 직접 볼 수 없는 관찰자라도 물 위에 비친 이미지는 볼 수 있는 것처럼, 아스트랄계를 유영하는 법을 익히면 그곳에 드리워진 아카식 레코드의 이미지를 볼 수 있다. 하지만 잔잔했던 호수에 물결이나 파도가 일면 그 위에 비친 이미지가 일그러지듯이, 아스트랄 빛이 어떤 요인에 의해 왜곡되거나 흔들리면 과거의 기록을 완전하게 보존하고 있는 아카식 레코드의 이미지도 뒤틀려진 형상으로 보일 수 있다. 이제 왜 오컬티스트들이 아주 오랜 옛날부터 아스트랄 빛을 '물'에 비유했는지 이해할 수 있을 것이다.

아카식 레코드에는 세상의 모든 '기억'이 기록되어 있으며, 이에 접근할 수 있는 사람은 마치 책을 읽듯이 과거를 읽어낼 수 있다. 이 기록에 자유롭게 직접 접근할 수 있는, 아카식 레코드라는 책을 직접 펼쳐 과거를 읽을 수 있는 존재는 고차원의 지성체로 한정된다. 하지만 아스트랄계에 비친 아카식 레코드의 이미지에 접근하여 그 내용을 읽는 능력(시간 투시력)을 계발한 사람들은 많은 편이다. 음반을 통해 이미 고인이 된 사람의 음성을 들을 수 있는 것처럼, 백 년 후에 우리의 후손들이 음반을 통해 우리의 음성을 들을 수 있는 것처럼, 시간 투시력을 계발한 사람은 아카식 레코드의 이미지를 재생하여 과거의 상황을 생생하게 재현할 수 있다. 오컬트 수련을 갓 시작한 초보자들에게 아카식 레코드의 속성을 정확하게 설명하기란 불가능하다. 인간의 언어로는 이를 설명할 수도 없을뿐더러, 이 강의를 진행하고 있는 우리도 아카식 레코드의 신비를 부분적으로만 이해하고 있다. 그렇다면 우리를 교사로 여기며 가르침을 청하는 학생들에게 이 개념을 어떻게 설명할 수 있을까? 완전하지는 않지만 이번에도 비유를 들어 설명하는 편이 그나마 나을 것 같다.

인간의 뇌 안에는 수백, 수천만 개의 세포가 있으며, 각 세포에는 그가 과거에 경험한 사건, 생각, 행동 등의 기록이 담겨있다. 현미경으로 보거나 화학적인 실험으로 그 기록을 찾아낼 수는 없지만, 뇌 안에 그 기록이 저장되어 있고, 필요할 때 이 정보를 꺼내어 사용할 수 있다는 사실에는 의심의 여지가 없다. 과거를 떠올리는 기억력이 완벽하지 않아 매번 필요한 정보를 적시에 끄집어내지는 못할 수도 있지만, 우리가 살면서 한 모든 행동, 생각, 행위의 기억은 우리가 살아 있는 동안 분명히 뇌 어딘가에 저장되어 있다. 이 비유를 통해 아카식 레코드의 개념을 파악할 수 있겠는가?

같은 원리로, 우주의 기억 속에는 우주에서 일어났던 모든 일의 기록이 저장되어 있다. 이 기록에 직접 접근할 수 있는 사람은 책을 읽듯이 그 내용을 열람할 수 있고, 직접 접근하지는 못하더라도 아스트랄계에 비친 이 기록물의 이미지를 볼 수 있는 사람 역시 그 정보를 읽을 수 있다. 다만 아카식 레코드의 원본이 아니라 아스트랄 빛의 호수에 비친 흐릿한 이미지를 읽는 것이므로 해상도가 떨어질 수 있고,

읽는 사람의 역량에 따라 정확도가 달라질 수 있다는 차이점이 있다. 설명할 수 없는 개념을 설명하기 위해 그나마 가장 그럴듯한 비유를 제공했다고 생각한다.

글에 숨겨진 진리를 받아들일 준비가 된 학생은 짧은 순간이나마 보았을 것이다. 아직 보지 못한 학생은 준비가 될 때까지 기다려야 할 것이다.

미래 투시력

'예언' 또는 미래를 내다보는 행위와 관련한 시간 투시력은 과거 투시력보다도 설명하기 어렵다. 따라서 이 개념을 자세히 설명하려는 시도는 하지 않을 것이다. 간단하게 설명하자면 이렇다. 아스트랄 빛 안에서 희미하고 불완전한 이미지를 볼 수 있는데, 이는 인과관계의 법칙이 작용하는 모습, 다시 말해, 장차 다가올 일이 드리우는 그림자라고 할 수 있다. 세상에는 이처럼 아스트랄 빛에 드리운 그림자 또는 상이 생긴 원인을 자세히 볼 수 있는 역량을 지닌 소수의 고급 능력자가 있다. 하지만 이보다는 아스트랄 시력으로 아스트랄 빛의 호수에 비친, 물결과 파도로 인해 불확실하고 왜곡된, 흐린 이미지 정도밖에 보지 못하는 하급 능력자들이 훨씬 더 많다. 역사적으로 하위 아스트랄계보다 높은 영역에 접근하여 다가오는 미래의 일부를 보았던 위대한 선지자들이 몇 명 있었다. 이들은 보통 수준의 초자연적 능력을 소유한 자들이 아스트랄계에서 발휘하는 것보다 훨씬 강력한 힘을 지녔던 사람들이다. 수련이 부족한 초보 오컬티스트의 눈에는 아스트랄계에서 기능하는 사람들의 능력이 대단해 보이겠지만, 이미 그 단계를 초월하여 더 높은 곳에 이른 마스터의 관점에서는 하찮게 보인다.

학생들에게 짤막하게 몇 마디만 건네고, 이미 상당한 수준으로 성장한 구도자들에게마저 진리의 작은 조각만 슬쩍 보여주고 이 흥미로운 주제를 넘어가야 한다는 점이 너무나 아쉽다. 하지만 우리는 누구나 때가 되면, 준비가 완료되면 필요한 빛을 얻게 되리라는 사실을 잘 알고 있다. 너무 이르지도, 너무 늦지도 아니고, 정확히 필요한 순간에 얻게 될 것이다. 우리로서 지금 할 수 있는 것은 이 주제와 관련한 몇 개의 키워드, 몇 개의 단서를 제공하는 것, 다시 말해, 씨앗을 뿌리는 것이다. 학생들 모두 조만간 풍성한 결과를 수확하게 되기를 기원한다.

투청력

투청력은 아스트랄 감각을 이용하여 아스트랄계에서 청력을 발휘하는 것을 의미한다. 지금까지 투시력에 관해 설명한 내용 대부분이 투청력에도 그대로 적용된다. 다만 아스트랄 시각 대신 아스트랄 청각을 활용한다는 차이만 있을 뿐이다. 단순 투청력은 과거 투시력과 유사하며, 심지어 미래 투시력과도 유사한 측면이 있다. 조금 전 언급했듯이, 각각 다른 아스트랄 감각을 활용하여 체험하는 것이라는 차이점만 있다. 투시 능력자 중에는 투청력을 동시에 가진 사람도 있고,

그렇지 않은 사람도 있다. 그런가 하면 투청력은 가졌으나 아스트랄 빛을 보는 투시력은 가지지 못한 사람도 있다. 전반적으로 봤을 때, 투청력을 소유한 사람은 투시력을 소유한 사람에 비해 드문 편이다.

사이코메트리

과거에 있었던 일과 연관이 있는 무언가를 보고 한동안 잊고 있었던 일의 기억이 머릿속에서 떠오르는 경우가 종종 있다. 이와 같은 원리로 예전에 체험했던 어떤 사건 또는 예전에 목격했던 어떤 광경과 연관이 있는 사물을 손으로 만진 후, 그 일을 기록한 아카식 레코드의 이미지가 눈앞에 갑자기 나타나는 경우도 있다. 아카식 레코드에 기록된 어떤 사건의 내용, 그리고 그 사건과 관련이 있는 어떤 사물 간에 끊어질 수 없는 관계가 맺어져 있는 것만 같다. 작은 금속 조각, 돌멩이, 천, 머리칼 등을 통해 이 물건들과 인연을 맺은 과거의 일을 보게 되는 현상이 바로 사이코메트리다(Psychometry). 지금 지구상에서 사는 사람의 옷, 머리칼, 또는 그가 한때 소유했던 물건을 이용하여 그 사람과 라포를 형성할 수 있으며, 이렇게 형성된 라포의 도움을 받아 보다 쉽게 두 사람 간의 아스트랄 튜브를 생성할 수도 있다. 결국 사이코메트리는 사람과 사물 간의 연결고리, 또는 사람과 사물과 연결된 또 다른 사물의 작용을 이용하여 수행하는 투시력의 일종이라고 볼 수 있다. 하나의 독립적인 초자연적 현상이라기보다는 다른 능력의 변종, 또는 여러 종류의 투시력이 결합하여 나타나는 현상이라고 이해하면 좋을 것 같다.

초자연적 힘을 계발하는 방법

대다수 학생, 특히 아직 초자연적 힘의 작용을 한 번도 체험해보지 못한 학생들이 우리에게 많이 하는 질문 중 하나는 바로 이것이다. "내 안에 내재한 초자연적 힘을 계발하는 방법은 무엇인가요?"

초자연적 힘을 계발하는 방법은 많다. 이 중 바람직한 방법은 몇 개 되지 않고, 바람직하지 않은 방법은 많고, 아예 해로운 방법들도 있다.

해로운 방법의 대표적인 사례는 일부 야만족, 그리고 제대로 공부하지 않은 일부 서양인들이 활용하고 있는 방식으로, 사람의 정신을 멍하게 만드는 마약류, 소용돌이처럼 회전하면서 추는 춤, 부두교 기법, 흑마술사들이 즐겨 사용하는 혐오스러운 의식, 그리고 차마 입에 올릴 수도 없을 정도로 역겨운 유사 기법들을 예로 들 수 있다. 이런 기법들은 사람이 어떤 물질 또는 약물에 취한 것과 유사한 비정상적인 상태에 돌입하도록 유도하는 것을 목표로 삼으며, 궁극적으로는 알코올이나 마약 중독자처럼 사람을 육체적으로나, 심리적으로나 망가트리는 결과를 초래한다. 이런 기법들을 통해 낮은 수준의 초자연적 힘을 계발할 수 있는 것은 사실이지만, 이런 행위는 예외 없이 아스트랄계에서 떠도는 부랑아들의 이목을 끌고, 당사자는 하급 지성체들에게 휘둘리는 결과를 피할 수 없게 된다. 현명한 자는 절대로 이런 위험한 짓을 하지 않는다. 어떤 경우에도 이런 기법에 빠져서는 안 된다는 점, 그리고 이에 따른 대가는 실로 끔찍하다는 경고까지만 하고 이 주제는 마무리하고 싶다. 우리의 목적은 학생들의 수준을 높이는 것이지, 흑마술사 수준으로 끌어내리는 것이 아니기 때문이다.

사악한 정령에게 빙의된 자들을 치유하는 예수 (윌리엄 워커 앳킨슨의 『신비주의 기독교』 중에서)

게네사렛 호수를 건너는 과정에서 오늘날의 목사들이 애써 외면하거나 숨겨진 의미를 해석하기 위해 끙끙대는, 예수가 오컬트의 힘을 발휘한 또 하나의 놀라운 사건이 있었다. 현대사회를 지배하는 물질주의적 사상이 교회에도 침투하는 바람에 목사와 설교사들조차 정령 또는 아스트랄계에 거주하는 유사 존재들을 믿는다는 혐의를 피하려고 노력하고 있음을 보여주는 또 하나의 사례다.

예수 일행은 호수 맞은편의 거라사 지역에 도착하여 해안의 마을로 이동한다. 해안을 따라 나 있는 절벽 위로 걷던 중, 이들은 두 명의 수상한 사내가 횡설수설하며 일행을 쫓고 있음을 감지한다. 두 사내는 결국 예수 일행을 따라잡았고, 이 중 한 명이 마스터에게 다가와서 자기들에게 빙의한 악령을 퇴치해달라고 사정했다. "오 마스터여, 살아있는 신의 아들이시여! 부디 자비를 베푸소서. 저희 안으로 들어오도록 허락한 더러운 존재들을 내쫓아 주소서."

복음서는 마귀가 이 두 사람에게 빙의한 경위를 일절 언급하지 않으며, 이 이야기를 주제로 설교하는 목사들도 이 대목은 빨리 언급하고 넘어가거나 정신이 온전하지 않은 사람의 망상 정도로 치부하며 설명을 서

둘러 끝낸다. 이 두 사람이 정신병자가 아니었음을 신약성경에서 분명히 암시하고 있음에도 불구하고 말이다. 오컬트 전통에 따르면 이 두 사내는 어떤 심령 현상, 즉, 흑마법을 이용하여 영혼을 소환하는 위험한 실험을 하다가 악령들에게 빙의되었다고 한다. 다시 말해, 이들은 유대 전통의 강령술(Jewish Necromancy), 또는 주술을 통해 육신의 소멸 후 아스트랄계에 거주하는 지성체를 소환하는 실험(Invocation and Evocation of Disembodied Astral Intelligences by means of Conjuration)을 함부로 시도했다가 봉변을 당한 것이다. 이들은 아스트랄계에 거주하는 지성체들을 물질계로 불러오는 데는 성공했으나, 소환된 존재들은 왔던 곳으로 되돌아가기를 거부하고 자기들을 불러낸 자들의 육신을 강제로 취했다. 그리하여 두 사람은 광인 취급을 받게 되었고, 결국엔 사회에서 격리되어 벼랑 곳곳에 형성된 동굴까지 쫓겨온 것이었다. 이곳은 망자들을 묻은 묘지가 밀집된 구역이기도 했다. 여기서 당시의 상황을 구체적으로 묘사하지는 않겠지만, 대부분 사람이 올바르게 이해하지 못하는 이 기적에 관한 오컬트의 명확한 설명을 제시하도록 하겠다.

두 사내가 처한 상황을 완벽하게 파악한 예수는 곧바로 오컬트의 힘을 동원하여 이들의 육신을 점령한 아스트랄계의 존재들을 퇴마하는 작업을 개시했다. 얼마 후 근방의 언덕에서 비명이 들려왔고, 한 무리의 돼지가 언덕을 향해 달려가더니 벼랑 아래로 떨어져 익사했다. 복음서에서도 이 대목을 아주 명확하게 묘사하고 있다. 마귀의 무리가 두 남자에서 빠져나와 돼지 안으로 들어갔고, 공포에 질린 돼지들이 물을 향해 질주하며 자살했다는 것이다. 예수는 이 마귀들을 '더러운 귀신'이라고 구체적으로 칭하며 지금 당장 두 사람의 몸에서 '나오라'고 명한다. 일반

독자를 위한 내용은 아니므로 그 이유까지 자세히 설명하지는 않겠지만, 오컬트의 고급 경지에 도달한 사람들은 아스트랄계의 존재들을 왔던 곳으로 돌려보내기 위해 왜 돼지라는 매개가 사용되어야 했는지 잘 알고 있을 것이다.

예수의 도움으로 두 광인은 정상 상태로 돌아왔다. 전통에 따르면 마스터는 이들이 사악한 길을 추구하는 바람에 악령의 지배를 받는 결과를 맞게 되었고, 앞으로는 이런 비도덕적인 행동을 해선 안 된다고 단단히 타일렀다고 한다.

깨어있는 몇몇 소수의 인사를 제외하고, 오늘날 교회와 대부분 성직자는 성경에서 종종 언급되는 마귀, 악령 등의 단어를 완전히 무시하고 배제하는 경향이 있다. 이는 한편으로 '신으로부터 영감과 계시를 받아 예수의 사역에 관한 역사를 기록했다.'고 칭송하는 복음서 저자들을 '당대에 유행했던 어이없는 악마 미신을 믿었던 무지한 자들'이라는 완전히 상반된 시각으로 바라보고 비하하는 것이나 다름없는 일이다. 이들은 예수 본인이 여러 차례 이 정령들과 대화하고, 함부로 취한 육신에서 당장 빠져나오라고 명령했던 구체적 사례들조차 무시하고 있다. 그렇다면 교회는 예수도 당대에 유행했던 미신 따위나 믿었던 무지렁이로 보고 있단 말인가? 아무래도 그런 모양이다. 그나마 정령의 실체를 인지하고 있는 가톨릭교회는 이런 비판을 면할 수 있다. 가톨릭교회는 오래전부터 주술을 활용하여 망자와의 접촉을 시도하거나 아스트랄계의 존재들을 소환하는 흑마법의 위험성을 신도들에게 경고해왔다.

(마가복음 5:1) 예수께서 바다 건너편 거라사인의 지방에 이르러

(마가복음 5:2) 배에서 나오시매 곧 더러운 귀신들린 사람이 무덤 사이에서 나와 예수를 만나다

(마가복음 5:3) 그 사람은 무덤 사이에 거처하는데 이제는 아무나 쇠사슬로도 맬 수 없게 되었으니

(마가복음 5:4) 이는 여러 번 고랑과 쇠사슬에 매였어도 쇠사슬을 끊고 고랑을 깨뜨렸음이러라 그리하여 아무도 저를 제어할 힘이 없는지라

(마가복음 5:5) 밤낮 무덤 사이에서나 산에서나 늘 소리지르며 돌로 제 몸을 상하고 있었더라

(마가복음 5:6) 그가 멀리서 예수를 보고 달려와 절하며

(마가복음 5:7) 큰 소리로 부르짖어 가로되 지극히 높으신 하나님의 아들 예수여 나와 당신과 무슨 상관이 있나이까 원컨대 하나님 앞에 맹세하고 나를 괴롭게 마옵소서 하니

(마가복음 5:8) 이는 예수께서 이미 저에게 이르시기를 더러운 귀신아 그 사람에게서 나오라 하셨음이라

(마가복음 5:9) 이에 물으시되 네 이름이 무엇이냐 가로되 내 이름은 군대니 우리가 많음이니이다 하고

(마가복음 5:10) 자기를 이 지방에서 내어 보내지 마시기를 간절히 구하더니

(마가복음 5:11) 마침 거기 돼지의 큰 떼가 산 곁에서 먹고 있는지라

(마가복음 5:12) 이에 간구하여 가로되 우리를 돼지에게로 보내어 들어가게 하소서 하니

(마가복음 5:13) 허락하신대 더러운 귀신들이 나와서 돼지에게로 들어가니 거의 이천 마리 되는 떼가 바다를 향하여 비탈로 내리달아 바다에

서 몰사하거늘

(마가복음 5:14) 치던 자들이 도망하여 읍내와 촌에 고하니 사람들이 그 어떻게 된 것을 보러 와서

(마가복음 5:15) 예수께 이르러 그 귀신들렸던 자 곧 군대 지폈던 자가 옷을 입고 정신이 온전하여 앉은 것을 보고 두려워하더라

(마가복음 5:16) 이에 귀신들렸던 자의 당한 것과 돼지의 일을 본 자들이 저희에게 고하매

(마가복음 5:17) 저희가 예수께 그 지경에서 떠나시기를 간구하더라

(마가복음 5:18) 예수께서 배에 오르실 때에 귀신들렸던 사람이 함께 있기를 간구하였으나

(마가복음 5:19) 허락지 아니하시고 저에게 이르시되 집으로 돌아가 주께서 네게 어떻게 큰 일을 행하사 너를 불쌍히 여기신 것을 네 친속에게 고하라 하신대

(마가복음 5:20) 그가 가서 예수께서 자기에게 어떻게 큰 일 행하신 것을 데가볼리에 전파하니 모든 사람이 기이히 여기더라

이전 문단에서 언급한 기법들처럼 절대적으로 해로운 것까지는 아니지만 그다지 바람직하지 않은 방법은 일부 계층의 힌두교도들과 서양인들이 사용하는 방법으로, 순간적으로나마 아스트랄계를 체험할 수 있는 정신 상태에 이르기 위해 자기 최면을 걸거나 최면술사의 도움을 얻어 최면 상태에 빠지는 행위를 말하는 것이다. 최면과 유사한 상태에 도달할 때까지 밝은 빛을 발하는 물체를 응시하거나, 몸이 완전히 나른해질 때까지 단조로운 공식을 반복 암송하는 행위 등도 이

귀신 들린 두 사람을 치유하는 예수 | 제임스 티소(James Tissot)

에 포함된다. 최면술사의 도움을 얻어 최면 상태에 이르는 것과는 완전히 다른 상위 차원의 '메스머리즘14)'이라는 것도 있는데, 오컬티스트들도 긍정적인 결과를 기대할 수 있는 특별한 경우 외에는 이 기법을 좀처럼 사용하지 않는다. 일반 최면과는 다른 메스머리즘을 아는 최면술사는 그리 많지 않다. 또한 세상에는 오컬트 지식과 수련이 부

---

14) Mesmerism. 독일 의사, 프란츠 안톤 메스머(Franz Anton Mesmer: 1734~1815)가 창안한 일종의 최면술로, 본 저서에서 다루는 프라나, 활력 등을 기반으로 하고 있다.

족하고 도덕적으로도 문제가 있는 최면술사도 많다는 사실을 기억해야 한다. 이런 자들의 꼬임에 넘어가 실험 대상이 되는 일이 없도록 주의할 것을 당부하는 바이다.

요기들이 초자연적 힘을 계발하기 위해 사용하는 방법에는 크게 두 가지가 있다. 첫 번째이자 가장 수준 높고 이상적인 방법은, 영적 역량의 계발을 목표로 삼아 정진하고 초자연적 힘이 자연스럽게 따라오도록 하는 방법이다. 높은 것을 성취하면 그 아래에 있는 것은 저절로 따라오는 법이다. 고도의 영적 성장을 이루면 별도의 수련 없이도 그보다 아래에 있는 초자연적 힘을 얻을 뿐 아니라, 이를 올바르게 사용하는 지혜까지 얻게 된다. 영적 성취를 추구하는 요기는 이 궁극적인 목표를 달성하는 일에 집중하며, 초자연적 힘을 계발하고 다루는 법은 이론적으로만 공부하고 지나친다. 그리고 세월이 흘러 상위 차원의 영적 지식과 계발을 성취한 후, 그 과정에서 자연스럽게 얻고 사용법까지 알게 된 도구(초자연적 힘)를 자신의 의지에 따라 활용한다. 제14강에서 이런 식으로 능력을 계발하는 방법, 즉, 영적 계발을 위해 나아가야 하는 방향을 제시할 것이다.

요기 철학을 공부하는 학생이 영적 영역으로 넘어가기 전에 실험과 체험을 통해 초자연적 힘을 계발하고 습득하는 방법도 있다. 초자연적 힘의 소유 자체를 최종 목표로 삼지 않고, 순수한 동기에서 우러나온 영감에 따라 행동하고, 아스트랄계에 대한 관심에 한 눈이 팔려 영적 계발이라는 궁극적인 목표를 등한시하지만 않는다면 이 방법을 사용해도 문제가 될 것이 없다고 생각한다. 정신의 힘을 이용하여 육신부터 정복한 후, 의지의 지도하에 지능적 정신으로 본능적 정신을 다스리는 프로그램을 따르는 요기 학생도 있다. 육신을 정복하는 첫 걸음은 『호흡의 과학』에서 이미 제시한 바 있고, 조만간 출간 예정인 『하타 요가』에서 이 내용을 더욱 명확하고 자세히 다룰 계획이다. 정신을 통제하는 것 자체가 하나의 큰 주제이며, 올해가 가기 전에 이를 심층적으로 다루는 작은 책자도 출간하는 것을 목표로 하고 있다.

초자연적 힘을 계발하는 실험을 직접 해보고 싶다면 우선 자기를 다스리는 법을 익히고, 고요 속에서 집중하는 수련부터 시작해볼 것을 권하고 싶다. 이번 강의를 듣는 학생 중 초자연적 힘의 작용을 이미 체험해본 사람들도 많은 것으로 알고 있는데, 자신이 했던 체험과 연계하여 자기에게 맞는 방식으로 수련하면 좋을 것이다. 예를 들어, 텔레파시 현상을 체험해본 적이 있다면 친구들과 함께 연습하고 결과를 분석해보자. 약간의 연습으로 얼마나 큰 성과를 얻을 수 있는지 알면 놀랄 것이다. 투시력을 체험해본 적이 있다면 집중을 돕기 위해 수정구 또는 맑은 물이 담긴 유리잔을 이용하여 아스트랄 튜브의 출발점을 형성하는 연습을 해보자. 사이코메트리를 연마하고 싶다면 자갈, 동전, 열쇠 등을 손에 쥐고 조용히 앉아서 내게 전해지는 초기 느낌과 인상을 기록해보자. 이번 강의에서 소개한 여러 종류의 초자연적 현상에 관한 설명을 숙지하면 내가 어떤 분야부터 어떤 방법으로 연습해야 할지 대략 감을 잡을 수 있을 것이다.

하지만 초자연적 힘의 계발에 너무 몰두해서는 안 된다는 점을 명심하기 바란다. 흥미롭고 배울 것도 많은 분야이긴 하지만, 성장의 현시점에서 본질적인 것은 아니다. 언제나 최종 목표, 즉, 진아의 계발, 내 안의 'I Am'을 깨닫고, 실현하고, 'The All'과 하나가 되는 일체(Oneness)의 성취를 염두에 두고 정진해야 한다는 사실을 항상 기억하라.

학생들에게 평온이 깃들기를. 여러분 모두의 안녕을 진심으로 기원하며 사랑이 담긴 생각과 소망을 보낸다. 우리의 공감과 정신적 도움이 필요하면 언제든 고요함 속에서 도움을 요청하기 바란다. 요청을 접수하는 즉시 달려갈 것이다.

만트라와 명상

"눈으로 볼 수 있기 전에, 눈물을 흘릴 수 없는 상태에 도달해야 한다. 귀로 들을 수 있기 전에, 예민함을 잃은 상태에 도달해야 한다. 마스터 앞에서 목소리를 낼 수 있기 전에, 말로 상처를 주는 능력부터 상실해야 한다."

위의 문구는 여러 가지의 의미를 지닐 수 있으며, 다양한 성장 단계에 있는 사람들에게 각자 필요한 것을 제공한다. 이 문구에는 초자연적 의미, 지적 의미, 그리고 영적 의미가 동시에 담겨있다. 이번 강의에서는 이 문구에 담긴 여러 의미 중 하나를 대상으로 명상해보자. 고요 속에서 이 문구의 의미를 대상으로 사색해보자.

자존심이 상하고, 냉혹한 비난을 받고, 이유 없이 공격당하고, 싫은 소리를 듣고, 일상에서 사소하지만 짜증스러운 일을 겪고, 삶에서 실패와 실망을 겪었다는 이유로 눈에서 눈물이 나는 단계를 넘어서야 위대한 영적 진리를 볼 수 있다. 나의 인격(personality)[15]에 영향을 주는 사건들을 하나씩 단계적으로 초월하고, 사소한 것들에 집착하는 인격보다 위에 있는 나의 개성(individuality), 'I Am' 의식에 이르기 위해 노력하자. 세상의 일들은 진아를 해칠 수 없고, 이런 것들은 결국 영원의 바다에 의해 시간의 해변에서 씻겨져 내려갈 것이라는 사실을 기억하자.

마찬가지로 우리의 귀는 인격(우리 눈에 눈물이 흐르게 만드는 원인)이 겪는 불행, 즉, 세상의 일로 갈등하고 몸부림치면서 내는 신음에 민감하게 반응하지 않는 경지에 이른 후에 비로소 진리의 목소리를 명확하게 들을 수 있다. 내 영혼, 내게 주어진 힘, 그리고 나의 운명을 아는 사람이라면 인격의 처절한 신음을 듣고서도 웃어넘길 수 있어야 한다.

상위 차원의 존재들과 영적 지성체들에게 말을 건넬 수 있으려면

---

15) 'Person'이라는 단어는 본래 '마스크,' '거짓 얼굴'이라는 의미를 지니고 있으며, '다른 사람 눈에 비치는 모습'을 의미하는 '페르소나(persona)'도 'person'에서 유래되었다. 여기서 '인격(personality)'은 이번 생에서 내게 주어진 여러 가지 특징, 즉, 나의 이름, 인종, 외모, 성별, 가문, 국적, 성장환경 등을 총칭하는 것으로, 이번 생에서만 의미를 지닌다. 반면 '개성(individuality)'은 우리가 여러 생을 거치면서도 변하지 않는 것으로, 나의 자아, 인품, 영혼에 가까운 개념이다.

불친절한 말, 옹졸한 앙심, 쓸모없는 발언 등으로 타인에게 상처를 주는 방법을 잊은 지 오래여야 한다. 성장한 사람은 자신의 발언이 상대에게 불쾌하게 여겨지는 한이 있더라도 올바르다고 생각하면 진실을 말하는 데 주저함이 없다. 하지만 그는 타인을 비난하기 위해서가 아니라, 타인의 고통을 함께 느끼고 그 아픔을 덜어주기 위해 형제를 대하듯이 따뜻한 음성으로 말을 건넨다. 이런 사람은 타인의 말에 대꾸하거나, 불친절하고 악의적인 발언으로 타인의 말을 끊거나, "너도 다를 바 없어!"라는 식으로 쏘아붙이며 복수하지 않는다. 이런 고약한 습관은 너무 낡아서 더는 입을 수 없는 코트처럼 폐기해야 마땅하다. 성장한 사람에게는 이런 것들이 필요하지 않다. 침묵 속에서 이런 내용을 중심으로 명상하고, 진리가 내 머릿속에 스며들어 뿌리를 내리고, 싹을 틔우고, 꽃을 피우고, 열매를 맺을 수 있도록 흡수하라.

여섯 도둑, 안이비설신의(眼耳鼻舌身意) (윤민의 『태양 아래 새로운 명언은 있다』 중에서)

중국의 고전 서유기(西遊記)에는 여섯 도둑이 등장한다. 안간희(眼看喜), 이청노(耳聽怒), 비후애(鼻嗅愛), 설상사(舌嘗思), 신본우(身本憂), 의견욕(意見慾). 즐거운 것만 보려고 하는 눈, 툭하면 화를 내는 귀, 향기로운 냄새만 탐하는 코, 뭐든지 먹어 치우려는 입, 항상 암담한 마음, 그리고 뭐든지 가지려는 생각. '안이비설신의'라고도 불리는 이 여섯 도둑은 인간의 감각을 상징하며, 삼장법사와 손오공 일행이 성장의 여정에서 극복해야 하는 첫 번째 과제가 된다.

제7강

휴먼 마그네티즘

이번 강의에서 사용하는 '휴먼 마그네티즘(Human Magnetism)'이라는 용어는 일반 대중이 '개인 마그네티즘(Personal Magnetism; 사람을 끌어당기는 개인의 매력)'이라 부르는 것과는 완전히 다른 개념이다. 개인 마그네티즘은 정신의 속성 중 하나로, '생각의 역학'이라는 분야에 속하는 개념이고, 휴먼 마그네티즘은 프라나의 작용과 관련한 분야에 속한다.

사실 '휴먼 마그네티즘'이라는 용어는 아주 적절하지는 않지만, 원어를 번역하는 과정에서 이보다 딱히 나은 표현이 없는 데다, 이 개념을 설명하기 위한 새로운 용어를 또 지어내면 학생들이 혼란스러워할 수 있으므로 그대로 사용할 것이다. 산스크리트어에는 이번 강의에서 다루는 여러 주제를 완벽하게 표현하는 단어들이 존재하며, 이런 주제와 관련한 지식이 확장되면서 관련 용어의 사용도 지금의 상태로 정착되기에 이르렀다. 동양에서 유래된 이 철학에 관한 지식이 서양에도 널리 전파되면서 향후 이에 걸맞은 용어들이 탄생할 것이고, 현재 용어의 혼선으로 빚어지고 있는 문제들도 점차 해소될 것으로 기대한다.

우리는 메스머리즘의 일부 작용과 혼동되는 '동물 마그네티즘(Animal Magnetism)'보다는 '휴먼 마그네티즘'이라는 용어를 더 선호한다. 그런데 휴먼 마그네티즘은 제목과 달리 인간의 전유물이 아니고 동물들도 어느 정도 소유하고 있다. 인간은 자신의 의지와 생각을 동원하여 이를 의식적으로 제어할 수 있지만, 동물은 지성의 도움 없이, 의지와 무관하게 거의 무의식적으로 활용한다는 차이점만 있을 뿐이다. 동물과 인간 모두 매 순간 마그네티즘, 또는 프라나 에너지를 무의식적으로 발산하고 있는데, 초자연적 힘을 활용하는 방법을 계발하고 연마한 사람은 이 힘을 자신의 의지대로 통제하고, 필요에 따라 에너지의 발산을 억제하거나 평소보다 더 많은 에너지를 발산하는 능력을 지니고 있다. 원한다면 특정 지역 또는 지점에 이 에너지를 집중해서 보낼 수도 있으며, 자신이 떠올린 생각의 파동과 연계함으로써 마그네티즘을 통해 발산되는 프라나에 더욱 강력한 힘을 실을 수도 있다.

자꾸 같은 말을 한다는 비난을 받을지도 모르겠지만, 이 프라나 에너지 또는 휴먼 마그네티즘은 '생각의 힘'의 작용과는 완전히 다른 개념이라는 점을 다시 한번 강조하고 싶다. 이 둘을 결합하여 활용할 수는 있지만, 같은 힘은 아니라는 얘기다. 휴먼 마그네티즘은 전기처럼 자연계에 존재하는 맹목적인 힘 중 하나이며, 인간은 이 힘을 의식적으로 또는 무의식적으로, 지혜롭게 또는 어리석게 사용할 수 있다. 휴먼 마그네티즘 자체에는 지성이 깃들어 있지 않다. 이를 발산하는 자의 정신에 따라 특정한 방향으로 작용할 뿐이다. 어쩌면 '휴먼 마그네티즘'보다는 '휴먼 전기'라는 표현이 더 적합하다고 할 수 있을 것 같다. 자성(磁性; magnetism)보다는 전기(電氣; electricity)와 훨씬 더 가까운 개념이기 때문이다.

이번 강의에서는 계속해서 '마그네티즘'이라는 전통적 용어를 사용하겠지만, 그 속성은 오히려 전기에 가깝다는 사실을 염두에 두고 공부에 임할 것을 당부한다.

휴먼 마그네티즘은 제1강에서 간단하게 설명했던 프라나 에너지의 일종이다. 보편적 에너지인 프라나는 모든 형상과 사물, 쉽게 말해 우주 만물에 깃들어 있다. 무생물처럼 보이는, 움직이지 않는 사물 안에도 프라나가 있다. 세상에 존재하는 모든 종류의 힘과 에너지는 전부 프라나가 구체화한 하나의 형태일 뿐이다. 전기도 프라나의 한 형태다. 중력도 프라나의 한 형태다. 그리고 이번 강의에서 다루는 휴먼 마그네티즘도 프라나가 작용하는 한 형태다. 인간을 구성하는 일곱 원리 중 하나이기도 한 프라나는 물론 모든 인간에게도 깃들어 있다.

인간은 호흡하면서 들이마시는 대기의 공기, 매일 섭취하고 흡수하는 음식과 수분에서 프라나를 추출한다. 프라나의 공급량이 부족하면 힘이 약해지고 '활력'이 떨어지게 된다. 반대로 일상에서 필요한 프라나를 충분히 확보하면 활동적이고, 밝고, 에너지로 충만하고, '생명력'으로 가득한 사람이 된다. 『호흡의 과학』에서 호흡을 통해 프라나를 확보하고 저장하는 방법에 관해 이미 설명하였으며, 향후 출간 예정인 『하타 요가』에서는 음식물과 수분을 통해 효과적으로 프라나를 흡수하는 방법도 제시할 것이다.

프라나를 흡수하고 저장하는 양은 사람마다 큰 차이가 있다. 프라나가 넘치고 넘쳐 마치 전자기기처럼 에너지를 사방에 발산하고, 주변에 있는 사람들에게 건강, 힘, 생명력, 활력을 불어넣는 사람이 있는가 하면, 프라나 결핍으로 주변에 있는 사람의 프라나를 빨아먹는 사람도 있다. 이런 식으로 타인에게 자신의 프라나를 빼앗긴 사람은 만남 후 기분이 불편해지면서 힘이 빠져버리기 마련이다. 타인의 마그네티즘에 의존하며 흡혈귀처럼 살아가는 사람들도 있다. 이와 같은 '프라나 탈취 현상'은 무의식적으로 일어나는 경우가 대부분이나, 프라나의 속성을 익힌 후 의식적으로 남의 프라나를 훔쳐서 활용하는 사악한 자들도 있다. 타인의 힘을 의도적으로 훔치고 활용하는 행위는 흑마술의 일종으로, 이런 짓을 하는 자들은 반드시 이에 상응하는 큰 대가와 형벌을 치르게 되어있다. 하지만 휴먼 마그네티즘을 관장하는 법칙을 익히고 나면 무의식적인 흡혈이든 의식적인 절도행위든, 타인에게 프라나를 빼앗길 일이 없다.

휴먼 마그네티즘 또는 프라나 에너지는 가장 강력한 치유의 힘이기도 하며, 초자연적 힘을 기반으로 하는 대부분 치유기법에서 다양한 형태로 활용된다. 프라나 치유는 인간의 본능에 새겨져 있다고 말할 수 있을 정도로 오래된 자연 치유기법이다. 놀다가 다쳐 육체적 고통을 느끼는 아이는 본능적으로 엄마에게 달려가며, 엄마가 다친 부위에 입을 맞추거나 손으로 문지르고 나면 잠시 후 통증이 기적같이 사라진다. 사랑하는 사람이 고통에 신음하고 있으면 우리는 자연스럽게 그의 이마에 손을 얹거나 부드럽게 쓰다듬는다. 이렇게 본능적으로 손을 사용하는 습관은 내 안의 마그네티즘을 환자에게 전달하는 행위이며, 자신의 안녕을 기원하는 사람의 따스한 손길을 받은 환자는 상태가 호전되는 경우가 많다. 엄마가 아이를 품에 안는 것 역시 같은 목적을 띤 본능적인 행위다. 아이를 사랑하는 마음으로 충전된 엄마의 생각이 마그네티즘에 강력한 추진력을 더하고, 엄마의 마그네티즘을 받은 아이는 통증이 사라지고, 긴장이 이완되고, 힘이 솟아난다. 휴먼 마그네티즘은 우리가 어떤 간절한 소망을 품거나 생각에 잠길 때 몸에서 발산될 수도 있고, 손, 신체 접촉, 키스, 호흡 또는 이와 유사한 방법을 통해 특정한 방향으로 직접 전달될 수도 있다. 이 주제에 관해서는 제8강, '오컬트 치유'에서 더 자세히 다룰 예정이다.

초보자가 이해하기에 어려울 수 있는 오컬트의 깊은 가르침까지 들어가기 전에는 휴먼 마그네티즘을 쉽고 명쾌하게 설명하기 불가능하다. 휴먼 마그네티즘의 개념을 전달하기 위해서는 일단 프라나를 설명해야 하며, 프라나를 설명하기 위해서는 이보다도 더 본질적인 근원인 '힘(Force)'의 진정한 속성과 기원부터 이해해야 한다. 현대과학에서는 아직 '힘'의 실체를 규명하지 못했으나, 오컬트 가르침은 인내심을 발휘하며 꾸준한 수련으로 일정 수준에 도달한 구도자들에게 이 개념을 설명할 수 있는 위치에 있다.

이 개념을 명쾌하게 설명하지도 못하면서 학생들에게 휴먼 마그네티즘 또는 프라나 에너지의 실재를 받아들이라고 요구하는 것이 부당하다고 생각하는 사람들도 있을 것 같다. 이 비판에 대한 우리 측의 변론을 하자면, 세상에는 쉬운 용어로 설명하기 불가능하지만, 그 작용을 관찰함으로써 실재를 입증할 수 있는 것들도 많다는 사실을 말하고 싶다. 전기와 자기력을 예로 들어보자. 우리는 매일 전기와 자기력의 작용을 관찰하지만, 과학계에서는 아직도 이 두 힘의 본질과 속성에 관해 아는 바가 거의 없다. '휴먼 마그네티즘'이라 불리는 프라나 에너지도 마찬가지다. 우주에 존재하는 모든 형태의 힘의 근원인 프라나의 수수께끼를 직접 풀기보다는, 프라나의 작용을 통해 실재를 입증해야 한다.

전기와 자기력의 작용과 실현은 실생활에서 쉽게 관찰할 수 있지만, 휴먼 마그네티즘이나 프라나 에너지가 작용하거나 실현되는 사례는 볼 수 없지 않으냐는 반론도 있다. 이런 반론을 들을 때마다 재미있다는 생각이 든다. 거인의 몸에서 나오는 괴력에서부터 아기 눈썹의 섬세한 떨림에 이르기까지, 육신의 모든 움직임은 휴먼 마그네티즘 또는 프라나 에너지가 작용한 직접적인 결과니 말이다.

물질 과학자들이 '신경의 힘(Nervous Force)' 또는 이와 비슷한 용어로 칭하는 이 힘이 바로 우리가 말하는 프라나 에너지의 한 형태인 휴먼 마그네티즘이다. 우리는 의식적으로 손가락을 움직이고 싶을 때 의지를 동원하고, 무의식적으로 손가락을 움직일 때는 본능적 정신이 자동으로 작업을 수행하게 되는데, 어떤 경우든 이 과정에서 손가락을 움직이는 기능을 담당하는 근육에 일정량의 휴먼 마그네티즘이 전달된다. 이를 통해 근육이 수축하면 손가락이 펴지게 되어있다. 신체의 다른 부위도 의식적이든 무의식적이든, 같은 원리로 움직인다. 발로 한 걸음을 나아갈 때, 입으로 단어 한 마디를 내뱉을 때도 마찬가지다. 눈에서 흐르는 눈물 한 방울도 이 법칙을 따르고, 심장도 본능적 정신의 지시에 따라 공급되는 휴먼 마그네티즘의 힘으로 뛴다.

전신국에서 발송된 전신 메시지가 전선을 타고 전국 방방곡곡으로 전파되듯이, 인간의 마그네티즘도 신경계라는 망을 통해 온몸에 전달된다. 신경이 전선 역할을 하고, 체내의 '전류(마그네티즘)'는 언제나 이 '전선'을 타고 흐른다. 불과 얼마 전까지만 해도 전선 없이 전신을 보내는 것은 불가능하다고 여겨졌는데, 과학계에서는 아직도 신경계라는 '유선 네트워크' 없이 휴먼 마그네티즘(신경의 힘)을 전달하는 것은 불가능하다고 주장하고 있다. 하지만 최근 들어 과학자들은 '무선 전신' 기술의 가능성을 발견했고, 오컬티스트들은 수 세기 동안 휴먼 마그네티즘이 신경계라는 유선 네트워크 없이도 아스트랄 대기라는 '무선 매체'를 통해 사람 간에 전송할 수 있다는 사실을 알고 있었다.

지금까지 한 설명으로 휴먼 마그네티즘의 개념을 감 잡았는가?

이미 설명했듯이, 인간은 매일 공기, 물, 음식물을 통해 휴먼 마그네티즘을 확보한다. 자연의 실험실에서 마그네티즘을 추출하여 명치(태양 신경총; solar plexus)를 중심으로 하는 신경계 내의 저장소 또는 배터리에 저장한다. 인간의 정신은 필요할 때마다 마그네티즘을 비축한 '배터리'에서 이 힘을 끌어내어 수천 가지의 일을 수행한다. 인간의 정신이 배터리에 저장된 힘을 끌어내는 작업은 우리가 의식적으로 또는 의지력을 발휘하여 체내에 저장된 마그네티즘을 활용하는 사례에 한정되지 않는다. 사실 우리가 의식적으로 마그네티즘을 추출하여 활용하는 사례는 전체의 5% 미만이며, 나머지 95%는 오장육부의 기능과 작용, 이를테면 음식물의 소화, 동화, 배설, 혈액의 순환 등, 본능적 정신이 지휘하고 수행하는 육신 관리의 용도로 쓰인다.

육신의 모든 부위에는 언제나 일정 수준의 마그네티즘이 존재한다. 정신의 힘으로 마그네티즘을 특정 부위에 보내기 전까지는 결핍 상태에 있는 개념이 아니다. 사람의 활력 수준에 따라 그 양에 차이가 날 뿐이고, 활력은 체내에 저장하고 있는 프라나 또는 휴먼 마그네티즘의 총량에 의해 결정된다.

이 시점에서 자연이 마그네티즘을 공급하는 과정을 명확하게 이해하기 위해 신경세포, 신경절, 신경총 등으로 구성된 신경계의 구조를 간단히 살펴보고 계속 진행하는 것이 좋을 것 같다.

인간의 신경계는 크게 뇌척수신경계와 교감 신경계의 두 체계로 나뉘어 있다. 뇌척수신경계에는 두개강(두개골에 둘러싸인 공간) 안에 위치한 신경계의 모든 요소와 척추관, 즉, 뇌와 척수, 그리고 척수에서 가지처럼 뻗어 나오는 신경 등이 포함된다. 뇌척수신경계는 자유 의지, 감각 등, 동물적 삶의 기능을 관장한다. 교감 신경계는 흉강(가슴 속의 공간), 복강(뱃속의 공간), 골반강(골반 속의 공간) 안에 위치하고 인체의 장기에 두루 분배되는 신경계 요소들로 구성되며, 성장, 영양 흡수 등, 본능적 정신이 감독하고 지휘하는 인체의 비자발적 기능들을 통제한다.

뇌척수신경계는 시각, 청각, 미각, 후각, 촉각 등, 오감의 작용을 주관한다. 말하자면 활동 개시를 위해 시동을 거는 역할을 하는 것이다. 에고는 일상에서 생각하고 의식과 지능적 정신을 동원하여 활동하기 위해 뇌척수신경계를 활용한다. 에고는 뇌척수신경계라는 도구의 도움을 받아 외부 세상과 접촉하고 소통한다. 뇌척수신경계는 뇌는 전화국, 척추와 신경은 각각 케이블과 전선 역할을 하는 전화 시스템에 비유할 수 있다.

뇌는 거대한 신경조직 덩어리로, 크게 세 개의 부위로 구성된다. 첫째, 두개골의 상단, 앞부분, 중간, 그리고 뒷부분을 차지하는, 뇌의 본체라 할 수 있는 대뇌. 둘째, 두개골의 하단과 뒷부분을 차지하는 소뇌 또는 '작은 뇌,' 그리고 셋째, 소뇌 앞에 위치한, 척수의 넓은 연장선이라 할 수 있는 숨뇌다.

대뇌는 지능적 정신, 그리고 인간에게서 조금씩 펼쳐지고 있는 영적 정신의 기관이다. 정신 자체가 아니라, 정신이 기능할 수 있도록 돕는 도구 또는 기관이라는 점을 기억하자. 소뇌는 본능적 정신이 사용하는 기관이다. 숨뇌는 척수 끝에 달린 큰 부위로, 이 부위와 대뇌에서 머리의 여러 부위, 특수 감각을 다스리는 장기, 흉부와 복부의 일부 장기, 그리고 호흡 관련 장기로 연결되는 뇌 신경이 뻗어 나온다.

척수는 척주 또는 '등뼈' 안의 척추관을 채우는 기다란 신경조직으로, 척추골마다 여러 개의 가지로 나뉘어 뻗어 나오는 신경을 통해 몸의 모든 부위와 소통한다. 척수는 말하자면 거대한 전화 케이블이고, 척수에서 뻗어 나오는 신경은 개별 전화기와 연결되는 전화선에 비유할 수 있다.

교감 신경계는 척추를 따라 양쪽에 위치한 이중 사슬 모양의 신경절, 그리고 머리, 목, 가슴, 복부에 골고루 분포한 신경절로 구성된다. (신경절은 신경세포를 포함한 신경 물질을 의미한다) 신경절은 단섬유로 서로 연결되고, 운동신경과 감각신경을 통해 뇌척수신경계와도 연결된다. 신경절에서 뻗어 나온 수많은 섬유는 장기, 혈관 등에 연결된다. 이처럼 광범위한 네트워크의 여러 지점에서 신경이 만나 총(叢; plexus)을 형성한다. 교감 신경계는 혈액순환, 호흡, 소화 등, 몸의 비자발적 작용을 실질적으로 통제한다.

이 놀라운 인체 시스템 전반에 걸쳐 휴먼 마그네티즘 또는 프라나 에너지가 작용한다. (과학계의 용어를 선호한다면 '신경의 힘'으로 불러도 무방하다) 정신에서 발생하는 자극이 뇌를 거치면서 인간은 체내의 배터리로부터 이 힘을 추출하고, 신경계라는 네트워크의 전선을 통해 몸의 모든 부위, 또는 특정 부위로 에너지를 전달한다. 마그네티즘 없이는 심장도 뛸 수 없다. 혈액순환도 이루어질 수 없고, 폐를 이용한 호흡도 멈추고, 인체의 다른 모든 기관도 정상적으로 기능할 수 없다. 마그네티즘의 공급이 중단되면 인체의 작동이 일시에 멈추게 된다. 그뿐이 아니다. 프라나 또는 마그네티즘의 공급이 없으면 뇌도 기능을 멈춰 정신적 활동도 할 수 없게 된다. 하지만 물질 과학자들은 '휴먼 마그네티즘'이라는 주제를 접할 때마다 웃어넘긴다. '신경의 힘'이라는 자기네들의 용어를 내세움으로써 마그네티즘의 역할을 축소해버린다.

서양 과학에서는 깊게 설명하지 않는 요기 가르침의 중요한 영역 중 하나가 바로 신경계와 관련한 내용이다. 특히 서양 과학에서 '태양 신경총' 또는 '복부 뇌'라 부르는 기관의 기능이 아주 중요하다. 서양에서는 태양 신경총을 그저 신경절이 몸 곳곳에 연결된 여러 교감 신경망 중 하나 정도로 취급하고 있지만, 요기 과학에서는 태양 신경총이 신경계의 아주 중요한 부분이며, 체내의 작은 배터리들과 인체 전반에 프라나를 공급하는 중앙 저장소라고 설명한다. 명치 바로 뒤, 척추 양쪽의 상복부에 위치한 태양 신경총은 뇌와 비슷하게 백질과 회백질로 구성되어 있으며, 우리가 아는 것 이상으로 인간의 삶에서 매우 중요한 역할을 한다. 결투 도중 태양 신경총을 강타당하여 즉사한 사람들도 있고, 이 약점을 잘 알고 있는 프로 권투선수들도 상대방을 일시적으로 마비시키기 위해 종종 명치 부위를 가격한다. 인체의 모든 부위를 대상으로 에너지와 힘을 발산하는 태양 신경총에 'solar(태양의)'라는 단어가 포함된 것은 매우 적절하다. 심지어 뇌도 정상적으로 기능하기 위해 태양 신경총에서 공급하는 에너지에 의존한다.

동맥과 작은 혈관들을 거쳐 머리칼처럼 얇은 모세혈관에 이르는 네트워크를 통해 혈액이 체내의 모든 부위에 도달하고, 풍부하게 공급된 혈액이 본능적 정신이라는 충실한 종의 지시에 따라 체내의 세포들을 생성하고, 보수하고, 우리 몸 안의 모든 부위에서 매 순간, 끊임없이 일어나고 있는 보수와 재건 작업에 필요한 자재를 공급하듯이, 휴먼 마그네티즘 또는 프라나 에너지도 다양한 케이블, 전선, 중계소, 배터리 등으로 구성된 신경계라는 놀랍고도 복잡한 네트워크를 통해 몸 구석구석에 전달된다. 마그네티즘이 부재하면 생명도 유지될 수 없다. 혈액을 순환시키기 위해 필요한 체내의 기관과 장치들의 동력마저도 프라나 에너지에 의존하기 때문이다.

건강한 신체는 머리부터 발끝까지 이 힘 또는 에너지로 채워져 있다. 그 힘이 충만하므로 몸이 움직이고 체내의 다양한 기능이 작동할 수 있는 것이다. 뒤에서 더 자세히 보겠지만, 프라나는 물질계뿐 아니라 아스트랄계에서도 사용된다.

마그네티즘을 체내에 골고루 분배하는 작업의 배후에는 본능적 정신이 있다는 사실을 기억해야 한다. 본능적 정신은 언제나 신체의 모든 부위에 마그네티즘이 충분하게 공급될 수 있도록 체내 배터리의 수급 상황을 관리하며, 갑작스럽고 즉각적인 수요가 있을 때만 이에 대응하기 위해 특별히 많은 양의 마그네티즘을 요구한다. 평소에는 합리적인 범위 내에서, 신중하게 체내에 저장된 마그네티즘을 공급한다. 무분별하게 퍼다 썼다간 파산 지경에 이를 수도 있기 때문이다. 체내에 충분히 많은 양의 마그네티즘이 저장되어 있으면 본능적 정신도 분배에 있어서 관대해진다. 본능적 정신은 언제나 마그네티즘의 수급 상황에 맞춰 신중하게 행동할 뿐이지, 짠돌이 구두쇠는 아니다. 어쨌든, 마그네티즘이 풍부한 사람은 평소에도 많은 에너지를 발산하며, 그와 접촉하는 사람들은 신경계의 경계를 넘어 몸 밖으로 뻗어 나와 주변의 아스트랄 대기를 가득 채우는 그의 활력을 느끼게 된다. 제4강에서 인간의 오라의 전반적인 내용과 인간을 구성하는 세 번째 원리인 프라나의 오라의 개념을 다루었는데, 이것이 바로 휴먼 마그네티즘의 오라다.

많은 사람이 인간이 발산하는 프라나, 즉, 휴먼 마그네티즘의 오라를 느낄 수 있으며, 일정 수준의 투시력을 가진 사람은 이를 볼 수도 있다. 뛰어난 초자연적 능력을 소유한 자는 마그네티즘이 사람의 신경계를 타고 흐르는 모습까지 볼 수 있다. 체내에서, 또는 몸 가까이서 관찰되는 마그네티즘의 오라는 희미한 장밋빛을 띠며, 몸에서 멀어질수록 색이 옅어진다. 몸에서 조금 떨어지면 전기 불꽃의 색과 형상을 띤 촉촉한 구름, 또는 X-선 관에서 나온 방사선처럼 보인다. 투시 능력자들은 마그네틱 치유를 수행하거나 최면(Mesmeric Passes)을 거는 치유사 또는 최면술사의 손가락 끝에서 전기 스파크 같은 입자가 튀어나오는 모습을 생생하게 볼 수 있다. 심지어 초자연적 시각을 소유하지 않은 사람의 눈에도 보일 수 있다. 이들에게는 이 오라가 마치 오븐 또는 뜨겁게 달궈진 땅에서 가열된 공기가 솟아오르는 것처럼 보인다. 색은 없지만 뭔가 진동하고 고동치는 듯한, 증기와 유사한 형상이 보이는 것이다.

뛰어난 집중력 또는 강력한 생각의 힘을 계발한 사람은 뇌에서 생각의 파동을 발산할 때 많은 양의 마그네티즘까지 함께 발산한다. 사실 모든 생각의 파동에는 마그네티즘이 실려있다. 다만 집중력이 떨어지거나 부정적인 성향을 가진 사람이 내보내는 마그네티즘은 너무 보잘것없어서 고려할 가치도 없는 반면, 긍정적이고 성장을 이룬 사람이 내보내는 생각의 파동은 강력한 마그네티즘으로 충전되어 있다는 차이점이 있다.

이 주제를 둘러싼 물질 과학자와 오컬티스트의 가장 큰 견해차는 마그네티즘, 또는 과학자들이 '신경의 힘'이라 칭하는 이 힘의 전이 가능성에 관한 문제다. 물질 과학자는 신경의 힘이 분명한 실체를 지니고 있고, 오컬티스트의 설명대로 인체 내에서 다양한 기능을 수행하는 것은 사실이지만, 그 작용의 범위는 어디까지나 한 인간의 신경계에 한정되고, 그 한계선을 넘어 몸 밖으로 나올 수는 없다고 주장한다. 따라서 그는 휴먼 마그네티즘의 작용과 관련이 있는 여러 가지 특이한 현상을 부정하며, 이 주제에 관한 오컬트의 가르침을 그저 상상력이 뛰어난 사람들에게나 적합한 헛소리로 치부한다. 반면 오컬티스트는 마그네티즘 또는 신경의 힘이 신경계의 한계선을 넘어 작용할 수 있고, 때로는 지리적으로 아주 먼 곳에 떨어진 곳에 있는 사람에게까지도 전달될 수 있다는 사실을 경험적으로 알고 있다. 선입견을 내려놓고 눈앞에 주어진 사실관계를 받아들일 준비가 된 사람이라면 누구나 직접 실험을 통해 이 오컬트 가르침의 진위를 확인할 수 있다.

진도를 계속 나아가기 전에 휴먼 마그네티즘은 프라나가 구체화한 형태로, 사람이 필요할 때마다 새로운 프라나가 그때그때 자동으로 생성되는 것은 아니라는 점을 다시 한번 강조하고 싶다. 프라나를 몸속에서 새로 만들어내는 것이 아니라, 공기의 호흡, 음식물과 수분의 섭취를 통해 외부에서 프라나를 확보함으로써 마그네티즘의 양이 증가하는 것이다. 그리고 잠시 후 보겠지만, 공기, 음식물, 수분을 통해 흡수하는 프라나의 양은 정신적 열망 또는 의지력에 따라 큰 폭으로 증가할 수 있다. 우주에는 일정량의 프라나가 존재한다. 여기서 더해질 수도 없고, 감해질 수도 없다. 프라나의 총량은 불변이다.[16] 프라나는 곧 힘이다.

제5강에서 인간이 생각의 파동을 발산할 때 큰 힘이 실리면 상당히 많은 양의 프라나 또는 마그네티즘도 함께 발산되며, 그 결과 생각의 파동이 더욱 강해져 때때로 믿기 어려운 효과를 발휘할 수도 있다고 설명한 바 있다. 이 프라나 또는 마그네티즘이 생각에 활력을 더함으로써 일종의 생명체(상념체)가 탄생하는 것이다. 긍정형[17]의 생각은 내용이 좋든 나쁘든, 프라나 또는 마그네티즘으로 강력하게 충전되어 있다. 강한 의지력을 지닌 사람이 무의식적으로 활력이 넘치는 긍정형 생각의 파동을 발산하면 여기에 그 생각을 뒷받침하는 추진력이나 에너지에 비례하는 프라나 또는 마그네티즘이 더해진다. 이 메커니즘을 이해하는 사람은 의식적으로 생각에 프라나를 더한다.

강렬한 감정에 사로잡혀 어떤 작업을 수행 중인 사람이 내보내는 생각의 파동에도 강력한 마그네티즘이 실려있다. 이처럼 프라나로 충전된 생각은 느린 속도로 매가리 없이 떠다니는 일반적인 생각의 파동과 달리 마치 총알처럼 표적을 향해 빠른 속도로 날아간다. 이 기술을 연마한 연설가들의 열정적인 연설을 듣다 보면 그들의 입에서 나오는 말의 배후에 강력한 생각의 힘이 실려있음을 피부로 느낄 수 있다. 강력하고 활력이 넘치는 사상가가 프라나로 충만한 생각의 파동을 발산하면 생각 자체에 활력이 더해져 상념체가 형성된다. 즉, 프라나가 제공하는 활력으로 인해 생각이 살아있는 생명체처럼 한동안 존

---

16) 에너지 보존 법칙을 생각하면 될 것 같다.
17) 여기서 '긍정형'이란 '긍정적'과는 다른 개념으로, 양(陽)의 관점 또는 '능동적'의 의미와 유사하다.

속하게 되는 것이다. 아스트랄계를 다루는 제10강에서 이 주제에 대해 더 많은 얘기를 하게 될 것이다. 이와 같은 상념체가 어떤 사람의 정신적 대기에 진입하면 마치 상념체를 발산한 사람이 그 사람 앞에서 직접 서서 말하고 있는 것 같은 위력을 발휘한다. 이번 강의를 통해 프라나의 속성에 관해 조금 더 알게 되었으니 제5강을 다시 읽어보기 바란다. 상념체의 개념도 더욱 명쾌해질 것이다.

마스터의 사자(使者), 세례 요한 (윌리엄 워커 앳킨슨의 『신비주의 기독교』 중에서)

'세례자'로 불렸던 요한은 키가 크고, 여위지만 강단 있는, 강인한 인상의 소유자였다. 야외에서 하루 대부분을 보내며 바람과 햇빛에 상시 노출되어 있은 탓인지, 그의 피부는 검게 그을려 있었다. 아무렇게나 어깨에 얹혀 있는 길고 검은 머리카락은 그가 설교할 때마다 사자의 갈기처럼 휘날렸다. 덥수룩한 턱수염 역시 다듬지 않아 거칠게 삐죽삐죽 튀어나와 있었다. 그의 눈동자는 불타는 석탄처럼 이글거렸고, 그의 입에서 쏟아져 나오는 말은 청중의 영혼을 관통하며 태워버리는 것만 같았다. 그의 얼굴은 세상을 위한 긴급 메시지를 전달하는 중대한 책무를 맡은 성직자의 그것과 같았다.

불굴의 의지를 지닌 이 광야의 선지자가 전하는 가르침에는 굉장한 활력이 담겨있었다. 그의 메시지에는 요령도, 전술도, 설득도 없었다. 그의 언어는 아무런 꾸밈 없이 낙뢰처럼 청중을 향해 발사되었고, 힘과 진심이 실린 설교는 에너지와 매력으로 충전되어 청중에게 전기 쇼크를 주듯 강력하게 작용했다. 가공할 폭발물과도 같은 그의 가르침을 들은 청중은 진리의 탄환을 맞고 다리를 휘청거리며 정신을 차리지 못했다. 그는 곧 영적 낟알이 추수될 것이고, 쭉정이는 불에 던져지리라고 크게 부르짖었다. 또한 열매를 맺지 못한 나무는 도끼로 찍히는 운명을 피할 수 없으리라고 경고했다. 오래전부터 민족의 스승들이 약속했던 '여호와의 날'이 다가왔음을 느낀 청중은 그의 설교를 듣고 몸서리쳤다.

광야에서 설교하는 세례 요한 | 피터르 브뤼헐(Pieter Brueghel the Younger)

사람이 흡수하고 생각의 파동에 실어 발산하는 프라나의 양은 당사자의 열망과 기대감에 크게 좌우된다. 모든 인간은 한평생 살면서 매 순간 프라나를 흡수하고, 누구나 호흡, 음식물과 수분의 섭취에 관한 요기 철학의 가르침을 통해 프라나의 흡수량을 늘릴 수 있지만, 당사자의 생각, 열망, 기대감에 따라 흡수량이 더욱 증가할 수 있다는 얘기다. 그리고 당사자의 열망 또는 의지가 강하면 생각의 파동에도 더욱 많은 프라나가 더해져 강력한 추진력으로 발산된다.

조금 더 쉽게 풀어서 설명해 보겠다. 우리가 숨을 들이쉬거나 음식물과 수분을 섭취할 때마다 머릿속에서 프라나를 흡수하는 이미지를 떠올리면 오컬트의 법칙에 따라 원천에서 더 많은 양의 프라나가 흘러나와 더 많은 힘을 확보할 수 있다. 지금 당장 실험해보라. 깊게 심호흡을 하면서 숨을 들이마실 때마다 대량의 프라나를 흡수하고 있는 나의 모습을 상상하면 안에서 새로운 기운이 솟구치는 것을 느낄 수 있을 것이다. 몸이 피곤하거나 지쳤을 때 해보면 특히나 큰 효과를 볼 수 있다. 마찬가지로 천천히 물 한잔을 마시며 그 안에 담긴 대용량의 프라나를 흡수하고 있다고 상상하면 비슷한 효과를 볼 수 있다. 밥을 먹을 때도 천천히, 꼭꼭 씹으면서 '나는 지금 음식물 안에 풍부하게 포함된 프라나의 힘을 추출하고 있다'고 상상하면 같은 음식일지라도 평소보다 많은 영양분과 힘을 흡수할 수 있다. 전부 다 많은 양의 프라나를 확보하는 데 도움이 되는 기법들이다. 학생들도 시도해보고, 필요할 때마다 요긴하게 활용하길 바란다. 너무 쉽고 단순하다는 이유로 무시하는 일은 없으면 좋겠다.

같은 법칙에 따라 내 생각이 강력한 프라나로 충전된 상태로 발산되고 있다는 이미지를 떠올리면 평소보다 생각에 더 빠른 속도와 큰 힘이 더해지며, 생각의 위력도 그만큼 더 강해진다. 하지만 이런 방법을 이용하여 사악한 생각에 힘을 보태는 것은 절대로 금물이다. '생각의 역학'을 다룬 제5강을 다시 한번 자세히 읽어보고 해당 강의에서 언급했던 주의사항을 잘 준수하기 바란다.

이 외에도 다양한 방법으로 휴먼 마그네티즘의 효능을 직접 실험해 볼 수 있다. 이 주제에 관해 관심이 있는 친구들이 있다면 다음 실험을 해볼 것을 권한다. 친구들과 함께 둥그렇게 원을 그리며 앉은 상태에서 서로 손을 마주 잡고, 모두가 함께 원을 따라 프라나 또는 마그네티즘 전류를 보내겠다는 생각을 떠올리며 집중한다. 누구는 시계방향으로, 누구는 반시계방향으로 전류를 보내는 일이 없도록 사전에 프라나가 흐를 방향을 정하고 협력해야 한다. 시계의 바늘이 움직이는 방향으로 힘을 합쳐 전류를 보내는 것이 좋다. 원을 그리며 앉은 사람 중 한 명이 12시 방향에 있다고 가정하고, 그를 기준으로 시계방향으로 전류를 내보내는 것이다. 모두가 합심하여 정신을 통일하고 여건이 유리한 상황이면 잠시 후 약한 전류가 몸을 관통하는 듯한, 찌릿찌릿한 느낌을 받게 될 것이다. 적당한 선에서 이 실험을 수행하면 모든 참가자가 활력을 얻을 수 있다. 하지만 실험에 빠져 너무 오래 앉아있으면 초자연적 현상을 발생시킬 수 있을 정도로 강력한 전류가 형성될 수 있고, 초자연적 현상을 지배하는 법칙에 아직 익숙하지 않은 상태에서 이런 상황을 접하는 것은 바람직하지 않으므로 주의할 것을 당부한다. 무분별하고 어리석게 이런 현상을 발생시키는 행위는 인정할 수 없다. 어떤 현상을 일으키고 다루는 작업을 하기 전에 반드시 관련 법칙을 확실하게 숙지하는 것이 철칙이다.

『호흡의 과학』에서 이미 프라나의 힘 또는 휴먼 마그네티즘을 활용하는 여러 가지 방법을 요약하여 제시하였으므로 이번 강의를 마친 학생들에게는 그 책자를 다시 한번 읽어보라고 권하고 싶다. 우리가 지금까지 출간한 여러 책 또는 책자는 서로 연결되어 있으며, 한 권을 읽고 나면 다른 책에서 봤던 내용이 더욱 명쾌하게 다가오는 특징을 지니고 있다. 책을 쓰고 출간하는 우리 입장에서는 정보를 축약된 형태로 제공할 수밖에 없고, 독자들이 주의 깊게 이 책들을 읽으며 최선의 결과를 얻게 되리라고 믿는 수밖에 없다.

같은 내용을 불필요하게 반복하지 않기 위해 프라나의 흡수량을 늘리고 적절하게 분배하는 방법과 수련의 내용은 『호흡의 과학』을 참고할 것을 다시 한번 강조한다.

『호흡의 과학』 제14장은 이 주제와 관련한 중요한 내용을 다루고 있다. 특히 이 장의 (2)번 항목은 프라나의 흡수량을 늘리고 체내에 골고루 분배함으로써 모든 세포, 기관, 부위를 강화하고 활력을 불어 넣는 좋은 수련법을 기술하고 있다. 프라나 또는 마그네티즘의 속성에 관해 조금 더 알게 되었으니 이 수련의 가치가 더욱 소중하게 다가올 것이다. 같은 장의 (3)번 항목에서는 프라나의 방향을 조절하여 통증을 억제하는 방법, (4)번 항목은 순환을 다스리는 방법, (5)번 항목은 자기 치유에 관한 정보, (6)번 항목은 타인을 치유하는 방법을 제시하고 있다. 책자에 명시된 내용을 잘 따르면 여러분도 뛰어난 자기 치유사(magnetic healer)가 될 수 있을 것이다. (7)번 항목은 원격 치유의 방법을 다루고 있다.

『호흡의 과학』제15장은 프라나로 충전된 생각의 파동을 원거리로 투사하는 방법, 유사시 타인의 생각과 프라나에 저항하기 위해 내 주위에 '보호 오라'를 생성하는 방법 등을 제시한다. 보호 오라를 생성하는 방법은 특히나 유용하며, 학생들도 이 방법을 꼭 습득할 것을 권하고 싶다. 익히고 나면 앞으로 쓰일 일이 많을 것이다. 본 책의 제5강에서도 같은 내용을 『호흡의 과학』책자보다 비교적 상세하게 설명하고 있다. 『호흡의 과학』제15장에는 나 자신과 타인을 프라나로 재충전하는 방법, 물을 프라나로 충전하는 방법, 그리고 프라나와 휴먼 마그네티즘을 활용하는 다양한 수련과 기법을 제시하고 있다. 우리가 알고 있는 바로는 대부분 최초로 활자화되어 일반 대중에 제공되는 정보다.

가벼운 마음으로 이 책을 읽고 있는 일부 독자들은 우리가 『호흡의 과학』의 판매량을 늘리기 위해 학생들에게 자꾸 이 책자를 참고하라고 말한다고 비난할지도 모르겠다. 그런 독자들에게는 이번 강의를 수강하는 대부분 학생이 이미 『호흡의 과학』을 읽었다는 사실을 밝히고 싶다. 따라서 이번 강의를 수강하는 학생들은 이 책자의 잠재적 고객도 아니라는 점을 이해해주기 바라고, 우리가 영업 목적으로 이번 강의에서 이 책자의 가치를 한껏 띄우고 있다는 의심을 거두어주면 좋겠다.

우리가 『호흡의 과학』을 참고하라고 반복적으로 언급하는 진짜 이유는, 보통의 학생은 이 책자를 여러 번 읽었음에도 우리가 지금 하는 것처럼 수시로 그 안의 내용을 상기시켜주기 전까지는 그 방대한 지식을 온전하게 이해하지 못했을 가능성이 있기 때문이다. 하지만 이번 강의를 진행하면서 필요할 때마다 책자를 언급하고, 그때마다 학생이 책자에 수록된 관련 내용을 다시 읽어보면 강의 내용에 관한 이해가 깊어질 것이다. 그리고 반대로 이번 강의 내용을 잘 숙지하면 책자에 수록된 내용에 대한 이해도 전보다 깊어질 수 있을 것이다. 학생들이 중요한 개념을 확실하게 파악할 때까지 계속 이런 식으로 여러 가지 지식을 연계하여 제시하고 강조할 것이다. 이번 강의는 독자들에게 단순히 흥밋거리를 제공하기 위해서가 아니라 쓸모 있는 가르침을 전달하기 위한 목적으로 쓰인 것임을 기억해주기 바란다.

따라서 프라나 에너지 또는 휴먼 마그네티즘의 작용 원리를 실습하고 싶은 학생들은 『호흡의 과학』을 참고하기 바란다. 이 책자에 담긴 실습만 해보는데도 꽤 많은 시간이 소요될 것이다. '오컬트 치유'를 주제로 한 제8강에서도 휴먼 마그네티즘을 다루고 적용하는 새로운 실습 과제를 제시할 것이다.

앞서 설명했듯이 이 강의들은 서로 연결되어 있고, 한 강의의 내용이 다른 강의의 내용에 빛을 비춰주는 식으로 구성되어 있으므로 한 번 읽고 끝내는 것이 아니라 두 번, 세 번 읽고 나서 완전히, 종합적으로 이해해야 한다. 개별 강의의 내용은 전체의 일부분, 말하자면 성전을 짓기 위해 사용되는 하나의 돌이며, 저마다의 위치에서 서로 맞물려 성전을 지탱하는 역할을 한다.

　요기 철학에서 바람직하다고 가르치는 완벽하고 이상적인 건강 상태, 즉, 에고가 물질계에서 효율적으로 활용할 수 있는 완벽한 육신을 아직 갖추지 못한 학생들, 현재 질병에 시달리고 있거나 건강 상태가 좋지 않은 사람들에게는 이번 강의에서 설명한 내용과 『호흡의 과학』을 참조하여 호흡, 음식물, 수분을 통해 프라나의 흡수량을 늘리는 습관을 들일 것을 권하고 싶다. 충분한 양의 프라나를 흡수하고 체내에 저장하는 작업을 신중하게, 꾸준히 수행하면 누구든 혜택을 볼 수 있다. 특히 지금 완벽한 건강을 누리지 못하고 있는 사람일수록 극적인 효과를 보게 될 것이다. 육신은 살아있는 영이 거하는 성전이다. 육신을 멸시하면 안 된다. 잘 돌보고 쓸모 있는 도구로 만들어 활용해야 한다.

만트라와 명상

"나는 우주의 에너지 공급원으로부터 내 몸을 활성화하기 위해 필요한 충분한 양의 프라나를 공급받으며, 이를 통해 건강, 힘, 활기, 에너지, 활력을 얻는다."

　위에 명시한 만트라와 곧이어 설명할 명상 주제는 우리의 육신이 생명력을 표현하는 도구로서 완벽하게 작동할 수 있도록, 육신을 강화하기 위한 목적으로 고안되었다. 여태까지 다룬 만트라와 명상은 정신적, 영적 계발에 중점을 두었으나, 조화롭지 않은 육신으로 인해 완전한 건강을 누리지 못하고 고통스러워하는 사람이 많아서 프라나와 휴먼 마그네티즘을 다룬 이번 강의에서는 육신의 건강에 초점을 둔 만트라와 명상을 제공한다.

편한 자세로 앉아 정신을 가다듬은 후, 만트라를 낭송할 때 찾아오는 특유의 리듬과 황홀감이 느껴질 때까지 위에 명시한 만트라를 소리 내어 반복 낭송한다. 그다음 무한한 프라나의 공급원인 우주를 떠올리며 그곳에 정신을 집중한다. 온 우주가 이 놀라운 힘, 우주상에 존재하는 모든 형태의 움직임, 힘, 에너지의 근본인 이 위대한 생명의 원리로 가득 차 있다. 내가 원하면 언제든 이 무한한 원천에서 프라나를 꺼내 쓸 수 있다는 사실을 기억하자. 내 육신, 즉, 영이 거하는 성전을 짓고 강화하기 위해 필요한 만큼, 얼마든 끌어다 쓸 수 있다. 이미 내 것이다. 내 것을 달라고 요구하면서 부담을 느낄 필요가 전혀 없다. 내 것을 내가 취하겠다는 정당한 요구는 반드시 충족될 것이다. 『호흡의 과학』의 '리듬 호흡' 섹션에 기술된 내용에 따라 천천히 호흡하며, 숨을 들이마실 때마다 몸이 프라나를 흡수하고 내쉴 때마다 오래된 노폐물이 배출되는 모습을 머릿속에서 그려본다. 건강, 힘, 활력으로 채워진 내 모습, 에너지와 생명으로 충만하여 밝고 행복한 내 모습을 그려본다.

일상 중 지치거나 피로를 느낄 때마다 하던 일을 잠시 멈추고 심호흡을 하면서 대량의 신선한 프라나가 내 안으로 유입되고, 숨을 내쉬면서 병든 노폐물이 말끔히 빠져나가는 모습을 상상해보자. 거의 즉각적으로 힘과 활력이 충전되어 솟아나는 기분이 들 것이다. 새로 유입된 프라나는 도움과 에너지가 필요한 신체 부위 어디로든 급파할 수 있으며, 조금만 연습하면 상태가 안 좋거나 피로가 누적된 신체 부위로 프라나가 흘러가는 찌릿한 느낌을 감지할 수 있을 정도로 육신을 통제할 수 있을 것이다. 누워있는 상태라면 두 손으로 머리부터 시작해서 아래로 몸을 천천히 '스캔'하면서 훑으면 통증이나 불편한 상태가 완화되는 것을 느낄 수 있을 것이다. 손으로 몸을 쓸면서 내려오다가 명치 부위에 도달했을 때 잠시 쉬어도 된다. 손의 힘을 빼고 팔을 뻗은 상태에서 앞뒤로 천천히 흔들고, 가끔가다 손가락 끝에 묻은 물을 뿌리는 것 같은 동작을 취하면 쉽게 손을 프라나로 충전할 수 있다. 손가락에서 찌릿한 느낌이 들고 손 전체가 프라나로 충전된 상태에서 이 작업을 수행하면 아픈 부위의 통증이 사라질 것이고, 이 방법으로 타인을 치유할 수도 있다. 건강, 힘, 활기, 에너지, 활력의 생각을 품고 고요 속으로 들어가자.

제8강

오컬트 치유

인류사를 공부해 본 학생이라면 시대와 지역을 불문하고 모든 민족의 전설, 전통, 역사 속에서 신비스러운 형태의 오컬트 치유 사례가 수시로 언급된다는 사실을 익히 잘 알고 있을 것이다. 이런 오컬트 치유기법들은 가장 적나라하고, 야만적이고, 엽기적인 미신 풍습에서부터 현대의 여러 형이상학 단체에서도 사용하고 있을 정도로 세련된 형태에 이르기까지 광범위하게 나타난다. 질병을 치유하는 오컬트 치유기법은 세월이 흘러 타락한 아프리카의 부두교에서부터 가장 높은 차원의 세계적 종교에 이르기까지, 모든 형태의 종교와도 결부되어왔다. 이처럼 다양하고 신비스러운 치유 현상의 원리를 설명하기 위해 지금까지 수많은 이론이 제기되었고, 치유 현상을 중심으로 갖가지 교리가 탄생하기도 했다. 단지 육신의 병을 치료할 수 있다는 이유만으로 신성한 권세를 주장하며 자신이 속한 민족 또는 국가에서 숭배하는 신의 대리인을 자청하는 사제, 교사, 치유사들도 많았다. 이 사제들과 치유사들은 거의 항상 성공적인 치유 사례를 전면에 내세우며 자신이 선호하는 종교 또는 사상이 유일한 진리임을 설파했고, 동시에 다른 모든 종교의 가르침 또는 오컬트 치유 사례는 거짓이라고 매도했다. 자기만이 진리의 유일한 수호자이며, 감히 자신의 라이벌인

다른 치유사 또는 사제들을 옹호하는 자들은 천벌을 면치 못하리라는 공갈과 협박도 잊지 않았다.

세계 어디를 가더라도, 시대와 무관하게 사람은 다 똑같다. 오늘날에도 똑같은 라이벌 관계가 존재하고 있고, 다들 "나만 진짜를 가지고 있다."는 주장을 펼치며 여전히 티격태격 싸우고 있다. 아프리카의 부두교 주술사들, 말끔하게 차려입은 미국 내 유명한 형이상학 단체들의 지도자들, 그리고 이 두 극단 사이 어딘가에 위치한 자들 할 것 없이 서로에게 손가락질하며 다투고 있다. 자연의 위대한 힘을 자기가 독점했다고 주장하는 자들…. 그들이 제멋대로 만들어낸 이론이 옳아서 치유가 이루어진 것이 아니라, 이론이 엉터리임에도 불구하고 치유가 이루어진 것이라는 사실을 정녕 모른단 말인가? 자연이 선사하는 위대한 치유의 힘은 우리가 매일 마시는 공기, 매일 쬐는 햇볕과 마찬가지로 모두에게 공짜로 제공되는 선물이며, 이를 원하는 자는 누구든 자유롭게 사용할 수 있다. 어느 한 사람, 집단, 기관이 독점적으로 소유하고 통제하는 것도 아니고, 이 힘을 활용하고 혜택을 얻기 위해 특정 종교의 교리를 믿어야 하는 것도 아니다. 신의 자녀들은 저마다의 형상, 종파, 교리를 만들어내면서 재미있게 놀지만, 그는 모두를 자신의 귀한 자녀로 여긴다. '선택받은 민족'의 권리를 운운하면서 신의 모든 자녀에게 주어진 공동 유산을 자기만 가지겠다고 떼쓰고 형제를 배척하는 유치한 행태를 보면서도 부모의 마음으로 그저 흐뭇해할 뿐이다.

여러 종교와 단체의 지도자들이 자기만 진정한 치유의 원리를 알고 있으며 경쟁자들의 이론은 모두 엉터리라고 비난하는데도 모두가 치유의 효과를 체험하고 있는 것을 보면, 비록 형태와 방법은 달라도 모든 오컬트 치유기법의 기저에 흐르는 공통 원리가 있으리라 추정할 수 있다. 이들 대다수는 자기가 어떤 힘을 다루고 있는지도 잘 모르지만, 사실 모두가 같은 힘을 활용하여 치유를 수행하고 있다. 이들이 체험하고 수행한 치유 사례를 근거로 만들어낸 각종 이론과 교리는 위대한 치유의 힘을 활용한 하나의 사례에 불과하며, 오컬트 치유 현상을 설명하는 근본적인 이론은 결코 아니다. 어떤 이론이든, 잠시라도 주목할만한 가치를 지닌 설명이 되기 위해서는 하나의 현상이 아니라 모든 형태의 오컬트 치유 현상을 설명할 수 있는 포괄적 이론이어야만 한다. 각기 다른 교리와 이론을 표방하는 수많은 컬트와 단체들이 모든 시대에 걸쳐 이런 치유를 수행했으므로 이를 하나로 묶어서 설명할 수 있어야 한다.

수 세기 동안 오컬트 치유의 지식을 소유하고 다양한 형태로 실천해 온 요기 철학자들은 이 신비로운 치유의 배후에 있는 원리도 깊고 철저하게 연구했다. 누구보다도 이 주제에 관한 해박한 지식을 지녔음에도 이들은 단 한 번도 자신들이 이 분야를 독점했다고 상상하며 자기기만을 한 적이 없다. 오히려 이들은 많은 연구와 실험을 통해 모든 유능한 치유사가 자연계에 존재하는 같은 힘을 활용하고 있다는 결론에 도달했다. 이 힘을 적용하는 방식은 사람마다 다르고, 치유 사례를 근거로 만들어진 이론, 종교적 신앙과 교리, 신의 선택을 받았다는 우월감 등은 천차만별일 수 있어도, 그 중심에 있는 힘은 하나라는 것이 이들의 생각이었다. 이들에게 있어 오컬트 치유력을 근거로 각양각색의 배타적인 이론들을 만들어내는 것은 마치 전기나 자기력을 중심으로 수백여 개의 종파들이 만들어져 이 자연의 힘을 독점하겠다고 벼르며 싸움을 일삼는 행위나 다름없었다.

요기들은 세상에 존재하는 모든 형태의 치유가 자연이 선사하는 치유의 힘을 다양한 형태로 적용한 것이라는 사실을 잘 알고 있다. 사람마다 자기에게 잘 맞는 방법이 있어서 적용하는 방식이 다양하게 개발된 것이고, 때로는 여러 기법을 결합하여 활용하는 경우도 있으나 궁극적으로는 하나의 힘, 같은 힘을 활용하는 것이다.

요기들은 모든 형태의 치유에 직접 작용하는 힘은 다름 아닌 프라나라는 사실을 잘 알고 있다. 잠시 후 보겠지만, 치유의 과정에서 프라나가 사용되는 방식에는 여러 가지가 있다. 겉으로는 달라 보이는 여러 오컬트 치유기법의 기저에는 같은 이론이 작용하고 있다는 사실을 알고 있는 요기들은 실제로 수백 년 전부터 오늘날 주요 오컬트 단체들이 사용하고 있는 치유기법들을 두루 사용해왔다.

요기들은 치유의 형태를 크게 다음과 같은 세 가지 그룹으로 분류한다.

(I) 프라나 치유. 서양에서 '마그네틱 치유' 등으로 불리는 기법들을 모두 포함한다.

(II) 정신적 치유. '원격 치료' 등과 같은 여러 종류의 정신적 또는

초자연적 치유와 '암시의 법칙' 등을 활용하는 치유기법들을 모두 포함한다.

(III) 영적 치유. 높은 차원의 영적 성장을 이룬 자들만이 행할 수 있는, 매우 보기 드문 형태의 치유기법으로, 오늘날의 치유사들이 습관처럼 언급하는 '영적 치유'와는 전혀 다른 개념이다. 하지만 이 고차원의 치유도 프라나를 사용한다는 점에서는 다른 유형과 차이가 없다. 어떤 기법이든, 누가 작업을 수행하든, 치유의 효과를 발휘하는 것은 언제나 프라나다.

오컬트 치유의 원리를 본격적으로 살펴보기에 앞서 기본부터 다시 다져야 한다. 치유를 배우기 전에 건강한 육신이 의미하는 바가 정확히 무엇인지부터 이해해야 한다.

요기 철학의 가르침에 따르면 신은 모든 인간에게 물질 세상에서 활동하기 위해 필요한 물리적 기계, 즉, 육신을 선사했고, 이 유용한 도구를 최적의 상태로 유지하는 수단, 그리고 관리 소홀로 인해 육신의 효율이 떨어졌을 때 이를 보수할 수 있는 수단도 함께 제공했다. 인간의 육신은 위대한 지성이 직접 빚어낸 최고의 걸작이다. 일종의 기계에 비유할 수 있는 육신의 설계와 동작 원리를 자세히 살펴보면 신이 그야말로 최고의 지혜를 동원하여 만들어낸 작품임을 쉽게 알 수 있다. 위대한 지성의 손길이 닿았기에 인간의 육신이 존재할 수 있는 것이며, 요기들은 이 지성이 지금도, 매 순간 육신 안에서 작용하고 있음을 알고 있다. 육신을 관장하는 신성한 법칙을 준수하면 건강과 힘을 유지할 수 있고, 이에 반하는 행동을 일삼으면 몸의 균형이 무너지고 병이 찾아오는 것이 신의 섭리다. 위대한 지성이 인간의 육신이라는 아름다운 예술 작품을 창조한 후, 알아서 잘 크라는 식으로 방치했을 리는 만무하다. 위대한 지성은 지금도 모든 육신의 모든 기능을 관리, 감독하고 있다. 이 힘은 두려움의 대상이 아니다. 무한 신뢰를 보내도 된다.

육신을 존재하게 한 위대한 지성은 '자연' 또는 '생명의 원리'의 형태로 우리에게 모습을 드러내며, 손상된 육신을 보수하고, 상처를 치료하고, 부러진 뼈를 다시 붙이고, 체내에 축적된 독성 물질을 배출하고, 이 외에도 육신이 최상의 상태를 유지할 수 있도록 매 순간 경계 태세를 갖추고 있다. 우리가 '질병'이라고 부르는 증상 대부분은 사실 자연이 우리 몸 안에 쌓인 독소를 제거하기 위해 수행하는 대청소 과정에서 발생하는 바람직한 현상이다.

그럼 이제부터 육신의 진정한 의미를 자세히 살펴보도록 하자. 어떤 영혼이 물질계에서 해야 할 일을 마무리하기 위해 임시 거주지(육신)를 찾고 있다고 가정해 보자. 영혼이 물질계에서 어떤 작업을 수행하기 위해서는 뼈와 살로 구성된 육신을 입어야 한다. 영혼이 물질계를 체험하고 그 안에서 활동하기 위해 필요한 것이 정확히 무엇인지, 그리고 자연은 이 수요를 어떻게 충족하는지 자세히 살펴보자.

영혼이 물질계에서 활동하기 위해 필요한 첫 번째 요소는 생각을 가능케 하는 물리적 도구와 육신의 동작을 지시하고 제어하는 중앙

본부다. 자연은 이런 기능적 요구를 충족하기 위해 뇌라는 놀라운 도구를 선사한다. 현재의 인간은 뇌의 아주 작은 일부만 사용하고 있으며, 우리가 아직 제대로 이해하지도, 사용하지도 못하는 부분은 앞으로 인류가 더 진화하면서 조금씩 쓰이게 될 것이다.

둘째, 물질 세상에 존재하는 수많은 형상이 주는 인상을 수신하고 기록할 수 있는 기관이 있어야 한다. 자연은 이를 위해 우리에게 눈, 귀, 코, 맛을 볼 수 있는 혀, 그리고 느낄 수 있는 신경을 선사했다. 오늘날의 인간은 이 다섯 가지 감각을 주로 사용하고 있으나, 진화의 과정을 지속하면서 때가 되면 현재 잠자고 있는 다른 감각들도 차례대로 깨어날 것이다.

그다음에는 뇌와 육신의 여러 부위 간의 소통이 필요하다. 자연은 이를 위해 신경을 전선처럼 활용하여 몸의 모든 부위를 하나로 연결하였다. 하나의 완벽한 네트워크가 형성된 상태에서 뇌는 '전선'을 통해 인체 모든 부위에 메시지를 전달하고, 뇌의 지시를 받은 세포와 기관은 이에 즉시 응답한다. 한편 뇌는 같은 네트워크를 통해 인체의 모든 부위로부터 각종 경고, 지원 요청, 불만 제기 메시지를 접수한 후 이에 적절히 대응한다.

이처럼 효율적으로 구성된 인간의 육신은 물질 세상을 자유롭게 활보할 수도 있어야 한다. 식물의 단계를 이미 통과한 인간은 '움직임'을 갈망한다. 또한 손을 뻗어 사물을 쥐고 자기에게 필요한 것을 만들어내고자 한다. 자연은 이를 위해 사지(四肢), 그리고 사지를 움직이는 근육과 힘줄을 제공했다.

육신의 형상을 일관되게 유지하는 틀과 외부 충격으로부터 몸을 보호하는 기능도 필요하다. 힘과 단단함, 말하자면 꼿꼿하게 서 있거나 자세를 유지할 수 있는 지지대가 있어야 한다. 자연은 이를 위해 뼈대 또는 골격을 제공한다. 이 놀랍고 흥미로운 구조물의 공부를 통해서도 많은 것을 배울 수 있다.

물질계에서 육신을 걸치고 있는 다른 영혼들과 소통하는 수단도 필요하다. 자연을 이를 위해 말을 하고 소리를 듣는 소통기관을 제공한다.

손상된 육신을 보수하고, 새로 생성하고, 부족한 부분을 보충하고, 약한 부분을 강화하기 위해 필요한 자재를 운반하는 시스템도 필요하다. 또한 체내에서 발생한 노폐물과 쓰레기를 태우는 소각장과 몸 밖으로 배출하는 시스템도 있어야 한다. 자연은 이를 위해 생명력을 운반하는 수단인 혈액, 혈액을 몸 구석구석에 전달하기 위해 사용하는 도로망인 동맥과 정맥, 그리고 혈액을 산화하고 노폐물을 태우는 기능을 수행하는 폐를 제공한다. (자세한 내용은 『호흡의 과학』 제3장을 참조하기 바란다).

육신을 생성하고 손상된 부위를 보수하기 위해 필요한 원자재는 외부에서 확보해야 한다. 그래서 자연은 인간이 음식을 섭취하고, 소화하고, 영양분을 추출하고, 몸이 흡수할 수 있는 형태로 변환하고, 남은 노폐물을 몸 밖으로 배출하는 수단을 제공했다.

마지막으로, 자연은 영혼들이 미래에 물질계에 와서 활동하기 위해 필요한 더 많은 육신을 만들어낼 수 있도록 인간에게 생식의 수단도 제공했다.

인체의 신비로운 메커니즘과 동작 방식은 시간을 투자하여 깊게 공부해볼 만한 가치가 충분한 주제다. 인체에 관한 공부를 하면 할수록 자연의 이면에 있는 위대한 지성체, 온 우주 전반에 걸쳐 작동하고 있는 생명의 원리가 실재함을 확신하게 된다. 또한 세상 모든 것은 우연에 의해, 맹목적인 힘의 작용으로 형성되어 존재하는 것이 아니라, 우리가 가늠할 수조차 없는 고차원의 지성체에 의해 창조된 것이라는 사실을 알게 된다. 그 후에는 이 위대한 지성체를 신뢰하는 법을 배우게 되고, 나에게 육신을 선사한 그 위대한 힘은 육신이 소멸하는 날까지 나와 함께 할 것이라는 사실, 아주 오래전에 나를 존재하게 한 그 힘은 지금도 나와 함께 하고 있으며, 앞으로도, 언제나 영원히 나와 함께 할 것이라는 사실을 깨닫게 된다. 위대한 생명의 원리가 내 안으로 흘러들어오도록 허락하면 좋은 일들이 생기지만, 두려워하거나 의심하면서 문을 닫아버리면 필연적으로 고통받게 되어있다.

지금까지 설명한 내용이 오컬트 치유와 무슨 상관이 있느냐고 의문을 제기할 학생들도 있을 것이다. 이건 오컬트 치유가 아니라 하타 요가 강의가 아니냐고 불만을 품는 학생들도 있을 것 같다. 완전히 틀린 말은 아니다. 하지만 자연계에는 인간이 완벽한 건강을 유지하도록 매 순간 돕는 힘이 있다는 생각을 도저히 떨쳐버릴 수 없다. 또한 자연의 법칙을 어기는 바람에 망가진 육신을 고치는 방법을 제시하는 것보다는, 애초에 그런 일이 발생하지 않도록 육신을 건강한 상태로 유지하는 방법을 전달하는 것이야말로 진정한 가르침이 아닐까 하는 생각이 강하게 든다. 치유를 중심으로 컬트나 단체를 설립하는 것은 터무니없는 발상이며, 굳이 이 주제를 중심으로 단체를 설립해야 한다면 '치유'가 아닌 '건강'이 중심이 되어야 한다는 것이 요기들의 기본적인 생각이다. 즉, 어디까지나 건강이 핵심이어야 하고, 질병의 치유는 건강을 공부하면 자연스럽게 따라오게 되어있는 지류 중 하나일 뿐이라는 것이다.

향후 출간 예정인 『하타 요가』에서 완벽한 건강을 유지하는 요기 철학의 원리를 제시할 것인데, 이 원리에 따르면 인간은 본래 건강한 것이 정상 상태이며, 대부분 질병은 올바른 삶과 생각의 자연법칙을 무시하거나 준수하지 않았을 때 발생하는 예외적인 결과라고 한다. 모든 인간은 이미 치유의 힘을 가지고 있으며, 의식적으로든 무의식적으로든, 치유가 필요할 때마다 이 힘을 소환하여 활용할 수 있다는 것이 하타 요가의 핵심 가르침이다. 우리 모두의 내면에 있는 이 힘을 동원하고, (때로는 타인의 도움을 받아서) 내면의 회복 에너지가 작용할 수 있도록 내 몸을 내맡기는 것이 바로 오컬트 치유의 본질이다.

모든 치유는 개인에 내재한 '활력'의 작용을 통해 이루어진다. 지금까지 여러 차례 설명했듯이, 이 활력은 우주 보편적인 힘이 구체화한 형태, 즉, 프라나에서 나오는 것이다. 신경계의 구성과 신경계를 통해 작용하는 프라나에 관한 반복적 설명을 피하고자 이번에도 『호흡의 과학』과 이 책의 제7강 내용을 참고해주기 바란다. 복습한 후 이번 강의를 읽으면 앞으로 소개할 여러 종류의 오컬트 치유에 관한 설명이 조금 더 명쾌하게 이해될 것이다.

올바른 삶과 생각의 기본 법칙을 어기는 바람에 건강이 나빠진 사람이 있다고 가정해 보자. 물질과학이 제공하는 여러 종류의 치료를 다 받아 보았으나 효과를 보지 못한 그는 최후의 수단으로 오컬트 치유로 시선을 돌렸다. 그는 이제 여러 오컬트 치유기법 중에서 하나를 선택해야 하는 상황이다. 이런 환자가 있다고 가정한 상태에서 여러 오컬트 치유기법의 작용 방식과 원리를 설명해 보겠다. 이번 강의에서 세부적인 정보와 방법을 일일이 제공할 수는 없다. 치유기법 하나만 다루는 데도 책 한 권이 필요할 것이다. 하지만 여러 치유기법의 전반적인 개념은 제시할 수 있을 것 같다.

마그네틱 치유

마그네틱 치유는 환자 본인 또는 치유사가 아픈 신체 부위를 대상으로 프라나 공급량을 늘리는 프라나 치유기법이다. 실제 치유 작업을 수행하는 사람들은 이 사실을 잘 모르는 경우가 많지만, 프라나 치유는 거의 모든 오컬트 치유기법을 동반하는 공통 요소다. '마그네틱 치유'라 불리는 기법에서는 치유사가 자신의 손으로 환자의 몸 위를 훑으며, 강력한 의지 또는 열망으로 자기 안에서 대량의 프라나를 조달하여 환자에게 전달한다. 치유사가 전달한 프라나는 환자가 자기 몸에서 자체 조달한 프라나와 같은 속성을 지니며, 아픈 부위를 강화하고 활력을 불어넣음으로써 다시 정상적으로 기능하도록 유도한다. 마그네틱 치유를 수행하는 치유사는 보통 손으로 환자의 몸 전체를 쓸고 지나가면서 신체와 접촉한다. 『호흡의 과학』에서 이미 이 치유기법을 수행하는 전반적인 방법을 제시하였으며, 향후 책자의 형태로 더 구체적인 내용을 제공할 계획도 있다. 지면이 허락하면 이번 강의 후반부에서도 전반적인 수행 방법을 제시할 것이다. 프라나에 관한 내용은 이전 강의와 『호흡의 과학』에서 수차례 기술했으므로, 더 이상의 설명 없이도 프라나의 치유 효과의 개념을 이미 이해하고 있으리라 생각하고 다음 섹션으로 넘어가겠다.

정신적 치유

광범위한 종류의 치유기법을 아우르는 '정신적 치유'에는 표면적으로는 달라 보이는 여러 기법이 포함된다. 우선 몸이 아픈 환자가 확언 또는 자기암시 문구를 반복적으로 암송하는 자기 치유기법을 대표적인 예로 들 수 있다. 생기를 북돋고 기분을 띄워주는 정신 상태에 도달함으로써 몸에 긍정적인 영향을 주고 육신의 본래 기능을 회복하도록 유도하는 기법이다. 이와 같은 형태의 치유가 제공하는 가장 큰 강점은, 자연의 치유 과정을 방해하는 환자의 부정적 생각을 내려놓도록 유도한다는 점이다. 확언 또는 암시문 자체에 어떤 특별한 힘이 내재해 있다기보다는, 이를 통해 환자의 정신 상태가 변하면서 본격적인 치유가 개시되는 것이다. 지금까지 신성한 생명의 원리가 나를 자유롭게 관통하도록 허락하지 않았기에, 부정적인 자기암시로 자연의 치유과정을 방해해 왔기에 병마에 시달려온 것이었다. 하지만 정신 상태를 전환하면 장애물이 걷어지고 자연이 다시 전면에 나서서 제 일을 할 수 있게 된다. 활력이 담긴 자기암시는 육신을 자극하고 본능적 정신이 깨어나 치유 작업을 개시하도록 박차를 가하는 구실을 한다.

'암시'라 불리는 형태의 정신적 치유기법에도 같은 원리가 작용한다. 치유사의 긍정적인 암시를 통해 환자를 부정적인 자기암시로부터 해방하고, 본능적 정신이 치유 작업을 수행할 수 없도록 방해했던 제동장치를 풀어 자연이 제 역할을 할 수 있는 유리한 여건을 만들어주고, 아픈 부위에 충분한 양의 프라나를 공급하면 이른 시일 내에 정상적인 상태를 회복할 수 있다. 암시 치유를 수행하는 치유사는 보통 무의식적으로 자기 안에 저장되어 있던 프라나를 환자에게 공급하며, 환자의 몸에 새롭게 유입된 프라나는 아픈 부위를 자극하고 환자 본인의 힘으로 정상적으로 프라나를 흡수하고 활용하도록 정신적으로 돕는다.

치유사 본인은 의식하지 못할지도 모르지만, 우리가 일반적으로 '정신적 치유'라 부르는 분야에서는 은연중에 암시기법이 많이 사용된다. 치유사의 자세, 말, 음색, 태도를 통해 그의 긍정적인 정신 상태가 환자에게 전이되고, 강력한 암시를 받은 환자의 정신이 도움을 받는 것이다. 이 과정에서 치유사는 환자의 정신에 희망이 넘치고, 힘을 불어넣고, 활력을 더해주는 강력한 생각의 파동을 보내고, 치유사의 에너지를 수용하겠다는 자세로 임하는 환자는 텔레파시를 통해 그가 보낸 생각을 수신한다. 이처럼 두 사람의 정신이 공동 목표를 달성하기 위해 합심하면 구체적인 방향성을 띤 강력한 힘이 생성되며, 환자의 경우 단순히 부정적인 생각이라는 장애물을 털어낼 뿐 아니라 평소보다 많은 프라나를 흡수하여 온몸에 분배하는 효과를 얻게 된다. 가장 효과적인 형태의 정신적 치유는 환자의 정신과 몸을 동시에 개선한다.

'원격 정신적 치유'도 위에서 설명한 정신적 치유와 같은 방식으로 작용한다. 치유사가 발산하는 강력한 생각의 파동은 치유사와 환자 사이의 거리와 무관하게 힘을 발휘하므로 지리적으로 멀리 떨어진 곳에 있는 환자도 치유할 수 있다는 차이만 있을 뿐이다. 어느 경우든, 치유사는 프라나로 충전된 강력한 상념체를 생성하고, 이를 통해 환자의 아픈 부위를 자극하고 강화함으로써 거의 즉각적으로 치유의 효과를 발휘하게 된다. 원격 치유를 효과적으로 수행할 수 있을 정도로 강력한 상념체를 만들어낼 수 있는 치유사는 흔하지 않지만, 이런 방식으로 즉각적인 치유가 이루어진 사례도 많이 있다. 매우 강력한 힘을 지닌 정신 치유사는 프라나로 충만하고 활력과 생명력이 차고 넘치는 생각의 파동을 발산하여 환자의 병든 기관에 회복의 힘을 불어넣고, 즉각적으로 병든 부위에 쌓인 노폐물과 찌꺼기를 배출하고, 비교적 짧은 시간 안에 손상된 장기를 재생하고 보수하기 위해 필요한 자재를 혈액에서 추출한다. 이렇게 강력한 치유가 이루어지고 나면 병들었던 환자의 장기가 정상화되어 (치유사와 같은) 외부의 도움을 받지 않고도 자기 치유를 재개할 수 있게 된다.

모든 형태의 정신적 치유는 지금까지 설명한 그룹 중 하나에 속한다. 무엇보다 중요한 것은, 자연이 본래의 역할대로 치유 작업을 진행할 수 있도록 환자가 부정적인 자기암시를 전부 날려 보내고, 치유를 가로막는 장애물을 걷어내도록 그의 정신 상태를 긍정적인 방향으로 유도하는 것임을 기억하자. 지금까지 설명했듯이 이 과정에서 환자는 아픈 부위를 겨냥하여 프라나가 실린 생각의 파동을 보내고 환자 스스로 치유할 수 있도록 정신 상태의 변환을 유도하는 치유사의 도움을 받을 수 있다.

영적 치유

이번 섹션에서 소개하는 '영적 치유'는 매우 보기 드문 현상으로, 지극히 높은 영적 경지에 도달한 사람이 자신의 영적 오라와 본질로 환자의 몸 전체를 일시적으로 감싸고 채움으로써 병든 부위를 순식간에 정상화하는 기법을 지칭한다. '완벽한 영과 접촉하는 모든 것들은 완벽한 상태로 변환하게 되어있다.'는 원리를 활용한 치유기법이다. 하지만 진정한 영적 치유의 능력을 지닌 사람은 매우 드물며, 이 현상을 단 한 번이라도 목격한 행운아도 많지 않다. 오늘날 다양한 기법으로 병든 자들을 치유하고 좋은 일을 하는 많은 사람이 자기가 하는 일을 '영적 치유'라고 칭하고 있는데, 사실 이들 대부분은 진짜 영적 치유가 무엇인지 전혀 알지 못하는 사람들이다. 진정한 영적 치유의 가장 큰 특징은 환자의 즉각적이고 완벽한 치유, 절대적이고 정상적인 상태로의 회복, 흠집, 통증, 부조화의 흔적, 사소한 육체적 증상 하나 없는,

원기 왕성하고, 완벽하게 건강하고, 강인하고, 활력이 넘치는 아이와 같은 상태로의 회귀다. 시대마다 소수의 사람이 이런 놀라운 재능을 가지고 세상에 태어나는데, 이들이 치유의 능력을 발휘하는 사례가 대중에 알려지는 경우는 흔하지 않다. 여기에는 중요한 오컬트적 이유가 있다. 일단 다음 문장에 밑줄을 치고 하이라이트를 하기 바란다. **"진정한 영적 치유는 어떤 경우에도 금전적 이득을 위해 행해지지 않는다. 영적 치유의 선물은 언제나 '돈 없이, 값없이[18]' 제공된다."**

진정한 영적 치유는 물질주의의 오물에 더럽혀지는 경우가 없다. 결코 없다! 다양한 형태의 정신적 치유 또는 프라나 치유를 수행하는 '치유사'들은 자신의 시간과 노력을 투입하고, '일꾼이 그 삯을 얻는 것은 마땅하므로[19]' 일에 따른 대가를 받는 것은 옳고 정당하다. 이들이 돈을 받고 치유를 수행하는 것을 비판할 생각은 전혀 없다. 우리가 강의 내용을 책의 형태로 판매하듯이, 그들도 서비스를 제공하고 이에 합당한 보수를 받을 뿐이다. 하지만 진정한 영적 치유의 선물을 베푸는 능력을 지닌 사람은 봉사에 대한 보수가 필요한 상황에 절대로 놓이지 않는다. 그에게 필요한 것은 까마귀들이 물어다 주게 되어있으며[20], 따라서 자신이 받은 영적 선물을 물물교환의 대상으로 삼을 필요도 없다. 이들은 신성한 특권을 팔아먹느니, 차라리 죽음을 택할

---

18) "너희 목마른 자들아 물로 나아오라 돈 없는 자도 오라 너희는 와서 사 먹되 돈 없이 값없이 와서 포도주와 젖을 사라" (구약성경 이사야서 55장 1절)
19) "그 집에 유하며 주는 것을 먹고 마시라 일꾼이 그 삯을 얻는 것이 마땅하니라 이 집에서 저 집으로 옮기지 말라" (신약성경 누가복음 10장 7절)
20) "내가 까마귀들을 명하여 거기서 너를 먹이게 하리라" (구약성경 열왕기상 17장 4절)

사람들이다. 이 주제에 관한 오해가 없길 바란다. 우리가 말하는 '영적 치유'는 일반 대중이 '영적인 것'으로 오인하는 초자연적 또는 정신적 치유가 아니라, 실제 영이 선사하는 치유의 선물을 의미하는 것이다. 진정한 영적 치유가 어떤 것인지 감을 잡고 싶다면 성경을 펼쳐 마리아의 아들을 통해 영이 자신을 드러내는 여러 장면을 참고하라. 이것이 바로 영적 치유의 표준이다.

야이로의 딸을 살려내는 예수 (윌리엄 워커 앳킨슨의 『신비주의 기독교』 중에서)

이 무렵 지역과 교회에서 널리 존경을 받던 야이로라는 사람이 예수를 찾아왔다. 그에게는 열두 살 정도 된 딸이 하나 있었는데, 의사들이 치료를 포기했을 정도로 건강이 나쁜 상태였다.

죽음의 문턱에 서 있는 딸을 구하기 위해 야이로는 예수가 설교하고 있는 현장을 찾아와 그의 발 앞에 무작정 무릎을 꿇고, 사랑하는 딸이 미지의 세계로 넘어가는 문을 통과하기 전에 부디 치료해 달라고 간절히 빌었다. 아버지의 큰 슬픔에 감복한 마스터는 설교를 중단하고 야이로의 집으로 발길을 옮겼다. 야이로의 집을 향해 걸어가던 예수는 아이를 치료해야겠다는 생각에 온 신경을 집중했고, 그의 몸은 치유 작업을 원활하게 수행할 수 있도록 생명력으로 완전히 충전되어 있었다. 그런 상태에서 걷던 중 오랜 지병에 시달려 온 어느 병자가 그의 옷깃을 만졌고, 이를 즉시 감지한 예수는 말했다. "내게 손을 댄 자가 있도다. 이는 내게서 능력이 나간 줄 앎이로다."

예수 일행이 야이로의 집에 도착했을 무렵, 하인들이 슬피 울며 치유사가 오기를 기다리는 동안 아이가 숨을 거두었다는 비극적인 소식을 전했다. 딸을 소생시킬 수 있다는 희망에 부풀어있던 야이로는 그 자리에서 주저앉으며 울기 시작했다. 하지만 예수는 믿음을 가지라며 그를 안심시키고, 세 명의 사도(요한, 베드로, 야고보)와 함께 죽음의 방으로 들어간다. 잠시 후 예수는 슬픔에 잠긴 가족과 이웃들에게 손짓하며 말했다. "뒤로 물러서시오. 아이는 죽은 것이 아니라 잠들었을 뿐이오."

정교회를 신봉했던 일부 친지와 친구들은 예수의 말을 듣고 경악했다. 의사들마저 포기한 아이가 죽었는데, 사제들이 영혼의 안녕을 기원하는 최후의 의식까지 이미 집전하고 떠났는데, 이런 식으로 유족을 조롱하다니, 도저히 참을 수 없는 일이었다. 하지만 마스터는 그들의 반응을 무시한 채 아이의 머리 위에 손을 얹고 차디찬 손을 붙잡았다. 잠시 후 이상한 일이 벌어졌다. 아이의 작은 가슴이 움직이며 창백한 볼에 혈색이 돌아오기 시작한 것이다. 곧이어 미동도 하지 않던 팔과 다리가 움직이고, 눈을 뜬 아이는 신기하다는 표정으로 예수의 얼굴을 바라보며 미소를 지었다. 예수는 따스하고 인자한 표정을 지으며 방에서 나와 아이에게 먹을 것을 가져다주라고 지시했다.

(누가복음 8:40) 예수께서 돌아오시매 무리가 환영하니 이는 다 기다렸음이러라

(누가복음 8:41) 이에 회당장인 야이로라 하는 사람이 와서 예수의 발

아래 엎드려 자기 집에 오시기를 간구하니

(누가복음 8:42) 이는 자기에게 열두 살 먹은 외딸이 있어 죽어감이러라 예수께서 가실 때에 무리가 옹위하더라

(누가복음 8:43) 이에 열두 해를 혈루증으로 앓는 중에 아무에게도 고침을 받지 못하던 여자가

(누가복음 8:44) 예수의 뒤로 와서 그 옷가에 손을 대니 혈루증이 즉시 그쳤더라

(누가복음 8:45) 예수께서 가라사대 내게 손을 댄 자가 누구냐 하시니 다 아니라 할 때에 베드로가 가로되 주여 무리가 옹위하여 미나이다

(누가복음 8:46) 예수께서 가라사대 내게 손을 댄 자가 있도다 이는 내게서 능력이 나간 줄 앎이로다 하신대

(누가복음 8:47) 여자가 스스로 숨기지 못할 줄을 알고 떨며 나아와 엎드리어 그 손 댄 연고와 곧 나은 것을 모든 사람 앞에서 고하니

(누가복음 8:48) 예수께서 이르시되 딸아 네 믿음이 너를 구원하였으니 평안히 가라 하시더라

(누가복음 8:49) 아직 말씀하실 때에 회당장의 집에서 사람이 와서 말하되 당신의 딸이 죽었나이다 선생을 더 괴롭게 마소서 하거늘

(누가복음 8:50) 예수께서 들으시고 가라사대 두려워 말고 믿기만 하라 그리하면 딸이 구원을 얻으리라 하시고

(누가복음 8:51) 집에 이르러 베드로와 요한과 야고보와 및 아이의 부모 외에는 함께 들어가기를 허하지 아니 하시니라

(누가복음 8:52) 모든 사람이 아이를 위하여 울며 통곡하매 예수께서 이르시되 울지 말라 죽은 것이 아니라 잔다 하시니

(누가복음 8:53) 저희가 그 죽은 것을 아는 고로 비웃더라

(누가복음 8:54) 예수께서 아이의 손을 잡고 불러 가라사대 아이야 일어나라 하시니

(누가복음 8:55) 그 영이 돌아와 아이가 곧 일어나거늘 예수께서 먹을 것을 주라 명하신대

(누가복음 8:56) 그 부모가 놀라는지라 예수께서 경계하사 이 일을 아무에게도 말하지 말라 하시니라

야이로의 딸을 부활시키는 예수 | 조지 퍼시 제이콥 후드(George Percy Jacomb-Hood)

실험적 치유

이 시점에서 학생들에게 오컬트 치유기법 몇 가지를 실제로 실험해 볼 기회를 제공할 수 있게 되어 기쁘다. 물론 이건 어디까지나 사례에 불과하고 오컬트 치유의 여러 형태를 다 다루는 것은 아니지만, 그래도 도움이 될 수 있으리라 생각한다.

그럼 우선 간단하게 몇 가지 프라나 치유 실습부터 진행해 보자. ('마그네틱 치유'라는 표현을 선호하면 그렇게 불러도 무방하다)

(I) 환자를 의자에 앉히고 그 앞에 선다. 두 손에서 힘을 빼고 아래로 늘어뜨린 채, 손가락 끝에서 찌릿한 느낌이 들 때까지 몇 초간 앞뒤로 천천히 흔든다. 두 손을 환자의 머리 높이까지 올린 후, 마치 손가락 끝에서 발사되는 힘을 환자에게 쏘듯이 손바닥이 환자를 향하고 손가락을 곧게 뻗은 상태에서 천천히 그의 발까지 손을 쓸어내린다. 그 다음에는 30cm 정도 뒤로 물러나 두 손바닥이 서로 마주 보는 상태에서 두 손을 환자의 머리 높이로 천천히 쓸어올린다. 머리에서 발로 내려가면서 환자에게 줬던 마그네티즘을 다시 거둬들인다는 듯이 이번에는 발에서 머리로 올라가는 것이다. 이 동작을 여러 차례 반복한다.

환자의 머리에서 발로 내려갈 때 근육에 힘을 주면 안 된다. 팔과 손의 긴장을 풀고 힘을 뺀 상태로 진행한다. 신체의 특정 부위가 아플 때도 같은 방식으로 치유하면 된다. 마지막 단계에서 환자의 몸을 마그네티즘으로 가득 채운다는 기분으로 동작을 반복해보자. 환부의 치유 과정을 마치고 난 후에는 내 손가락에 물이 묻었다는 듯이 옆으로 털어내는 것이 바람직하다. 이 작업을 생략할 경우 환자의 상태 일부를 흡수하게 될 수도 있다. 이 치유기법을 활용하면 환자는 큰 힘을 얻게 되고, 자주 할수록 많은 도움이 될 것이다.

만성 질환 또는 고질적인 지병에 시달리고 있는 환자를 치유할 때는 환부 주변의 기운부터 먼저 걷어냄으로써 긴장을 풀어줄 수 있다. 환자 앞에 서서 두 손바닥이 맞닿은 상태로 팔을 좌우로 여러 차례 휘두른다. 그다음에는 순환을 정상화하기 위해 몸 전체를 아래로 훑으며 쓸어내리는 작업을 수행한다.

(II) 『호흡의 과학』 제14장에서도 프라나 치유 또는 마그네틱 치유 실습 몇 가지를 제공하였으므로, 관심 있는 학생은 해당 자료를 참고하여 공부하고 직접 해보기 바란다.

(III) 두통의 경우에도 역시 환자를 의자에 앉히고, 이번에는 의자 뒤에 서서 두 손과 손가락이 아래를 향해 펼쳐진 상태에서 그의 머리 위에 두 개의 원을 그리는 동작을 취한다. 다만 이때 환자의 머리를 만지면 안 된다. 몇 초가 지나면 손가락을 통해 마그네티즘이 실제로 흐르는 느낌을 받게 될 것이고, 환자의 통증도 완화될 것이다.

(IV) 신체적 통증을 제거하는 또 하나의 좋은 방법은 환자 앞에 서서 아픈 부위를 향해 손바닥을 내미는 것이다. 이때 손바닥과 아픈 부위 간의 거리는 10cm~20cm 내외로 유지한다. 손바닥이 환부를 향

하고 있는 상태를 몇 초간 유지한 후, 천천히 원을 그리듯이 손을 돌린다. 이 동작은 환부를 크게 자극하여 정상 상태로 회복하는 데 도움을 준다.

(V) 몇 cm의 거리를 유지한 상태에서 검지로 환부를 가리킨다. 마치 손가락 끝으로 구멍을 뚫듯이 환부를 계속 가리킨 채 손을 빙글빙글 돌린다. 이 동작을 수행하면 환부에서 순환이 시작되고 상태가 개선된다.

(VI) 두 손으로 환자의 관자놀이를 덮은 상태를 한동안 유지하면 좋은 치유 효과가 나타난다. 프라나 치유를 수행하는 사람들이 종종 사용하는 기법이다.

(VII) (환자가 옷을 입은 상태에서) 환자의 몸을 부드럽게 쓰다듬으면 환부를 자극하고, 순환을 정상화하고, 막힘을 해소하는 효과를 얻을 수 있다.

(VIII) 마사지와 이와 유사한 방식의 물리치료 역시 몸을 문지르고 접촉하는 과정에서 치유사가 환자에게 투사하는 프라나를 통해 효과를 발휘하는 것이다. 환자의 몸을 문지르며 접촉할 때 그를 향해 프라나를 발산하겠다는 치유사의 열망이 더해지면 대량의 프라나가 환자의 몸으로 유입된다. 『호흡의 과학』에서 설명한 '리듬 호흡'까지 곁들이면 더욱 강력한 효과를 얻을 수 있다.

(IX) 세계 각국의 치유사들이 즐겨 쓰는, 환부에 입김을 불어 넣는 기법 역시 프라나를 공급하는 강력한 수단이다. 환부 위에 면포를 댄 상태에서 입김 치유를 수행하는 경우가 많다. 이렇게 하면 치유사의 입김으로 면포가 따뜻해져 환부에 열기에 의한 자극도 줄 수 있다.

(X) 마그네틱 치유사들이 애용하는 자화수(磁化水 ; Magnetized Water)의 활용으로 좋은 효과를 보았다는 사례도 많다. 자화수를 만드는 가장 쉬운 방법은 왼손 위에 물이 든 유리잔을 올려놓고, 마치 손가락으로 물방울을 털어내듯이 잔 위에 오른손을 오므린 상태에서 손가락을 흔들며 튕겨대는 것이다. 그다음 오른손으로 잔을 위에서 아래로 쓸어내리면서 잔 속의 물에 프라나를 공급하는 효과를 얻을 수 있다. 리듬 호흡도 프라나를 물속으로 전송하는 데 도움을 준다. 프라나로 충전된 물은 환자 또는 몸이 약해 고통받는 사람들을 자극한다. 특히 수용적인 자세로, 물 안을 가득 채운 프라나가 내 몸 안으로 들어와 활력을 불어넣고 있다는 이미지를 머릿속에서 그리며 천천히 마시면 더욱 효과적이다.

그럼 이제부터는 정신적 치유, 또는 초자연적 치유의 몇 가지 형태를 살펴보고 실습해보자.

(I) 자기암시는 제목 그대로 내가 성취하고자 하는 건강한 몸 상태를 자기 자신에게 암시하는 기법이다. 자기암시를 할 때는 마치 타인에게 말을 하는 것처럼 진지하게, 진심으로, 내가 하는 말이 묘사하는, 내가 원하는 건강한 모습을 떠올리면서 말해야 한다. (소리 내어 말

해도 되고, 소리 내지 않고 말해도 좋다) 다음과 같은 자기암시 구문을 예로 들 수 있을 것이다. "내 위장은 강하다, 강하다, 강하다! 내 위장은 입을 통해 들어온 음식물을 완전하게 소화하고, 음식물에서 영양분을 추출하여 동화하고, 이를 통해 나에게 건강과 힘을 선사한다. 나의 소화 기능은 훌륭하다, 훌륭하다, 훌륭하다! 나는 즐거운 마음으로 음식물을 소화하고 동화하여 진하고 붉은 혈액으로 변환하고 있다. 붉은 혈액은 내 몸 구석구석에 건강과 힘을 전달하면서 나를 더욱 강한 사람으로 만들고 있다."

신체의 다른 부위에 대해서도 이와 유사한 방법으로 자기암시 또는 확언을 수행하면 좋은 결과를 얻을 수 있다. 역시 치유 대상인 부위에 정신을 집중하고 내가 원하는 결과를 머릿속으로 떠올리며 작업을 진행하면 해당 부위에 더 많은 프라나가 공급된다는 점을 기억하자. 자기암시의 내용에 진지하게 빠져들어서, 진심으로 암시 문구와 하나가 되어서 건강과 활력이 넘치는 나의 모습을 최대한 생생하게 머릿속에서 재현해보자. 내가 원하는 나의 가장 이상적인 모습을 상상해보자. 여기에 '프라나 치유' 섹션에서 설명했던 치유기법 사례들을 곁들이면 치유의 효과도 더 강해질 것이다.

(II) 암시를 통해 타인을 치유하는 기법 역시 자기암시와 같은 원리로 작용한다. 환자 본인이 자기가 원하는 미래의 모습과 상황을 떠올림으로써 치유를 개시하는 것이 아니라 치유사가 환자의 뇌리에 그가 바라는 미래의 이상적인 모습을 심어준다는 차이점만 있다. 치유사와 환자가 협력하여 같은 이미지를 함께 떠올리고, 환자가 치유사의 암

시를 충실히 따르며 그의 입에서 나오는 말이 묘사하는 장면을 머릿속에서 그리면 훨씬 좋은 효과를 얻을 수 있다. 치유사는 환자가 원하는 미래의 모습을 암시하는 말을 하고, 환자는 치유사의 암시가 자신의 본능적 정신에 각인되고 그 내용이 실질적 결과로 이어질 수 있도록 수용하는 마음가짐으로 치유사의 말을 받아들인다. 활력이 넘치는 사람일수록 효과적으로 암시기법을 수행할 수 있다. 이들은 프라나로 충전된 강력한 생각의 파동을 환자를 향해 발산하면서 동시에 암시를 수행한다. 학생들도 여러 기법의 원리를 자세히 분석해보면 수긍하겠지만, 거의 모든 형태의 정신적 치유에서는 이처럼 여러 개의 기법이 혼용된다.

사람이 자연스러운 삶의 방식으로부터 멀어지면 본능적 정신도 나쁜 습관을 들이게 되고, 몸을 올바르게 관리하는 중요한 책무를 수행함에서도 잘못된 습관을 적용하게 된다. 암시와 자기암시는 나쁜 길로 빠진 본능적 정신을 정상 궤도로 다시 올려놓는 작업이며, 잘못된 것을 바로잡으면 몸도 빠른 속도로 치유되어 균형 잡힌 상태로 회복된다. 암시를 활용하는 기법에서 가장 중요한 요소, 이 치유기법의 사실상 전부라 할 수 있는 요소는, 지금까지 육신의 조화에 간섭하며 적절한 양의 프라나 공급과 분배를 가로막는 구실을 해 온 환자의 두려움과 걱정, 부정적인 생각을 머릿속에서 말끔히 씻어내는 것이다. 이처럼 해로운 생각을 환자의 머릿속에서 지워버리는 것은 섬세한 메커니즘에 의해 구동되는 아날로그 시계의 정상적인 동작을 방해한 먼지 덩어리를 제거하는 것과도 같다. 두려움, 걱정, 증오, 그리고 이를 동반하는 여러 감정은 만병과 부조화의 근원으로, 병을 일으키는 다른 모든 요인을 합친 것보다도 강력한 위력을 발휘한다.

(III) 엄밀한 의미의 정신적 치유에서 환자는 몸의 긴장을 푼 상태로 의자에 앉아 치유를 수용할 수 있는 정신 상태에 이른다. 치유사는 힘과 행복감을 불어넣는 생각을 환자에게 투사하고, 환자의 정신이 이에 반응하면서 부정적인 상태가 개선되어 본래의 정상적인 균형과 힘을 되찾게 된다. 환자의 정신은 균형을 되찾는 순간 전면에 나서서 육신의 건강을 관리하는 본래의 책무를 재개하고, 평소보다 많은 프라나를 흡수하여 온몸에 고르게 분배함으로써 스스로 건강을 회복하고 힘을 강화하는 첫 번째 발걸음을 디딜 수 있다.

정신적 치유의 첫 번째 원리는 환자의 정신 상태를 바로잡는 것이다. 환자의 정신이 정상화되면 자연스럽게 몸도 따라서 정상화되고 건강해진다. 하지만 유능한 정신 치유사들은 이보다 한층 더 강력한 힘을 발휘한다. 본인은 의식하지 못할지 몰라도, 프라나로 강력하게 충전된 긍정적 생각을 환부에 집중적으로 투여함으로써 심지어 환자의 생각과도 무관하게 환자의 몸 상태를 좋은 방향으로 개조해버리는 것이다. 어찌 보면 '일방적'이라고도 할 수 있는 이런 치유기법을 시도할 경우, 지금, 이 순간 환자의 육신이 다시금 조화로운 상태로 변하고 있고, 건강한 모습이 그의 본래 상태이며, 그의 머릿속에서 부정적인 생각들이 모두 씻겨 내려가고 있다고 상상하라. 정신적으로도, 육체적으로도 강인하고 건강한 환자의 모습, 내가 바라는 환자의 이상적인 상태가 이미 이루어진 생생한 장면을 머릿속에서 떠올려라. 그리고 정신을 집중한 상태에서 환자의 몸 또는 환부를 향해 마치 화살을 쏘듯이 강력한 생각의 파동을 발사하여 환자의 비정상적인 상황을 정상화하고 몸의 변화를 개시한다. 환자를 향해 발사하는 생각의 파동이 프라나로 강력하게 충전된 모습을 상상하고, 의지를 동원하여 환부 정중앙을 깊숙이 침투한다. 이 마지막 부분을 익히려면 보통 많은 연습이 필요한데, 큰 노력 없이 자연스럽게 터득하는 사람도 더러 있다.

(IV) 원격 치유는 환자가 내 앞에 있을 때와 같은 방식으로 진행된다. 『호흡의 과학』 제14장에서 이 형태의 치유기법을 수행하는 방식에 관해 이미 설명한 바 있으며, 바로 위 문단에서 설명한 내용까지 함께 고려하면 기본적인 개념을 파악할 수 있을 것이다. 이 기법을 사용하는 치유사 중에는 환자가 자기 앞에 앉아 있다고 상상하면서 치유를 진행하는 사람도 있다. 자신의 머리에서 투사된 생각의 파동이 먼 거리를 이동하여 환자의 머릿속을 침투하는 모습을 상상하면서 치유를 진행하는 사람도 있고, 수동적이고 사색에 잠긴 자세로 조용히 앉아 물리적 거리에 개의치 않고 환자에 대한 생각에 열중하며 치유 작업을 수행하는 사람도 있다. 환자와의 라포를 형성하고 강화하기 위해 그가 소유한 물건, 이를테면 손수건 같은 물건을 손에 쥐고 원격 치유를 수행하는 사람도 있다. 위에 열거한 기법들 모두 유용하고 효과적이며, 치유사의 성향과 기질에 따라 자기가 가장 선호하는 기법을 택하면 된다. 어떤 기법을 택하든, 기저에 깔린 원리는 같다.

지금까지 언급한 기법들을 연습하다 보면 치유의 힘을 다루는 일에 있어 조금씩 자신감도 생겨날 것이고, 꾸준히 단련하면 의식하지 않고도 치유의 힘을 사방으로 투사하는 경지에 도달할 수 있다. 치유사가 진심으로 아픈 자들을 돕고자 하는 마음으로 많은 치유 작업을 수행하다 보면 언젠가부터는 본인이 의식하지 않아도, 아픈 사람이 곁에 있을 때마다 자동으로, 비자발적으로 치유의 에너지를 발산하게 된다는 얘기다. 하지만 주의해야 할 점도 있다. 치유사 본인의 프라나가 고갈되는 일이 없도록, 프라나 부족 사태로 건강을 해치는 일이 없도록 경계해야 한다. 우리가 지금까지 여러 저서를 통해 제시한 방법, 이를테면 나 자신을 위해 프라나를 재충전하는 법, 나의 동의 없이 타인에게 활력을 빼앗기는 상황으로부터 나를 보호하는 법 등을 자세히 공부해보기 바란다. 또한 공부할 때 너무 조급해하면서 서두르지는 않기 바란다. 억지로 하는 성장은 바람직하지 않다.

이번 강의는 학생들이 치유사가 되도록 독려하기 위한 목적으로 쓰이지는 않았다. 장차 정식 치유사가 되어 활동하고 싶은지 여부는 학생 개개인의 판단과 직관에 맡겨야 할 일이다. 오컬트 치유에 관한 내용은 이번 강의에서 다루는 요기 철학의 일부이기도 하고, 강의를 수강하는 학생들이 다양한 치유기법의 배후에서 작용하는 원리를 어느 정도 이해할 필요가 있으므로 편성한 것이다. 이번 강의에서 제공한 기본 원리를 이해하면 학생들이 장차 목격하거나 전해 듣게 될 치유기법을 직접 분석하고, 해당 기법을 중심으로 겹겹이 만들어진 휘황찬란한 이론과 교리를 모두 걷어내고, 개별 치유사가 내세우는 이론을 맹목적으로 수용하지 않은 상태에서 해당 기법을 객관적으로 분류하고 연구할 수 있으리라는 생각에서 이번 강의에 포함한 것이다. 치유를 수행하는 모든 컬트와 단체들이 주장하는 이론과 교리는 제각각

이어도 근본적인 원리는 언제나 같다는 사실을 항상 기억하자.

우리는 올바른 삶과 생각을 통해 건강을 유지하는 것이 최선이라는 교리를 가르치는 '하타 요가'의 원리를 따르고자 하며, 모든 형태의 치유는 결국 인간이 자연의 법칙을 무시하고 위반했기 때문에 필요하게 된 것으로 생각한다. 하지만 모든 인간이 올바르게 살고 생각하는 날이 오기 전까지는 치유도 필요할 것이고, 따라서 이를 공부하는 것도 아주 중요하다. 고급 오컬티스트는 질병의 치유보다 건강의 보존을 훨씬 더 중요시한다. 하지만 인류에게 도움이 될 수 있다면 오컬트 치유 관련 식견도 있어야 한다. 자연에 내재한 힘의 일부인 오컬트 치유를 이해하고 활용할 줄 알아야 한다.

만트라와 명상

"나는 머리, 가슴, 손을 최대한 활용하면서 내 생의 현재 단계를 통과하고 있다."

우리 모두에게는 각자 할 일이 있다. 해야 할 일이 있어서 이곳에 온 것이다. 우주의 법칙을 준수하며 내가 해야 할 일을 완수하기 전까지는 같은 과제가 반복적으로 내 앞에 주어진다. 이런 과제들을 수행해야 하는 이유는 체험하고 성장하기 위함이며, 아무리 불쾌하게 느껴지는 과제라 하더라도 나의 미래 성장과 삶에 직접적 영향을 주는 일이기 때문에 지금 내 앞에 나타난 것이다. 우주의 법칙을 따르고,

그 배후에 뭐가 있는지 보고 느끼고 나면 머리로 벽을 치면서 반항하는 짓도 멈추게 될 것이다. 영의 작용에 나를 맡기고, 내가 나를 '구원'하고, 세상에서 내가 맡은 책무를 다하는 것이 원치 않는 불쾌한 책무에서 해방되는 첫 번째 발걸음이다.

내가 지금 하는 일이 더는 불쾌한 것으로 느껴지지 않으면 필요한 교훈을 얻은 것이므로 다음에는 더 나은 일을 하게 된다. 내가 지금 하는 일은 나의 현재 성장 상태를 고려했을 때 가장 적합한 일이기에 내게 부여된 것이다. 우주가 내게 지금 필요한 것, 내게 부족한 것이 무엇인지 정확히 파악한 후, 이에 걸맞은 일을 준 것이다. 이건 우연이 아니라 한 치의 오차도 없는 우주 법칙의 작용에 따른 결과다. 우주가 나에게 준 일을 최선을 다해서 해내겠다고 마음을 먹는 것, 이것이 유일하게 진실한 철학이다. 회피해도 소용없다. 내 힘으로 끝내기 전까지는 계속 그 일이 나를 찾아온다. 하지만 요령을 피우는 대신 올바르게 일을 수행하면서 즐거움을 느끼면 새로운 문들이 열리기 시작한다. 무언가를 미워하거나 두려워한다는 것은, 그 대상과 나를 하나로 묶는 행위다. 하지만 올바른 관점에서 대상을 바라보면, 깨어난 영적 눈으로 바라보면, 대상으로부터 비로소 해방될 수 있다.

이번 생을 통과하면서, 내가 해야 할 일을 하면서 우리는 영이 선사한 세 개의 소중한 선물, 즉, 머리, 가슴, 손을 최대한 활용해야 한다. 머리(우리의 지적인 속성)가 성장할 기회가 주어져야 한다. 머리가 좋아하는 양식을 꾸준히 공급하고, 활동을 방해하거나 굶겨선 안 된다. 머리도 운동해야 강해지고 발달하므로 계속 써야 한다. 정신을 계발하고, 생각하는 일을 두려워해선 안 된다. 내 정신의 자유를 보장해줘야 한다.

가슴(사랑의 최상위 속성을 상징)도 활용해야 한다. 굶기거나, 구속하거나, 책망하면 안 된다. 우리가 '사랑'으로 잘못 알고 있는 저속한 동물적 사랑을 말하는 것이 아니라, 인류가 소유한 상위 차원의 사랑, 인류가 진화하면서 더 크고 위대한 것을 얻게 되리라는 약속으로서의 사랑을 말하는 것이다. 공감, 연민, 다정함, 따스함을 낳는 사랑을 말하는 것이다. 하지만 사랑이 감상적인 수준으로 떨어지면 안 된다. 머리와 함께 협력하는 사랑이어야 한다. 두 팔을 뻗어 모든 생명을 껴안는 사랑, 살아있는 모든 것과 형제애를 느끼는 사랑이야말로 영적으로 발달한 사람들의 공통점이다.

손(물리적인 창조와 일의 도구를 상징)은 내가 해야 할 일을 효율적으로 해낼 수 있도록 꾸준히 단련해야 한다. 일을 제대로 처리하는 방법을 익혀야 하고, 일에 귀천은 없고 모든 일은 신성하다는 것을 깨달아야 한다. 손과 손으로 하는 일은 물리적 창조의 상징으로, 마땅히 존중되고 높임을 받아야 한다. 영적으로 발달한 사람은 방금 언급한 머리, 가슴, 그리고 손을 올바르게 활용하며 삶을 헤쳐나간다.

제9강

초자연적 영향력

ॐ

과학자들과 인류사를 공부하는 학자들이 지금까지도 풀지 못한 수수께끼 중 하나는 민족과 시대를 불문하고 각종 설화, 전설, 전통을 통해 반복적으로 등장하는 초자연적 영향력의 소유와 행사에 관한 이야기들이다. 원시 시대와 결부된 초자연적 현상의 이야기들은 무지하고 미개한 야만인들의 조잡한 미신 숭배로 치부할 수 있었지만, 세월이 흐르고 인류의 역사가 펼쳐지면서 이런 '조잡한 미신'들이 사라지기는커녕, 본래의 힘을 보존하면서 오히려 더 다양한 형태로 확장되는 현상은 도저히 설명할 수 없었다. 아프리카에 거주하는 야만족의 혐오스러운 부두 의식의 발전 역사를 추적하다 보면 뉴잉글랜드 지역을 덮쳤던 마술(Witchcraft)의 이야기로 이어지고, 많은 사람이 '초자연적 현상'에 열광하고 각종 메스머리즘, 최면, 개인 마그네티즘 등에 관한 선정적인 이야기들이 일간지를 수놓는 현대까지 도달하게 된다. 모든 시대의 문헌도 초자연적 영향력의 이야기들로 가득하고, 심지어 성경에도 좋은 목적 또는 사악을 목적을 위해 이런 힘을 활용하는 사례들이 여러 차례 등장한다.

오늘날 많은 사람이 생각에 내재한 힘, 개인 마그네티즘 등의 놀라운 사례를 주목하고 있으며, 일상에서도 '개인 마그네티즘,' '자석처럼 사람을 끌어당기는 묘한 매력' 같은 표현이 종종 쓰이고 있다. 이를 주제로 허무맹랑한 확신과 이론을 내세우는 책들도 앞다투어 출간되는 추세다. 그런데 진실은 이런 말도 안 되는 소설을 써가며 전파하는 자들이 상상하는 것보다도 훨씬 더 놀랍다. 초자연적 영향력을 둘러싼 대중의 인식과 오해의 기저에는 사실을 근거로 한 토대가 분명히 있으며, 센세이셔널리즘을 갈망하는 대중을 위해 환상적인 이야기들을 지어내는 자들조차도 꿈꿀 수 없는 내용이 감춰져 있다.

동양인들이 지난 수백, 수천 년 동안 세상에 알려진 모든 형태의 오컬티즘 관련 지식을 보유하고 실천해왔다는 사실, 오늘날 서양의 과학자들이 규명하기 위해 그토록 애쓰고 있는 비밀 지식체계를 수호해왔다는 사실은 학생들도 이미 다 알고 있을 것이다. 어쩌다가 이들이 소유한 지식의 부스러기가 탁자에서 떨어질 때마다 서양의 작가들은 이를 가로챘고, 이를 근거로 삼아 사람들이 깜짝깜짝 놀랄만한 주장과 이론을 제시하곤 했다.

이들이 현재까지도 수호하고 있는 이 비밀 지식의 상당 부분은 한동안 계속 비밀로 남아있어야 할 것이다. 인류가 아직 이 비밀 지혜를 올바르게 다루고 활용할 수 있을 정도로 발달하지 못했기 때문이다. 지금, 이 시점에서 특정 비밀 가르침의 작은 일부라도 일반 대중에 노출하는 것은 위험천만한 행위다. 그랬다간 인류에게 사상 최악의 저주가 닥칠 것이다. 가르침 자체에 위험성이 내포되어 있어서가 아니라, 이기심에 사로잡혀 있는 자들이 남에게 고통과 피해를 주는 한이 있더라도 자신의 이득을 위해 비밀 지식을 오용할 가능성이 매우 크기 때문이다.

만약 인류 전체가 이 주제에 관한 충분한 지식을 소유했더라면, 이 비밀 가르침의 핵심을 파악하고 이해할 수 있을 정도로 지적으로, 영적으로 진보한 상태에 이르렀더라면, 부도덕한 형제들의 이기적인 공격으로부터 얼마든지 자신을 지킬 수 있을 것이다. 세상에서 가장 강력한 흑마술도 자신이 자연계에서 차지하는 위치를 아는 사람(즉, 자기를 아는 사람), 오컬트의 힘을 올바르게 활용하는 법을 가르치는 영적 성장은 무시한 채 약간의 지식만으로 타인을 지배하려는 자들의 공격에 저항하는 힘을 활용할 줄 아는 사람에게는 아무런 영향을 줄 수 없다. 하지만 오늘날의 보통 사람은 이런 지식을 갖고 있지도 않을뿐더러, 자기에게 그런 힘이 있다는 사실조차 믿으려 하지 않는다. 따라서 오컬트 가르침의 단편적인 조각만 가지고 이를 이기적인 목적으로 사용하려 드는 사악한 자들의 영향에서 벗어나 자기를 지킬 수도 없다.

오컬티스트들은 오래전부터 초자연적 힘의 오용을 '흑마술(Black Magic)'이라 불러왔다. 이 용어는 단순히 중세시대를 지배했던 미신의 산물이 아니라 오늘날에도 세계 각지에 독버섯처럼 퍼져 널리 행해지고 있는, 실재하는 개념이다. 흑마술을 행하는 자들은 자기가 들어갈 무덤을 파는 자들이다. 저속하고 이기적인 목적으로 초자연적인 힘을 동원하고 활용하는 모든 행위는 반드시 부메랑이 되어 되돌아온다. 이들이 물질적 이득 또는 쾌락을 얻기 위해 타인에게 나쁜 영향력을 행사한다는 것은 명백한 사실이지만, 이들에게 당하고 있는 대중은 흑마술의 실체를 어불성설이라 여기며 실체를 부인하고 있다. 오히려 이 심각한 문제와 관련하여 진실을 말하는 사람들을 조롱하고 망상에 빠진 나약한 자들이라고 비난한다.

한가지 다행스러운 것은, 이기적인 목적으로 초자연적인 힘을 오용하는 자들은 비교적 제한적인 지식만 소유하고 있고 기껏해야 아주 단순한 형태의 힘만 다룰 줄 안다는 점이다. 하지만 이처럼 미약한 힘으로도 이 주제에 관해 전혀 아는 바가 없는 사람들을 자기 의지대로 조종하여 원하는 것을 갈취할 수 있다는 사실을 기억해야 한다. 자기에게 타인을 상대로 영향력을 행사하는 능력이 있다는 사실을 우연히 발견하는 사람들도 많다. 이들은 그 힘 또는 능력이 어디에서 나왔는지도 모른 채, 마치 육체적 힘이나 정신력을 사용하듯이 이 힘을 사용한다. 하지만 이들은 보통 그 힘의 원천에 관한 지식에 점차 이끌려 이해가 깊어지게 되고, 자기가 지금까지 그 힘을 함부로 휘두르는 실수를 범했다는 사실을 발견하는 계기를 맞게 된다. 그런가 하면 약간의 오컬트 지식을 습득하여 타인을 상대로 그 힘을 실험해보고, 효과를 눈으로 직접 확인한 후 자기가 무슨 짓을 저질렀는지도 모르는 채 흑마술의 수렁을 향해 나아가는 사람도 있다. 이처럼 잘못된 길로 빠진 자들에게도 다양한 형태의 경고와 잘못을 바로잡을 기회가 주어진다. 이 힘의 오용에 따른 위험을 어느 정도 감지하고 이해함에도 그 강력함에 취하고 눈이 멀어 위험을 감수하고 함부로 힘을 휘두르는 사람들도 있다.

하지만 위에서 언급한 유형의 사람 중, 이기적인 목적으로 이 힘을 오랫동안 오용하며 영광을 누리는 자는 없다. 악행이 계속되면 이를 중화하는 반작용이 일어나게 되며, 작은 선이 언제나 큰 악(이기적 목적으로 사용하는 초자연적 힘)을 이기게 되어있는 것이 오컬트의 아주 오래된 진리이자 법칙이기 때문이다.

지금까지 경고 내지는 주의 차원에서 언급한 기본적인 흑마술 외에, 남들 위에서 군림할 수 있는 어떤 특별한 능력을 지니고 태어난 사람들도 있다. 육체적으로 나약한 사람들만 있는 곳에 기운 센 사람이 있으면 두각을 나타내며 영향력을 발휘하듯이, 이들도 일상에서 자신의 독특한 영향력을 행사하면서 산다. 누구든 당장 자기 주변만 둘러봐도 남들보다 강한 영향력을 가진 사람이 한둘은 떠오를 것이다. 자연스럽게 리더와 스승의 역량을 발산하는 사람이 있는가 하면, 그들을 따르기 좋아하는 사람들도 있다. 이렇게 강력하고 긍정적인 카리스마를 지닌 사람들은 전쟁, 비즈니스, 법조계, 종교계, 의료계를 포함한 인간 사회의 모든 분야를 이끌면서 리더십을 발휘한다. 우리는 이런 상황을 보며 어떤 사람들은 '강력한 개인 마그네티즘을 지니고 있다'는 둥, 또 어떤 사람들은 '마그네티즘이 부족하다'는 식으로 얘기한다.

그런데 이 '개인 마그네티즘'이 정확히 의미하는 바는 무엇인가? 이 개념을 제대로 설명할 수 있는 사람이 있나? 지금까지 이 현상을 설명하기 위한 수많은 이론이 제시되었고, 이 '힘'을 계발하는 방법도 여럿 소개된 바 있다. 최근에는 이 현상의 배후에 있는 비밀을 밝혀냈다고 주장하며 누구든 돈을 내면 이 소중한 보물을 전해주겠다는 감언이설로 대중을 꾀는 자칭 교사들도 늘어나고 있다. 각종 '교육과정'을 판매하기 위해 선정적인 주장을 펼치고, 잠재적 고객들의 이기심을 자극하여 자기들이 팔고 있는 상품에 눈독을 들이도록 현혹하고 있다. 이 '교사'들 중에는 무지하고 나약한 사람들을 대상으로 일정 수준의 영향력을 행사하여 이득을 취하는 초자연적 힘을 계발하는 방법을 전수할 정도의 지식을 습득한 소수도 있지만, 대부분은 학생들에게 제공하거나 가르칠 내용이 사실상 없는, 소리만 요란한 수레다. 이런 상품을 구매하는 사람 대부분이 교사들이 전하는 빵 부스러기 수준의 가르침조차 실행으로 옮길 자신감을 지니고 있지 않다는 점이 그나마 다행이라고 해야 할까?

하지만 이 중에도 배운 내용을 실천할 정도의 자신감을 가진 소수가 있다. 본래 높은 차원의 목적으로 사용해야 할 이 힘을 이기적 목적으로 사용하는 무지한 자들이 사회에 큰 해악을 끼치는 경우도 분명히 있다. 오컬트 진리에 관한 인류의 지식과 이해가 깊어지면서 이런 폐단도 점차 사라지겠지만, 그날이 올 때까지는 선량한 이들이 외부의 정신적 공격으로부터 자기를 지키고 강력한 힘을 이기적인 목적으로 사용하는 유혹을 뿌리칠 수 있도록, 이 분야를 깊게 이해하는 자들이 기본적인 원리를 널리 전파하기 위해 계속 노력을 기울일 것이다.

영적으로 성장하고 자기를 계발하는 사람은 흑마술을 시도하는 자들의 행태를 보며 웃을 여유가 있다. 최소한 그들이 자기에게 피해를 주거나 부정적인 영향을 미칠 위험에 관해서는 콧방귀를 뀔 수 있다. 이들은 이기적인 오컬티스트의 공격이 침투하지 못하는 높은 영역에 도달한 자들이기 때문에 안전하다. 이번 강의에서는 일반적으로 사용되는 여러 형태의 초자연적 영향력의 개요를 설명한 후, 이런 영향력으로부터 자기를 보호하는 방법에 관해서도 다룰 예정이다.

이기적인 목적으로 지식을 추구하는 자들의 손에 위험한 무기를 쥐여주는 일을 방지하기 위해 이번 강의에서는 초자연적 영향력의 지식을 모두 공개하거나 자세히 다루지 않을 것이라는 사실을 이해해주기 바란다. 이번 강의의 목표는 아무리 단순한 형태라 하더라도 흑마술의 도구로 쓰일 수 있는 지식을 학생들에게 전하는 것이 아니라 흑마술을 사용하는 자들로부터 자기를 보호하는 방법을 제시하는 것이다. 이번 강의를 읽을 독자들에게 다시 한번 강조하지만, 이기적인 목적으로 오컬트 지식을 오용하는 행위는 분명히 존재하며, 이는 결코 가볍게 볼 사안이 아니다. 누구든 오컬트 지식을 잘못 다뤘을 때 자기에게 돌아오는 대가가 얼마나 끔찍한지 아주 조금이라도 알았더라면 마치 자기 손의 열기로 인해 조금씩 살아나고 있는 독사를 손에서 뿌리치듯이 최대한 거리를 두려 할 것이다. 오컬트의 힘은 오용과 남용이 아니라 인류를 위해, 인류를 보호하기 위한 목적으로만 사용되어야 한다. 이 힘을 함부로 다루는 행위는 맨손으로 발전기의 전선을 가지고 장난을 치는 것과 같다. 경고를 새겨듣지 않는 자는 반드시 후회하게 될 것이다.

대부분 서양 작가들은 이 사실을 부정하려 들지만, 진정한 오컬티스트들은 모든 형태의 초자연적 영향력, 즉, '개인 마그네티즘,' '메스머리즘,' '최면,' '암시' 등이 다 같은 힘이 다양한 형태로 구체화한 것임을 잘 알고 있다. 지금까지 충실하게 강의 내용을 공부하고 숙지한 학생들은 이 힘의 정체가 무엇인지 이미 눈치챘을 것이다. 이 힘이란 지금까지 강의를 통해 여러 차례 설명한 생각의 힘, 정신의 힘을 말하는 것이다. '본능적 정신,' '생각의 역학,' '텔레파시,' '상념체' 등의 개념과 프라나의 위력을 잘 파악했으면 같은 내용을 반복 설명하지 않아도 이번 강의에서 다루는 내용을 잘 이해할 수 있으리라 생각한다.

초자연적 영향력이란 과연 무엇을 의미하는 것인가? 무엇으로 구성되는가? 어떤 식으로 작용하는 것인가? 어떤 효과를 발휘하는가? 이제 이 질문들에 대한 해답을 구해보자.

이 문제를 풀기 위해선 인간을 구성하는 일곱 가지 원리 중 하나인 본능적 정신의 얘기부터 시작해야 한다. 제2강에서 설명했듯이, 본능적 정신은 인간이 하등 동물과도 공유하는 정신 작용의 영역이다. 보다 구체적으로 말하자면, 인간은 본능적 정신의 하위 영역을 동물과 공유한다. 본능적 정신은 생명체의 진화 과정에서 가장 먼저 계발되는 정신의 작용으로, 초기 단계에서는 거의 전적으로 잠재의식을 통해서만 작용한다. 초보적인 본능적 정신의 작용은 광물에서도 볼 수 있다. 수정의 형성 등을 예로 들 수 있다. 하등 식물에서도 비록 희미하지만, 광물보다 약간 더 높은 본능적 정신의 작용을 관찰할 수 있다. 하지만 진화의 수준이 높은 고등 식물에 이를수록 본능적 정신의 작용은 더욱 명확하고 두드러지게 나타나며, 최고 수준에 도달한 일부 식물은 기초적인 의식의 흔적마저 드러내기 시작한다.

동물의 경우에는 본능적 정신의 작용이 여러 단계로 나타난다. 식물에 가까운 지능을 보이는 최하위 수준의 동물에서 거의 인간 수준의 지능을 보이는 고등 동물까지 광범위하다. 한편 하등 인간은 동물에 가까운 의식을 지니고 있으며, 진화 수준이 높아질수록 다섯 번째 원리인 지능적 정신이 본능적 정신에 그림자를 드리우고 색을 입히면서 영향을 주게 된다. 그리고 현존하는, 가장 높은 차원에 도달한 인간의 경우에는 지능적 정신이 제 위치를 인식하고 이에 걸맞은 역할을 하면서 하위의 원리를 다스린다. 이런 사람은 본능적 정신을 포함한 하위 원리들이 올바른 일을 위해서만 작용하도록 자기를 통제하고, 자신의 본능적 정신을 겨냥하여 해로운 자기암시를 쏟아부으면서 사실상 자해하는, 발달이 미숙한 인간의 악습을 답습하지 않는다.

이번 강의에서는 육신을 최적의 상태로 유지하기 위해 매 순간 관리 감독을 수행하는 등, 본능적 정신의 일부 중요한 기능에 관해서는 별도로 설명하지 않고, 초자연적 영향력과 관련한 부분에 집중할 것이다. 초자연적 영향력의 행사에서 본능적 정신은 매우 중요한 역할을 한다. 초자연적 영향력이라는 것 자체가 인간의 본능적 정신을 대상으로 작용하는 것이므로, 본능적 정신이 없다면 초자연적 영향력도 존재할 수 없다. 다시 말해, 초자연적 영향력이 자극하는 영역이 바로 본능적 정신이다.

사람들은 인간의 지능적 정신이 외부의 영향을 받는다는 식으로 종종 얘기하지만, 이건 잘못된 생각이다. 초자연적 영향력이 지능적 정신이라는 매개를 통해 작용하여 나에게 영향을 주는 것이 아니라, 지능적 정신이 경계를 서고 있음에도 이를 우회하여 나에게 영향을 줄 수 있는 것이다. 그 영향력이 본능적 정신에 워낙 강렬한 인상을 남겨서 지능적 정신의 저항을 무시한 채 날뛰고, 나중에 슬퍼하면서 후회할 일마저 저지르게 된다. 그래서 이런 영향력에 휘둘려 잘못된 행동을 한 후, "해선 안 된다는 사실을 알고 있었음에도 저지르고 말았다"고 말하는 사람들이 많은 것이다.

우선 '암시'의 개념부터 자세히 살펴보자. 사실 암시는 모든 형태의 초자연적 영향력의 배후에서 작용하는 기본 원리라고 할 수 있다. 대상이 가까운 곳에 있든, 지리적으로 멀리 떨어진 곳에 있든, 공통으로 해당하는 원리다. 암시란 긍정형[21]의 명령, 은근한 부추김, 이 두 가지의 결합, 또는 이 두 극단 사이에 있는 모든 행동을 통해 타인의 생각과 행동에 영향을 주거나 조종하는 것을 의미한다. 개인적 암시의 작용은 일상에서도 쉽게 볼 수 있다. 사실 우리 모두 매일, 의식적으로 또는 무의식적으로 타인과 암시를 주고받으면서 살고 있다. 사람과 관계를 맺으면서 사는 한 이를 피하는 방법도 없다. 타인의 입에서 나오는 소리, 타인이 쓴 글, 타인이 쓴 책 등을 모두 외면하면서 살 수는 없지 않은가? 하지만 이처럼 일상에서 수시로 받는 암시는 그다지 중요하지 않고, '암시의 기술'을 터득한 자의 의식적이고 의도적인 힘도 실려있지 않다. 그럼 이제부터 우리가 어떤 식으로 암시를 받게 되는지, 왜 그 영향을 받게 되는지, 그리고 이에 따라 어떻게 행동하게

---

[21] 여기서 '긍정형의 명령'이란 '긍정적'과는 다른 개념으로, '~이다,' '~하라' 식의 관점을 의미하는 것이다. '능동적'의 의미와 유사하다.

되는지 살펴보자.

이미 설명했듯이, 성장의 여정을 시작한 지 얼마 되지 않은 초기 형태의 생명에는 본능적 정신만 작용하며, 식물처럼 지능적 정신을 전혀 의식하지 못하고 영향도 받지 않는다. 지능적 정신이 아직 펼쳐지거나 계발되기 이전의 상태이기 때문이다. 진화의 과정이 지속하면서 동물들은 조금씩 의식을 가지게 되었고, 주변 환경을 '인식'하면서 초보적인 수준의 사유를 하기 시작했다. 천적으로부터 자신을 보호하기 위해 동물은 자기 안에서 조금씩 펼쳐지기 시작한 기초적인 의식에 의존하기 시작했고, 이 과정에서 본능적 정신은 그 의식을 구체화하는 역할을 했다. 같은 종의 동물 중에서도 어떤 개체는 상대적으로 빠르게 성장했고, 자연스럽게 자신의 우월성과 힘을 내세우며 무리를 대표하여 생각하는 지위에 오르게 되었다. 이들은 집단이 위험에 처했을 때, 먹이가 줄어들었을 때 모든 구성원이 기댈 수 있는 리더 역할을 하게 되었고, 집단의 구성원들은 대체로 리더의 권위를 인정하고 따랐다.

그런데 교과서의 설명과는 달리 짐승 무리의 리더는 단순히 힘이 세다는 이유만으로 그 자리에 오를 수 있는 것이 아니라, '교활함,' '영리함'이라는 단어로 표현할 수 있는 우월한 지능도 겸비해야 했다. 교활한 동물일수록 위험을 빠르게 감지하고 상황을 잽싸게 피해 나가는 능력이 탁월했다. 또한 먹이를 확보하는 새로운 수단과 천적과 사냥감을 이기는 방법을 빠르게 찾아냈다. 가축 떼를 돌보며 오래 생활했거나 야생 동물들이 무리를 지어 행동하는 양식을 연구해본 사람이라면 우리가 지금 하는 말의 의미를 잘 이해할 것이다. 소수가 이끌고, 지시하고, 다수는 맹목적으로 따르고 이끌리는 체제를 말하는 것이다.

그 후 많은 세월이 흘러 인류가 탄생한 뒤에도 똑같은 현상이 나타났다. 인간의 무리 중에서도 두각을 나타내는 자들이 지도자가 되었고, 나머지는 지도자에게 복종하며 따랐다. 그리고 인류의 역사가 시작된 이래, 이와 같은 상하 관계는 지금까지도 이어지고 있다. 소수가 이끌고, 다수는 따르는 시스템. 인간은 순종적이고 모방하기 좋아하는 동물이다. 대부분 인간은 양과 크게 다르지 않다. 우두머리에게 방울을 달아주면 나머지는 방울 소리를 듣고 기꺼이 그를 따라간다.

하지만 중요한 점은 바로 이것이다. '지적 성취'와 교육수준이 가장 높은 사람, 또는 '책을 제일 많이 읽고 배운 사람'이 꼭 지도자가 되는 것은 아니라는 점이다. 오히려 이런 사람들은 지도자를 따르는 추종자인 경우가 많다. 그럼 집단을 이끄는 지도자는 어떤 사람인가? 자기 내면에 있는 힘을 느끼는 사람, 자기 안에 있는 힘의 진짜 원천이라 할 수 있는 그 무언가를 의식하는 자가 사람을 이끄는 지도자가 되는 것이다. 그의 지능적 정신은 이 '힘에 대한 의식'을 인지하지도, 이해하지도 못할 수 있지만, 지도자의 자질을 갖춘 사람은 자기에게 어떤 특별한 힘이 있다는 사실, 또는 자기가 언제든 사용할 수 있는 내면의 힘에 접근할 수 있다는 강한 느낌을 받는다.

이런 느낌을 감지한 보통 사람은 자기가 잘나서 그런 힘이 있다고 확신하면서 그 힘을 자기 마음대로 사용하기 시작한다. 그러면서 '나 (I)'의 의미를 실감하게 된다. 나는 남과 다른 개인이라는 사실, 실체를 가진 어떤 독특한 존재라는 느낌이 강해지면서 본능적으로 자신을 사람들 앞에서 내세우기 시작한다. 일반적으로 이런 사람들은 내면에서 느껴지는 그 힘의 원천이 무엇인지는 정확히 모른다. 그저 자기 안에서 꿈틀거리는 그 힘을 느끼고, 자연스럽게 그 힘을 활용할 뿐이다. 그들은 주변 사람들에게 영향을 주지만, 어떻게 그런 영향력이 발휘되는지는 모른다. 본인도 어리둥절할 때가 많다. 그럼 이제 이 문제에 대한 해답을 구해보자.

타인의 영향을 쉽게 받는 사람들을 한번 살펴보자. '타인의 영향을 받는다'는 것은 정신의 어떤 영역 또는 작용이 자극을 받는다는 뜻일까? 그야 물론 본능적 정신이다. 그런데 왜 어떤 사람의 본능적 정신은 외부의 영향을 쉽게 받고, 어떤 사람의 본능적 정신은 영향을 훨씬 덜 받을까? 바로 이것이 핵심이다. 조금 더 자세히 들여다보자.

진화의 초기 단계에서 본능적 정신은 이런 영향을 받지 않았다. 영향을 줄 주체가 아예 없었기 때문이다. 하지만 인간이 진화하면서 자신의 개성과 실질적 힘을 의식하기 시작한 소수는 자신을 사람들 앞에 내세우기 시작했고, 그 결과 본인은 물론이고 타인의 본능적 정신도 영향을 받기 시작했다. 자신의 개성, 자아, 'I'에 대한 의식을 계발한 사람은 이런 부분이 상대적으로 덜 계발된 사람들의 본능적 정신에 필연적으로 영향을 주게 된다. 상대적으로 의식이 덜 계발된 사람의 본능적 정신은 자기보다 강한 'I'의 암시를 그대로 수용하고 이에 맞춰 행동하며, 그가 발산하는 생각의 파동이 자신의 본능적 정신을 자극하도록 허락한다.

순전히 지적으로 많은 것을 성취한 사람, 교양이 풍부한 사람, 배운 것이 많은 사람이 꼭 이런 자아의식을 가지는 것은 아니라는 점을 다시 한번 기억하자. 물론 지적으로 뛰어난 사람이 자기 안의 'I'까지 의식하면 그의 잠재적인 힘도 그만큼 커진다. 하지만 이 힘은 고등교육을 받은 사람뿐 아니라 제대로 된 교육을 전혀 받지 못한 '무식한' 사람에게도 종종 발견된다. 이들은 교육과 수련이 상대적으로 부족하므로 학식이 뛰어나고 'I'에 대한 의식까지 가진 자들처럼 그 힘을 폭넓게 활용하지는 못하지만, 자기와 같은 수준의 사람들과 자기보다 지적으로는 뛰어나더라도 이 힘을 가지지 못한 사람들에게는 얼마든지 영향력을 발휘할 수 있다. 즉, 이런 영향력을 소유하고 발휘하는 것의 핵심은 교육수준과 추상적 논리, 추론능력이 아니라 '의식'의 문제라는 것이다. 이런 의식을 가진 사람은 자기 안의 'I'를 분명하게 느낀다. 이로 인해 터무니없는 이기심, 허영으로 가득한 자만심을 가지게 되는 경우도 많긴 하지만, 어쨌든 이런 자아의식을 일정 부분 소유한 사람은 어떤 식으로든 주변 사람들에게 영향을 주고 그 힘으로 세상에서 자신의 의지를 관철하게 되어있다.

세상은 이런 자아의식의 표현에 '자신감'이라는 단어를 지정한다. 잠시 주변을 둘러보고 생각해보면 이 '자신감'의 작용을 쉽게 알아볼 수 있을 것이다. 물론 자신감이라는 의식의 수준도 사람마다 다양하게 나타나며, 다른 조건들이 모두 같다고 가정했을 경우 타인에 대한 영향력은 그가 소유한 자신감의 수준과 비례하여 나타난다. 누구나 이 의식을 계발하고 강화할 수 있다. 하지만 자아의식이 아무리 강하다 해도 영적 성취와 계발을 이룬 사람에는 미치지 못한다. 이들이 소유한 영적 힘은 고작해야 정신의 영역 안에서만 작용하는 자신감의 힘 정도는 쉽게 압도하기 때문이다.

본능적 정신이 어떻게 외부의 영향을 받게 되는지에 관한 문제로 다시 돌아가자. 'I' 의식이 충분한 수준으로 계발된 사람은 암시를 통해 자신의 본능적 정신을 길들이며, 그 결과 그의 본능적 정신은 오로지 주인의 명령과 지시만 따르게 된다. 반면 'I' 의식이 충분히 계발되지 않은 사람은 자신의 본능적 정신에 힘도 실리지 않고 권위도 없는 명령을 가끔 내리는 수준에 그치고, 이에 따라 그의 본능적 정신은 본래 가져야 할 자신감을 얻지 못하게 된다. 본능적 정신의 입장에서는 주인이 자기에게 신경도 쓰지 않고, 수시로 타인의 명령과 지시에 따르도록 허락하며 방치하다보니 외부에서 조금이라도 강한 암시가 들어오면 거의 자동으로 다 받아들이고 맹목적으로 따르는 습관에 물들게 된다. 이처럼 외부에서 들어오는 암시에는 타인의 입을 통해 구두의 형태로 전달되는 암시와 타인이 발산하는 생각의 파동에 실린 암시 등이 모두 포함된다.

대다수 사람은 자신의 'I'에 대한 자신감이 전혀 없는 상태로 살아간다. 양의 무리와 다름없는 이들은 자연스럽게 지도자를 따르며, 자기를 이끌어줄 사람이 없으면 오히려 불행해진다. 이들은 지도자의 명령이 강한 어조를 띨수록 더욱 고분고분하게 순종한다. 지도자가 긍정형으로, 권위를 실어 내리는 모든 지시를 다 받아들이고 이에 맞춰 행동한다. 이들은 '권위'를 숭배하며 언제나 '전례'와 '사례'를 찾아다닌다. 기댈 수 있는 누군가가, 목발 같은 무언가가 필요하기 때문이다.

요약하자면, 이들은 'I' 의식의 계발과 활용에 있어 정신적으로 게으른 사람들이다. 따라서 이들은 자신의 본능적 정신을 다스리기는커녕 타인의 암시와 영향에 휘둘리도록 허락하며, 올바른 판단을 내리는 분별력에 있어 오히려 자기보다도 서툴지만 '자신감'과 '확신,' 그리고 'I' 의식이 조금 더 있는 사람들의 영향력에 갈대처럼 마구 흔들린다.

그럼 이번에는 본능적 정신에 영향을 주는 방법을 생각해보자. 본능적 정신에 영향을 주는 방법에는 의식적인 방법, 무의식적인 방법을 포함하여 여러 가지 형태와 방식이 있지만, 크게 (1) 개인적 암시, (2) 근거리 또는 장거리에서 이루어지는 생각의 영향력, 그리고 (3) 메스머리즘 또는 최면의 영향력, 이렇게 세 그룹으로 분류할 수 있다. 이 세 가지 유형은 완전히 독립적으로 작용하는 것이 아니라 서로 중첩되며, 일반적으로 결합한 형태로 사용된다. 하지만 핵심 원리를 더 쉽게 이해하기 위해 강의에서는 편의상 세 그룹으로 분류하였다. 그럼 하나씩 차례대로 살펴보자.

우선 개인적 암시부터 살펴보자. 앞서 얘기했듯이 개인적 암시는 타인에게 영향력을 행사하는 가장 일반적인 방법이며, 우리 모두 일상에서 이 방법으로 타인과 영향을 주고받는다. 이번 강의에서는 이 중에서도 가장 눈에 띄는 형태를 주로 다룰 것이다. 개인적 암시는 사람의 음성, 몸짓, 외모 등을 통해 작용한다. 본능적 정신은 긍정형 인간의 입에서 나오는 말, 그의 외모, 그의 몸짓과 매너리즘을 진실로 해석하고 받아들이며, 받아들인 정도에 비례하여 영향을 받고 이에 맞춰 행동한다. 즉, 영향을 받는 사람이 'I' 의식을 어느 정도 계발했느냐에 따라 영향력의 강도가 정해지는 것이다. 영향을 받는 사람이 그 시점에 육체적으로 피로하거나, 어떤 이유로 인해 주의가 산만해져 있거나, 가드를 내린 상태이거나, 타인의 생각 또는 말을 받아들이도록 자발적으로 마음의 문을 활짝 열어놓은 상태가 아닌 한, 'I' 의식 수준이 강할수록 타인의 영향력에 대한 수용도는 낮아진다.

수용도가 높은 본능적 정신은 긍정형이고 권위적인 암시일수록 잘 받아들인다. 암시는 인간의 지능적 정신이 아니라 본능적 정신을 자극함으로써 작용한다는 사실을 다시 한번 떠올리기 바란다. 즉, 설득력 있는 논리로 승부를 거는 것이 아니라 일방적인 주장, 요구, 명령으로 타인에게 영향을 주는 것이다. 암시는 반복할수록 힘이 강해진다. 한 번의 암시로 대상에 영향을 주는 데 성공하지 못했다면 반복적으로 유사한 암시를 보냄으로써 그 위력을 강화할 수 있다.

세상에는 암시 기술의 숙련을 통해 강력한 설득력을 소유하게 된 사람들이 있다. 그런 사람들이 은연중에 내뱉는 암시에 무의식적으로 넘어가지 않기 위해서는 특별히 주의해야 한다. 하지만 'I' 의식을 인지하는 사람, 그리고 이보다도 위에 있는 진아와 신(The All)의 관계를 이해하는 사람은 이런 공격을 두려워할 필요가 없다. 제아무리 강력한 암시도 그의 견고한 본능적 정신을 뚫고 침투할 수 없으며, 본능적 정신의 표면에 도달했더라도 즉시 감지되어 폐기된다. 하지만 논리나 합리적 근거 대신 강력한 자기주장, 거짓 권위, 그럴듯한 몸짓, "그건 당연하다."는 식의 긍정형 말투로 나를 설득하려 드는 자들은 언제나 경계해야 한다. 또한 나에게 어떤 질문을 하고 답까지 대신해주는 사람을 주의해야 한다. 이를테면, "너 이런 패턴 좋아하지?" 또는 "네가 원했던 게 바로 이거지?" 식으로 말하는 사람들. 암시와 자기주장은 언제나 함께하는 단짝이다. 암시 주변에 서성이는 친구들을 통해 이것이 진짜 암시인지 아닌지 구별할 수 있는 법이다.

습관에 관하여 (윤민의 『태양 아래 새로운 명언은 있다』 중에서)

인간은 습관의 동물이다. 나도 내가 왜, 어떤 행동을 하는지 모르는 경우가 많다. 인간이 일상에서 취하는 행동의 5%는 의식에서 나오고 나머지 95%는 잠재의식에서 나온다는 말이 있다. 건강을 위해 운동을 해야 한다는 생각은 5%의 의식에서 나오지만, 만사가 귀찮다는 신념이 무려 95%의 비중을 차지하는 잠재의식 속에 뿌리를 깊게 박고 있기 때문에 계획이 수포가 되는 경우가 많은 것이다.

따라서 삶에서 변화를 원한다면 의식적으로 마음을 먹고 계획을 세우는 것도 중요하지만, 변화를 가로막는 원인이 자리하고 있는 잠재의식에 접근하여 손을 보는 작업도 필수적이다. 단순 산수로 계산해 봐도 결과는 자명하다. 의식의 80%를 고치면 고작 4%의 효과를 얻는 데 그치지만, 잠재의식의 80%를 고치면 76%의 효과를 거둘 수 있다!

해법은 반복이다. 몸에 배어 습관이 될 때까지 반복해야 한다.

아무리 동기부여를 해도
오래가지 않는다고
푸념하는 사람들이 많다.
샤워도 마찬가지다.
오래가지 않는다.
그래서 매일 해야 하는 것이다.

지그 지글러

반복의 중요성 (맥스 하인델의 『절망 속에서 태어나는 용기』 중에서)

언론사는 대중의 뇌리에 어떤 개념을 주입하고자 할 때 단 한 편의 사설로 목표를 달성할 수 있으리라 생각하지 않는다. 아무리 설득력 있고 호소력 짙은 사설이더라도 한 번으로는 부족하다. 매일 같은 내용을 반복해서 보도해야 언론사가 원하는 여론을 형성할 수 있다. 성경은 지난 이천 년 동안 매주 일요일과 수요일, 전 세계 수십, 수백만 교회와 성당에서 사랑의 원리를 설파했지만 아직도 세상에서 전쟁은 자취를 감추지 않았다. 하지만 시간이 흐르면서 세계 평화의 중요성을 인식하는 사람의 수는 조금씩이나마 늘어나고 있다. 훌륭한 설교가 인류 전체의 의식 성장에 주는 영향은 지극히 미미하다. 강력한 영혼의 메시지를 듣는 순간에는 황홀한 영적 체험을 했을지라도, 시간이 지나면 그때의 감동이 희미해진다. 훌륭한 설교가 인상을 남기고 영향을 준 것은 복합적인 구조를 가진 인간의 열망체이기 때문이다.

활성체보다 시기적으로 나중에 형성된 열망체는 결정화의 정도가 상대적으로 낮기 때문에 인상을 남기기가 더 쉽다. 하지만 활성체보다 결이 고운 열망체는 덜 고정적이며, 이곳에서는 쉽게 감정이 형성되고 소멸한다. 따라서 어떤 아이디어 또는 이상이 인간의 오라를 뚫고 진입하면 활성체에 아주 작은 영향을 주지만, 체계적인 공부, 설교, 강의 또는 독서로 습득한 지식은 상대적으로 오래 지속된다. 그리고 좋은 일이든 나쁜 일이든, 꾸준히 반복하고 집중하면 더 강력한 인상이 남게 된다.

다음은 근거리 및 장거리에서 이루어지는 생각의 영향력을 살펴보자. 이전 강의에서 여러 차례 설명했듯이, 우리가 머릿속에서 떠올리는 모든 생각은 파동을 생성한다. 강하고 약한 파동, 크고 작은 파동, 강력한 힘이 실린 파동과 그렇지 않은 파동 등, 종류도 각양각색이다. 생각의 파동이 발산되는 방식과 타인이 발산한 생각의 파동을 수신하는 방법에 관해서도 설명한 바 있다. 우리는 매 순간 많은 사람이 여기저기서 발산한 생각의 파동을 수신하고 있으나, 이 중 대부분은 내 생각, 기분, 특성, 취향과 일치하지 않기 때문에 내게 딱히 영향을 주지 않는다. 우리는 내 생각과 조화를 이루는 타인의 생각들만 내면의 의식으로 끌어당긴다. 하지만 부정형[22]의 성향을 가진 사람이 자신의 본능적 정신을 다스리지 못하고 방치하면 외부의 영향을 그대로 수용하게 될 가능성이 있으며, 자기 주변을 통과하는 온갖 생각의 파동을 스펀지처럼 다 흡수하고, 동화하고, 이를 맹목적으로 따르는 위험에 처할 수 있다.

이전 강의들에서 생각의 파동이 작용하는 방식에 관해 몇 차례 설명했지만, 이번 강의에서 다루는 측면은 의도적으로 지금까지 언급을 피했다. 방호벽도 없이 무방비로 노출된 본능적 정신은 주변을 스쳐 지나가는 생각 파동의 영향을 받을 뿐 아니라, 나에게 영향을 줘서 마음대로 조종하고자 하는 자가 의식적으로 나를 겨냥하여 발산하는 강력하고 긍정형인 생각의 파동에 특히나 취약하다. 선한 의도든 사악한 의도든, 타인에게 영향을 주고자 하는 사람은 무의식적으로 이런 생각의 파동을 발산하며, 그 강도와 효과는 천차만별이다. 기초적인 오컬트 지식을 습득하고 이를 이기적 목적으로 오용하는 흑마술사는 영향을 주고 싶은 사람에게 의식적으로 어떤 생각의 파동을 발산한다. 그리고 흑마술사의 표적이 된 사람의 본능적 정신이 보호되고 있지 않으면 이기적이고 악의적인 자들의 공격에 영향을 받을 수밖에 없다.

마법에 관한 희한한 기록들은 그저 옛날 사람들의 망상과 미신의 산

---

[22] 여기서 '부정형'이란 '부정적'과는 다른 개념으로, '음(陰)'의 관점 또는 '수동적'의 의미와 유사하다.

물이 아니다. 과장된 역사적 기록의 이면에는 오컬트의 진리가 숨어 있으며, 고급 오컬티스트들은 이런 이야기들이 기초적인 오컬트 지식과 힘을 오용한 흑마술 사례들이라는 사실을 잘 알고 있다. 세상에 존재하는 흑마술 전부를 다 합쳐 일제사격을 퍼부어도 이보다 높은 의식수준에 도달한 사람에게는 아무런 영향을 줄 수 없지만, 두려움과 미신을 신봉하고 자신감과 자기 신뢰가 없는 나약한 사람의 본능적 정신은 해로운 생각의 파동과 상념체의 공격에 언제나 노출되어 있다.

부두교 주술사, 마녀, 마법사 등이 행하는 모든 주문과 주술은 그 안에 담긴 생각 이상의 효력을 발휘할 수 없다. 흑마술을 수행하는 불경스러운 자들은 각종 의례, 의식, 주문, 이미지 등을 활용하여 생각의 힘을 집중시키고 강화한다. 방금 열거한 것들 이외의 다른 수단으로도 그 힘을 집중하면 위력이 배가될 수 있다. 하지만 흑마술사가 아무리 힘을 집중하고 강력하게 만들어 겨냥하더라도 표적으로 삼은 대상의 본능적 정신이 이를 수용하고, 동화하고, 따를 준비가 되어있지 않으면 효과를 발휘할 수 없다. (오컬트 힘의 원리를) '아는' 사람은 이들의 만행을 두려워할 필요가 전혀 없다. 지금까지 이기적인 자들이 발산한 생각의 영향을 받으며 살았던 사람 중 상당수는 이번 강의 내용을 읽는 것만으로도 맹목적으로 타인의 모든 생각을 수용했던 과거의 습관을 날려버릴 수 있을 것이다. 이번 강의가 특별히 훌륭해서 그렇다는 것이 아니라, 이 강의에서 다루는 내용을 읽는 것만으로도 독자의 정신이 깨어나고 주권을 되찾는 효과를 얻을 수 있기 때문이다.

인간의 정신은 본래 자기 생각과 조화를 이루는 생각만 끌어당긴다는 점을 다시 기억하자. 본능적 정신을 다스리고 보호하는 능력이 없거나 약한 사람이 주인인 경우에만 자신의 가치관에 반하는 생각의 영향을 받게 된다. 자신의 본능적 정신을 잘 보호하고 다스리면서 주인 행세를 제대로 하지 못하면, 본능적 정신을 나보다 잘 다루는 자에게 찬탈당할 수 있다. 주인의 자격을 빼앗기는 것이다. 누구나 마음만 먹으면 자기 안에 있는 힘을 끌어쓸 수 있다. 누구든 구하기만 하면 얻을 수 있다. 그러니 어서 내 정신의 주권을 되찾도록 하자. 내 태생적 권리를 행사함으로써 얼마든지 'I' 의식을 일깨우고 계발할 수 있다. 이 문제에 대해서는 잠시 후에 더 자세히 다룰 것이다.

이제 메스머리즘, 최면 등의 이름으로 알려진 세 번째 형태의 초자연적 영향력에 관해 살펴보자. 세 번째 그룹의 여러 형태와 현상을 다루려면 책 한 권으로도 지면이 부족하므로 이번 강의에서는 대략적인 개요만 설명할 수밖에 없다. 하지만 지금까지의 강의 내용을 충실히 숙지하고 따라왔다면 몇 마디만으로도 개념을 전달할 수 있을 것 같다.

가장 먼저 기억해야 할 것은, 메스머리즘 또는 최면은 앞서 설명한 두 가지 초자연적 영향력의 유형을 결합한 후, 많은 양의 프라나가 실린 강력한 개인적 암시 또는 생각의 파동을 발산하는 기법이라는 점이다. 암시 또는 생각의 파동이 평소보다 많은 양의 프라나로 충전되면 일반적인 암시 또는 생각의 파동보다 훨씬 강해진다. 상념체가 일반적인 생각의 파동보다 훨씬 강하듯이, 암시와 생각의 파동도 많은 프라나가 실릴수록 그만큼 더 강해지는 것이다. 쉽게 말해, 메스머리즘 또는 최면은 '최면액'으로 불리기도 하는 프라나의 꾸준한 공급으로 상념체를 자극하고 활성화하여 최면 대상을 완전히 감싸는 것과 같은 효과를 발휘한다.

또 하나 기억해야 할 것은, 최면 대상자의 본능적 정신이 무방비로 노출된 상태이거나, 주인이 정신의 수호자로서의 제 역할을 하지 못하거나, 당사자가 최면을 받는 것에 의식적으로 동의하지 않는 한, 메스머리즘과 최면은 전혀 효과를 발휘할 수 없다는 점이다. 즉, 최면을 받는 것에 동의하지 않거나, 나는 최면에 걸릴 것으로 생각하지 않으면 (이 둘은 사실 궁극적으로 같은 개념이다), 최면에 걸릴 일은 없는 것이다. 최면의 법칙을 잘 이해하는 고급 오컬티스트의 손에 쥐어진 메스머리즘은 훌륭한 도구가 될 수 있으나, 제대로 활용하는 방법을 모르는 자의 손에 쥐어지는 일이 있어선 안 된다. 유능한 최면술사를 자칭하는 무지한 자에게 자신을 맡기고 최면을 허락하는 일이 없도록 주의해야 한다. 내 힘을 지키면 다른 사람이 할 수 있는 일은 나도 얼마든 할 수 있다는 사실을 기억하라.

초자연적 영향력의 여러 형태에 관한 간단한 설명을 마쳤다. 향후 이 주제에 관해 더 깊은 내용을 설명할 기회가 생길지도 모르겠다. 일단 이번 강의에서는 전반적인 개념을 파악할 수 있을 정도로 충분한 지식과 아울러 시의적절한 경고와 주의사항도 전달했다고 생각한다. 마지막으로 'I' 의식의 의미와 'I' 의식의 계발에 관한 몇 마디를 전달하고 이번 강의를 마치겠다. 독자들 모두 이 중요한 개념에 관심을 가지고, 배운 것을 직접 실천해 볼 것으로 기대한다.

물론 'I' 의식보다도 높은 상태의 의식이 있다. 그것은 바로 나와 우주상에 존재하는 모든 힘의 근원, 즉, 신과의 관계와 연결을 인식하게 해주는 '영적 의식'이다. 영적 의식을 갖춘 사람은 하위 영역의 모든 파동을 격퇴하는 막강한 오라로 둘러싸여 있으며, 초자연적 영향력 따위는 그의 털끝 하나 건드리지 못한다. 이런 사람들은 'I' 의식을 따로 계발할 필요가 없다. 이를 이미 포함하고 초월하는 높은 의식 수준에 도달한 상태이기 때문이다. 하지만 아직 정신의 영역을 계발하는 단계에 있는 사람들(사실 정신의 영역 너머로 성장한 사람은 소수에 불과하다)은 'I' 의식, 즉, 자신의 개성에 관한 관념을 계발하고 펼치는 과제를 수행해야 한다. "나는 실재하는 존재다." "나는 자아(에고)다." "나는 우주의 계획에 동참하고 더 높은 차원의 형상으로 진화하기 위해, 우주의 계획 안에서 나에게 할당된 임무를 수행하기 위해 개성을 가진 존재로 탄생한 우주 생명의 일부다."라는 사실을 언제나 염두에 두고 수시로 명상하면 도움이 될 것이다.

"나는 육신과 별개인 존재다." "나는 육신을 도구로 사용하고 있는 영혼이다." "나는 파괴될 수 없다." "나는 불멸의 존재다." "세상 사람들이 사람을 '죽일' 수 있다고 믿는 불, 물 등도 나를 파괴할 수 없다." "내 육신이 어떤 운명을 맞더라도 나는 언제나 생존한다."는 확신을 가져야 한다. 우리는 '육신을 가진 영혼'이다. 대부분 사람이 생각하는 것처럼 '영혼을 가진 육신'이 아니다. 나는 편의를 위해 육신이라는 거죽을 잠시 사용하고 있는, 육신과 독립적인 존재다. 나는 불멸의 존재이고, 실재하는 존재다. 이런 생각을 꾸준히 키우면 나는 실제로 존재하고, 앞으로도 영원히 존재할 것이라는 확신이 굳어지며,

두려움이라는 불필요한 거죽도 훨훨 벗어던지게 된다. 두려움이야말로 본능적 정신을 나약하게 하는 최악의 감정이다. 두려움을 몰아내면 나머지는 자연스럽게 따라오게 되어있다.

『호흡의 과학』의 '영혼의 의식' 섹션에서 이 내용을 다룬 바 있고, '오라의 형성' 섹션에서는 나약하고 두려움의 지배를 받는 사람이 견고한 자신감과 힘의 토대를 세우는 작업을 하는 동안 외부의 공격으로부터 자신을 보호하는 방법을 제시했다. 이런 경우에 가장 효과적인 확언 또는 만트라는 'I AM' 의식에 관한 긍정형의 확신이다. 본능적 정신은 진리의 한 표현이기도 한 'I AM' 의식을 적극적으로 수용하는 경향이 있으며, 이 의식이 본능적 정신에 자리를 잡고 전면에 나서기 시작하면 타인의 암시에 영향을 받으며 흔들리는 일도 점차 줄어들게 된다. 'I AM' 의식이 표현하는 정신적 자세는 내가 지금보다 높은 의식 상태에 도달하여 자신감과 힘의 확신으로 무장할 때까지 방패 구실을 하는 생각의 오라를 만들어 나를 에워싸고 보호한다.

이 시점부터 'I'는 단순히 '나'라는 하나의 개체와 이를 뒷받침하는 모든 힘뿐 아니라, 그 배후에 있는 영의 힘, 내가 언제든 필요할 때마다 끌어쓸 수 있는 무한한 힘의 원천까지 두루 포함한다는 의식에 점차 근접하게 된다. 그것이 바로 '나(I)'다. 이런 의식에 도달한 사람은 두려움을 경험할 수 없다. 두려움보다 훨씬 높은 곳에 이른 상태이기 때문이다. 두려움은 나약함이 구체화한 것이다. 두려움을 벗으로 삼으며 껴안고 내려놓으려 하지 않는 한, 타인의 영향에 노출될 수밖에 없다. 하지만 두려움을 떨쳐내면 즉시 성장의 사다리를 여러 단계 오를 수 있으며, 강하고, 도움이 되고, 그 무엇도 두려워하지 않고, 용기 있는 세상의 생각과 접촉하면서 과거의 나약함과 각종 문제로부터 자유로워질 수 있다.

세상 그 무엇도 나를 해칠 수 없다는 진리를 이해하게 되면 두려움이란 감정을 품는다는 것이 얼마나 어리석은 짓인지 실감하게 된다. 그리고 자신의 진짜 본질과 운명을 깨닫게 되면 그 어느 무엇도 나를 해칠 수 없다는 확신을 얻게 되고, 두려움은 자연스럽게 멀어진다.

"우리가 두려워해야 할 것은 두려움뿐이다."라는 말이 있다. 이 격언에는 심오한 오컬트 진리가 숨겨져 있다. 두려움을 몰아낸 사람은 그를 천하무적으로 만들어주는 방어와 힘의 무기를 얻게 된다. 누구나 무료로 받을 수 있는 이 선물을 왜 받으려 하지 않는 것인가? 이제부터 이 말을 삶의 신조로 삼자. **"나는 실재한다. 나는 두렵지 않으며, 자유로운 존재다."** ("I AM." "I AM FEARLESS AND FREE.")

만트라와 명상

이번 달의 만트라는 **"I AM"**이다.

"I AM"이라고 말하는 것은 곧 나의 실재를 긍정하는 행위다. 단순히 '나'라는 존재가 일시적이고 상대적인 육체의 형태로 존재한다는 뜻이 아니라, 영원하고 절대적인 영 안에서 실재한다는 것을 의미한다. "I AM"이라고 말하는 것은 곧 나의 자아, '나(I)'의 실재를 긍정하는 것이다. 진짜 'I(진아)'는 육신이 아니라, 육신과 정신을 통해 자기를 드러내고 구체화하는 영의 원리를 지칭하는 것이다. 진짜 'I'는 자기를 표현하기 위해 물질계에서 임시로 사용하는 일종의 '차량'인 육신과는 무관하다. 진짜 'I'는 파괴될 수도 없고 불멸의 속성을 지닌다. 죽을 수도, 파멸에 이를 수도 없다. 자기를 표현하기 위해 사용하는 형상 또는 구체화의 수단(육신)은 여러 차례 바뀔 수 있으나 그 안에 거하는 '나(I)'는 언제나 같다. 위대한 영의 바다의 일부, 나의 의식을 통해 자신을 드러내고 펼쳐지는 영적 원자인 'I'에는 변함이 없다.

나의 영혼은 나와 분리된 무언가라고 생각해선 안 된다. 내가 바로 영혼이다. 그 이외의 것들은 모두 일시적이고 변형되는 속성, 즉, 영원하지 않다는 성질을 지니고 있다. 나의 껍데기에 해당하는 육신으로부터 독립되어 존재하는 나의 모습을 상상을 보라. 나는 원하면 육신을 떠날 수도 있는 존재다. 육신을 떠나더라도 '나'는 변하지 않는다. 명상 중간에 잠시 내 육신의 존재 자체를 무시하고 잊어버리면 내 육신과 독립적으로 존재하는 영혼, 즉, '나'의 실체가 점차 느껴지면서 결국엔 나의 진정한 속성을 의식하게 될 것이다.

최대한 조용한 공간을 찾아 날마다 조용하게 명상하는 습관을 들이자. 편하게 눕거나 앉아서 몸의 모든 근육을 이완하고 마음을 차분하게 가라앉힌다. 깊은 명상을 위한 조건들이 갖추지면 '고요 속으로 진입'했음을 알리는 특유의 평온하고 조용한 느낌이 전해져올 것이다. 이 상태에 이르면 이번 강의의 명상 주제에 집중하고 만트라를 반복

낭송하면서 그 의미를 머릿속에 새긴다. 깊은 명상 중에는 영적 정신으로부터 영감도 받을 수 있고, 온종일 활력이 넘치고 자유로운 느낌으로 하루를 보낼 수 있을 것이다.

　이번 강의의 만트라를 명확하게 이해하고 의식에 각인시키면 은은한 위엄과 평온한 힘이 몸에서 배어 나오게 되며, 일상에서 만나는 모든 사람에게 긍정적인 영향을 주게 될 것이다. 힘에 관한 생각의 오라가 나를 에워싸게 될 것이다. 나는 영원불멸의 영혼이며, 따라서 세상 어느 무엇도 나를 해칠 수 없다는 사실을 알고 있으므로 모든 두려움을 떨쳐내고 차분한 마음으로 인간 세상을 바라볼 수 있게 될 것이다. 'I AM' 의식을 완전하게 깨우치면 두려움이 사라진다. 영이 무언가를 두려워할 이유는 하나도 없지 않은가? 어느 무엇도 영을 해칠 수는 없지 않은가? 학생들도 이 'I AM' 의식을 키우기 위해 꾸준히 노력하기 바란다. 저속한 정신 상태를 상징하는 사소한 걱정거리, 증오심, 두려움, 질투심을 초월하고 '영 안에서 실재하는 사람'으로 거듭날 수 있을 것이다. 일상에서 나와 접촉하는 사람들도 이 사실을 피부로 느끼게 될 것이다. 'I AM' 의식을 깨우친 사람 주변에는 말로 설명할 수 없는 오라가 형성되며, 세상은 이를 알아보고 그에게 존경을 표한다.

제10강

아스트랄계

오컬트 공부가 깊은 학생들은 이미 감을 잡았겠지만, 이번 강의에 앞서 우리는 큰 어려움에 봉착하고 말았다. 존재의 '차원'에 관해 설명해야 하는 시점이 온 것이다. 초보 입문자들에게 오컬티즘의 일반적 원리의 개요를 설명하는 것을 목표로 삼고 있는 이번 강의 시리즈에서는 이 주제의 복잡한 측면까지는 세세히 다루지 않을 예정이다. 이번 강의를 준비하면서 세부적인 내용은 최대한 배제하기 위해 노력했고, 그 결과 누구나 이해할 수 있는 쉬운 용어로 기본적인 원리를 전달하는 데 어느 정도 성공했다고 자평하고 싶다. 최소한 이 주제를 다루는 다른 서적들이나 강의를 접했다가 이해하기 어렵고 세부적인 내용이 너무 많아서 포기했던 사람들의 관심을 다시 끌어내는 데는 성공했다고 확신한다.

따라서 아스트랄계를 다루는 이번 강의와 그 이후에 나오는 세 편의 강의에서는 '고급 지식'을 설명하기 위해 필요한 세부적이고 복잡한 내용은 배제하고 일반적인 내용 위주로 설명을 진행할 것이다. '차원'이 정확히 무엇인지, 그리고 '차원'과 '하위 차원(sub-planes)'의 미묘한 차이점들은 무엇인지에 관해 지면을 할애하기보다는, 물질계보다 상위에 있는 모든 차원을 '아스트랄계'라는 포괄적인 이름으로 지정하고 큰 그림을 그리는 작업에 치중할 것이다. 즉, 이번 강의에서는 하위 아스트랄계뿐 아니라 그보다 상위에 있는 일부 차원들도 편의상 '아스트랄계'로 총칭할 것이다.

이전에 이 주제를 공부해 본 학생 중에서는 별도의 명칭이 지정된 상위 차원들까지 하위 아스트랄계와 함께 합쳐서 다루는 것은 부당하다고 항의하는 사람도 있을 것이다. 하지만 이러한 세부적 분류 방식으로 인해 학생들이 상위 차원의 공부에만 주력하고 상대적으로 덜 중요한 것으로 보이는 하위 아스트랄계에 관한 공부는 다소 경시하는 풍조가 생겨난 측면도 있다. 이런 분들께는 상당수의 고대 오컬티스트들도 전통적으로 상위 차원까지 통틀어서 '아스트랄계'라는 일반적인 용어 또는 이와 유사한 용어로 칭했다는 사실을 알려주고 싶다. 그런 면에서 우리의 분류법도 최고 권위자들의 맥을 잇는 것이라고 할 수 있다. 물론 최하위 아스트랄 차원과 최상위 정신적, 영적 차원 간의 차이는 고릴라와 에머슨의 차이만큼이나 크다. 하지만 초보자들이 용어의 홍수 속에서 길을 잃고 헤매는 일이 없도록 이번 강의에서는 물질 차원보다 위에 있는 모든 차원(이번 강의에서 다루고 있는 상위 차원들)을 '아스트랄계'로 총칭하겠다.

단순한 용어로 '차원'의 정확한 의미를 명쾌하게 설명하기란 어렵다. 이 책에서 '차원'이라는 용어가 언급되면 '상태(State)'의 의미로 이해해주면 좋겠다. 사실 '차원'은 어떤 물리적 '장소'라기보다는 '상태'에 가까운 개념이다. 따라서 여러 개의 차원이 한 공간 또는 장소를 점유할 수도 있다. 방 안의 공간이 햇빛, 램프가 발산하는 빛, X-레이 기기에서 방사된 광선, 일반적인 자기 진동, 공기 등으로 동시에 채워지고, 이 요소들이 각자 고유 법칙의 지배를 받고 따르며 상호 영향을 주지 않듯이, 하나의 공간에는 여러 개의 차원이 서로 간섭하지 않으며 공존할 수 있다. 개요에 가까운 이번 강의에서 이 주제의 세부적인 내용은 다룰 수 없지만, 학생들이 '아스트랄계'를 구성하는 여러 차원에서 일어나는 일들과 현상을 이해할 수 있을 정도의 개념은 명확하게 전달했으면 한다.

아스트랄계를 구성하는 여러 차원을 본격적으로 살펴보기 전에, '아스트랄'이라는 용어로 분류되는 몇 가지 일반적인 현상부터 짚고 넘어가자. 제6강에서 인간은 시각, 청각, 미각, 후각, 촉각의 신체적 감각 외에도 이에 상응하는, 아스트랄계에서 작용하는 다섯 개의 아스트랄 감각을 갖고 있으며, 신체적 감각의 도움 없이도 아스트랄 감각을 이용하여 다양한 인상을 감지할 수 있다고 설명했다.[23] 아울러 인간은 여섯 번째 신체적 감각을 관장하는 기관('텔레파시' 감각의 기관)과 이에 상응하는 아스트랄 감각도 갖고 있다.

방금 언급한 아스트랄 감각들은 우리에게 익숙한 물질 차원보다 바로 한 단계 위에 있는 하위 아스트랄계에서 작용하며, 제6강에서 보았듯이 투시 현상도 아스트랄 감각을 통해 발생하는 것이다. 물론 투

---

[23] 영화 『매트릭스』 3편('레볼루션')에서 주인공 네오가 적과 싸우다가 두 눈을 잃은 후에도 앞을 보는 현상을 아스트랄 시력으로 이해해도 좋을 것 같다.

시력에도 여러 단계가 있으며, 우리가 일반적으로 얘기하는 것보다 훨씬 높은 차원에서 작용하는 고급 투시력도 있다. 하지만 이는 상당히 높은 수준까지 성장한 극소수의 영혼만 가진 능력이므로, 이번 강의에서는 그런 능력도 존재한다는 것까지만 언급하는 수준에서 그치고 넘어가도록 하겠다.

하위 아스트랄계에서 투시 능력을 소유한 자는 보고, 투청 능력을 소유한 자는 듣고, 사이코메트리 능력을 소유한 자는 느낀다. 인간의 아스트랄체가 유영하고 '유령'이 모습을 드러내는 곳이 바로 이곳이다. 육신을 벗어던진 후 상위 아스트랄계로 넘어가 그곳에서 거주하는 영혼들이 물질계에 있는 사람들과 소통하려면 하위 아스트랄계까지 내려와 아스트랄 물질로 구성된, 상대적으로 밀도가 높은 몸을 의복처럼 걸쳐야 한다. 이곳은 자신의 아스트랄체를 투사하는 방법을 터득한 물질계 인간들의 아스트랄체가 유영하는 곳이기도 하다. 물질계에 사는 인간은 누구나 자신의 아스트랄체를 투사하고 지구의 끌어당김 영향권 내에서 아스트랄 유영을 할 수 있으며, 오랜 수련을 거친 오컬티스트는 여건만 맞는다면 자신의 의지대로 언제든 아스트랄계를 자유로이 누비고 다닐 수 있다. 훈련된 오컬티스트가 아닌 보통 사람도 아스트랄 여행을 하는 경우가 가끔 있다. 의식적으로 아스트랄계를 유영하는 방법을 모르는 이들은 우연한 기회에 아스트랄계 여행을 했다가 돌아온 후, 자기가 생생한 꿈을 꾸었다고 착각한다. 사실 육신이 잠든 상태에서 자기도 모르게 이런 여행을 떠났다가 돌아오는 사람들이 생각보다 많다.

아스트랄계를 여행하는 중 자기와 같은 관심사를 가진 사람들과 아스트랄 소통을 하면서 유용한 정보를 얻어 돌아오는 사례도 많다. 무의식의 상태에서 이런 일들이 일어나는 것이다. 이런 지식을 의식적으로 습득하는 것은 영적 성취의 여정에서 많은 진보를 이룬 사람들에게만 가능한 일이다. 충분한 수련의 과정을 거친 오컬티스트는 정신을 가다듬고 마음의 준비를 한 후, 특정 장소로 이동하겠다는 소망을 품는 것만으로 빛 또는 빛보다 빠른 속도로 자신의 아스트랄체를 목적지까지 투사할 수 있다. 물론 이와 반대로 수련이 아직 부족한 오컬티스트는 자신의 아스트랄체를 자유롭게 제어하지 못하며 관리에 있어서도 다소 서투르다. 육신이 살아있는 동안 아스트랄체는 언제나 비단과 같은 얇은 아스트랄 실로 육신과 연결되어 있으며, 이 실을 통해 아스트랄체와 육신 간의 소통이 이루어진다. 이 실이 끊어지면 육신과 영혼 간의 연결이 단절되고 육신은 사망에 이르게 된다.

아스트랄체의 형태로 부활한 예수 (윌리엄 워커 앳킨슨의 『신비주의 기독교』 중에서)

하지만 예수의 부활에 관한 오컬트 전통의 해석은 전혀 다르다. 오컬트에서는 예수가 실제로 십자가에서 죽은 뒤 3일 후에 사도들에게 나타나 한동안 그들과 함께 거하며 신비주의의 깊은 가르침과 비밀 교리를 추가로 전수했다고 설명한다. 다만 예수가 기존의 육신을 다시 걸친 상태로 돌아온 것이 아니라, 아스트랄체의 형태로 사도들 앞에 모습을 나타냈다는 것이 신비주의 가르침의 설명이다.

책 초반에서 이미 설명했듯이, 대중은 육신을 인간의 거의 전부로 여긴다. 그들은 최후의 심판이 있는 날에 세상에 살았던 모든 인간이 생전에 가졌던 육신을 다시 걸치고 부활할 것으로 생각했을 정도로 육신을 숭배했다. 사정이 이렇다 보니 육신을 배제한 형태의 부활이라는 개념을 이해할 턱이 없었다.

하지만 영혼이 걸치는 여러 겹의 육신에 관한 진리를 이해하고 있는 오컬티스트와 신비주의자들의 관점에서 봤을 때, 육신의 부활은 조잡하고 비과학적인 개념이다. 부활과 관련한 비밀 가르침을 이해하고 있는 이들은 예수가 아스트랄체의 형태를 띠고 다시 나타난 이유도 잘 알고 있다.

복음서의 기록에 따르면 당국은 예수의 시신이 도난당하거나 부활하는 일이 없도록 무덤 앞에 보초를 배치했다. 사제들도 예수가 부활할 것으로 예상했다. 복음서는 당국이 예수의 무덤 입구를 돌로 닫은 후 로마의 병사들이 지키도록 했다고 구체적으로 기록하고 있다. 하지만 이와 같은 철저한 조치에도 마스터는 다시 살아나 무덤 밖으로 나왔고, 그의 추종자들은 예수의 시신이 사라졌음을 암시하는 증거를 보고 괴로워했다고 적혀있다.

하지만 오컬트 전통에 따르면 예수의 측근들은 몰래 그를 추종하던 어느 유대교 고위 인사의 도움을 통해 빌라도로부터 예수의 시신을 인계받아 안전하고 은밀한 곳에 매장하도록 승인을 받았고, 시간이 흘러 그의 시신은 모든 인간과 마찬가지로 자연적인 과정을 거쳐 흙으로 다시 돌아갔다고 한다. 이들은 마스터의 부활이 그의 육신과는 아무런 상관이 없다는 사실을 잘 알고 있었다. 이들은 마스터의 육신은 사라졌어도 그의 영혼은 여전히 살아있으며, 아직 육신을 벗어던지지 못한 인간들과 소통할 수 있는 형태로 다시 와야 한다는 것을 알고 있었다. 오컬티스트는 굳이 자세히 설명하지 않아도 이 말이 무엇을 의미하는지 이미 이해하고 있을 것이다. 그렇지 않은 독자들은 아스트랄체와 그 속성에 관한 오컬트의 가르침을 따로 공부할 것을 권하고 싶다.

육신의 사망 후 아스트랄체의 형태로 다시 나타난 마스터를 가장 먼저 알아본 사람은 예수의 여제자, 막달라 마리아(Mary of Magdala)였다. 비어있는 예수의 무덤 옆에서 울고 있던 그녀 앞에 인간의 형상을 한 어떤 존재가 접근했다. 아스트랄체의 형상을 띤 예수의 모습은 구체적이지도, 익숙하지도 않았기 때문에 처음에 그녀는 예수를 알아보지 못했다. 잠시 후 그녀를 부르는 목소리가 들려왔고, 고개를 들어 위를 쳐다본 마리아는 예수의 모습이 처음 봤을 때보다 선명해지는 것을 보고 나서 비로소 그를 알아차렸다.

오컬트 전설에서는 또한 예수가 갈보리에서 처형된 후, 3일 동안 예루살렘과 주변 지역에서 최근에 사망한 사람들의 정령이 나타나고 여기저기서 목격되었다는 초기 기독교 교회의 전통도 뒷받침하고 있다. 당시 많은 유대인 망자들이 아스트랄체의 형태로 나타나 자기가 생전에 살았던 집과 인연이 있는 현장에 나타났고, 유족과 친구들이 이들을 목격했다고 한다.

예수도 아스트랄체의 형태로 사도들 앞에 나타났다. 전통에 따르면 예수가 막달라 마리아에게 처음으로 모습을 드러낸 날(부활절; Easter Sunday) 오후, 유다를 제외한 열한 명의 사도 중 두 명이 예수를 만났다고 한다. 이상하게 들릴지 모르겠지만, 두 사도는 예수와 함께 길을 걷고 같은 식탁에서 식사까지 했으나, 처음에는 그를 알아보지 못했다고 한다. 사도들이 예수를 알아보지 못했다는 기록은 일반적인 설명으로는 수긍하기 어렵고, 교회에서도 이를 제대로 설명하기 위한 시도조차 않고 있다. 오컬트 전통에 따르면 예수는 아무에게나 모습을 보이지 않기 위해 처음에는 자신의 아스트랄체를 완전하게 드러내지 않았고, 따라서 그의 이목구비가 뚜렷하게 나타나지 않았다고 한다. 예수는 두 사도와 식사를 하는 자리에서 비로소 자신의 모습을 전부 드러냈고, 그제야 사도들도 그를 알아보았다는 것이다. 아스트랄체가 발현되는 모습을 목격한 경험이 있는 오컬티스트라면 이 말이 의미하는 바를 대번에 이해할 것이다. 예수가 생전에 가졌던 육신을 통해 부활했다는 정교회의 이론은 예수가 죽는 날까지 매일 함께 생활했던 사도들이 그를 알아보지 못한 이유를 설명하지 못한다. 조금만 상식적으로 생각해봐도 정교회의 이론과 오컬트의 설명 중, 어느 쪽이 진실일 가능성이 더 높은지 쉽게 알 수 있을 것이다.

예수는 부활 후 40일 동안 측근들이 눈으로 볼 수 있는 상태로 세상에 머물렀다. 이 기간에 그를 목격한 증인이 무려 수백에 이르렀다. 신비주의 전통에는 복음서에 수록되지 않은 당시 예수의 행적에 관한 기록이 여럿 있다. 예수가 본디오 빌라도에게 나타나 그가 자기의 죽음에 관여한 일에 대해 용서했다는 기록도 있고, 침실에서 자고 있던 헤롯 앞에 나타나는 바람에 그가 혼비백산했다는 기록도 있다. 사원에 모여있던 고위급 사제들이 그를 보고 공포에 질려 무릎을 꿇었고, 당국의 핍박을 피해 문을 걸어 잠그고 숨어있던 열한 명의 사도들을 찾아가 "사랑하는 제자들이여, 평온이 깃들기를⋯."이라고 말하며 위로한 후 홀연히 사라졌다는 기록도 있다.

복음서에는 '의심하는 자, 도마(Thomas the Doubter)'가 예수의 상처 부위를 직접 손으로 만져 보고 비로소 그의 정체를 확신했다는 이야기가 기록되어 있다. 이는 물론 예수가 아스트랄계의 법칙에 따라 생전에 가졌던 육신을 아스트랄체의 형태로 완벽하게 재현했기 때문에 가능했던 일이었다.

동에 번쩍, 서에 번쩍하면서 자기가 선택한 사람들 앞에만 모습을 비치고, 그렇지 않은 사람에게는 자신의 모습을 감추며 나타났다가 사라지기를 반복한 예수의 행동을 보면 그가 어떤 몸으로 부활했는지 쉽게 짐작할 수 있다. 일반 대중도 아스트랄계의 실체와 이 영역을 관장하는 법칙을 알았더라면 예수의 부활을 믿어 의심치 않았을 것이다.

복음서의 기록을 보면 사도들은 예수를 '형태가 없는, 공기에 가까운 영'이 아니라, 육신을 가진 존재처럼 인지했음을 알 수 있다. 사도들은 실제로 예수의 몸을 만지고, 그가 음식을 먹는 모습도 보았다. 이게 도대체 무슨 의미일까? 아스트랄체의 발현을 관장하는 법칙에 따라 특정 조건에서 아스트랄체가 육신과 거의 유사한 형태를 띠게 되어 눈으로 볼 수 있을 뿐 아니라 손으로 만질 수도 있다. 이는 심지어 영국의 심령연구협회(Society for Psychical Research)의 자료에도 명시되어 있는 내용으로, 일정 수준 이상에 이른 오컬티스트들은 다 알고 있는 사실이다.

(마태복음 27:62) 그 이튿날은 예비일 다음 날이라 대제사장들과 바리새인들이 함께 빌라도에게 모여 가로되
(마태복음 27:63) 주여 저 유혹하던 자가 살았을 때에 말하되 내가 사흘 후에 다시 살아나리라 한 것을 우리가 기억하노니
(마태복음 27:64) 그러므로 분부하여 그 무덤을 사흘까지 굳게 지키게 하소서 그의 제자들이 와서 시체를 도적질하여 가고 백성에게 말하되 그가 죽은 자 가운데서 살아났다 하면 후의 유혹이 전보다 더 될까 하나이다 하니
(마태복음 27:65) 빌라도가 가로되 너희에게 파수꾼이 있으니 가서 힘대로 굳게 하라 하거늘
(마태복음 27:66) 저희가 파수꾼과 함께 가서 돌을 인봉하고 무덤을 굳게 하니라
(마태복음 28:1) 안식일이 다하여 가고 안식 후 첫날이 되려는 미명에 막달라 마리아와 다른 마리아가 무덤을 보려고 왔더니
(마태복음 28:2) 큰 지진이 나며 주의 천사가 하늘로서 내려와 돌을 굴려 내고 그 위에 앉았는데
(마태복음 28:3) 그 형상이 번개 같고 그 옷은 눈같이 희거늘
(마태복음 28:4) 수직하던 자들이 저를 무서워하여 떨며 죽은 사람과 같이 되었더라
(마태복음 28:5) 천사가 여자들에게 일러 가로되 너희는 무서워 말라 십자가에 못 박히신 예수를 너희가 찾는 줄을 내가 아노라
(마태복음 28:6) 그가 여기 계시지 않고 그의 말씀하시던 대로 살아나셨

느니라 와서 그의 누우셨던 곳을 보라

(마태복음 28:7) 또 빨리 가서 그의 제자들에게 이르되 그가 죽은 자 가운데서 살아나셨고 너희보다 먼저 갈릴리로 가시나니 거기서 너희가 뵈오리라 하라 보라 내가 너희에게 일렀느니라 하거늘

(마태복음 28:8) 그 여자들이 무서움과 큰 기쁨으로 무덤을 빨리 떠나 제자들에게 알게 하려고 달음질할새

(마태복음 28:9) 예수께서 저희를 만나 가라사대 평안하뇨 하시거늘 여자들이 나아가 그 발을 붙잡고 경배하니

(마태복음 28:10) 이에 예수께서 가라사대 무서워 말라 가서 내 형제들에게 갈릴리로 가라 하라 거기서 나를 보리라 하시니라

(마태복음 28:11) 여자들이 갈제 파수꾼 중 몇이 성에 들어가 모든 된 일을 대제사장들에게 고하니

(마태복음 28:12) 그들이 장로들과 함께 모여 의논하고 군병들에게 돈을 많이 주며

(마태복음 28:13) 가로되 너희는 말하기를 그의 제자들이 밤에 와서 우리가 잘 때에 그를 도적질하여 갔다 하라

(마태복음 28:14) 만일 이 말이 총독에게 들리면 우리가 권하여 너희로 근심되지 않게 하리라 하니

(마태복음 28:15) 군병들이 돈을 받고 가르친 대로 하였으니 이 말이 오늘날까지 유대인 가운데 두루 퍼지니라

(마태복음 28:16) 열한 제자가 갈릴리에 가서 예수의 명하시던 산에 이르러

(마태복음 28:17) 예수를 뵈옵고 경배하나 오히려 의심하는 자도 있더라

(마태복음 28:18) 예수께서 나아와 일러 가라사대 하늘과 땅의 모든 권

부활 후 막달라 마리아에게 나타난 예수 | 야콥 코르넬리스존(Jacob Cornelisz van Oostsanen

> 세를 내게 주셨으니
> (마태복음 28:19) 그러므로 너희는 가서 모든 족속으로 제자를 삼아 아버지와 아들과 성령의 이름으로 세례를 주고
> (마태복음 28:20) 내가 너희에게 분부한 모든 것을 가르쳐 지키게 하라 볼지어다 내가 세상 끝날까지 너희와 항상 함께 있으리라 하시니라

하위 아스트랄계에서는 제4강에서 다뤘던 인간 오라의 색도 인지할 수 있다. 또한 투시력을 가졌거나 아스트랄 여행으로 이곳에 온 사람은 다른 사람들이 발산하는 생각의 파동도 볼 수 있다. 사람의 정신은 쉬지 않고 파동을 발산하며, 이 파동은 생각을 만들어낸 사람으로부터 보통 몇 미터 정도 뻗어 나갔다가 한동안 그 자리에 머무른다. 하지만 생각에 충분히 강력한 힘이 실린 경우에는 타인이 발산한 유사한 생각들과 합쳐지기 위해 이리 저리로 날아간다.

수많은 사람의 정신으로부터 발산된 생각의 파동은 구름을 닮았다. 섬세하고 아름다운 구름이 있는가 하면, 어둡고 탁한 구름도 있다. 초자연적 또는 아스트랄 시력으로 보면 세계의 각 지역과 장소도 '생각의 물질'로 가득 차 있으며, 이 구름과 같은 물질을 발생시킨 생각의 질과 속성에 따라 이에 상응하는 특성과 외형을 띠게 된다는 것을 알 수 있다. 희망과 활력이 넘치는 사람들이 많이 있는 장소는 밝고 보기 좋은 생각의 물질로 채워지기 마련이고, 부정적이고 우울한 생각에 잠겨있는 사람들이 많이 있거나 그런 방문자들이 체류하는 장소는 흐릿하고 탁한 생각 물질의 덩어리 또는 구름이 끼어있어 우중충하게

보인다. 이런 공간은 창문을 활짝 열어 햇빛이 들고 공기가 통하게 해야 하며, 이런 곳을 통과하고 있다면 밝고, 쾌활하고, 행복한 생각을 발산하여 우울하고 부정적인 생각의 물질을 몰아내고 정화하는 것이 좋다. 머릿속에서 "지금 당장 이곳에서 물러나도록 명하노라!" 같은 식으로 명령을 내리면 강력한 생각의 파동이 발산되며, 그 결과 바람직하지 않은 생각의 물질이 분해되거나, 명령을 내린 자를 둘러싸고 있던 나쁜 파동을 격퇴하는 효과를 얻을 수 있다.

누구든 술집, 도박장, 그리고 이와 유사한 퇴폐적인 기운으로 가득한 장소에서 발산되는 생각의 대기를 단 몇 분이라도 볼 수 있다면 다시는 그런 곳에 가지 않겠다고 굳게 다짐하게 될 것이다. 이런 장소들은 저속한 생각의 탁한 구름으로 덮여있을 뿐만 아니라 육신을 벗어 던진 정령 중에서도 가장 저질스러운 정령들이 그 친숙한 파동에 이끌려 삼삼오오 몰려드는 곳이기도 하다. 이런 장소들은 물질계와 아스트랄계를 구분하는 장벽도 얇으므로 이곳에 모인 정령들은 장벽을 깨부수기 위해 기를 쓴다.

아스트랄계의 전반적인 특성과 이곳에서 일어나는 현상들을 설명하는 가장 좋은 방법은 경험 많은 오컬티스트 선배의 지도를 받으며 상상 속에서 아스트랄 여행을 직접 떠나보는 것이 아닐까 싶다. 이번 강의에서 유능한 가이드와 함께 실제로 상상 속에서 이런 여행을 해보는 기회를 제공할 것이다. 여행을 앞둔 독자는 지금까지 상당 수준의 영적 성장을 이룬 상태라고 가정할 것이다. 그렇지 않다면 아무리 뛰어난 가이드도 초월적이고 비정상적인 수단을 동원하지 않는 한 독자를 멀리 데려다줄 수 없을 것이고, 그런 편법은 바람직하지 않다고 판단을 내릴 것이다. 자, 그럼 여행을 떠날 준비가 되었는가? 가이드와 함께 멀리 떠나보자!

당신은 고요한 상태에 이르렀다. 어느새 육신에서 스르륵 빠져나온 당신은 이제 아스트랄체만을 걸치고 있다. 당신은 방금 빠져나온 자신의 육신이 소파에 누워 잠든 모습을 바라보고 있다. 자세히 보니 밝은 거미줄처럼 생긴 가느다란 은색 실이 나와 내 육신을 연결하고 있다. 그리고 앞으로 내 여행을 지도해 줄 가이드가 곁에 와 있는 것이 느껴진다. 그 역시 육신을 떠나 아스트랄체만 걸치고 있다. 인간의 형상을 띠고는 있는데 마치 증기로 구성된 것 같은 모습이다. 투명한 그의 아스트랄체는 단단한 고체도 쉽게 통과한다.

그가 당신의 손을 잡고 말한다. "자, 가자!" 말이 끝나기 무섭게 두 사람은 순식간에 방에서 벗어나 당신이 거주하는 도시의 상공에 구름처럼 둥둥 떠 있다. 당신은 아래로 떨어질 것 같은 두려움에 사로잡힌다. 그리고 그런 생각이 떠오르는 순간, 실제로 추락한다. 하지만 가이드가 아래에서 당신을 손으로 받치며 말한다. "내가 하늘에 뜰 수 있는 존재라는 생각을 두려워하지 않으면 떨어지지도 않아!" 가이드의 조언대로 두려움을 내려놓자 내 의지대로 허공을 가르며 어디로든 움직일 수 있다는 사실을 발견하게 된다.

내가 사는 도시에서 생각의 구름이 마치 거대한 연기처럼 피어올라 여기저기 그룹을 형성하는 모습이 보인다. 일부 지역에서는 증기에 가까운 생각의 구름이 피어오르고 있는데, 이 미세한 구름이 어두운 구역을 스치고 지나가면 일시에 먹구름이 걷힌다. 밝은 광선처럼 보이는 이 가느다란 선들은 전기 불꽃을 연상시키며 빠른 속도로 공간을 가로지르는데, 가이드의 설명에 따르면 이 광선들은 사람들끼리 주고받는 텔레파시 메시지이며, 그 메시지에 실려있는 프라나에 의해 밝은 빛이 발생하는 것이라고 한다.

한동안 공중에 떠서 아래를 내려보다가 땅으로 내려오니 모든 사람이 어떤 색을 띤 달걀 모양의 껍질에 둘러싸여 있는 모습이 눈에 들어온다. 사람의 생각과 정신 상태, 생각의 특성 등을 다양한 색으로 표현한 오라다. 보기에도 아주 아름다운 오라로 둘러싸인 사람도 있고, 가끔 섬찟한 빨간 빛이 번뜩이는, 어둡고 매캐한 매연 같은 오라에 휩싸인 사람도 보인다. 어떤 오라는 워낙 저속하고, 역겹고, 동물적인 생각에서 비롯되어 쳐다보기만 해도 가슴이 아려오고 고통마저 느껴진다. 육신을 벗고 가벼운 상태가 되니 이전보다 감각이 훨씬 예민해진 것을 느낄 수 있다. 하지만 이곳에 계속 머물러있을 수는 없다. 짧은 여행이기 때문에 빨리 다음 목적지로 가자고 가이드가 재촉한다.

새로운 곳으로 이동한 것 같다는 생각, 지리적으로 다른 공간에 와있다는 생각은 들지 않는데 주변의 모든 환경이 갑자기 바뀐 것 같다. 마치 팬터마임 쇼에서나 사용할 법한 투명한 커튼이 걷히면서 완전히 새로운 광경이 펼쳐진 것 같은 기분이다. 아스트랄 현상들이 보이던 물질 세상은 시야에서 사라지고, 이제는 이상하고 희한한 모양의 형상들이 있는 새로운 세상이 눈앞에 보인다. 여기저기서 '아스트랄 껍질(Astral Shells)'들이 둥둥 떠다니고 있다. 육신에 이어 아스트랄체마저 벗어 던지고 더 높은 차원으로 이동한 영혼들이 남긴 흔적이다. 그다지 유쾌한 광경은 아니라서 빨리 떠나자고 가이드를 조른다. 하지만 '진짜 아스트랄계'로 진입하기에 앞서 들른 이 두 번째 대기실을 뜨기 전에 가이드는 편한 마음으로 아스트랄체에 대한 정신적 집착을 내려놓으라고 조언한다. 가이드의 말대로 긴장을 이완했더니 나도 모르게 내 아스트랄체에서 빠져나오고 말았다. 내 아스트랄체도 다른 껍질들과 함께 허공에 있지만, 아까 봤던 비단처럼 생긴 얇은 끈이 나를 내 아스트랄체와 연결하고 있다. 뇌리에서 거의 사라졌던 육신과 방금 벗은 아스트랄체, 그리고 아스트랄체를 벗어던진 현재의 내가 거의 보이지 않는 끈에 의해 연결 상태를 유지하는 것이다.

이제 새로운 옷, 말하자면 에테르 물질로 구성된 '내복'을 입은 상태로 다음 단계로 나아간다. 몸을 하나씩 내려놓을 때마다 마치 두껍게 껴입었던 옷을 한 꺼풀씩 벗는 것 같은 기분이고, 그 옷들을 입고 있는 '나'에게는 아무런 변화가 없다. 내 외투, 즉, 육신이 바로 '나'라고 생각했던 옛 시절을 떠올리자 헛웃음이 나온다. '아스트랄 껍질'의 차원은 서서히 사라지고 이번에는 잠자고 있는 형상들로 가득한 거대한 방이 나타난다. 모두 평온한 상태로 누워 쉬고 있고, 자기들보다 성장이 더딘 형제들을 돕기 위해 더 높은 차원에서 이곳까지 내려온 고급 영혼들만 분주히 움직이고 있다. 가끔가다 잠들어있는 영혼이 깨어날 기미를 보이면 이 조력자들은 즉시 달려가 그를 에워싸며, 마치 수증기가 증발하듯이 서서히 사라지면서 깨어난 형제와 함께 새로운 차원으로 이동한다.

무엇보다 이 구역의 가장 놀라운 광경은 잠들어있던 영혼이 천천히 깨어나면서 조금 전 내가 경험했던 것처럼 그들의 아스트랄체가 스르르 벗겨지고, 벗겨진 아스트랄체가 '껍질'의 세상으로 옮겨진 후 천천히 분해되면서 본래의 원소로 되돌아가는 모습이다. 이 구역에서 잠들어있는 영혼들의 육신은 이미 '사망'한 후 매장되거나 화장되었으므로 이들이 벗어던진 아스트랄 껍질은 육신과 연결되어 있지 않다. 아스트랄 껍질과 영혼도 서로 연결되어 있지 않다. 이들의 아스트랄체도 육신처럼 용도를 다하고 폐기되어야 할 시점이 왔기 때문이다. 물론 당신은 육신의 사망 후 이곳에 온 것이 아니라 육신이 살아있는 상태에서 여행하는 중이므로 아스트랄체를 잠시 대기실에 벗어두었을 뿐이고, 여행이 끝날 때 다시 찾아서 걸치게 될 것이다.

또 장면이 바뀐다. 이번에는 깨어난 영혼들이 거주하는 구역이다. 당신은 가이드와 함께 앞뒤로 움직이며 이곳의 희한한 특성을 탐구한다. 잠에서 깨어난 영혼들이 앞으로 나아가면서 빠른 속도로 겹겹이 걸친 정신의 몸(Mental Bodies; 상위 차원의 에테르 거죽으로 구성된 몸의 명칭)을 차례대로 벗고 있다. 당신이 걸치고 있는 몸도 상위 차원이 있는 방향으로 나아갈수록 미세해지고, 하위 차원이 있는 방향으로 되돌아가면 다시 진하고 단단해지는 것을 느낄 수 있다. 물론 아무리 그렇다 해도 아스트랄체에 비하면 훨씬 더 미세하고, 육신보다는 무한히 더 섬세한 몸이다. 깨어난 영혼들은 저마다 자기에게 맞는 차원으로 이주하게 된다. 이 영혼들의 종착지는 전생에서 이룬 영적 성장과 성취에 따라 정해지며(모두 수차례에 걸쳐 지구에서 태어나서 살았던 영혼들이다), 영혼들은 자기가 속한 차원보다 낮은 차원으로는 자유롭게 이동할 수 있으나, 더 높은 차원으로 이동하기란 사실상 불가능하다고 하다. 이것은 임의로 만들어진 규칙이 아니라 아스트랄계에 적용되는 자연의 법칙 중 하나다.

일상에서 볼 수 있는 사례를 들어 비교해보면 더 쉽게 이해할 수 있을 것이다. 석탄 알갱이를 크기별로 분류하기 위해 사용하는 큰 체가 여러 개 있다고 상상해보자. 큰 석탄 덩어리는 첫 번째 체에 의해 걸러지고, 그보다 작은 덩어리는 두 번째 체에 의해 걸러지고, 이런 식으로 크기가 다른 여러 개의 체를 이용하여 석탄을 크기별로 분류할 수 있다. 큰 석탄 덩어리는 구멍이 촘촘한 체를 통과할 수 없으나, 작은 덩어리는 촘촘한 체도 통과하여 큰 덩어리들이 있는 그룹에 합류할 수 있다. 아스트랄계도 마찬가지다. 물질적 속성을 두꺼운 외피처럼 껴입고 있는 영혼들은 아스트랄계에 진입한 후 특정 차원까지밖에 이르지 못하고, 이보다 높은 차원으로는 진입할 수 없다. 하지만 여러 개의 거죽을 벗어던지며 상위 차원까지 도달한 영혼들은 언제든 하위 영역들을 자유롭게 오갈 수 있다.

실제로 하위 차원에 거주하는 친구들을 만나고 그들에게 즐거움과 위안을 주기 위해 내려오는 영혼들이 많이 있으며, 고급 영혼의 경우 하위 차원으로 내려와서 성장할 준비가 된 영혼들을 위해 각종 조언과 지침을 제시하고 영적으로 많은 도움을 주기도 한다. 모든 차원마다 이처럼 형제들을 돕기 위해 가장 높은 차원에서 내려온 영적 조력자들이 존재한다. 그동안 성장을 위해 열심히 노력한 후 휴식을 취하기보다는 다시 하위 아스트랄계로 내려와 봉사하고자 하는 영혼들도 있고, 자신의 계발을 위해 더 많은 공부를 하고자 내려오는 영혼들도 있다. 비교적 낮은 곳에 속한 차원 간 오가기를 반복하며 신기해하는 와중에 가이드가 이런 개념들을 설명해주고 있다. (더 높은 차원으로 여행하지 않는 이유는 차후에 설명할 것이다)

또한 가이드에 따르면 영혼이 자기가 속한 차원보다 낮은 차원으로 자유롭게 왕래할 수 있다는 법칙에도 예외사항이 하나 있는데, 하위 차원에 속한 영혼들은 '잠자는 영혼들이 있는 차원'에는 진입할 수 없다는 점이다. 상위 차원에서 거주하는 순수하고 고귀한 영혼들은 이 구역도 출입할 수 있으나, 하위 차원에서 깨어난 영혼들은 이곳에 발을 들일 수 없다. 잠자고 있는 영혼들의 차원은 그곳 거주자들과 앞서 언급한 고급 영혼들의 입장에서는 매우 성스러운 장소로, 단계별로 존재하는 여러 차원 중 하나라기보다는 독특한 역할을 하는 별도의 차원이라고 할 수 있다.

여러 차원을 오가는 열차 (윤민의 『센과 치히로의 신곡』 중에서)

잠시 후 중도(中道)를 달리는 기차가 도착하고, 치히로 일행(일명 '도장 원정대') 네 명은 기차에 올라탄다. 중도는 물론 '중용(中庸)', 즉, 어느 한쪽으로도 치우치지 않고 균형을 유지하는 올바른 길, 천국과 깨달음에 이르는 길을 의미한다. 가마지는 치히로에게 기차표를 주면서 여섯 번째 정거장에서 내리라고 얘기했다. 여기에도 심오한 의미가 담겨있다. 고대인들은 하늘과 땅을 연결하는 사다리 또는 계단이 존재하며,

우리의 관점에서 봤을 때 지구 주위를 돌고 있는 일곱 천체의 궤도가 하나의 단계에 해당한다고 생각했다. 이 일곱 천체의 순서는 다음과 같다. 달 - 수성 - 금성 - 태양 - 화성 - 목성 - 토성. 말 그대로 천체로 구성된 'Stairway to Heaven'인 셈이다. 그리스의 피타고라스는 이 일곱 천체의 궤도가 하나의 음(도레미파솔라시)을 상징한다는 점에 착안하여 일현금(一絃琴; monochord)이라는 악기를 고안했고, 이를 기반으로 음악 이론을 발전시키기도 했다.

세계 여러 종교와 신화에도 '천국에 이르는 계단'의 개념이 종종 등장한다. 구약성경의 야곱은 큰 돌을 베개로 삼아 잠을 자던 중, 꿈속에서 땅과 하늘을 연결하는 사다리를 오르내리는 천사들을 본다. 이것이 일명 '야곱의 사다리(Jacob's Ladder)'다. 한편 신약성경의 요한계시록에서는 요한이 '일곱 교회'를 계단으로 삼아 올라 '하늘에 열린 문'을 통과하여 미래에 일어날 일에 관한 계시를 받는다. 요한계시록에는 '7'이라는 숫자가 유난히도 자주 등장한다. 초기 기독교 신비주의 종파인 영지주의(Gnosticism)에서는 얄다바오트(Ialdabaoth)라는 물질 세상의 조물주가 여섯 명의 아들을 낳아 세상을 다스리게 했다고 설명한다. 초기 기독교의 신학자였던 오리게네스는 이 일곱 군주(Archons)의 이름과 각각이 담당하는 영역을 다음과 같이 표시했다. 영지주의의 일곱 군주는 유대교의 일곱 엘로힘에 해당하는 존재들이다.

- Ialdabaoth (토성)
- Iao (목성)
- Sabaoth (화성)

- Adonaios (태양)
- Astaphaios (금성)
- Ailoaios (수성)
- Oraios (달)

이 외에도 천체로 구성된 일곱 개의 관문을 통과할 때마다 걸치고 있는 의복을 하나씩 탈의하며 지상으로 내려오는 바빌론 전통의 이슈타르 여신, 비전에서 대천사 가브리엘의 인도하에 야간 비행을 하며 일곱 개의 관문을 통과하여 천국에 이르는 이슬람 전통의 무함마드 등, 유사한 사례가 많다. (무함마드의 비전에서는 아담, 세례요한/예수, 요셉, 에녹, 아론, 모세, 아브라함이 각 관문의 문지기 역할을 맡는다) 유바바가 지배하는 세상은 영계의 초입, 다시 말해 아스트랄계를 상징하는 달이 지배하는 첫 번째 관문에 해당하고, 제니바가 있는 곳은 온천장에서 여섯 정거장 더 가야 있는 일곱 번째, 사다리 맨 꼭대기에 있는 마지막 관문인 셈이다.

치히로, 보, 미니 유바바, 가오나시로 구성된 도장 원정대가 올라탄 기차의 승객들은 전부 가오나시처럼 반투명한 정령들이다. 온천장에서 오물로 가득 찬 가오나시와 일대일로 대면했을 당시, 치히로는 그에게 집이 어디냐고 물었었다. 혹시 가오나시의 고향은 영계에서 가장 낮은 구역인 온천장이 아니라 이보다 상위에 있는 세상이 아닐까? 그래서 온천장에 감도는 사악한 기운에 적응하지 못했던 것이 아닐까?

기차가 정거장에 설 때마다 정령들이 하나둘씩 내리고, 중간에는 '소원(沼原)'이라는 이름의 역도 보인다. '늪의 근원'이라는 뜻이다. 치히로가 내려야 할 정거장의 이름은 '소저(沼底)', 즉, '늪의 바닥'이다. 맨리 P. 홀에 따르면 트로이의 옛 이름인 '일라아스(Ilias)'는 본래 '늪'을 의미하는 단어였다고 한다. 그래서 호메로스가 트로이 전쟁을 주제로 쓴 대서사시의 제목도 『일리아드(Iliad)』다. 그리스 신화의 관점에서 봤을 때 트로이는 물과 흙으로 혼합된 물질 세상을 상징한다. 지구도 약 70%는 물, 30%는 흙으로 구성되어 있다. 따라서 '늪의 바닥'을 의미하는 '소저' 지역은 물질 세상의 원형으로 해석해도 될 것 같다.

소저까지 가는 승객은 치히로 일행뿐인 것으로 보인다. 천국에 도달하기 직전의 가장 상위 지역이라 그런지, 그 경지에 이른 영혼이 많지 않은 것 같다.

어쨌든, 앞서 설명한 대로 영혼들은 각자 자기에게 맞는 차원, 즉, 영혼의 가장 높은 열망과 취향이 자연스럽게 선택한 차원의 하위 차원에서 깨어나게 되어있다. 그곳에는 자기와 비슷한 생각을 지닌 영혼들이 모여있으며, 이들은 물질계에서 마음속으로 추구했던 일을 이곳에서 이어갈 수 있다. 영혼은 아스트랄계에 머무르는 동안 상당히 많은 성장을 이루고, 환생의 과정을 통해 다시 물질계에서 태어난 후 전생에서 성취했던 것보다 훨씬 큰 폭으로 한 걸음 더 전진할 수 있다.

아스트랄계에는 헤아릴 수 없을 정도로 많은 차원과 하위 차원이 존재하며, 영혼들은 이곳에서 현재까지 성장한 수준에 맞춰 자기가 최고의 이상으로 삼는 것들을 더욱 계발하고 즐기는 기회를 얻는다.

그리고 조금 전 설명했듯이, 아스트랄계에 머무르는 동안 열심히 자기를 계발하여 다음 생에서는 전생보다 훨씬 더 유리한 조건과 상황에서 태어날 수도 있다. 하지만 애석하게도 상위 차원에서 거주하는 영혼이라고 해서 다 열심히 사는 것은 아니다. 상위 차원에 도달하여 영적으로 더욱 성장할 기회를 살리지 못하고 물질의 끌어당김에 넘어가 다시 아래로 추락하는 영혼들도 있다. 상위 차원에 머무르면서 해야 할 일은 게을리하고 계속 아랫동네에서만 머무르려고 하는, 뒤처진 형제 영혼들을 돕기 위해서가 아니라 하위 차원, 즉, 상대적으로 물질계에 가까운 차원의 거주자들과 어울리기 위해 내려오는 영혼들도 있다는 얘기다. 이런 영혼들은 아스트랄계에서 제공하는 교육의 기회를 활용하지 못하고 아무것도 배우지 못한 상태로 환생한다. 이들은 전생과 거의 비슷한 환경에서 다시 태어나며, 이전에 배웠던 것들을 다시 배워야 하는 상황에 놓이게 된다.

아스트랄계의 주민들 (윤민의 『센과 치히로의 신곡』 중에서)

지금 치히로가 와 있는 곳은 영적 세상의 초입이라 할 수 있는 아스트랄계(Astral Plane)다. 오랜 기간 올바르게 수련을 한 사람은 이승에 있는 동안에도 유체이탈을 통해 이 영역을 자유로이 왕래할 수 있다고 한다.

하지만 '영적 세상'이라고 해서 다 순수하고, 깨끗하고, 성스러운 것만은 아니다. 영화를 본 독자는 이미 알고 있겠지만, 이곳에 거주하는 주민들의 속성은 인간과 다를 바가 하나도 없다. 온천장에서 일하는 종사

> 자 중에도 탐욕스럽고 이기적인 무리가 있고, 돈 욕심을 버리지 못한 영혼들도 많다. 당연한 일이다. 인간이 물질 세상을 떠나 영혼의 상태로 되돌아간다고 해서 자동으로 깨달음을 얻는 것은 아니기 때문이다. 그래서 고대인들은 인간이 수많은 환생을 통해 여러 삶을 경험하면서 조금씩 성장해야 한다고 생각했다. 사람(영혼)의 인격은 지금까지 여러 차례 환생하면서 성장한 수준에 의해 정해지는 것이다.
>
> 치히로가 입성한 구역도 일종의 아스트랄계다. 이곳에는 천사도 있고, 마귀도 있다. 주민(정령)들은 사람처럼 음식과 술을 먹고 마시고, 때로는 지친 영혼을 달래고 내면을 정화하기 위해 온천도 즐긴다. 온천장은 치히로에게 큰 성장의 기회를 제공하는 고사장이기도 하다.

아스트랄계의 최하위 차원은 가장 질 낮은, 성장 수준도 떨어지고 동물에 가까운 영혼들로 가득 차 있다. 이들은 아스트랄계에서도 물질계에서 살았던 것과 똑같은 식으로 살기 위해 기를 쓰고 노력한다. 이들이 아스트랄계에 머무르는 동안 그나마 얻어갈 가능성이 있는 유일한 것은, 물질에 대한 집착이 갈 데까지 간 후 더는 견딜 수 없을 정도로 지겨워져서 영적인 방향으로 관심을 돌리는 것이다. 이런 반전이 일어날 경우 다음에 환생할 때 조금이나마 더 나은 조건으로 태어날 수 있다.

이곳에 거주하는 미숙한 영혼들은 물론 상위 차원을 방문할 수 없으며, 이곳보다 아래에는 아스트랄 껍질이 버려지는 차원과 물질계

바로 위에 있는 아스트랄 하위 차원(아스트랄계 진입 이전의 대기실 중 하나)밖에 없기 때문에 이들은 물질계와 가장 가까운 곳으로 몰려드는 경향이 있다. 이 영혼들은 아스트랄계에서도 물질계와 가장 가까운 곳에 머무르고 있으므로 그곳(물질계)에서 일어나는 일들을 상당히 소상하게 파악하고 있으며, 특히 자기들의 성향과 잘 어울리는 환경에 대해서 정통하다. 쉽게 통과할 수 있을 것처럼 보이는 얇은 베일의 맞은편에 거주하는 이들은 아주 드문 경우를 제외하고는 물질계에서 일어나는 일들에 직접 참여할 수는 없지만, 사실상 하위 물질계에서 사는 존재라고 말해도 과언이 아니다. 이들은 물질 세상에서 일어나는 모든 일을 볼 수는 있으나 동참하지는 못한다. 이들은 육신을 가지고 방탕하게 살았던 옛 시절을 떠올리면서 생전에 자주 가던 장소 주위를 맴돈다. 그리고 술에 취해 인사불성이 된, 자기와 비슷한 사람의 뇌를 잠시 점유하여 저속한 욕망을 채운다. 지금 하는 얘기는 그다지 유쾌한 주제는 아니므로 더 자세한 설명은 생략하겠다.

다행스럽게도 지금 이 강의를 읽고 있는 학생들은 방금 언급한 수준의 의식을 이미 초월하였으므로 문제가 될 것이 없다. 이런 저질 영혼들은 물질계에서의 삶, 특히 형이하학적인 삶에 강력하게 이끌리므로 빠른 속도로 환생하여 전생과 비슷한 환경에서 다시 태어난다. 하지만 이런 영혼들도 작으나마 성장을 이룬다. 성장의 과정에서 후퇴하는 법은 없다. 하위 본성에 이끌려 자꾸 뒤처지려는 힘이 작용하는 와중에도 영혼은 여러 차례에 걸쳐 성장을 시도한다. 이로 인해 일시적으로 후퇴하는 경우는 있어도, 시작 지점까지 되돌아가지는 않는다.

반면 이들에 비해 물질적 삶에 훨씬 덜 이끌리고, 상위 차원에서 성장할 좋은 기회를 최대한 활용하고자 하는 영혼들은 자연스럽게 아스트랄계에서 더 오래 머무르는 경향이 있다. 쉽게 말해, 높은 차원에 도달한 영혼일수록 아스트랄계에서 취하는 휴식과 체류 기간이 길다. 하지만 일정 기간이 지나고 아스트랄계에서 현재로서 배워야 할 교훈을 모두 얻고 난 뒤에는 이들도 물질계에서의 체험과 행동을 통해서만 배울 수 있는 새로운 가르침을 얻기 위해 육신을 가진 존재로 다시 태어나고 싶다는 열망을 품게 된다. (환생은 강제사항이 아니다. 어디까지나 선택이다)

환생을 결심한 영혼은 그 열망의 힘을 추진력으로 삼아 환생의 경로로 흘러가고 있는 물살에 자신을 내맡기고, 서서히 전신이 나른해지면서 조력자들의 도움을 받아 영혼들이 잠들어있는 방으로 안내된다. 환생하는 영혼은 이곳에서 깊은 잠에 빠지면서 아스트랄계에서의 '죽음'을 체험하고, 자신의 열망과 취향에 맞는, 자신의 현재 성장 수준에 부합하고 장차 더 많은 성장을 이루기에 적합한 환경에서 육신을 가진 존재로 다시 태어난다. 물질계로 다시 내려온 영혼은 육신의 탄생과 동시에 깨어나지는 않고, 마치 꿈을 꾸고 있는 상태에 한동안 머무르다가 유아기를 거치며 서서히 깨어난다. 두뇌 활동을 요구하는 일들이 하나둘씩 일어나면서 아이도 이에 대응하기 위해 점차 지능을 활용하기 시작하고, 이 과정을 거치며 영혼도 깨어나는 것이다. 다음 강의부터 이 문제의 세부 내용을 다룰 예정이다.

함께 여행하고 있는 가이드가 이런 내용을 일일이 다 설명하고, 이번 강의에서 언급했던 개념들의 사례를 직접 보여준다. 육신을 벗고 이승을 떠나 아스트랄계의 여러 차원에 도달한 친구와 가족들을 만나고 대화도 나눴다. 아스트랄계의 주민들은 마치 그곳만이 진짜 세상이고, 당신은 바깥세상에서 온 외계인이라도 된다는 듯이 신기한 눈으로 바라보고 있다. 또한 각 차원에 거주하는 영혼들은 자기들이 있는 곳보다 하위에 있는 차원에 관해서는 어느 정도 알고 있으나, 상위 차원에 관해서는 아는 바가 전혀 없는 것처럼 보였다. 존재의 의의를 깨달은, 높은 차원에 거주하고 있는 영혼들만이 자기도 상승의 여정에서 한 단계를 거치고 있는 존재에 지나지 않는다는 사실을 이해하고 있었다. 아직 영적으로 의식이 깨어나지 않은, 하위 차원의 거주자들은 자신의 존재 의의에 관해 대체로 무지한 것 같았다.

아스트랄계의 영혼들은 또한 이승에서 살던 시절과 크게 다를 바 없었다. 이승을 떠나 아스트랄계로 온 후에도 영적인 것과 오컬트에 관한 지식수준은 눈에 띄게 달라지지 않았다. 생전에 물질에 집착하는 삶을 살았다가 하위 아스트랄계로 오게 된 옛 친구를 하나 만났는데, 그는 자기가 '죽었다'는 사실을 아직 모르는 것 같았다. 어이없게도 그는 어떤 자연재해로 인해 자신이 다른 행성 또는 세상으로 순간이동하게 되었다고 착각하고 있었다. 그는 예나 지금이나 사람이 죽으면 모든 것이 끝난다는 생각을 고집하고 있었고, 상위 차원에서 내려온 존재들이 본인의 정체를 밝히고 상위 차원에 관해 얘기해줄 때마다 분노했다. 그들을 향해 사기꾼, 악당이라고 욕하며 만약 '상위 차원'이라는 것이 진짜로 존재한다면 명백한 증거를 보여달라고 요구하기까지 했다. 그는 자신의 눈앞에 갑자기 나타났다가 사라지곤 하는 상위 차원의 존재들은 자기가 영문도 모르게 이주하게 된 새로운 행성의 괴상한 특성이자 일종의 신기루라고 여기고 있었다.

'사기꾼'들과 '미친놈'들, '영성 따위를 운운하던 구세계의 미치광이들보다 하나도 나을 것 없는 자들'의 말에 공감하는 당신을 향해 욕을 퍼붓는 그를 뒤로하고 고개를 흔들며 당신은 가이드에게 가장 높은 차원으로 가보자고 말한다. 가이드가 웃으며 말한다. "네가 갈 수 있는 곳까지 데려다주마." 가이드와 함께 도착한 곳은 당신의 욕망, 열망, 취향, 성장 수준과 너무나 잘 맞아떨어지는 이상적인 세상이었다. 그곳이 너무나 마음에 든 나머지, 마치 아스트랄계의 '일곱 번째 천국'에 도달하기라도 했다는 듯이, 당신은 지구로 돌아가지 않고 여기에 남고 싶다고 가이드에게 애원한다. 하지만 그는 당신의 청을 거절하면서 지금 와 있는 곳은 비교적 낮은 차원의 하위 차원 중 하나에 불과하다는 말을 덧붙인다. 여기보다 더 높은 곳이 진짜 존재한다면 증거를 내놓으라고 떼를 쓰던 물질주의자처럼 당신도 가이드의 말을 믿지 않으며 여기보다 더 높은 곳을 보여달라고 요구한다. 그러자 가이드가 대답한다. "네가 갈 수 있는 한계선까지는 다 보여줬다. 네가 장차 물질계에서 육신을 벗어던지게 되면 이곳에 다시 오게 될 것이다. 물론 앞으로 물질계에서 지금보다 큰 성장을 이루면 여기보다 더 높은 차원으로 가게 되겠지만, 현재 시점에서는 여기까지밖에 올 수 없다. 너에게도 한계선이 있고, 나에게도 한계선이 있다. 나도 아직 갈 길이 멀다. 어느 영혼도 자신이 현재까지 이룬 성장 수준 너머에 있는 차원에는 갈 수 없다."

가이드가 말을 이어간다. "내가 갈 수 있는 가장 높은 곳, 네가 갈 수 있는 가장 높은 곳 위에도 수많은 차원이 지구와 연결되어 있다. 보통 사람은 그 높은 곳의 광휘를 짐작조차 하지 못한다. 다른 행성들에도 이처럼 수많은 차원이 사슬처럼 연결되어 있고, 우리가 사는 곳과 같은 수천억 개의 행성도 이런 식으로 또 여러 차원에 연결되어 있다. 행성들이 연결되어 있듯이 여러 우주도 사슬로 연결되어 있고, 인간이 상상할 수 없을 정도로 큰 세상들도 또 이렇게 연결되어 있다. 갈수록 거대하고 높은 세상들이 끝없이, 무한한 세상들이 우리 앞에 펼쳐져 있는 셈이다. 우리가 사는 세상, 우리 태양계의 행성들과 태양, 우리 은하계에 속한 수많은 태양계는 광대한 해변에 깔린 모래알갱이 하나에 비유할 수 있다."

당신은 당황하면서 울부짖듯이 묻는다. "그럼 저는 뭡니까? 이 거대한 우주 속에서 기껏해야 잠시 나타났다 사라지는 저는 뭐가 되는 겁니까?" 가이드가 대답한다. "너는 우주에서 가장 소중한 존재, 즉, 살아있는 영혼이다. 네가 파괴되면 온 우주도 함께 파괴된다. 너는 이 우주에서 가장 큰 것만큼이나 중요한 존재이기 때문이다. 너 없이는 이 거대한 우주가 지탱될 수 없다. 너는 사라질 수도, 파괴될 수도 없는 존재다. 너는 전체의 한 부분이자 영원불멸의 존재다."

당신이 다시 묻는다. "그럼 지금까지 설명해주신 것 너머에는 뭐가 있는 것입니까? 모든 것의 중심은 어디입니까?" 가이드가 황홀경에 빠진 듯한 표정으로 대답한다. "그곳에는 절대자(THE ABSOLUTE)가 있느니라."

아스트랄 여행을 마치고 육신을 다시 걸쳤다. 가이드가 사라지기 전, 그에게 물었다. "지구로부터 얼마나 먼 곳까지 다녀온 건가요? 그리고 시간은 대략 얼마나 흘렀나요?" 그가 대답한다. "우리는 지구를 떠난 적이 없다. 그리고 네 몸도 아주 잠시 잠들어있었을 뿐이다. 아스트랄계에는 시간과 공간의 개념이 없다."

제11강

삶과 죽음의 경계선 너머

이번 강의에서 우리는 학생 본인의 마음에 와닿지 않는, 학생의 생각과 부합하지 않는 진리를 받아들이도록 강요한 적이 없다. 우리는 자기만의 신념을 가질 모든 이의 권리를 존중한다. 요기의 가르침도 마음에 와닿는 것만 받아들이고, 그렇지 않은 가르침들은 아직 받아들일 때가 아니라는 마음으로 지나쳐도 된다. 우리는 단지 학생들이 이론을 이해할 수 있도록 최대한 단순하고 쉽게 요기들의 가르침을 전달할 뿐이다. 학생들이 우리가 전하는 내용에 공감하고 진리로 받아들일지 여부는 우리의 소관이 아니다. 우리가 전하는 내용이 진리라면 학생의 생각과 무관하게 진리인 것이다. 누가 믿고, 누가 안 믿고에 따라 진리인지 여부가 정해지는 것이 아니다. 하지만 요기들은 진리를 믿지 않는다고 해서 벌을 받거나 믿는다고 해서 보상을 받는 것은 아니라고 생각한다. 믿고 안 믿고의 문제는 개인의 의지가 아니라 이해의 수준에 의해 정해지는 것이고, 따라서 이를 기준으로 누구는 보상을 받고 누구는 벌을 받는다는 것은 부당하다는 것이 요기들의 기본적인 생각이다. 요기들은 세상에서 가장 관대한 사람들이다. 이들은 모든 형태의 신념과 진리의 관념에서 선과 진리를 보고, 자기들의 생각에 동의하지 않는다는 이유로 누구를 탓하는 법이 없다. 틀에 박힌 교리에 얽매이지도 않고, 추종자들이 자기들의 가르침을 당연한 진리로 인정하고 받아들여야만 한다고 요구하지도 않는다.

이들이 학생들에게 권하는 메시지를 요약하자면 다음과 같다.

"네 마음에 와닿는 것은 취하고 나머지는 그대로 두어라. 오늘 거부했던 것들은 내일 다시 한번 생각해보고, 그때 가서 취할 수 있는 것은 또 취하면 된다. 이런 식으로 우리가 전하는 가르침을 다 받아들일 때까지 조금씩 가져가면 된다. 삼킬 수 없는 것을 억지로 삼키려 하지 말라. 진리를 받아들일 준비가 되면 억지로 먹으려 하지 않아도 맛있게 넘길 수 있을 것이다. 원하는 것은 먹고, 원치 않는 것은 먹지 말라. 손님이 삼킬 수 없는 것을 강요하는 것은 친절이 아니다. 우리가 내어주는 것을 다 먹어야 우리의 환심을 살 수 있는 것도 아니요, 마음에 들지 않아 내뱉는다고 해서 벌을 받는 것도 아니다. 그저 네 마음에 드는 것들만 가져가면 될 뿐이다. 하지만 이해를 통해 내 것으로 만든 것 외에는 가져가면 안 된다. 그리고 우리가 네가 소유해야 마땅한 것을 내어주지 않을까 봐 걱정할 필요도 없다."

그럼 이 기본적인 규칙을 염두에 두고 매우 중요한 이번 강의를 본격적으로 시작해보자.

우리가 일반적으로 '죽음'이라 부르는 순간에 육신을 빠져나온 에고(자아)는 하위 원리들을 내려놓고 잠시 후 설명할 일련의 상태로 진입한다. 가장 먼저 내려놓는 것은 물론 육신이다. 제1강에서 설명했듯이, 우리의 육신은 수백, 수천만 개의 작은 세포(또는 원자)로 구성되어 있다. 인간의 정신은 육신이 살아있는 동안 약간의 지능을 지닌 이 작은 생명체들을 다스린다. 각각의 세포는 일정 수준의 프라나 또는 활력과 내부를 감싸는 거죽 또는 몸을 지니고 있으며, 이 수많은 세포가 모여 인간의 육신을 구성하게 된다. 향후 출간 예정인 『하타요가』에서 이 작은 생명체들을 다루는 장 하나를 통째로 할애했으므로 세포의 일생과 하는 일의 세부적인 내용에 관심이 있는 학생들은 나중에 이 책을 참조하기 바란다.

인간의 육신이 사망하는 순간, 즉, 에고가 이번 '생애' 동안 사용했던 물질 거죽을 벗고 떠나는 순간, 육신을 구성했던 세포들은 분리되어 널리 분산되고, 소위 말하는 '부패'의 과정이 시작된다. 수많은 세포를 한데 묶어 다스렸던 힘이 빠져나갔으므로 개별 세포는 이제 각자의 길을 떠나 새로운 형상을 만드는 작업에 참여할 수 있다. 어떤 세포는 사체 주변에 있던 식물에 흡수되어 궁극적으로는 그 식물을 먹은 동물의 육신 일부, 또는 그 식물이나 그 식물을 먹은 동물의 고기를 섭취한 인간 육신의 일부가 된다. 이 작은 생명체들이 인간의 영혼 또는 에고와는 아무런 상관이 없다는 사실은 이미 이해하고 있으리라 본다. 세포는 어디까지나 육신이 살아있는 동안 주인을 섬기는 종과도 같은 존재이며, 주인의 의식과는 연결 관계가 없다. 한동안 땅속에 파묻혀 있다가 영양분을 섭취하고자 하는 또 다른 생명체에게 흡수되는 원자들도 있다. 유명한 어느 작가가 말했듯이, "죽음이란 삶의 한 측면에 불과하다. 하나의 물질 형상이 파괴된다는 것은 새로운 형상이 곧 탄생하게 된다는 것을 의미한다."

에고가 육신을 떠나고 지금껏 세포들을 통제했던 정신의 영향력이 사라지는 순간부터 이 작은 생명체들로 구성된 집단은 혼돈 상태에 빠진다. 오로지 대혼란의 상황으로부터 탈출하겠다는, 군중으로부터 최대한 멀어지겠다는 일념으로 서로 부딪히며 이리저리 바삐 뛰어다니고, 거칠게 떠밀고, 심지어 싸움박질까지 하는 오합지졸 군대로 변한다. 육신이 살아있는 동안에는 지휘관의 지시에 따라 서로 조화를 이루며 공동 목표를 향해 협력했지만, 육신의 사망 후에는 옛 동료들과의 거리를 최대한 벌리고 각자의 길을 가는 것만을 목표로 삼아 행동하는 것으로 보인다. 처음에는 세포로 구성된 큰 그룹들이 서로 멀어지면서 분리된다. 그다음에는 그룹 내에서 또 분열이 일어나 작은 그룹들이 만들어지고, 모든 개별 세포가 자유를 얻을 때까지 이 분열 과정이 반복된다. 자유를 얻은 개별 세포들은 자기만의 길을 가거나, 새로운 세포가 필요한 다른 생명의 호출을 받고 그리로 달려간다. 이 분야의 한 전문가는 이 현상을 이렇게 설명했다. "육신은 사망한 직후에 오히려 가장 활력이 넘친다. 전체는 죽었을지라도 한때 전체를 구성했던 각 단위 요소들은 어느 때보다도 활발하게 움직이며 생명력을 발휘한다."

육신이 '죽음'에 이르면 에고가 떠나면서 그동안 에고의 통제를 받았던 프라나는 해방되고, 한때 육신을 구성했던 개별 원자 또는 원자 집단의 명령만 받는다. 죽음 후 육신이 분해되고 구성 요소들이 본래의 원소로 되돌아갈 때, 각각의 원자는 장차 새로운 조합을 만들어내기 위해 필요한 만큼만의 프라나를 취하고, 남은 프라나는 우주의 원천에 다시 흡수된다.

육신이 사망에 이르는 순간, 에고는 아스트랄체와 상위 원리들을 지닌 상태로 육신을 떠난다. 이전 강의에서 설명했듯이, 아스트랄체는 상대적으로 미세한 물질로 구성되어 있다는 차이점을 제외하곤 육신과 완전히 같은 형상을 띠고 있다. 일반적인 시력으로는 아스트랄체를 볼 수 없으나 투시력을 소유했거나 아스트랄 시력을 활용할 줄 아는 사람은 볼 수 있으며, 보통 사람도 특수한 심적 상태에 이른 순간에 볼 수 있는 경우가 있다.

투시력 소유자들은 아스트랄체가 육신을 떠나는 순간이 무엇보다 매우 흥미롭다고 증언한다. 그들의 설명에 따르면 가늘고 밝은 빛을 발하는 구름처럼 생긴 무언가가 육신으로부터 서서히 떠오르는데, 이 구름은 가느다랗고 비단 같은 수증기 형태의 끈으로 육신과 연결되어 있고, 이 끈은 투시력 소유자의 눈에도 보이지 않을 정도로 점점 가늘어지면서 결국엔 완전히 끊어진다고 한다. 육신의 사망 후에도 아스트랄체는 한동안 세상에 남아있으며, 특수한 상황에서 보통 사람의 눈에도 보일 수 있다. 우리가 보통 '유령'이라고 부르는 현상의 실체가 바로 이 아스트랄체다. 죽음을 앞둔 사람의 간절한 열망으로 인해 투사된 아스트랄체가 그를 사랑하는 가족 또는 친구들의 앞에 모습을 드러내는 경우도 있다.

상황에 따라 걸리는 시간에 차이가 있긴 하지만, 육신이 사망하고 어느 정도 시간이 흐른 후 에고는 아스트랄체도 벗어던지고, 버려진 아스트랄체도 육신처럼 서서히 분해되기 시작한다. 버려진 아스트랄체는 우리에게 익숙한 육신보다 훨씬 섬세한 물질로 구성된 시신으로, 오컬티스트들은 이를 '아스트랄 껍질'이라 부른다. 생명도, 지성도 지니지 않은 아스트랄 껍질은 하위 아스트랄계의 허공에서 떠다니다가 궁극적으로 완전히 분해되어 원소로 돌아간다. 아스트랄 껍질은 본래 속했던 육신에 대한 애착을 가진 것으로 보이며, 시신이 매장된 곳으로 이끌려 육신과 함께 분해되는 경우가 많다.

초자연적 시력을 가진 사람은 평상시에, 또는 두려움과 같은 강렬한 감정에 휩싸였을 때 공동묘지, 치열한 전투가 벌어진 전장 등지에 아스트랄 껍질들이 모여있는 모습을 종종 본다. 이를 보고 망자의 '혼령'으로 착각하는 사람들도 많은데, 이 아스트랄 껍질들은 사실 땅속에 매장된 육신과 다를 바 없는 시신에 불과하다. '영매'는 자신의 활력 또는 프라나를 투입하여 아스트랄 껍질에 일종의 '충격'을 가하고 정신의 힘으로 아스트랄 껍질을 움직여 마치 살아있는, 일정 수준의 지성을 지닌 존재처럼 행동하게 할 수 있다. 영매가 주관하는 교령회에서도 아스트랄 껍질이 영매의 활력에 힘입어 구체화한 모습을 드러내고 말까지 하는 경우가 있는데, 이 아스트랄 시신들은 바보처럼 말을 더듬으며 교령회 참석자들과 소통하는 경향이 있다. 아스트랄체의 원주인이 하는 말이 아니라, 영매의 힘과 교령회 참석자들이 만든 '원'의 힘을 받은 아스트랄 껍질이 로봇처럼 어설프게 행동하고 말하는 것이기 때문에 그렇게 들리는 것이다. 물론 방금 설명한 사례와 전혀 다른, 진짜 영혼이 인간과 접촉하는 경우도 있지만, 이런 심령 현상을 조사하고 연구하는 사람이라면 최소한 아스트랄 껍질이 사람을 모방하는 현상과 실제로 이승을 떠난 영혼들이 가족과 친구에게 메시지를 전하기 위해 내려오는 것을 혼동하지 않도록 주의해야 한다. 그럼 육신을 갓 떠난 에고의 여정으로 다시 돌아가자.

아스트랄체를 걸친 채 서서히 육신에서 빠져나오는 동안, 에고는 유아 시절부터 노년에 이르기까지 이번 생에서 경험한 모든 일이 주마등처럼 스쳐 지나가는 체험을 한다. 머릿속에 꼭꼭 숨어있던 기억들이 마침내 그 비밀을 드러내고, 수많은 장면이 뇌리를 스치면서 영혼은 많은 것들을 깨닫게 된다. 내 삶에서 왜 그런 일들이 일어나야만 했는지, 그 일에 담긴 진짜 의미가 무엇이었는지를 비로소 이해하게 된다. 지난 삶의 단편들이 아니라 전체를 한 번에 보면서 방금 끝난 생의 의미를 큰 관점에서 바라보고 깨닫게 되는 것이다. 죽음을 목전에 둔 사람은 마치 생생한 꿈을 꾸듯 이 광경을 보고 깊은 인상을 받게 되며, 영혼은 훗날 이 기억들을 다시 떠올리며 활용하게 된다. 오컬티스트들은 예전부터 육신의 죽음을 통과하고 있는 영혼이 모순된 감정으로 혼란스러워하거나 정신을 산란하게 하는 소리의 훼방을 받는 일이 없도록 임종을 지켜보는 가족과 친구들이 조용하고 차분한 분위기를 조성해줘야 한다고 누이 강조해왔다. 영혼이 유족과 친구들의 소망과 이들이 장례식장에서 하는 대화 내용에 연연하지 않는 상태로, 평온하고 조용하게 떠날 수 있는 환경을 만들어줘야 한다는 것이다.

이렇게 육신에서 빠져나온 에고는 그럼 이제 어디로 가게 되는 것일까? 우선 육신을 빠져나온 영혼, 즉, 물질계에서의 생애를 마감하고 다음 환생하는 시점까지의 중간 상태에 있는 영혼이 '어딘가로 이동'하는 것은 아니라는 점부터 짚고 넘어가자. 장소가 바뀌는 것이 아니라 '상태'가 바뀌는 것이다. 존재의 차원은 무수히 많으며, 차원들은 공간상 서로 중첩되어 있다. 따라서 특정 지리적 '장소'에는 여러 개의 차원이 공존하고 있고, 같은 공간의 하위 차원에 거주하는 존재들은 상위 차원의 실재도, 그곳에 거주하는 존재들도 인지하지 못한다. 따라서 이번 강의를 공부하면서 '장소,' '위치' 등의 관념은 지워버리고, '상태,' '차원'의 관점에서 내용을 이해해주기 바란다.

육신에서 빠져나온 후, 유족들의 처절한 울부짖음으로 인해 방해받지 않고 차분하게 다음 여정을 준비하는 영혼은 의식이 반쯤 깨어있는 상태, 말하자면 더없이 행복하고 평온한 휴식의 상태, 꿈의 상태로 진입한다. (지나친 슬픔에 빠져 큰 소리로 울면서 폭력적인 소란을 피우는 행위, 망자가 너무 그리운 나머지 다시 돌아와 달라고 매달리며 애원하는 행위, 생전에 맺은 약속을 지키라며 권리를 주장하는 행위 모두 영혼의 이후 여정을 가로막는 장애물의 구실을 한다) 이처럼 달콤한 꿈의 상태는 아스트랄 껍질이 허물처럼 벗겨져 아스트랄 대기상을 떠다니고 '정신의 거죽(Mind-body)'을 구성하는 미세한 물질의 아랫부분마저 점차 떨어져 나가 윗부분만 남을 때까지 한동안 계속된다. (이 과정에 걸리는 시간은 사람마다 다를 수 있다)

영적 성장 수준이 낮은 사람, 즉, 동물적 속성의 비중이 상대적으로 높은 사람은 육신과 아스트랄체를 벗어던진 후 벗겨내야 할 정신의 거죽 분량도 많지 않으며, 따라서 거죽을 차례대로 벗는 과정에서 금세 지난 생에서 이룬 최고의 정신적, 영적 수준에 걸맞은 차원에 다다른다. 정신을 구성하는 요소 중 정복한 부분이 아직 많지 않으므로 벗어던져야 할 '의복'도 많지 않은 것이다. 이와 반대로 영적으로 많은 것을 성취한 사람은 지난 생에서 미처 정복하지 못한 정신의 최상위 측면을 제외한 정신의 모든 거죽을 하나씩 차례로 벗는다. 그리고 중간 정도의 영적 성취를 이룬 사람은 방금 설명한 두 극단 사이 어딘가에서 자기가 성장한 수준에 비례하여 허물을 벗는다.

 정신의 거죽 중 현재 성장 수준에서 벗어낼 수 있는 마지막 허물까지 다 벗고 나면 영혼은 꿈에서 깨어나 잠시 후 다루게 될 다음 상태로 넘어간다. 따라서 정신적으로, 영적으로 성장 수준이 낮은 사람은 거죽을 벗어내는 과정도 단순하고 시간도 오래 걸리지 않으므로 영혼의 꿈을 꾸는 상태에서 오래 머무르지도 않는다. 그리고 반대로 영적 성취의 수준이 높은 사람일수록 벗어내야 할 거죽의 겹이 많으므로 꿈을 꾸는 상태에서 취하는 휴식 시간도 길어진다.

 여러 개의 겹으로 구성된 정신의 거죽은 마치 장미꽃의 이파리가 떨어지듯이, 밖에서부터 안쪽으로 하나씩 차례대로 벗겨지며 떨어진다. 각 영혼은 자기가 벗을 수 있는 거죽을 다 벗고, 도달할 수 있는 최고 상태에 이른 후 잠에서 깨어난다. 지난 (물질계의) 생에서 영적으로 크게 성장한 영혼들은 이제 버려야 할, 용도를 다해 쓸모가 없어진 거죽이 그만큼 많고, 자기에게 주어진 숱한 기회를 무시하고 태어날 때와 거의 같은 상태로 죽음을 맞은 영혼들은 벗어야 할 거죽이 많지 않아서 짧은 꿈을 끝내고 금세 잠에서 깬다. 이렇게 모든 영혼은 각자 성취한 만큼, 자기가 성취한 최고 수준의 거죽을 벗어낼 때까지 꿈을 꾸며 휴식을 취한다.

진도를 계속 나아가기 전에, 육신을 떠난 영혼이 휴식 상태로 진입하고 그 상태에서 평온하게 머무르는 것을 방해하는 유족들의 행위에 관해 조금 더 자세히 설명해야 할 것 같다. 물질계에 남아있는 사람들에게 '급히 전해줘야 할 말'이 아직 남아있는 영혼, 슬픔에 빠진 유족들을 바라보면서 고통스러워하는 영혼, 특히 이승으로 다시 돌아와 달라고 외치는 유족들의 구슬픈 목소리를 들은 영혼은 쏟아져 오는 영혼의 잠을 뿌리치고 어떻게 해서든 이승으로 돌아가기 위해 애를 쓴다. 영혼의 잠에 빠져든 후에도 유족들이 마음속으로 자꾸 자기를 부르면 그 '소리'에 놀라 잠에서 깨어나게 되고, 그들의 부름에 응답해야겠다고 마음먹으며 벌떡 일어나거나, 휴식을 취하며 거죽을 벗어내는 과정 중 잠이 반 깨는 바람에 이후의 여정이 지연되는 사태가 벌어지게 된다. 이처럼 반쯤 깨어있는 영혼들은 영성 단체의 모임이나 교령회 등에 종종 출현한다. 물질계에 남은 자들의 이기적인 슬픔과 욕심으로 인해 저승으로 넘어간 사랑하는 사람들에게 불필요한 고통, 슬픔, 불안감을 안겨주는 것이다. 육신의 사망 후 일어나는 일들을 제대로 공부한 후 죽음을 맞이하는 영혼은 사랑하는 유족들이 애타게 불러도 이에 흔들리지 않고 제 길을 가지만, 그렇지 않은 대다수 영혼은 동요할 수밖에 없다.

오컬트 전통에 따르면 이승에서 사랑했던 사람들의 주변에 최대한 오래 머무르기 위해 수년간 영혼의 잠에 저항했던 영혼들도 있다. 이 영혼의 어리석은 행동은 본인뿐 아니라 이승에 남겨진 사랑하는 사람들에게도 불필요한 상처를 입히고 고통을 유발하는 결과를 가져왔다. 이승을 떠난 자들의 다음 여정을 방해하지 않도록 주의해야 한다. 다음번 상태 변화가 찾아올 때까지 충분히 자고 휴식을 취할 수 있도록 놓아주자. 그들의 잠을 방해하는 것은 그들이 죽음을 연속적으로, 반복적으로 경험하도록 강요하는 것이나 다름이 없다. 망자를 진심으로 사랑하고 죽음 이후에 일어나는 일련의 과정을 이해하는 사람들은 그러지 않는다. 그를 사랑하고 죽음의 원리를 이해하므로 이승을 떠난 영혼이 편안한 마음으로 갈 수 있도록, 충분한 휴식을 취하며 더 성장할 수 있도록 놓아준다. 육신의 죽음 후 영혼이 잠자는 시간은 태아가 엄마의 뱃속에 머무르는 시간에 비유할 수 있다. 새로운 힘을 얻은 생명으로 다시 거듭나기 위해 자는 것이다.

영혼의 잠을 방해하는 사람들 (윤민의 『보리밭을 흔드는 바람』 중에서)

The Unquiet Grave (Roud #51, Child #78)

Cold blows the wind to my true love and gently drops the rain.
I only had but one true love and in greenwood she lies slain.
I'll do as much for my true love as any young man may.
I'll sit and mourn along her grave for a twelve-month and a day.

When the twelve months and one day was past the ghost began to speak.
"Why sit thou'st here along my grave and will not let me sleep?"
"There's one thing that I want sweetheart, there's one thing that I crave.
And that is a kiss from your lily white lips then I'll go from your grave."

"My lips they are as cold as clay my breath smells earthy strong.
And if you kiss my cold clay lips your days they won't be long.
Go fetch me water from the desert and blood from out of stone.
Go fetch me milk from a fair maid's breast that a young man never had known."

'Twas down in Cupid's Garden where you and I would walk.
The finest flower that ever I saw is withered to a stalk.
The stalk is withered and dry sweetheart the flower will ne'er return.
And since I lost my one true love what can I do but mourn?

"When shall we meet again sweetheart? When shall we meet again?"
"Ere the oaken leaves that fall from the trees are green and spring up again."

사랑하는 그녀 위로 찬바람이 불고 비가 내리네.
내가 유일하게 사랑했던 그녀는 지금 푸른 초원 위에서 잠들어있다네.
나는 그녀의 연인으로서 마땅히 해야 할 일을 할 거야.
그녀의 묘지 곁을 밤낮으로 지키며 열두 개월 하루 동안 애도할 거야.

열두 개월 하루가 지난 후, 그녀의 혼령이 입을 열었다네.
[혼령] "그대여, 왜 그곳에 앉아서 제 잠을 방해하십니까?"
[남자] "사랑하는 그대여, 제가 원하는 것은 단 하나입니다.
백합과도 같은 그대의 하얀 입술에 한 번만 더 입을 맞출 수 있다면 떠

나겠습니다."

[혼령] "제 입술은 얼음처럼 차갑고, 입김에서는 진한 흙내가 난답니다.
진흙같이 차가운 제 입술에 키스하면 그대도 오래 살지 못한답니다.
차라리 사막에 가서 물을 깃고, 바위에서 피를 뽑아보세요.
남자를 안 적이 없는 처녀의 가슴에서 모유를 구하는 것이 더 빠를 겁니다."

큐피드의 정원에서 우리는 함께 걷곤 했지.
내가 살면서 본 가장 아름다운 꽃이 시들어 메말라 버렸다네.
줄기까지 말라비틀어져 다시는 꽃을 피울 수 없다네.
내 유일하고 진실한 사랑을 잃었는데, 애도하는 것 외에 무얼 할 수 있으리오.

[남자] "그대여, 언제 우리가 다시 만날 수 있을까요? 언제 다시 만날 수 있을까요?"
[혼령] "나무에서 떨어진 낙엽이 새싹이 되어 솟아나기 전까지는 다시 만날 수 없어요."

무려 1400년경까지 거슬러 올라갈 정도로 오래된 잉글랜드의 전통 민요다. 이 곡은 가사의 첫 소절을 딴 『Cold Blows the Wind』라는 제목으로도 알려져 있다. 꽃다운 나이에 세상을 떠난 연인을 잊지 못하고 1년 넘게 무덤을 지키는 남자와 잠에서 깨어난 여자의 혼령이 대화하는 장면을 묘사하고 있다. 남자는 한 번만이라도 당신과 다시 키스하고 싶다고 졸라대고, 여자는 불가능한 일은 이루어질 수 없으니 어서 꿈 깨고 현실로 돌아가라고 조언한다.

이 노래의 가사를 해석하다가 예전에 마름돌 출판사에서 출간한 『절망 속에서 태어나는 용기 - 오페라에 담긴 진리의 가르침』에 나왔던 대목이 떠올랐다. 그대로 옮겨본다.

덴마크의 헬게 국왕이 자기의 죽음을 슬퍼하는 부인에게 모습을 드러내자 그녀는 "죽음의 이슬이 용맹스러운 전사였던 부군의 몸을 깨끗하게 씻었도다!"라고 외쳤다. 이에 헬게가 대답했다.

"사랑하는 지그루나여.
오로지 그대만이 헬게가
슬픔의 이슬로 젖어 있다고 얘기하오.
그대가 슬픔을 멈추지 않고
눈물을 그치지 않을 것을 나는 알고 있소.
그대가 흘리는 피눈물 한 방울, 한 방울이
내 가슴에 떨어지고 있소.
그 차가움 때문에 내가 잠을 못 이루고 있소."

영혼이 잠에서 깨어난 후에 일어나는 일들을 설명하기 전에, 이승에서 자연사한 사람들만 (잠을 방해하는 자들이 없다는 가정하에) 곧바로 영혼의 잠을 자게 된다는 점부터 설명하고 넘어가야 할 것 같다. 이승에서 사고로 죽었거나 살해당한 사람들, 즉, 예고 없이 갑작스럽게 육신의 죽음을 맞은 영혼들은 육신의 사망 후에도 멀쩡하게 깨어있으며, 한동안은 정신도 생전처럼 정상적으로 기능한다. 이들 중에는 자기가 '죽었다'는 사실을 인지하지 못하고 자기에게 도대체 어떤 문제가 생겼는지 몰라 혼란스러워하는 영혼들도 많다. 이들은 이승에서 일어나는 일들을 한동안 완전하게 의식하고, 아스트랄 감각을 통해 자기 주변에서 일어나는 일들을 보고 들을 수도 있다. 자기가 육신에서 빠져나왔다는 사실 자체를 상상조차 하지 못하는 이들은 깊은 혼란에 빠진다.

아스트랄계의 조력자들이 없었다면 이들은 잠들 때까지 매우 불행한 나날들을 보내야만 했을 것이다. 아스트랄계의 조력자들은 상위 차원에서 내려온 영혼들로, 갑작스럽게 죽음을 맞은 후 헤매고 있는 가엾은 자들에게 다가가 친절하게 상황을 설명해주고, 위로와 조언의 말을 건네고, 놀다 지친 아이가 졸음을 참지 못하고 밤에 잠들듯이, 이들이 영혼의 잠에 들 때까지 곁에서 보살펴주는 역할을 한다. 이 조력자들은 임무 수행에 실패하는 법이 없으며, 예기치 못한 죽음을 맞은 영혼들이 혼자서 장시간 헤매도록 방치하는 경우도 없다. 그가 '좋은' 사람인지, '나쁜' 사람인지는 따지지 않는다. 조력자들은 이들 모두가 신의 자녀들이자 자기의 형제와 자매임을 알고 있기 때문이다.

영적 계발 수준이 높고 강력한 영적 힘도 보유한 지상의 영혼 중에는 대재앙이 발생했거나 큰 전쟁이 치러진 지역, 즉, 즉각적인 원조가 시급한 지역에 급히 달려가 지원 활동을 수행하고 길 잃은 자들에게 조언을 해주기 위해 일시적으로 육신에서 빠져나오는 사람들도 있다. 물질계에 거주하고 있는 상태에서 자신의 아스트랄체를 투사하여 구급 활동을 벌이는 것이다. 지구상 어딘가에서 대규모 사상자가 발생하는 사태가 터지면 상위 차원에 거주하는 일부 고급 지성체들도 인간의 형상(아스트랄체)을 띠고 물질계로 내려와 위기에 처한 자들을 격려하고 지혜를 나눠준다. 문명화된 국가뿐 아니라 세계 곳곳, 이들의 도움이 필요한 곳이라면 예외 없이 나타난다. 모든 인간은 형제이기 때문이다. 보통 사람보다 매우 높은 영적 경지에 도달한 영혼들, 자기가 속한 종족의 형제들보다 훨씬 큰 폭으로 성장하여 상위 차원에서 오래 쉬면서 머무를 권리를 획득하고 형제들도 어서 성장하여 자기가 있는 곳으로 올라오길 기다리고 있는 고차원의 영혼 중 상당수는 조금 전 설명한 시나리오 또는 이와 유사한 상황이 터질 때마다 열심히 노력해서 얻은 휴식과 행복의 권리를 반납하고 자기보다 불우한 처지에 놓인 형제들을 돕기 위해 자발적으로 봉사한다. 갑작스러운 죽음을 맞은 영혼들도 결국에는 이런 조력자들의 도움을 받아 깊은 잠에 빠지고, '자연사'한 영혼들처럼 거죽을 차례대로 벗어던지는 과정을 개시한다.

영혼은 얼마 전 끝난 생애를 포함하여 지금까지 체험한 수많은 전생을 통해 성장한 만큼까지 자신을 에워싼 거죽을 차례대로 벗어던진 후, 끌어당김의 법칙에 의해 자신의 성장 수준에 걸맞은 아스트랄계 내의 차원으로 즉시 '이동'한다. 다시 강조하지만, 아스트랄계와 그 안의 차원들은 '장소'가 아니라 '상태'를 지칭하는 것이다. 아스트랄계의 차원들은 서로 중첩되며, 한 차원에 거주하는 영혼은 같은 공간 내의 다른 차원에 거주하는 영혼을 인지하지도 못하고 다른 차원으로 이동할 수도 없다. 물론 이 규칙에도 예외가 있다. 상위 차원에 거주하는 영혼들은 자기가 지금까지 통과한 하위 차원들을 볼 수 있고, 원한다면 하강하여 하위 차원을 방문할 수도 있다. 하지만 하위 차원의 거주자들은 상위 차원을 볼 수도, 방문할 수도 없다. 상위 차원으로 가는 문을 가로막고 있는 '경비원'이 있어서가 아니라(차원 또는 상태에 이르기 위한 '문'은 존재할 수 없다.) 물고기가 물 밖으로 솟아올라 새처럼 하늘을 날 수 없듯이, 자연의 법칙이 이를 허락하지 않기 때문이다.

옛 인연으로 연결된 동료 영혼이 자기보다 낮은 차원에 거주하고 있는 경우, 상위 차원의 영혼은 상대적으로 성장이 더딘 그에게 조언과 지침을 전하고 성장을 돕기 위해 그곳으로 하강할 수 있다. 아스트랄계에 있는 동안 이런 식으로 영혼 간의 교육과 교류가 이루어지고, 두 영혼이 물질계의 다음 생에서 다시 만났을 때 상대적으로 성장이 뒤처졌던 영혼이 자기보다 높은 차원에 거주했던 형제 또는 자매 영혼의 수준에 조금 더 가까워짐으로써 이번 생뿐 아니라 여러 생에 걸쳐 함께하는 동반자가 될 수 있는 것이다. 이는 물론 상대적으로 성장이 더딘 영혼이 가르침에 귀를 기울이고 받아들일 자세가 되어있을 때 가능한 얘기다.

일정 수준의 성장을 이룬 영혼은 주의를 산만하게 하는 물질의 영향에서 해방되어 영의 도움을 더 쉽게 받을 수 있는 환경(아스트랄계)에 이르면 기꺼이 가르침을 받으려 한다. 요기들의 가르침에 따르면 도움을 주는 고급 영혼이 하급 영혼에 다가가 그가 잠에서 깨어난 후에도 좀처럼 떨쳐내지 못하는 정신의 하위 거죽을 벗어던지도록 도와주고 더 높은 차원으로 나아가게 직접 이끌어주는 경우도 있다고 한다. 하지만 이런 사례는 흔치 않으며, 하급 영혼이 자기를 둘러싼 거죽을 거의 다 벗어냈지만, 아직 혼자의 힘만으로는 완전히 벗기 어려울 때, 즉, 탈피 직전의 상태에서만 일어날 수 있는 일이다.

아스트랄계의 하위 차원들은 물질에 대한 집착을 내려놓지 못한, 성장 수준이 낮은 영혼들로 채워져 있으며, 이들은 아스트랄계에서도 지구에서 살았던 시절과 거의 유사한 방식의 삶을 산다. 실제로 이들은 물질계와 여전히 긴밀하게 연결되어 있고, 이승에 대한 애착이 워낙 강해서 아스트랄계에 있으면서도 사실상 물질계에 사는 것이나 다름없다고 말할 수 있다. 하위 아스트랄계와 물질계를 분리하는 얇은 베일만이 이승으로 돌아가서 활동하고파 하는 이들을 막고 있을 뿐이다. 이런 영혼들은 생전에 자주 다니던 저질스러운 장소 주변을 서성거리며 대부분 시간을 보내고, 술에 취해 인사불성이 되었거나 이와 유사하게 외부 영향에 무방비로 노출된 사람들을 상대로 영향력을 행사한다.

이들은 이런 식으로 과거의 퇴폐적 삶을 반복적으로 재생하며, 자기와 별 상관도 없는 사람들에게 부정적인 영향을 주고 그들의 삶에 민폐를 끼침으로써 상황을 더욱 우울하게 만들고 악화한다. 아스트랄계에는 상위 차원들뿐 아니라 이런 하위 차원들도 많으며, 각 차원에는 그 수준에 걸맞은 영혼들이 거주하고 있다. 물질계와 긴밀하게 접촉하고 있는 하위 아스트랄계의 주민들은 낮은 수준의 영매들이 주관하고 비슷한 부류의 참가자들이 모인 교령회에 종종 이끌린다. 이들은 교령회에 참석한 사람들의 지인, 가족 등을 사칭하고, 때로는 역사적으로 유명한 위인의 정령이라고 주장하면서 순진한 사람들을 속인다. 그리고 교령회에서 종종 볼 수 있는 유치한 장난 따위나 치고, 허락되는 범위 내에서 '악마 놀이'를 하며 즐거워한다. 상위 차원에 거주하는 영혼이라면 이런 영혼들은 이승에서나 저승에서나 될 수 있으면 피하는 것이 상책이다.

아스트랄계의 하위 차원에 속한 영혼들은 육신이 없는 상태로 비교적 짧은 시간을 보낸다. 물질적 삶에 너무 강력하게 이끌려 다시 태어나고 싶다는 열망을 주체하지 못하는 이들은 아스트랄계에 오래 머물지 않고 금세 환생하는 경향이 있다. 이들은 전생에서 체험했던 물질적 삶을 그대로 되살리고자 자기와 유사한 성향을 지닌 부모와 익숙한 환경을 선택하여 다시 태어난다. 이처럼 저급한 수준의 영혼과 문명화되지 않은 야만족의 영혼들은 여러 번 환생하면서 티도 나지 않을 정도의 작은 폭으로 성장한다. 이들은 약간의 성장을 이루기 위해서라도 여러 차례 환생해야 한다. 물질을 향한 욕망이 이들을 강력하게 끌어당기며 좀처럼 놓아주지 않는다. 이런 사람들에게는 영의 영향력도 큰 힘을 발휘하지 못한다. 하지만 중요한 것은 이들도 더디지만 환생할 때마다 성장을 이루고 있다는 점, 조금이라도 앞으로 나아가고 있다는 점이다.

상위 차원에 거주하는 영혼일수록 물질계에 머무를 때마다 매번 상대적으로 빠른 성장을 이루며, 아스트랄계에 머무르는 기간과 환생 주기도 길다. 높은 이상을 추구하는 이들은 육신을 가진 존재로 물질계에서 살기보다는 상위 차원에 거주하면서 고급 가르침을 대상으로 깊은 사색에 잠기는 삶을 선호한다. 그곳에는 집중을 방해하는 물질도 없고 영적 정신의 빛을 통해 더 많은 영감을 받을 수 있기 때문에 더 많은 성장을 이룰 수 있다는 장점도 있다. 이처럼 큰 성장을 위한 밑거름을 뿌릴 수 있는 곳이기에 이들은 수백 년씩 상위 아스트랄계에 머물렀다가 다시 환생하는 경우가 많다. 인류보다 훨씬 폭넓은 성장을 이룬 영혼의 경우에는 인류 전체가 일정 수준 이상으로 성장하여 환생의 의미가 있는 환경이 조성될 때까지 수천 년씩 기다리는 수도 있다. 이들은 이 기간에 아스트랄계에 머무르며 자기보다 성장이 더딘 영혼들을 돕는 일을 한다.

어쨌든, 모든 영혼은 때가 되면 새로운 경험도 하고 전생에서의 '죽음' 이후에 아스트랄계에 머무르면서 새롭게 깨달은 것들을 물질계에 적용하고 실천해보고 싶다는 소망을 품게 된다. 물질계에 머무르는 동안 품었던 소망에 다시 이끌려서, 아직 완전하게 정복하지 못한 과제, 떨쳐내지 못한 허물의 문제를 해소하기 위해, 자기보다 하위 차원에 머물렀던 사랑하는 영혼과 함께하고 싶다는 마음 등으로 인해 환생의 경로로 흘러가고 있는 물살에 자신을 내맡긴다. 그리고 환생에 앞서 자기에게 적합한 부모와 성장에 유리한 상황과 환경을 선택하고, 육신을 벗고 아스트랄계로 왔을 때처럼 다시 깊은 잠에 빠진다. 비유하자면, 지금까지 거주지로 삼으며 살아왔던 아스트랄계에서 '죽음'을 맞이하고, 물질계에서 육신을 가진 존재로 다시 '탄생'한다.

영혼은 물질계에서 태어나는 순간에 즉시 깨지 않는다. 유아기 동안에는 꿈을 꾸는 것 같은 상태로 있으며, 두뇌 활동을 요구하는 일들이 하나둘씩 일어나면서 아이도 이에 대응하기 위해 지능을 활용하기 시작하고 서서히 깨어난다. 간혹 영혼이 잠에서 너무 일찍 깨는 바람에 영재, 신동 등으로 불리게 되는 똑똑한 아이들도 있는데, 이건 대체로 정상적이지도, 바람직하지도 않은 현상이다. 아이의 몸 안에서 꿈을 꾸던 영혼이 반쯤 깨어나 심오한 말을 툭 던지거나 성숙한 행동을 보임으로써 어른들을 놀라게 하는 경우도 가끔 있다.

보통의 영혼이 환생을 준비하는 과정은 그의 영감, 열망에 따라 거의 무의식적으로 진행된다. 존재와 삶, 환생이라는 것이 정확히 무엇을 의미하는지, 나의 궁극적인 운명은 무엇인지 이해할 수 있을 정도로 성장하지 못했기에 그냥 무의식적으로, 끌어당김의 법칙의 작용으로 인해 다음 생으로 휩쓸려가는 것이다. 하지만 일정 수준의 성장을 이룬 후에는 환생의 전반적인 과정을 이해하게 되고, 자신의 전생도 알게 되어 이 정보를 참고하여 자기에게 맞는 환경과 상황을 정하고 환생하게 된다. 즉, 영적 성장 수준이 높은 영혼일수록 이 과정에서 더 많은 선택권이 주어진다.

지금까지의 설명을 통해 육신을 벗어던진 영혼들이 거주하는 수많은 차원이 있음을 이해했을 것이다. 요기 철학의 가르침에 따르면 일곱 개의 큰 차원(Seven Great Planes: 공부가 부족한 일부 힌두교도들은 이를 '일곱 천국(Seven Heavens)'이라는 잘못된 용어로 표현한다)이 있고, 각 차원 밑에 일곱 개의 하위 차원, 그리고 하위 차원마다 또 일곱 개의 하위 차원이 있는 식으로 나뉘어 있다고 한다.

상위 아스트랄계에서의 삶을 설명하기란 불가능하다. 이를 묘사하기 위한 단어도 존재하지 않고, 우리의 정신도 아직 이를 이해할 수 있는 수준으로 발달하지 않았다. 하위 아스트랄계 차원에서의 삶은 물질계의 삶과 크게 다르지 않으며, 심지어 주민 중 상당수는 자기가 거주하는 곳이 지구의 일부라고 착각하고 있다. 물질계에서 사는 동안 존재했던 몇 가지 한계가 사라졌다는 사실을 모르는 이들은 자기 몸이 불에 델 수 있고, 물에 빠져 익사할 수도 있다고 생각하며 지구인과 똑같은 삶을 영위한다. 지구와 경치도 같은 곳에서, 사실상의 물질 세상에서 계속 사는 것이다.

그보다 위에는 높은 이상과 삶을 추구하는 영혼들이 거주하는 차원들이 겹겹이 펼쳐지며, 최상위 차원들은 오늘날의 인간이 도저히 가늠할 수 없을 정도의 지복으로 가득하다. 그 중간에도 많은 차원이 있다. 음악을 사랑하는 사람들이 천상의 음악에 심취하고, 노래하고, 연주하며 하루 대부분을 보내는 차원, 미술가들이 온종일 예술품을 감상하고 창작활동을 하는 차원, 지적인 사람들이 자기가 하고 싶은 공부를 마음껏 할 수 있는 차원 등, 다채로운 차원들이 존재한다. 이보다 더 높은 차원에는 영적으로 깨어나서 자기를 다듬고 지식을 구하는 기회를 얻은 영혼들이 있고, 그보다도 위에는 우리가 꿈속에서조차 알 수 없는 경지가 있다. 하지만 우리가 인지할 수 있는 최상위 차원도 상위 아스트랄계의 일부분에 불과하고, 우리가 말하는 '상위 아스트랄계'도 우주의 관점에서 보면 비교적 낮은 차원에 속해 있으며,

그 위에 또 무수히 많은 차원이 존재한다는 점을 기억해야 한다. 우리는 왜 이런 것들을 알아야 할까? 두 수를 더하는 법도 아직 제대로 깨우치지 못했는데, 어떻게 고등 수학을 정복할 수 있단 말인가? 이 모든 것이 우리 모두에게 주어진, 빼앗길 수 없는 소중한 유산이기 때문이다.

제12강

영적 진화

영적 진화의 아름다운 교리, 요기 철학의 왕관에 박힌 보석 중의 보석이라 할 수 있는 이 교리…. 하지만 아쉽게도 이 교리를 신봉한다는 사람들의 상당수조차 그 내용을 잘못 해석하며 오해하고 있다. 이 심오한 교리를 아시아와 아프리카 일부 무지한 종족의 허접한 사상과 혼동하는 다수는 인간의 육신이 사망한 후, 영혼이 동물 안으로 들어간다고 믿고 있다. 환생에 관한 고급 가르침을 내세우며 인간의 영혼은 우주 역사의 큰 사이클이 완성될 때까지, 인류 전체가 다른 행성으로 이주할 때까지 윤회의 수레바퀴에 속박되어 본인의 의지와 무관하게 무수히 많은 환생을 해야 한다는 이론을 전파하는 단체들도 많다. 환생과 관련한 이 모든 오해는 사실 진리를 기반으로 하고는 있다. 다만 부분적으로만 진리라는 것이 문제다.

  악랄하고, 이기적이고, 동물적인 사람은 육신의 사망 후, 본인의 욕망에 이끌려 다음에 환생할 때 실제로 동물에 가까운 인간 종족의 일원으로 태어날 가능성이 높다. 전생에서 주어진 과제를 통과하지 못하고 낙방했으므로 강등되는 것이다. 하지만 야만인과 같은 낮은 수준의 종족이더라도 인간의 등급에 도달한 후에는 동물로 다시 추락하는 법은 없다. 아무리 짐승과 같은 인간이라 하더라도 동물이 갖지 못한 무언가를 성취해서 인간이 된 것이고, 한번 성취했던 것을 잃는 경우는 없다.

인류가 다음 단계로 진화하려면 인류가 집단 차원에서 일정 수준에 도달할 때까지 기다려야 하며, 지금 당장 환생할 필요가 없는 수준까지 성장한 영혼은 인류가 자기 수준을 '따라잡기' 전까지는 육신을 가진 존재로 환생할 의무가 없다. 이런 영혼들은 지구에 있지 않은 동안 아스트랄계의 상위 차원에 머무르면서 자기가 해야 할 일을 하거나 우주 모든 생명의 진화 과정을 돕기 위해 의식적으로 다른 물질계로 내려가 활동하며, 지구 인류가 영적 상승을 하는 시점에 비로소 지구에 다시 환생한다.

따라서 영적으로 깨어난 사람은 원치도 않는 환생을 반복하면서 고통받지 않아도 된다. 본인이 동의하고 희망하지 않는 한, 환생할 의무가 없다. 그리고 영적 성장 수준에 따라 차이가 있긴 하지만, 이런 영혼들은 의식의 단절이 없는 상태에서 환생하게 된다. 지금 이 책을 읽고 있는 독자 상당수는 자신의 전생을 부분적으로 의식하고 있으며, 희미하나마 진리에 대한 인식이 있기 때문에 이번 강의에 관심을 기울이게 된 것이다. 현재 육신을 걸친 채 물질계에서 활동하는 사람들의 전생에 관한 의식 수준은 제각각이며, 이 중에는 전생을 완전하게 기억하고 있는 사람들도 더러 있다.

하지만 학생들이여, 걱정할 것은 없으니 안심하라. 일정 수준의 영적 각성을 이룬 후에는 무의식적으로 환생하는 일도 초월하게 될 것이다. 이미 그런 경지에 도달한 학생도 있을 것이다. 그때가 오면 육신을 벗어던지고 상위 차원에서 필요한 만큼의 영적 휴식을 취한 후, 내가 원하는 전생에서의 기억을 간직한 상태로 환생하는 선택권을 갖게 된다. 물론 환생을 원하지 않으면 하지 않아도 된다. 내 의사와 무관하게 원치도 않는 환생을 강제로 하게 될까 봐, 전생의 기억을 상실한 채 미래의 생을 맞게 될까 봐 걱정할 필요 없다. 영적 성취는 느리고 고된 여정이지만 단 몇 센티 앞으로 나가는 것도 다 의미가 있으며, 뒤로 미끄러지거나 이미 성취한 것은 아주 작은 부분이라도 잃는 법이 없다.

사실 무의식적으로 환생하는 대다수 사람도 엄밀히 말하면 그들의 의사와 희망에 반하여 강제적으로 환생한 것이 아니다. 이들도 본인이 원해서 환생한 것이다. 육신을 가진 존재로 다시 태어나야만 충족할 수 있는 소망과 욕망이 있었기에 환생한 것이다. 환생하는 과정을 완전하게 인식하지는 못하지만, 이들은 끌어당김의 법칙에 의해 자신의 소망을 이루고 욕망을 채우기에 가장 적합한 환경에서 다시 태어난다. 아직 풀지 못한 소망과 욕망이 완전히 해소되고 '자연사'해서 사라져야 그 후에 이보다 더 높은 열망을 품을 수 있다. 물질을 향한 욕망, 육욕과 물질적 삶에 대한 집착을 아직 내려놓지 못했고, 의지만으로 이런 유혹을 뿌리칠 수 있는 경지에 이르지 못했다면 그 욕망이 충족될 때까지, 완전히 소진되어서 더는 바라지 않을 때까지 계속 환생해야 한다.

하지만 수많은 전생과 경험을 통해 물질의 실체를 깨닫고, 물질은 자신의 본질과는 무관하다는 사실을 이해하게 되면 물욕도 점차 약해지고 결국엔 욕심도 '죽는다.' 물욕이 사라지고 나면 끌어당김의 법칙에 의해 물질계에 환생해야 하는 굴레에서도 해방되고, 인류의 진보로 새로운 시대, 새로운 인류가 탄생하여 더 높은 열망을 충족하고 더 높은 이상을 추구할 수 있는 환경이 조성되었을 때 비로소 다시 환생하고 싶다는 소망을 품게 된다. 사람이 지구의 대기권 위로 힘껏 솟아올라 중력의 영향권에서 벗어나고, 발아래에서 지구가 자전하고 있는 모습을 지켜보고 있다가 가보고 싶은 곳을 발견하면 자기 몸을 지구의 중력에 맡기고 찜해 놓은 지점에 안착하는 것에 비유할 수 있겠다.

보통 사람은 '의무적인 환생'이라는 개념을 끔찍하게 여긴다. 삶을 관장하는 위대한 법칙의 정의로움과 진리에 정면으로 배치되는 느낌이 들어서 끔찍하게 여겨질 수밖에 없다. 하지만 우리가 지금 지구에 와 있는 것은 우리가 오길 원했기 때문이다. 마지막 전생을 마치고 일정 기간 휴식을 취한 후, 끌어당김의 법칙에 의해 우리가 마음속에 간직했던 소망과 열망을 실현하고 그리움을 해소하기 위해 다시 이곳에 온 것이다. 같은 법칙, 같은 작용에 의해 다른 곳으로 이끌리지 않는 한, 우리는 언제나 같은 곳으로 되돌아와 같은 존재로서의 삶을 살게 된다.

물질계를 떠나 있는 동안에는 물질의 방해를 받지 않고 영이 선사하는 고급 지식을 더 명확하게 받아들이고 이해할 수 있는 장점이 있는 것은 사실이지만, 이처럼 좋은 학습 분위기에도 불구하고 욕망이 워낙 강렬해서 우리를 좋은 길로 인도하려는 영의 차분한 목소리를 무시하고 외면하는 경우가 많다. 사실 지금 일상에서도 그렇지 아니한가? 이런 식으로 욕망의 물살에 자연스럽게 휩쓸리게 되고, 그 욕망과 갈증을 해소하기 위해 이에 걸맞은 환경에서 다시 태어나는 환생의 과정을 매번 되풀이하는 것이다. 때로는 영의 목소리가 우리에게 어느 정도의 영향을 줘서 영의 가르침과 우리의 물질적 욕망 중간 어딘가에 있는 타협점에 도달하여 이도 아니고 저도 아닌 어정쩡한 환경에서 다시 태어나는 경우도 있다. 이런 상태로 환생하면 내면의 욕망이 분열되고 속에서 타오르는 열망을 잠재울 수 없어 삶이 혼란스럽게 느껴지지만, 이는 전보다 나은 환경이 미래에 주어질 것이라는 징후이므로 너무 염려하지 않아도 된다.

물질계에 있는 동안에도 영적 정신의 조언과 영향을 받아들일 수 있을 정도로 성장한 영혼은 지혜로운 상위 정신의 승인을 받은 좋은 환경에서 다음 생을 맞이하게 되고, 과거에 답습했던 실수도 피하게 될 것이라고 확신해도 된다.

일반적으로 자기 안의 의식을 느끼고, 그 의식은 언제나 나와 함께 있었고 앞으로도 영원히 함께할 것이라는 사실을 확신하고 있는 사람은 장차 무의식적으로 무수히 많은 환생을 하게 될까 봐 두려워할 필요가 없다. 이들은 이미 미래의 생이 펼쳐지는 과정을 인식할 수 있는 의식의 단계에 도달했으며, 본인이 원한다면 다음 생에서 마치 다른 동네로 이사하거나 다른 나라로 이민 가듯이 입맛에 맞춰 자기에게 걸맞은 환경을 택할 수 있게 될 것이다. 말하자면 대다수 인류의 팔자인 무의식적인 환생과 맹목적인 욕망으로부터 해방된 것이다.

이번 강의의 주제를 본격적으로 다루기 전에 다소 길게 서론을 진행했는데, 그럼 이제 요기 철학에서 말하는 '영적 진화'가 무엇인지 살펴보도록 하자.

요기 철학의 가르침에 따르면 인간은 오래전부터 존재했고, 앞으로도 영원히 존재할 것이라고 한다. 소위 말하는 '죽음'이란 다음 날 아침 다시 일어나기 위해 잠깐 잠드는 것에 불과하다. 즉, 죽음이란 일시적인 의식 상실이고, 삶은 이와 무관하게 지속한다. 삶의 궁극적인 목적은 계발, 성장, 펼침이다. 우리는 이미 영원한 현재 속에 있다. 영혼이 인간의 실체다. 많은 사람의 착각과 달리, 영혼은 육신에 딸린 무언가가 아니다. 영혼은 육신 안에 깃들 수도 있고, 육신 없이도 얼마든 존재할 수 있다. 다만 어떤 체험과 지식은 육신을 가진 존재로 활동하는 동안에만 습득할 수 있으므로 육신과 물질계, 육신을 가진 존재로서의 삶도 존재하는 것이다.

우리가 지금 육신을 걸치고 있는 이유는, 현재로서는 이 육신이 필요하기 때문이다. 우리도 일정 수준 이상 진보하면 지금 입고 있는 육신이 더는 필요 없어서 영원히 폐기하게 될 날이 올 것이다. 우리가 지금 사는 세상보다도 물질적 속성이 강한 세상에 살았던 시절의 우리 영혼은 지금보다도 훨씬 더 물질적인 육신을 걸치고 있었으며, 지금보다 높은 차원에 이르게 되면 훨씬 덜 물질적인, 훨씬 더 미세한 육신을 걸치게 될 것이다. 지구에서 보낸 한 번의 생이 막을 내리고 나면 우리는 육신에서 빠져나와 휴식기를 갖게 되고, 그 후에는 필요와 소망에 따라 새로운 몸, 새로운 환경에서 다시 태어난다. 진정한 의미의 '삶'이란 물질계에서 보내는 한 번의 생이 아니라, 반복적인 환생을 통해 체험하게 되는 여러 생애를 총칭하는 것이다. 우리의 현재 생은 수많은 전생부터 지금까지 이어지는 일련의 생애 중 하나에 지나지 않고, 지금의 나는 전생에서 체험하고 배운 것들이 만들어낸 결과다.

우리의 영혼은 까마득한 옛날부터 여러 시대에 걸쳐 존재해왔으며, 언제나 낮은 곳에서 높은 곳을 향하여, 무수히 많은 종류의 형상을 취하면서 꾸준히 성장하고 펼쳐져 왔다. 그리고 앞으로도 셀 수 없는 시대를 거치며 숱한 형상을 취하고 여러 단계를 거치면서 더 높은 곳을 향하여, 계속 계발되고 펼쳐질 것이다. 크고도 넓은 우주 안에는 생명이 거주할 수 있는 수많은 세상과 영역이 존재한다. 우리도 더 높은 영역과 차원으로 상승할 준비가 된 후에는 지구로 다시 돌아올 일이 없을 것이다.

대다수 인간은 아직 영적 진화의 여정에서 무의식의 단계에 머무르고 있지만, 그 와중에도 진리를 깨우치며 인간의 본질과 운명에 관한 영적 의식을 계발하고 있는 영혼들도 많다고 한다. 그리고 이처럼 영적으로 깨어난 영혼들은 다시는 무의식적으로 환생할 필요가 없으며, 전생의 의식을 유지한 상태에서, 삶이라는 체스판의 졸의 신세가 되어 이리 치이고 저리 치이는 대신, 진보와 계발을 의식적으로, 온전히 즐기면서 성장을 지속할 수 있다고 한다.

우주에는 인간보다 낮은 수준에 머무르고 있는 형태의 생명도 아주 많으며, 인간이 인지할 수 없을 정도로 보잘것없는 생명도 많다. 그리고 이와 반대로 현재의 인간보다 훨씬 높은 차원에 거주하고 있어 우리로서는 상상조차 할 수 없는 존재들도 많다. 우리는 이 사실을 인지하지 못할지 모르지만, 우리가 현재 걷고 있는 길을 오래전에 먼저 걸었던 이 선배들, 이 형제들은 우리에게 꾸준히 도움과 격려를 보내며 손길을 내밀고 있다. 우리가 사는 차원 너머에는 한때 우리처럼 인간이었으나 그 후 큰 폭으로 성장을 이루고 진화하여 천사와 대천사의 지위에 오른 지성체들이 있으며, 우리도 언젠가는 그 반열에 오르게 될 것이다.

이 강의 내용을 읽고 있는 여러분도 지금까지 수차례의 환생을 통해 현재에 이르렀다. 여러분 모두 한때는 하등 생물로 살았다가 오랜 세월에 걸쳐 진화하면서 오늘에 이르렀다. 인고 끝에 인간이 된 이후에는 석기 시대의 혈거인, 암굴 거주민, 미개인, 야만인, 전사, 기사, 사제, 중세시대의 박사로서도 살았고, 유럽, 인도, 페르시아, 동양, 서양 등, 여러 문화권에서 거주했다. 모든 시대, 모든 지역, 모든 민족의 일원으로서 살고, 체험하고, 역할을 하다고, 죽었다. 생애마다 어떤 경험을 쌓았고, 교훈을 얻었고, 실수하며 배웠고, 이 모든 과정을 통해 성장하고, 발전하고, 내면을 펼쳤다.

육신을 떠나 아스트랄계에 머무르면서 휴식을 취하는 동안 전생의 기억은 조금씩 희미해졌지만, 그때 경험했던 일들은 내 안에 강렬한 인상을 남겼다. 20년 전 어느 날, 어느 주에 일어났던 일을 정확하게 기억하기는 매우 어렵지만, 그 당시 있었던 중요한 일, 중요한 경험은 내 인격에 확실하게 각인되었고, 그 이후부터 그 일은 나의 모든 행동에 영향을 주게 된다. 전생의 세부 기억도 마찬가지다. 전생에서 일어났던 일들의 세부 내용은 잊어버렸지만 중요한 사건들은 내 영혼에 확실한 인상을 남겼고, 이와 같은 과거의 경험과 그 경험이 남긴 인상은 오늘의 나를 만들었다.

우리가 육신을 가진 존재로서 한 번의 생을 마치고 나면 지난 생에서 쌓은 경험들을 모두 취합하고 정리하는 절차가 진행되며, 그 결과물, 즉, 다채로운 경험을 통해 얻은 것들이 '새로운 나,' '전보다 나아진 나'의 일부가 된다. 그리고 충분한 시간이 흐른 후, 이 '새로운 나'는 새로운 육신을 입고 새로운 환경에서 다시 태어난다. 하지만 전생에서 있었던 일을 모두 망각하지 않은 상태에서 환생하는 사람도 많다. 꾸준히 성장하고 영적 성취를 이룰수록 전생의 기억을 조금 더 간직한 상태로 환생하게 된다. 오늘날 지구상에 사는 사람 중에는 전생에서 있었던 기억을 간혹 엿보는 체험을 하는 사람들도 많다.

몇 가지 예를 들어보자. 태어나서 처음 보는 광경인데, 뭔가 굉장히 익숙한 기분이 드는 경우가 있다. 하지만 나는 살면서 그곳에 가본 적이 한 번도 없다. 기억 속에는 분명히 있는 것 같지만 그 실체를 알 수 없어서 으스스한 느낌이 든다. 어쩌다 오래된 명화를 감상하게 되었다. 난생처음 보는 작품임에도 불구하고 아주 오랜 옛날, 기억이 희미해진 먼 옛날에 분명히 봤었던 그림이다. 오래전에 쓰인 책 한 권을 우연히 읽게 되었는데, 마치 옛 친구를 다시 만난 것 같은 기분이 든다. 하지만 나는 분명 태어나서 그 책을 읽어본 적이 없다. 어떤 철학가의 이론 또는 사상을 접하고 금세 이에 매료된다. 마치 어린 시절부터 잘 알고 이해했던 사상인 것처럼 느껴진다.

무언가를 새로 배우거나 익힐 때, 처음 접해보는 일이라는 느낌보다는 마치 재학습한다는 기분으로 쉽게 척척 배우는 사람들이 있다. 세상에는 아이 시절부터 위대한 음악가, 화가, 작가, 장인의 자질을 보이는 사람들이 있다. 그런데 그들의 부모에게는 그런 능력의 흔적조차 보이지 않는다. 문학과는 담을 쌓은 가정에서 셰익스피어급의 문호가 탄생하여 세상을 깜짝 놀라게 하는 사례들도 있다. 지극히 평범한 가정에서 에이브러햄 링컨과 같은 위대한 지도자가 탄생하기도 한다. 이런 사람들에게 중책을 주면 해당 분야에서 천재성을 발휘한다. 지금까지 열거한 것 외에도 유사한 사례가 많은데, 이 놀라운 현상을 완전하게 설명하는 이론은 전생과 윤회뿐이다. 처음 만난 사람인데, 분명히 예전부터 알았던 사람이라는 느낌이 든다. 머릿속에서는 그럴 리가 없다고 항변하지만, 마음은 확신한다. 분명히 아는 사람인데, 나랑 어떤 인연을 맺었던 사람인데…. 누구지? 언제였지?

어떤 분야의 공부는 머릿속에 쉽게 쏙쏙 들어오는가 하면, 불철주야 노력해야 가까스로 따라갈 수 있는 분야도 있다. 어떤 직업은 나에게 안성맞춤으로 느껴진다. 그래서 아무리 많은 압박과 장애물이 있더라도 결국에는 그 직종으로 이끌리게 된다. 그쪽 업무를 수행하던 중 예기치 않은 돌발사태가 발생하거나 초인적인 힘이나 역량이 필요한 상황이 찾아왔을 때, 희한하게도 내게 그 문제를 해결할 능력이 있음을 발견하고 깜짝 놀라기도 한다. 역사적으로 위대한 작가와 연설가 중에는 '우연히' 자기에게 내재한 능력을 발견한 사람들도 많다. 이런 신기한 현상들은 모두 영적 진화의 이론으로 설명할 수 있다. 만약 이런 능력이 유전을 통해서만 전해지는 것이라면, 같은 부모에게 태어난 자녀들의 능력이 다 다른 것, 외가와 친가 어느 쪽도 닮지 않은 자녀들은 어떻게 설명할 것인가? 모든 것을 과연 유전으로 설명할 수 있는가? 그렇다면 셰익스피어는 누구로부터 그런 탁월한 필력을 상속받았나? 그리고 누구에게 그 능력을 전수했는가?

재탄생 또는 환생 이론의 합리성을 입증하기 위해 수많은 논거를 제시하더라도 이게 과연 소용이 있을까? 이런 논거를 지적으로 이해하고 합리적인 가설로 상정할 수 있을지는 몰라도, 머릿속으로 이해한 개념이 영혼에 위안을 주었던 적이 한 번이라도 있었던가? 머릿속으로 환생의 이론을 이해했다고 해서 진리를 깨우쳤다는 확신이 들 수 있단 말인가? 죽음의 그림자 앞에서도 흔들리지 않고 당당하게, 웃으면서 미래를 맞이할 수 있단 말인가? 그렇지 않다! 이런 확신은 영적 정신이 그 빛을 하위 정신에 비추었을 때만 얻을 수 있는 것이다. 우리의 지능적 정신은 사실관계와 정보를 취합하고, 정리하고, 이를 기반으로 내가 앞으로 해야 할 일을 추정하는 기능은 수행할 수 있지만, 영혼을 만족시키지는 못한다. 영으로부터의 가르침을 받기 전까지는 지능적 정신이 '왜?'라고 물었을 때 그 물음에 스스로 답할 수 없으므로 불안과 불확실성이 해소될 수 없다.

'인간이 환생한다는 것은 사실인가?'라는 물음에 대한 유일한 대답은 '내 영혼이 이를 진리로 받아들이고 있는가?'에 달려있다. 머리가 아니라 영혼이 이 이론의 진실성을 받아들이기 전까지는, 즉, 내면의 신념과 일치한다는 확신이 들기 전까지는 이 문제를 두고 논쟁을 벌여봐야 아무런 소용이 없다. 영혼 스스로 확신해야 한다. 자기가 던진 질문에 자기가 답해야 한다. 이 이론(물론 요기들은 이를 '사실,' '진리'로 부르지만, 여기서는 '이론'으로 표현했다)의 설명을 접한 후 정신 깊은 곳에 묻혀 있던 기억이 되살아나고, 이를 계기로 지금까지 수년간 머릿속에서 맴돌고만 있던, 반쯤 형성된 생각과 의문이 합리적일지도 모른다는 생각이 들게 될 수도 있다. 하지만 정신의 역할은 거기까지다. 영혼이 환생의 진리를 실제로 파악하고 느끼기 전까지는 인간은 잠재의식의 영역에서 살면서 방황하고, 통제할 수 없는 욕망과 열망에 이끌려 전생의 의식을 대부분 망각한 상태로 환생하는 운명을 피할 수 없다. 하지만 영혼이 진리를 '느끼기' 시작한 후부터는 모든 것들이 바뀐다. 전생의 기억이 때로는 희미하게, 때로는 선명하게 나타나기 시작하고, 환생의 문제와 관련하여 주도적인 입장이 되어 의식적으로 선택을 내리기 시작한다.

식물은 잠재의식의 영역에서 살고 있고, 동물은 반 의식적인 영역에서 살고 있고, 인간은 의식의 영역을 한 단계씩 서서히 오르고 있듯이, 인간은 세월이 흐르고 진화하면서 재탄생(환생)의 과정에서도 잠재의식, 반 의식의 상태를 단계적으로 거쳐 의식의 영역에서 거주하고 환생하는 지금의 상태에 이르렀다. 물질계에서뿐만 아니라 육신을 벗어내고 휴식을 취하는 기간, 그리고 새로운 몸으로 탄생하는 과정에서도 의식을 유지할 수 있는 수준까지 도달했다. 오늘날 세상에는 자신의 전생을 완전하게 의식하며 살아가는 사람들도 있다. 물론 이런 사람은 소수이지만, 우리가 일반적으로 생각하는 것보다는 많다. 이들은 어린 시절부터 자신의 전생을 알고 있었다. 유아기 동안에는 누구나와 마찬가지로 꿈을 꾸는 듯한 상태에 있었지만, 그 후 뇌가 충분한 수준으로 발달하고 사고의 능력을 지니게 되면서 전생을 완전하게 기억해낸다. 사실 많은 아이가 자신의 전생을 희미하게나마 기억하고 있는 것으로 보인다. 하지만 자신의 전생이라는 '황당한 얘기'를 꺼냈다가 어른들에게 혼나는 것이 두려워 전생의 기억을 억누르기 시작하고, 나이가 들면서는 그 기억을 더는 끄집어낼 수 없는 상태에 이르게 된다.

환생의 진리에 아직 눈을 뜨지 못한 사람에게 이를 받아들이도록 논리로 강요할 수도 없고, 이 진리를 '느끼는' 사람은 논리로 설득할 필요도 없다. 따라서 이번 강의에서는 환생 이론의 진실성에 관해 더는 논리적으로 따지지 않을 것이다. 지금 이 강의를 읽고 있는 독자들은 전생의 어떤 기억이 깨어나서 여기까지 이끌려오게 된 것이다. 아직 이 개념을 완전하게 소화하는 수준까지 이르지는 못했지만, 이 이론에 진실이 담겨있다는 느낌을 뿌리칠 수 없어서 이 책을 펼치게 된 것이다.

환생의 이론을 접한 후 내면의 감정이 움직이거나 전생의 단편적인 기억이 떠올랐음에도 이를 완전하게 받아들이지 않고 거부하려는 사람이 많다. 자신의 동의 없이, 자기도 모르는 사이에 다시 태어난다는 개념을 두려워하기 때문이다. 하지만 지금까지 설명했듯이 그런 두려움은 가질 필요가 없으며, 진정으로 환생의 진리를 '느끼기' 시작했다면 잠재의식의 영역에 머무르면서 자기도 모르게 환생하는 나날들도 사라져가고 있는 것이니 더더욱 걱정할 필요가 없다.

세상에는 이번 생에서 죽고 나면 다시는 태어나고 싶지 않다고 말하는 사람도 많다. 그런데 이들의 진심은 사실 '이번 생과 똑같은 생은 두 번 다시 바라지 않는다.'는 뜻이다. 물론 그럴 것이다. 이미 한 경험을 또 하기를 바라는 사람은 없다. 하지만 삶에서 꼭 얻거나 해보고 싶은 일이 하나라도 있다면, 올라보고 싶은 지위가 있다면, 행복해지기 위해 충족해야 할 열망이 있다면 부족한 그 무언가를 메꾸기 위해 다시 태어나고 싶어 할 것이다. 그들도 이곳에 오고 싶었기에, 채워야 할 열망이 있었기에 온 것이다. 그리고 앞으로도 그 열망, 소망을 실현하기 위해, 더 높은 영적 성장을 이루기 위해 이에 적합한 환경을 선택하여 다시 오게 될 것이다.

영적 진화를 공부하는 학생에게는 흥미로운 세상이 눈 앞에 펼쳐진다. 인류의 역사와 진화에 밝은 불이 비치면서 세상에서 가장 재미있는 공부와 과제가 주어지는 것이다. 이 매력적인 주제를 다루기에는 지면도 부족할뿐더러 입문서에 불과한 본 강의에서 다루기에는 적절하지 않으므로 깊게 들어가지는 않겠지만 그래도 조금은 언급하도록 하겠다.

지구는 하나의 사슬로 묶인 일련의 행성 중 하나로 우리 태양계에 속해 있으며, 영적 진화의 법칙에 따라 태양계의 모든 행성은 서로 밀

접하게 연결되어 있다. 거대한 삶의 물결이 이 사슬을 쓸고 지나가면서 인류의 종족도 한 행성에서 다음 행성으로 이동한다. 각 종족은 한 행성에서 한동안 머무르고, 일정 수준의 성장을 이룬 후 진화의 과정에서 한 단계 더 높은, 지속적 성장을 위한 최적의 조건을 갖춘 다음 행성으로 이주한다. 이처럼 행성에서 행성으로 이주하면서 성장하는 과정은 원처럼 반복 순환하는 패턴이 아니라, 스파이럴(나선)처럼 돌고 돌면서 곡선을 그리며 조금씩 상승하는 모양새를 띤다.

우리 태양계에 속한 행성 중 하나에 거주하고 있는, 성장 수준이 비교적 낮은 영혼이 하나 있다고 가정해 보자. 이 영혼은 여러 차례의 환생을 통해 그 행성에 태어나면서 숱한 경험과 배움을 얻을 것이고, 자신과 자신이 속한 종족이 일정 수준의 성장을 이루고 난 후부터는 한 단계 높은 행성으로 집단 이주하여 앞으로는 그곳에서 환생하게 된다. 새로운 행성으로 이주한 이 영혼도 이제부터는 이전에 살던 행성에서보다 한 단계 높은 차원에서 살게 된다. 그의 동족들은 새로운 보금자리에서 새로운 종족을 형성한다. 특출난 자들은 새 행성을 개척하는 선구자가 되고, 그 이외의 구성원들은 리더를 따른다.

이들은 이전에 살던 행성보다 한 단계 높은 차원으로 올라오긴 했지만, 새로 이주한 행성에서 먼저 거주하고 있던 종족보다는 훨씬 낮은 수준의 종족일 수도 있다. 오늘날 지구에서 거주하고 있는, 가장 덜 진화된 종족은 이전에 살던 행성에서는 최고 수준에 도달한 종족이었을 수도 있다. 비유하자면, 당시에는 뱀의 머리였지만, 지금은 용의 꼬리가 된 셈이다. 하지만 더 높은 행성으로 이주했다는 것, 뱀의 머리였다가 용의 꼬리가 되었다는 것은 큰 폭으로 성장했음을 의미한다. 먼 옛날 지구상에 거주했던 많은 종족이 지금은 이곳보다 더 높은 단계로 상승하여 성장을 이어가고 있다. 간혹 이들이 지구상에 남긴 흔적이 발견되기도 한다. 지구의 지난 역사를 되돌아보면 인류의 발전을 이끄는 역할을 마치고 그 후 갑자기 사라진 종족들이 있음을 알 수 있다. 이들은 도대체 어디로 갔단 말인가?

오컬트 철학에서 이 잃어버린 연결고리의 미스터리를 푸는 설명을 제시한다. 현생 인류, 즉, 우리는 신석기 시대 원시인, 그리고 그보다도 오래된 선사시대 역사에 기원을 두고 있으며, 앞으로도 한동안 이곳에서 성장을 지속할 것이다. 그리고 지금까지 다른 행성에 거주했다가 집단 차원에서 의식이 상승하여 지구에서 살 수 있는 수준까지 이른, 어쩌면 지금 이미 지구에 선발대를 보내 자기들 나름의 개척 활동을 벌이고 있을지도 모르는, 우리보다 어린 신 종족을 위해 길을 터 주고 새로운 행성으로 집단 이주하게 될 것이다.

역사에 기록된 고대의 모든 인류 종족이 지구를 떠났다는 애기는 아니다. 역사에 기록을 남긴 대부분 종족의 구성원들은 지금도 지구에 다시 환생하여 살고 있다. 각 종족 아래에 다수의 하위 종족이 있다는 사실을 이해하면 이 혼란을 해소할 수 있다. 예를 들어, 고대의 이집트인, 로마인, 그리스인, 아틀란티스인, 페르시아인들은 지구에 환생하여 현대 여러 종족의 일원으로서 살고 있다. 하지만 이들보다 먼저 지구에 살았고, 이후 지구보다 높은 행성, 높은 차원으로 넘어간 선사시대의 종족들도 있다. 태양계에는 진화의 관점에서 지구보다 수준이 낮은 행성들도 있고, 우리가 앞으로 올라야 할 높은 수준의 행성들도 있다. 물론 우주에는 우리 태양계 말고도 많은 태양계가 있으며, 여러 개의 태양으로 구성된 '하위 우주'들도 많다. 세상에서 가장 성장 수준이 낮은 하찮은 존재와 영혼들도 궁극적으로는 이 모든 성장의 계단을 올라야 한다.

오늘날의 인류는 진화의 과정에서 영적 성장의 무의식 단계에서 벗어나 의식의 단계를 향해 나아가는 아주 중요한 시기를 통과하는 중이다. 이미 영적 의식을 성취한 사람도 많고, 의식이 깨어나고 있는 사람도 많다. 결국에는 모든 인간의 의식이 깨어나게 될 것이며, 그때가 되면 현생 인류라는 집단 전체가 다음 단계로 넘어갈 수 있다. 오늘날 많은 사람의 영적 의식이 곳곳에서 깨어나고 있어서 현재 사상계에서 불안과 소요가 넘쳐나는 것이다. 오래된 이상과 형식으로부터 탈피하고 진리를 향한 갈증을 해소하기 위해, 새로운 진리를 구하고 오래된 진리를 되찾기 위해 좌충우돌하는 과정에서 갈등이 터지고 있다.

인류가 장차 두 개의 하위 종족으로 분리될 것이라고 예상하는 사람들도 많다. 영적 의식을 성취한 첫 번째 그룹은 다음 단계로 나아가고, 상대적으로 성장이 더딘 두 번째 그룹은 당분간 지구에 계속 남아 더디게나마 성장을 한 걸음씩 지속해야 한다는 것이다. 하지만 영적 인과관계의 법칙에 따라 지금은 일시적으로 갈라져도 결국엔 모두가 지구를 떠난 후에 다시 하나로 합쳐지게 될 것이다. 우리 모두 형제의 성장에 관심을 기울여야 한다. 단지 우리가 형제이기 때문이 아니라, 내가 많은 성장을 이루었더라도 다음 단계로 넘어가기 위해서는 인류 전체가 일정 수준 이상으로 성장할 때까지 기다려야 하기 때문이다.

물론 빠르게 성장한 영혼은 성장이 더딘 형제들을 기다리는 동안 불필요하게 환생해야 할 의무는 없다. 이전 강의에서 설명했듯이, 이미 높은 수준에 도달한 영혼들은 뒤처진 형제들이 반복적인 환생을 통해 조금씩 성장하는 동안 아스트랄계의 상위 영역에서 장기간 머무르고, 이 기간에 또 많은 경험을 쌓고 성장하면서 큰 행복과 혜택을 누린다. 하지만 이처럼 '기다리는 영혼들' 중에는 정당하게 쟁취한 휴식의 권리를 내려놓고 지상에서 분투하고 있는 형제들을 돕기 위해 아스트랄계의 조력자 형태로, 심지어는 (본인의 성장을 위해 전혀 필요하지 않음에도) 의도적으로 환생하여 육신을 가진 존재로 다시 태어나 육신을 걸친 한 피할 수 없는 고통을 모두 감수하면서까지 지구로 다시 내려오는 영혼들도 많다. 인류의 위대한 스승들 대부분이 바로 이처럼 자신을 희생하고, 형제를 사랑해서 '천국의 시민권을 자발적으로 포기한' 영혼들이다. 이게 얼마나 큰 희생인지 우리로서는 감조차 잡기 힘들다. 높은 영적 경지에 이른 영혼이 상대적으로 발전 수준이 낮은 문명에 내려오는 것은 마치 에머슨 같은 성인이 부시먼 공동체의 일원이 되어 선교 활동을 벌이는 것에 비유할 수 있다.

> **인간계로 내려온 그리스도 (윌리엄 워커 앳킨슨의 『신비주의 기독교』 중에서)**
>
> 독자들이 예수의 자기희생이 과연 무엇을 의미하는지, 아주 부분적으로

나마 실감할 수 있을지 모르겠다. 순수한 영, 자유로운 영혼이 인간을 너무나도 사랑한 나머지, 자발적으로 필멸의 존재가 되어 온갖 고통, 슬픔, 시련, 죄악을 껴안고, 경험하고, 인류의 카르마에 영원히 짓눌리겠다는 살신성인의 선택을 한 것이다. 이는 세상에서 영적으로 가장 크게 성장한 사람이 할 수 있는 희생보다도 최소 천 배 이상 큰 희생이다. 예를 들어보자. 이건 마치 에머슨처럼 높은 영적 경지에 이른 자연주의자가 세상의 모든 지렁이에게 연민을 품은 나머지, 스스로 지렁이가 되어 그들을 계몽하겠다는 선택을 내리는 것과 같다. 이를 위해 본인 스스로 지렁이가 되기로 한 에머슨은 세상의 모든 지렁이가 수많은 환생을 통해 성장하고 인간의 수준에 이를 때까지, 억겁에 이르는 세월 동안 지렁이들과 함께 동고동락하며 그들의 카르마에 동참해야 한다. 예수가 인간이 되기로 한 것은 이것의 천 배에 이르는 희생이라고 보면 된다.

광야에서 예수가 자기의 신적 지위를 포기하고 인류를 위해 희생을 감수하겠다고 결심한 순간, 그는 곧바로 인류의 카르마에 동참하고 인류 고유의 묽인 고통, 슬픔, 유혹, 한계 앞에 벌거벗겨진 사람처럼 노출되었다. 물론 그의 힘이 사라진 것은 아니었지만, 그 시점부터 예수는 밖에서 안을 들여다보는 신이 아니라, 인류와 같이 물질 세상에 갇힌 신이 되었다. 이제부터 그는 세상 안에서 자신의 힘을 발휘하여 인류를 위해 노력하되, 다른 인간처럼 카르마 법칙의 영향을 받아야 한다. 이전까지는 그의 털끝 하나 건드리지 못한 각종 영향에도 노출되었다. 예를 들어, 그가 광야에서 개인적 야망이라는 악마(Devil of Personal Attainment)로부터 속세의 영광과 명예를 추구하라는 유혹을 받았던 일화를 생각해보자. 그에게 갑자기 이런 유혹이 찾아온 이유는, 그가 광야에 머무르는 동안 세상의 카르마를 받아들이고 카르마 법칙의 적용을 받는 인간이 되겠다는 선택을 내렸기 때문이다. 그가 순수한 신(신의 아들)이었던 상태에서는 이러한 유혹이 아무런 의미를 지니지 못했다. 지렁이 세상의 모든 영광과 명예를 주겠다고 유혹한다 한들, 인간이 흔들릴 이유는 없지 않은가? 하지만 인류가 오랜 세월 동안 쌓아온 카르마를 공유하게 된 인간 예수(사람의 아들)는 인류의 욕망과 야망을 느끼지 않을 수 없었다. 게다가 정신의 힘이 발달할수록 자기를 높이고자 하는 유혹도 강해진다는 법칙에 따라(정신의 힘이 강할수록 자기를 높이는 기회를 더 많이 포착할 수 있기 때문) 예수는 보통 인간은 절대로 감당할 수 없는 큰 시험을 받았다.

예수는 자기가 원하기만 하면 세상의 모든 것을 취할 수 있었다. 단순히 유대의 왕이 아니라 인류의 왕이 되어 영원히 권세를 누릴 수도 있었고, 자기에게 그럴 능력이 있다는 것도 잘 알고 있었다. 광야에서 명상하던 중 예수는 두 개의 이미지를 보았다. 하나는 갈보리의 언덕에서 비참한 최후를 맞는 모습이었고, 하나는 이와 정반대로 세상을 호령하며 사는 찬란하고 화려한 자신의 모습이었다. 인류의 카르마를 함께 짊어지기로 결단을 내린 순간, 인간이 오랜 역사 동안 축적해 온 모든 야망과 욕망이 일시에 그를 덮쳤다. 평범한 인간과는 달리, 예수에게는 인간의 모든 야망과 욕망을 실현하고 누릴 힘도 있었다. 이런 유혹을 이겨내기 위해 얼마나 굉장한 힘이 필요했을지 상상해보라. 보통 사람은 개인적인 야망 앞에서 유혹을 이기지 못하고 무릎을 꿇는다. 그런데 예수에게는 한 개인의 야망이 아니라 지구상 모든 인간의 야망, 다시 말해, 전 인류의 모든 욕망과 야망이 거대한 파도처럼 동시에 밀려왔다. 인류가 역사적으로 품었던 모든 욕망과 야망이 초인적인 능력을 소유한 예수라는 인간을 통해 실현되고자 한꺼번에 몰려온 것이다! 그뿐 아니라 세상의 모든 죄악도 동시에 그를 짓눌렀다. 예수는 자기가 인간이 되겠다는 선택을 내리면서 이런 시련이 닥쳐올 것을 알고 있었고, 인간 중의 인간답게 당당하게 시련에 맞섰다.

예수는 자신의 진아(眞我: His Real Self), 즉, 자신의 영에 정신력을 집중하고 그 상태를 유지함으로써 유혹에 맞서 싸우고 끝내 적을 정복했다. 진리를 직시했던 그는 속세가 제공하는 모든 것에 내재한 허상을 알아챘고, 내면의 강력한 의지를 전면에 내세워 유혹자를 자신의 머릿속에서 몰아냈다. 자신의 영, 진아를 온전하게 인지했기에 예수는 유혹자를 향해 자신 있게 말하며 꾸짖을 수 있었다. "너의 하나님을 시험치 말라!" 예수 본인은 물론, 모든 인간의 내면에 거하는 신에게 의지하며 세상의 모든 것, 즉, 인류를 시험하며 고통을 선사하는 허상을 물리쳤다.

예수가 세상의 카르마를 짊어지기로 한 후 인간의 나약함은 수시로 그를 공격하며 괴롭혔다. 그는 이제 육신의 고통이라는 대가도 느껴야 했다. 다른 모든 인간과 마찬가지로 육신을 가진 존재로서 살고, 고통받고, 죽어야만 했다. 그는 자기가 맞게 될 고통스러운 운명을 분명하게 알면서도 최후의 순간을 향해 거침없이, 주저하지 않고 나아갔다. 신이 인류의 구원자이자 구세주라는 역할을 떠맡기 위해 인간의 모든 약점을 껴안고 받아들인 것이다.

그렇게 그는 우리처럼 살고, 고통받고, 죽었다. 그는 잔에 담긴 쓰디쓴

> 고통의 물을 한 방울도 남기지 않고 다 삼켰다. 사람들은 그가 십자가에 매달려 마지막 숨을 내뱉은 순간 그의 고통도 끝났다고 말한다. 천만에! 예수의 고통은 그때부터 시작되었다!'

이 진화의 최종 목적지는 과연 어디일까? 진화의 의미는 무엇일까? 가장 낮은 형태부터 최고에 이르기까지, 모든 생명은 진화와 성장의 길을 걷고 있다. 이 길을 다 걷고 나면 과연 어디에, 어떤 상태에 이르게 될까? 비유를 들어 이 질문에 대한 해답을 제시해 보겠다. 수백만 개의 원이 '원 안에 원이 들어있는' 구조를 상상해보자. 각각의 원은 생의 한 단계를 상징한다. 가장 밖에 있는 원들은 생명의 가장 낮고 물질적인 단계를 상징하고, 전체 구조의 중심을 향해 들어갈수록 영혼의 수준이 높아지면서 인간은 신들(gods)의 반열에 오르게 된다. 하지만 여기도 중심이 아니다. 계속 들어갈수록 생명의 형태도 더욱 높아져 인간의 정신으로는 파악할 수 없는 지경까지 이르게 된다. 그렇다면 이 거대한 원의 중심에는 무엇이 있을까? 그것은 바로 영체의 뇌, 즉, 절대자, 유일신(God)이다!

그 중심이 바로 우리의 최종 목적지다!

제13강

영적 인과관계의 법칙

삶이란 연속적인 지식의 축적이다. 여기서 말하는 지식의 축적이란 경험에 따른 결과를 쌓는다는 것을 의미한다. 인과관계의 법칙은 언제, 어디서나 변함없이 작용하며, 우리는 무엇이든 뿌린 대로 거둔다. 벌을 받는 것이 아니라, 원인에 따른 응당한 결과를 돌려받는 것이다. 신학계에서는 우리가 죄를 지어서 어떤 벌을 받게 된다고 가르치지만, 오컬트 철학에서는 우리가 저지른 행동에 대한 대가를 치르는 차원에서 벌을 받는 것이 아니라, 그 행동에 따라 발생하는 자연스러운 결과를 돌려받는 것이라고 설명한다. 벌겋게 달아오른 오븐을 손으로 만진 아이는 그 행위 자체로 인해 화상이라는 아픈 결과를 돌려받는 것이지, 뜨거운 오븐을 만지는 '죄'를 지어서 신으로부터 벌을 받은 것이 아니다.

죄라는 것은 따져 보면 대부분 무지에서 비롯된 실수에 가깝다. 높은 영적 지식의 차원에 도달한 사람은 질 나쁜 행동과 생각이 얼마나 어리석은 짓인지 너무 잘 알고 있어서 그런 행위를 저지르기가 거의 불가능에 가깝다. 이들은 어떤 신적 존재 또는 지성체가 특정 행위를 금지하는 임의의 법칙들을 잔뜩 만들어놓고, 이 법칙을 어길 때마다 범법자를 큰 몽둥이로 땅바닥에 패대기치는 형벌을 내릴 것이라고 상상하며 두려움에 떨지 않는다. 이들은 오히려 상위 지성체들은 모든 생명을 지극히 사랑하며, 법칙의 테두리 안에서 형제들을 돕기 위해 언제든, 무엇이든 할 준비가 되어있다는 사실을 잘 알고 있다.

이들이 나쁜 짓을 하지 않는 이유는 그 행위가 어리석다는 것을 명확하게 알고 있기 때문이다. 그래서 그런 행위를 하겠다는 작은 마음조차 품지 않는다. 앞서 언급한 아이와 오븐의 사례와 거의 정확하게 일치하는 상황이다. 뜨거운 오븐을 만지고 싶은 아이는 부모가 아무리 주의를 줘도, 만지면 크게 혼내주겠다고 겁을 줘도 기회가 보이는 순간 만지고 말 것이다. 하지만 그 아이가 고통과 화상을 경험하고, 그 일을 통해 뜨거운 오븐과 화상을 입은 손가락의 상관관계를 이해하고 나면 다시는 뜨거운 오븐 근처에 가려 하지 않을 것이다.

자녀를 사랑하는 부모는 고통을 자초하는 상황으로부터 아이를 보호하고 싶겠지만, 뭐든 경험을 통해 배우려 하는 것이 아이의 습성이고, 이건 부모도 말릴 수 없는 일이다. 아이가 곤경에 처하지 않도록 지나치게 보호하면 결국엔 어른이 된 후에 문제가 터지고, 그때 가서 경험을 통해 배우려 하는 사태로 이어진다. 부모가 할 수 있는 것은 적당한 선에서 아이를 보호하고, 아이에게 지혜를 전수하고 (아이도 부모의 말 일부를 새겨듣고 머릿속 어딘가에 저장해 둘 것이다), 삶의 법칙이 아이에게 작용하도록 허락하고 적절한 결과로 이어지도록 믿고 맡기는 것이다.

인간은 삶의 모든 측면을 대상으로 꾸준히 경험을 시험한다. 한 생에서 다음 생으로 넘어가면서 계속 새로운 교훈과 지혜를 얻는다. 이런 식으로 쉼 없이 경험하고 배우다 보면 어떤 행동이 고통을 가져오는지, 왜 어떤 행동과 삶의 방식은 바람직하지 않은지 절로 터득하게 된다. 뜨거운 오븐에 손을 댔던 아이처럼 앞으로 해서는 안 될 일들을 확실하게 배우는 것이다. 누구에게나 '나를 절대로 유혹할 수 없는 일들'이 있다. 전생에서 이미 교훈을 얻은 일, 따라서 다시 배울 필요가 없는 일이기 때문에 나에게 더는 유혹으로 작용하지 않는 것이다. 그런가 하면 강력한 유혹으로 다가오는 일들, 유혹에 넘어갔을 때 고통을 유발하는 일들도 있다. 단 한 번의 물질적 삶이 인생의 전부라면 이런 고통과 슬픔이 다 무슨 쓸모가 있단 말인가? 하지만 우리는 이런 경험들이 주는 교훈을 안고 다시 태어나며, 새로운 생에서는 같은 고통을 피하는 법을 배운다.

주변을 둘러보면 해서는 안 될 행동을 하며 고통스러워하는 사람들이 있다. 왜 그토록 명백하게 어리석은 짓을 되풀이하며 고통을 자초하는지 도저히 이해할 수 없어서 고개를 가로젓기도 한다. 하지만 나도 예전에 그들이 지금 겪고 있는 것과 똑같은 경험을 통과하며 그들처럼 괴로워했었다는 사실을 잊으면 안 된다. 그 문제에 관한 나의 욕망과 무지를 경험하고, 고생하고, 이해하고, 결국 무사히 통과했기에 지금은 그 문제로 인해 고통스럽지 않은 것이다. 지금 같은 문제로 고생하고 있는 사람들도 언젠가는 자신의 어리석음과 이에 따른 고통에서 해방되고, 우리가 그랬던 것처럼 경험을 통해 교훈을 얻게 될 것이다.

현재의 나는 오로지 내가 지금까지 겪고 쌓은 경험만으로 만들어졌다는 사실을 완전하게 이해하기란 쉽지 않은 일이다. 한 번의 생애를 예로 들어보자. 누구나 삶에서 겪은 어떤 고통스러운 경험, 수치스러웠던 사건, 끔찍할 정도로 싫은 상황이 사라졌으면 좋겠다는 생각이 들게 마련이다. 하지만 만약 이런 일들을 내 역사에서 완전히 지워버리는 게 가능하다면, 이런 일들을 통해 내가 얻은 경험과 교훈, 지식도 함께 사라질 수밖에 없다는 사실에 대해 생각해 본 적은 있는가? 여러분이라면 힘든 일들을 통과하면서 얻은 소중한 지식과 경험을 다 내다 버릴 수 있겠는가? 그 고통스러웠던 일이 닥치기 전의, 경험도 없고 아는 것도 없는 무지한 상태로 되돌아가고 싶단 말인가? 그 일이 있기 이전의 과거로 돌아간다면 어차피 그 어리석은 실수를 다시 저지를 가능성이 아주 높다. 내가 지금까지 쌓은 경험을 백지화하고 싶은 사람이 과연 얼마나 될까? 고통스러웠던 그 흑역사는 물론 누구든 기억 속에서 지워버리고 싶을 것이다. 하지만 그 일을 통해 얻은 경험은 이제 내 인품의 일부분이 되었다. 이걸 지운다는 것은 나의 일부를, 내 정신의 일부를 버리겠다는 말이나 다름없다. 그러고 싶은 사람은 없을 것 같다. 고통받으며 얻은 경험을 버리기 위해서는 나의 일부를 버려야 하고, 그런 식으로 모든 경험을 다 버리면 나는 사라지고 정신의 껍데기만 남게 된다.

전생에서 있었던 일들을 기억하지도 못하는데, 어차피 다시 태어나면서 상실할 기억인데 그때 쌓은 경험이 다 무슨 소용이냐고 항변할 수도 있다. 하지만 상실한 것이 아니다. 전생에서 있었던 일들은 내 정신의 한 부분이 되었고, 영원히 내 안에 각인되어 절대로 사라질 수 없다. 나의 인품은 이번 생에서 쌓은 경험뿐 아니라 여러 전생과 삶의 단계를 거치면서 얻은 풍부한 경험들로 구성되었다. 현생과 전생에 겪은 모든 경험이 모여 오늘의 나를 만든 것이다.

이번 생에서도 나를 변화시킨, 지금의 나를 있게 한 계기가 된 중요한 사건들을 누구나 몇 개쯤은 기억하고 있을 것이다. 나에게 큰 영향을 주었으면서도 까맣게 잊어버린 일들도 많다. 이번 생에서 일어난 일이었음에도 말이다. 하지만 그 영향은 내 정신에 이미 새겨졌기 때문에 영원히 나와 함께 한다. 전생에서 한 경험도 마찬가지다. 전생의 기억이 거의 또는 전혀 없더라도 그때 쌓은 경험은 한 번 내 것이 된 이상 영원히 나를 떠나지 않는다. 전생에서 한 경험이 있기 때문에 사람마다 독특한 '성향'을 지니고 태어나는 것이다. 이런 태생적인 성향으로 인해 어떤 일은 아무리 노력해도 힘들게 느껴지고, 또 어떤 일은 베테랑처럼 쉽게 해낼 수 있는 것이다. 그리고 어떤 일은 어리석고 나쁜 짓이라는 사실이 '본능적'으로 느껴져서 누가 가르쳐주지 않아도 자연스럽게 멀리하게 된다. '취향'도 마찬가지다. 전생에서 쌓은 경험으로 인해 내 마음에 드는 방식이 있는가 하면, 꺼림칙하게 느껴지는 방식도 있는 것이다. 삶에서 사라지는 것은 하나도 없으며, 과거에 통과한 쓰라린 경험은 오늘 나의 웰빙에 기여한다. 그리고 오늘의 골칫거리와 고통은 미래에 열매를 맺을 것이다.

영혼의 각인 (맥스 하인델의 『절망 속에서 태어나는 용기』 중에서)

인생에서 가장 중요한 경험은 좋은 내용이든 나쁜 내용이든, 육신의 사망 직후 우리 영혼에 각인되는 인상이다. 이 인상은 우리가 환생하여 다음 생에서 중대한 갈림길에 섰을 때 어떻게 행동해야 할지 경고하거나 독려하는 역할을 한다. 이번 생에서 경험해본 적이 없는 상황이 닥치더라도 전생에서는 겪어본 일일 수도 있고, 그 일이 영혼에 깊은 인상을 남겼기 때문에 빠르게 반사적으로 반응하게 되는 것이다.

이 개념을 더욱 쉽게 이해할 수 있도록 전생의 경험이 각인된 우리의 영혼을 레코드판에 비유해 보자. 레코드판을 턴테이블에 올려놓고 바늘을 대면 레코드의 홈에 기록된 정보에 따라 다양한 소리가 난다. 멀리서 보면 왜 레코드의 특정 부분에서 특정 소리가 나는지 알 수 없지만, 아무튼 바늘이 그 부분에 닿으면 항상 정해진 소리가 스피커를 통해 흘러나온다. 축음기의 기술적 원리를 이해하지 못하더라도 레코드의 홈과 소리에 명백한 상관관계가 있다는 사실은 알 수 있다. 분명한 것은, 어떤 과정을 통해 레코드에 홈이 새겨졌고, 홈의 모양새에 따라 그에 상응하는 소리가 난다는 것이다.

같은 원리로 우리가 삶에서 어떤 경험을 하면, 육신이 죽은 후 그 내용이 영혼에 각인된다. 그리고 다음 생에서 영혼에 기록된 안 좋은 경험과 유사한 상황이 생기면 내면에서 조심하라는 경보가 발령되고, 좋은 상황이 벌어지면 어서 행동하라고 설득한다. 전생에서 만든 영혼의 레코드판에는 고통의 홈과 즐거움의 홈이 다양하게 새겨져 있으며, 우리가 이번 생에서 어떤 상황을 만나면 이 기록을 무의식적으로 참조하여 머리로 생각하는 것보다 훨씬 빠르고 정확하게 다음 행동을 결정하게 된다. 육신의 베일로 눈가리개를 한 채 봉사처럼 살아가는 우리는 삶에서 경험하는 일들이 무엇을 의미하는지 정확하게 알지 못한다. 하지만 그 경험의 열매는 천국에서든 지옥에서든 반드시 기록되며, 나중에 다음 생에서 우리의 행동에 영향과 도움을 준다.

(중략)

이러한 이유로 지크프리트는 군터의 궁정에 입장하자마자 기억을 지워버리는 물을 마시게 된다. 자기의 아버지라 주장했던 미메와 함께 살았던 어린 시절, '절망 속에서 태어나는 용기'의 검 노퉁을 벼려 욕망의 영 파프너를 물리치고, 에고이즘을 상징하는 니벨룽의 반지를 얻음으로써 자신의 영적 정체성을 확인하고, 자신을 낳아준 아버지라고 속인 에고의 상징, 미메를 벤 일을 모두 망각한다. 두려움을 모르는 자유로운 영혼으로써 교리의 수호자인 보탄의 창을 깨부수고, 직관의 새를 따라가 잠자고 있던 진리의 영을 깨우고, 진리와 결혼하여 신부에게 반지를 선사함으로써 이기주의를 버렸다는 사실도 까맣게 잊어버렸다.

이 모든 일이 기억에서 사라졌지만, 그의 영혼에는 뚜렷한 흔적을 남겼고, 이제 그 흔적이 과연 유효한지 실생활에서 시험을 치러야 하는 상황이다. 과거의 경험이 영혼의 뼛속에 깊게 새겨졌는지, 아니면 표면을 끄적거리는 데 그쳤는지 확인해야 한다. 우리는 천국에 보관해 둔 보물이 지구에서도 쓸모를 발휘할 수 있는지, 부패를 견뎌낼 수 있는지 검증하

> 기 위해 환생할 때마다 유혹을 받으면서 시험을 치른다. 예수는 세례를 통해 그리스도의 영을 받아들인 후, 황야로 나아가 영혼을 시험하는 고난을 겪었다. 우리도 천상의 경험을 지구로 가지고 내려와서 세상의 시련을 버틸 수 있을 정도로 견고한지, 아니면 쉽게 부서지는 모래성인지 확인하는 시험을 치러야 한다.

그런데 언제나 한 번의 경험만으로 필요한 교훈을 얻는 것은 아니다. 그렇기 때문에 어떤 교훈 하나를 얻을 때까지 여러 번 환생하는 것이다. 하지만 의미 없는 반복은 아니다. 한 번에 이루지 못하더라도 오늘 내가 기울인 약간의 노력은 분명히 의미가 있으며, 그런 노력이 계속 쌓이면 지난 생에서 이루지 못한 것을 이번 생에서 이룰 수도 있다.

미국의 작가, 베리 벤슨[24]이 『Century Magazine』 1894년 5월호에서 영적 진화의 작용을 아주 훌륭하게 비유한 바 있다. 지면을 빌어 전문을 옮겨본다.

"아주 어린 아이가 학교에 갔다. 아이가 태어나서 지금까지 배운 것이라곤 모유를 먹으며 엄마에게 배운 것이 전부였다. 학교 선생님(신)은 아이를 가장 낮은 학년에 배정하고 다음의 과제를 주었다. '살인하지 말지니라.' '다른 생명을 해치지 말지니라.' '도적질하지 말지니라.' 성인이 된 아이는 타인을 죽이지는 않았지만, 남에게 잔혹하게 굴고 도적질도 했

---

[24] Berry Benson (1843~1923). 미국의 군인, 작가.

다. 하루 치 수업이 끝나고 밤이 찾아올 무렵 아이는 백발이 되어있었고, 선생님(신)은 그를 평가했다. '그래, 살인은 해선 안 된다는 것을 배웠구나. 하지만 나머지 두 과제는 풀지 못했으니 내일 학교에 또 나오거라.'"

"다음 날 아침, 백발노인은 다시 어린아이가 되어 학교에 왔다. 그의 선생님(신)은 아이를 어제보다 한 학년 높은 반에 배정하고 또 과제를 주었다. '다른 생명을 해치지 말지니라.' '도적질하지 말지니라.' '타인을 속이지 말지니라.' 아이는 성인이 되어 어떤 생명도 해치지 않았으나, 가끔 도적질도 하고 타인을 속이기도 했다. 하루 치 수업이 또 끝나고 밤이 찾아올 무렵 아이는 백발이 되어있었고, 선생님(신)은 그를 평가했다. '오늘은 자비를 배웠구나. 하지만 나머지 두 과제는 풀지 못했으니 내일 학교에 또 나오거라.'"

"다음 날 아침, 백발노인은 다시 어린아이가 되어 학교에 왔다. 그의 선생님(신)은 아이를 어제보다 한 학년 높은 반에 배정하고 또 과제를 주었다. '도적질하지 말지니라.' '타인을 속이지 말지니라.' '타인의 것을 탐하지 말지니라.' 아이는 성인이 되어 더는 도적질을 하지 않았지만, 타인을 속이고 타인의 것을 탐하는 버릇은 고치지 못했다. 하루 치 수업이 또 끝나고 밤이 찾아올 무렵 아이는 백발이 되어있었고, 선생님(신)은 그를 평가했다. '도적질은 나쁘다는 것을 배웠구나. 하지만 나머지 두 과제는 풀지 못했으니 내일 학교에 또 나오거라.'"

"이것이 바로 내가 세상이라는 책에서, 별을 문자로 삼아 쓰인 천국이라는 두루마리 안에서, 인간들의 얼굴에서 읽고 배운 내용이다."

모든 영혼이 배워야 할 가장 큰 가르침은 우주 만물이 하나(Oneness of All)라는 진리다. 이 지식 안에는 다른 모든 가르침이 포함되어 있다. 이 가르침을 이해하면 마리아의 아들이 전했던 다음의 두 계율을 따를 수밖에 없게 된다.

(마태복음 22:37) 예수께서 가라사대 네 마음을 다하고 목숨을 다하고 뜻을 다하여 주 너의 하나님을 사랑하라 하셨으니
(마태복음 22:38) 이것이 크고 첫째 되는 계명이요
(마태복음 22:39) 둘째는 그와 같으니 네 이웃을 네 몸과 같이 사랑하라 하셨으니
(마태복음 22:40) 이 두 계명이 온 율법과 선지자의 강령이니라

'모든 것은 하나다(All is One)'라는 진리를 의식하는 단계에 이르게 되면, 즉, 신을 사랑하면 우주 만물까지 사랑하게 되고, 내 이웃이 곧 나라는 사실을 진정으로 깨우치면 졸업의 순간이 임박한 것이다. 몇 번의 수업만 더 통과하고 나면 영적 지식의 '고등학교'에 진학할 자격을 얻게 된다. '모든 것은 하나다.'라는 진리를 확신하는 경지에 도달하면 인간이 제정한 모든 법을 초월하는 몇 가지 행동의 규칙, 신성한 윤리도 자동으로 따라오게 되어있다. '신의 아버지 되심(Fatherhood of God)'과 '인류의 형제애(Brotherhood of Man)'의 개념이 그저 그럴듯한 문구의 반복 차원에 머무르지 않고 생생한 현실로 다가오게 되는 것이다.

모두가 언젠가는 이 큰 가르침을 깨우쳐야 하고, 지금도 조금씩 배

워가는 중이다. 우리가 영적 진화의 과정에서 달성해야 할 최종 목표가 바로 이것이다. 신을 아는 것, 나와 타인의 관계를 아는 것, 그리고 내가 누구인지 아는 것, 이것이 바로 현재의 인류가 정복하고 넘어가야 할 과제다. 우리가 지금 다니는 것보다 높은 수준의 영적 지식을 가르치는 학교와 대학들도 있으나, 우리의 현재 수준에서는 방금 언급한 가르침부터 확실하게 이해하고 소화해야 한다. 우리가 지금까지 겪은 모든 고통, 고민, 슬픔, 그리고 끝없이 기울였던 노력은 전부 이 가르침을 이해하기 위한 과정이었다. 하지만 이 진리를 내 것으로 만들고 나면 지금까지 겪은 숱한 고초쯤은 얼마든지 대가로 치를 만했다는 확신이 들 것이다.

요기들에게 '신을 향한 인간의 책무'에 관해 물어보면 이렇게 대답할 것이다. (여기서 말하는 신은 가장 높은 관념에서의 신, 절대 유일신을 의미하는 것이다) "신을 사랑하라. 그러면 그 이외의 모든 것이 명확해질 것이다. 신을 아는 것이 곧 신을 사랑하는 것이다. 따라서 신을 알기 위해 노력하라." 그리고 요기들에게 '이웃을 향한 나의 책무'를 물으면 이렇게 대답할 것이다. "이웃에게 따뜻하고 친절하게 대하라. 그러면 나머지도 다 하는 셈이다." 이 두 계율만 따르면 완벽한 삶을 누릴 수 있다. 매우 단순하지만, 나와 무한한 힘의 관계, 나와 타인의 관계와 관련하여 알아야 할 지식을 전부 아우르고 있는 중요한 계율들이다. 이것 외에는 다 거품이자 찌꺼기다. 진리의 신성한 불꽃 주변에 축적된 쓸모없는 쓰레기일 뿐이다. 전 인류가 도달하기 위해 힘겹게 노력하고 있는 의식의 경지를 잘 표현한 계율이라서 이 시점에 언급한 것이다. 이 두 계율을 진심으로 받아들여 나의 일부로 만들면 성장의 여정에서 큰 폭으로 상승하는 것은 물론이고, 궁극의 시험도 무난히 통과하게 될 것이다.

영적 인과관계의 교리는 이 법칙 안에서 모든 인간은 각자 자기 운명의 열쇠를 쥐고 있다는 진리를 기초로 하고 있다. 내가 나를 심판하는 재판관이고, 내가 나에게 '상'을 내려주는 수여자고, 내가 나에게 '벌'을 내려주는 집행관이다. 나의 모든 생각, 말, 행동은 나의 미래에 어떤 식으로든 영향을 준다. 우리가 일반적으로 생각하는 '보상' 또는 '형벌'의 형식으로 영향을 주는 것이 아니라, 인과관계의 법칙에 따라 일어날 일이 필연적으로 일어나는 것이다.

우리가 환생할 때 다음 생에서 맞게 되는 환경 역시 이 인과관계 법칙의 작용을 따르며, 다음 두 가지 원리의 영향을 받는다. (1) 첫째는 현재 수준의 내가 가진 욕망, 열망, 호불호, 갈망과 그리움의 영향이고, (2) 둘째는 제약을 덜 받으면서 자신을 더 온전하게 표현하고자 하는 영의 영향이다. 즉, 영의 관점에서 봤을 때 개인의 성장에 더 유리한 환경에서 태어나도록 영혼에 영향을 주는 것이다. 표면적으로 대립하고 있는 것으로 보이는 이 두 힘의 영향과 힘겨루기에 의해 우리가 환생하면서 맞게 되는 상황과 조건뿐 아니라, 내가 다음 생에서 드러내게 될 인격과 관련한 많은 조건도 정해진다. 실제로 태어난 후에도, 삶을 영위하는 동안에도 이 두 가지 힘이 대립하면서(대립하는 것처럼 보이면서) 이런 조건들에 영향을 준다.

전생에서 내가 가졌던 욕망, 열망, 습관은 내가 이에 부합하는 환경에서 다시 태어나도록, 현재의 내가 좋아하고, 내 취향에 맞고, 내 욕망을 채울 수 있는 조건으로 환생하도록 강력하게 부추기고 영향력을 행사하려 든다. 즉, 영혼은 전생에서 누렸던 모든 것을 다시 누리고, 자신의 열망을 자유롭게 표현할 수 있는 최적의 탄생 조건과 환경을 추구한다. 하지만 동시에 영혼 안에 거하는 영은 영혼의 잠재력을 펼치기 위해서는 지금까지 억압되었거나 계발되지 않은 측면을 손봐야 하며, 영혼이 간절히 바라는 것과는 다른 탄생 환경과 조건이 필요하다는 사실을 알고 있다. 따라서 전생에서 누렸던 것들을 재현하는 목적으로 환생하려는 영혼이 원하는 미래와는 약간 다른 방향으로 나아가도록 영향력을 행사한다. 예를 들어, 물질적 부를 향한 욕망이 큰 사람은 그 욕망을 실현하기 위해 돈이 많은 집안의 자녀로 태어나거나 큰돈을 벌 수 있는 능력을 지닌 사람으로 태어나려 하지만, 그가 지금까지 여러 생을 거치면서 타인에게 따뜻하고 친절하게 대하는 공부를 등한시해왔다는 사실을 아는 그의 영은 환생의 과정에 개입한다. 다음 생에서도 큰돈을 벌기는 하지만, 그가 중요한 교훈을 얻고 부족한 부분을 계발할 수 있도록 고통, 실망, 손실을 체험하도록 유도하는 것이다.

아주 큰 돈을 거머쥐게 된 미국의 부호들을 대표적인 예로 들 수 있다. 이들은 물질적 부의 축적이라는 목표에 아주 적합한 환경에서 태어났을 뿐만 아니라, 쉽게 돈을 버는 탁월한 선천적 능력을 선사 받고, 그 능력을 자유롭게 활용할 수 있는 최적의 상황을 자신에게 끌어당겼다. 그들은 결국 그 꿈을 실현했고, 전례가 없는 천문학적 부를 거머쥐는 데 성공했다. 하지만 이들은 거의 예외 없이 불만이 많은,

어찌 보면 세상에서 가장 불행한 사람들이다. 이들이 얻은 거대한 부는 목에 매단 족쇄가 되었고, 그 돈을 잃을까 봐 두려워하고 그 돈을 관리하느라 불안에 시달리는 것이 이들의 일상이 되어버렸다.

그들은 돈이 진정한 행복을 선사하기는커녕 이웃과의 거리를 크게 벌리는 결과를 불러왔고, 그로 인해 적당히 벌어서 알뜰하게 사는 평범한 소시민보다 불행한 사람이 되었다는 생각에 사로잡혀 괴로워한다. 늘 흥분해있고, 차분하게, 가만히 있지 못하는 이들은 자기가 처한 암울한 현실을 잊고 도피하기 위해 뭔가 새롭고 자극적인 것을 계속 쫓아다닌다. 이런 감정이 왜, 어디서 솟아나는지는 모르지만, 인류를 위해 뭔가 해야 할 책무가 있다는 느낌도 계속 올라온다. 그래서 인류의 형제애와 모두가 하나라는 진리, 그 현실을 깨우쳐가고 있는 인류의 의식 계발과 더불어 여기저기서 설립된 대학, 병원, 자선단체, 그리고 이와 유사한 기관들에 거금을 기부함으로써 자기에게 부족한 부분을 메꾸려 한다.

거부로서의 이번 생을 마감하기 전에 이들은 물질적 성공이 진정한 행복을 가져다주지 않았다는 사실을 내면 깊은 곳에서부터 느끼게 되며, 육신을 벗어던지고 아스트랄계에서 휴식을 취하는 동안 자기 자신을 다시 성찰하고 정신적, 영적 우선순위를 바로잡는 작업에 착수한다. 다음에 또 환생했을 때는 어차피 다 쓰고 죽지도 못할 물질적 부를 축적하는 일에 온 에너지를 쏟아붓는 대신 균형이 잡힌 삶을 추구하고, 예상하지 못했던 곳에서 행복을 발견하고 영적으로 더 발전하는 것을 목표로 삼게 된다. 비정상적인 방법으로 돈을 벌었던 지난

날들이 특별히 '사악하다'고 느껴서가 아니라, 돈으로 행복을 얻지 못했기 때문에, 부를 향한 욕망이 다 소진되었기 때문에 다른 곳으로 관심을 돌리고 그곳에서 행복을 찾으려 하는 것이다.

만약 영이 개입하여 영향력을 발휘하지 않는다면 이 영혼은 다음에도 돈 벌기 좋은 환경에서 태어나려고 했을 것이며, 물질의 획득만을 목표로 삼는 일차원적 삶의 문제를 깨닫지도 못했을 것이다. 부를 향한 비정상적인 욕망을 계속 키우면서 반복 환생하고, 새로 태어날 때마다 더 큰 부와 권력을 얻으며 돈에 환장한 괴물이 되어갔을 것이다. 하지만 영의 영향력은 언제나 영혼의 비정상적 욕망에 제동을 건다. 그 저속한 욕망의 실현이 지겨워지고 영의 목소리에 귀를 기울이게 될 때까지 여러 차례의 환생이 필요할 수도 있지만, 결국에는 영이 영혼을 올바른 길로 이끌게 된다는 얘기다. 때로는 영혼의 욕망이 워낙 강력하여 과거의 욕망을 재현하기 위해 영혼이 선택한 환생의 조건에 영이 큰 영향을 주지 못할 수도 있다. 이런 경우에는 영혼이 세상에 태어난 후에 영향을 준다. 영혼이 자기 힘으로 다스리지 못하는 욕망에 제동을 걸기 위해, 그에게 꼭 필요한 교훈을 주기 위해 끌어당김의 법칙을 활용하여 그가 고통, 실망, 실패를 경험하도록 유도한다. 나의 욕심으로 인해 타인이 느끼는 고통, 실망, 실패, 슬픔을 내가 직접 느껴보도록 함으로써 더 높은 이상을 펼치는 방향으로 기존의 삶을 변화하도록 부추기는 것이다.

인생에서 예기치 않게 갑자기 닥치는 '액운'은 대부분 나의 상위 원리가 나에게 어떤 교훈을 주고 나를 올바른 길로 인도하기 위해 선사하는 것이다. 대부분 경우 신 또는 어떤 상위 차원의 존재가 아니라 나의 상위자아, 즉, 내 안의 영이 이런 삶의 교훈을 나에게 주는 것이라는 사실을 이해해야 한다. 내 안의 영은 나에게 가장 도움이 되는 것이 무엇인지 정확하게 알고 있다. 그래서 나의 하위 자아가 제멋대로 행동하려 들면 방향을 틀게끔 유도하거나, 필요하다면 아예 그 자리에서 멈추도록 제재를 가한다.

다시 한번 얘기하지만, 이건 형벌이 아니라 최고의 자비다. 영은 내 밖에 있는 외부의 존재가 아니다. 물론 영은 나의 신성이자, 우리가 '신'이라 부르는 절대적 지성체와 가장 가까운 부분이긴 하지만, 어디까지나 나의 일부라는 사실을 잊어서는 안 된다. 영이 나의 잘못된 행동에 분개하거나, 복수심에 들끓거나, 더는 참지 못해서 나에게 고통을 가하는 것이 아니라, 자기 자신에게 심각한 상처를 입힐지도 모르는 위험한 물건을 들고 있는 아이의 손에서 그 물건을 빼앗는 부모처럼, 절벽 끝을 향해 기어가고 있는 아기를 가로막는 부모처럼, 나를 보호하기 위해서 개입하는 것이다. 우리는 내가 원하는 대로 하지 못하게 하는 영의 개입에 불만을 품고 악을 쓰며 생떼를 부리지만, 영의 지도가 없었다면 우리는 크나큰 불행을 맞았을 것이다.

영적 정신이 발달한 사람은 이런 상황을 올바르게 파악하고, 어리석게 영을 상대로 싸움을 벌이기보다는 마찰 없이 영의 지도에 순종하고 자신을 내맡김으로써 불필요한 고통을 피한다. 하지만 무지한 사람은 자기가 엉뚱한 길로 탈선하지 않도록 멱살을 잡으면서 올바른 길로 안내하는 영에 분노하며 반항한다. 그리고 도움의 손길을 뿌리치고 발악한 결과, 쓰디쓴 경험을 하게 된다. 우리는 내 일에 간섭하려 드는 외부의 영향에 본능적으로 적대감을 드러낸다. 나를 구속하려 드는 것은 전부 다 불쾌하게 여긴다. 하지만 '나를 구속하려고 드는,' '나에게 이래라저래라하는' 그 영은 나의 일부, 나의 상위자아라는 사실을 이해하면 상황을 새로운 관점에서 볼 수 있다.

그리고 무엇보다 이걸 기억해야 한다. 나에게 닥친 상황과 환경이 아무리 암울해 보여도 지금의 나에게 꼭 필요한 일, 그리고 궁극적으로는 나에게 긍정적으로 작용할 일이기에 일어나고 있다는 사실. 나에게 부족한 부분을 보충하여 더 균형 잡힌 사람으로 만들기 위해 나에게 필요한 일이 정확하게 계산되어 일어난 것일 수도 있다. 앞서 사례로 들었던 돈만 밝히는 사람처럼 어느 한쪽으로만 치우치면 이를 바로잡기 위해 내가 나아가는 방향을 강제로 틀어주는 사건이 일어날 수 있다. 나에게 일어나는 작은 일들, 큰일들, 전부 다 어떤 의미를 지니고 있다. 끌어당김의 법칙에 의해 나와 타인의 관심이 서로 엮이고, 상호 발전과 궁극적으로 서로에게 선한 영향을 주기 위해 나의 행동이 타인에게 영향을 주고, 타인의 행동이 나에게 영향을 줄 수도 있다. 이 개념에 관해서는 잠시 후에 더 자세히 설명할 것이다.

차분하게 앉아서 나의 지난 과거를 떠올려보면 어떤 일이 원인이 되어 어떤 결과로 이어지고, 작은 일이 계기가 되어 큰일이 생겨나고, 사소한 일 하나로 인해 인생이 송두리째 바뀐 적도 여러 차례 있었음을 알 수 있다. 내 인생에서 일어난 가장 중요한 일의 최초 원인을 추적하다 보면 별것도 아닌 일이 도화선이 되었던 경우도 많다. 과거에 겪었던 고통스러운 경험이 나를 더 강하게 만들고, 그 일을 계기로 삶이 더 확장되고 풍성해졌다는 것도 알 수 있다. 불필요하게, 이유 없이 잔혹했던 과거의 어떤 일 덕분에 오늘 내가 소중하게 여기는 무언가가 존재하게 되었다는 사실도 알 수 있다. 시간이 흘러 뒤를 돌아보면 관점이 바뀌게 마련이다.

이처럼 현명한 관점에서 상황을 바라볼 수 있는 경지에 이르면 현재의 나에게 고통을 주며 괴롭히는 일들도 궁극적으로는 다 피가 되고 살이 될 것이라는 마음으로 편하게 대할 수 있다. 나에게 일어나는 안 좋은 일들은 형벌도 아니고, 외부의 어떤 강력한 존재의 고의적인 훼방도 아니고, 잔혹한 자연의 공격도 아니고, 내가 전생에서 했던 일들이 유발한 자연적인 결과이거나 나를 올바른 길로 인도하려는 영의 따스한 개입이라는 결론을 내리면 내 '비극적인 운명'을 비관하고 항의하며 몸부림치는 일도 사라지고, 위대한 법칙에 나를 내맡김으로써 갈등과 고통에서 해방될 수 있다. 그리고 내가 지금 고통, 슬픔, 곤경의 시기를 통과하고 있더라도 마음의 문을 열고 영의 지도를 따르면 길이 보일 것이고, 그 길을 따라 한 발자국씩 천천히 나아가면 평온과 힘을 얻게 될 것이다. 우주의 법칙은 우리가 감당할 수 없는 짐을 지우지 않는다. 털 깎은 양이 춥지 않도록 바람의 세기를 조절할 뿐만 아니라, 벌거숭이가 된 양이 어떤 바람에도 적응할 수 있도록 단련시킨다.

조금 전에 나의 관심이 타인의 관심과 엮이게 되는 현상에 관해 언급했는데, 이것 역시 영적 인과관계 법칙의 원리 중 하나다. 우리 모두 전생에서 어떤 사람들과 사랑 또는 증오, 따뜻한 또는 잔혹한 행동을 통해 관계의 끈을 형성했다. 이들은 이번 생에서도 우리와 어떤 관계를 형성하게 되며, 관계의 당사자들은 이를 통해 서로 영향을 주고받으면서 자기가 바로잡아야 할 부분들을 바로잡고, 자기를 계발하면서 성장한다. 내가 전생에서 해쳤던 사람이 이번 생에서 나를 해치는 현상은 '복수의 법칙'에 따른 결과가 아니라, (내가 어떤 교훈을 얻기 위해 상처를 입는 일이 필요했다면) 인과관계의 법칙에 의해 자연스럽게 발생하는 현상이다. 내가 고통에 신음하고 있을 때 누군가 나타나서 상처를 치료해주고 위로해주는 현상 역시 '보상의 법칙'의 작용이 아니라, 내가 전생에서 위기에 처한 누군가를 돕고 위로해줬기 때문에 그 선행이 나에게 되돌아온 것이다. 이번 생에서 나에게 해를 가한 사람은 이를 전혀 의도하지 않았을 수도 있다. 아무런 죄가 없는 사람일 수도 있다. 당사자는 이 사실을 전혀 인식하지 못하지만, 그가 나에게 고통을 안겨줄 필요가 있었기에 내가 피해자가 되는 상황으로 이끌려진 것이다.

누군가가 의도적으로 나에게 위해를 가하는 경우도 있는데, 이 역시 법칙에 따른 것이다. 이 가해자는 아직 남을 해치면 안 된다는 교훈을 얻지 못했고, 나를 해칠 용의도 있는 사람이다. 그리고 끌어당김의 법칙에 의해 나에게 위해를 가할 수 있는 상황으로 들어오게 된다. 하지만 심지어 이런 식으로 상처를 받는 것도 나에게 꼭 필요해서 일어난 일이고, 궁극적으로는 나에게 긍정적인 효과를 주도록 철저하게 계산된 인연이다. 이처럼 인과관계의 법칙은 놀랍게 작용한다. 물론 우리에게 일어나는 이런 좋고 나쁜 일들의 실체, 즉, 진리를 파악하고 나면 인과관계를 통해 배워야 할 교훈들도 점차 줄어들고, 고통을 유발할 수 있는 여러 상황도 피해갈 수 있게 된다.

방금 설명한 개념을 더 쉽게 이해하기 위해 예를 하나 들어보자. 전생에서 이기적인 목적으로 누군가의 사랑을 쟁취하고, 그 목적을 달성한 후 연인을 헌신짝처럼 버린 사람이 있다고 가정해 보자. 우리가 인과관계의 법칙이 작용하는 정확한 원리를 다양한 사례별로 속속들이 꿰차고 있다고 주장하지는 않겠지만, 우리보다 높은 차원에서 현실을 굽어보는 존재들의 설명에 따르면 이런 경우 전생에서 연인을 배신했던 사람은 이번 생에서 옛 연인을 다시 만나 그와 주체할 수 없는 사랑에 빠지고, 상대방은 그에게 관심조차 주지 않을 가능성이 높다고 한다. 자기가 퍼부은 만큼의 사랑을 돌려받지 못한 그는 이루어질 수 없는 사랑이 유발하는 극심한 고통을 느끼게 되고, 이 뼈아픈 경험을 통해 사람 간의 애정은 신성한 것이고, 이를 하찮게 여기는 것은 못돼먹은 짓이라는 교훈을 얻게 된다. 이 경우, 자기를 사모하는 구애자에게 사랑을 되돌려주지 않음으로써 상처를 입힌 사람은 잘못한 것이 전혀 없다. 따라서 그는 새로운 인과관계의 고리, 새로운 카르마도 만들어내지 않는다.

전생에서 우리가 사랑하고 따뜻한 애정으로 대했던 사람들은 이번 생에서도 끌어당김의 법칙에 의해 우리 주변에 머무르면서 또 인연을 맺게 되고, 이번 생에서 나와 가까운 관계를 맺은 사람은 전생에서도 가까웠을 가능성이 높다. 세상에는 첫눈에 반하거나 호감을 유발하는 사람도 있고, 이와 반대로 초면부터 왠지 모르게 불쾌한 느낌을 주는 사람도 있는데, 이 역시 환생의 이론으로 설명할 수 있다. 우리의 일상에서 일어나는 많은 일도 영적 인과관계 법칙의 작용에 의해 일어나는 것이다. 우리는 끊임없이 타인의 삶에 엮인 상태로 살아가며, 이를 통해 고통을 받든 행복을 누리든, 인과관계의 법칙을 통해 풀려야 할 것은 다 풀리게 되어있다. 이 법칙의 작용과 영향에서 완전하게 해방되는 유일한 방법은 진리를 깨우치고, 이를 기반으로 새롭게 삶을 설계하는 것이다. 그런 상태에 이르면 교훈을 얻기 위해 불필요한 고통을 받을 일도 사라지고, 인과관계 법칙이라는 거센 물살에 휩쓸려 헐떡거리며 신음하는 대신, 파도를 타면서 서핑을 즐길 수 있다.

증오, 악의, 질투, 분노, 그리고 타인을 향한 적개심으로 결국 나에게 되돌아올 부정적인 인과관계를 새로 만들어내지 않도록 주의하자. 나 자신과 타인을 따뜻하게 대하기 위해 최선을 다하고, 증오의 감정과 복수하고자 하는 마음은 최대한 피하자. 나에게 부과된 짐은 최대한 즐거운 마음으로 등에 지고 나아가자. 그리고 언제나 영의 지도를 신뢰하고, 가장 높으신 분, 가장 높은 지성의 도움을 받아들이자. 우주의 모든 것은 궁극적으로 선을 위해 일하며, 우리는 그 선을 박탈당할 수 없다는 사실을 알아야 한다. 우리가 지금 사는 삶은 시간이라는 거대한 사막에 뿌려진 한 톨의 모래에 불과하며, 나의 모든 열망, 모든 소망을 실현하고, 그 열망과 소망마저 벗어던지기 위해 수많은 세대에 걸친 기회가 주어질 것이라는 사실을 기억하자. 신이 주관하는 우주의 모든 일은 다 완벽하게 풀리게 되어있으므로 낙담하지 말자.

제14강

깨달음에 이르는 요기의 길

ॐ

이번 강의를 통해 전달한 요기 철학의 기본 원리를 열심히 공부하고 익힌 학생이라면, 이 가르침을 올바르게 이해하고, 받아들이고, 삶의 일부로 만들어 일상에서 실천하는 사람은 현재의 생이 전부이며, 육신이 죽으면 '나'라는 존재도 사라지고 미래의 생은 없다고 확신하는 물질주의자와는 확연히 다른 삶을 살게 되리라는 사실을 이해했을 것이다. 이들은 또한 인간은 변덕스러운 신이 그때그때의 기분에 따라 창조한 피조물에 불과하고, 우리에게는 아무런 책임도 없으며, 특정 종교에서 정한 '신앙심'을 가지고 정기적으로 예배에 참석해야만 '구원'을 받을 수 있다고 확신하는 사람과도 다른 삶을 살 것이다.

요기 철학은 특정 종교를 비하하지 않는다. 요기 철학에서는 모든 형태의 종교가 선하며, 종교마다 여러 단계를 거치며 성장의 사다리를 오르고 있는 각양각색의 인간을 위해 기여할 일이 있다고 설명한다. 또한 어떤 형태의 예배를 채택하든, 신에 대한 관념이 어떻든, 신을 어떤 이름으로 부르든, 모든 인간이 숭배하는 신은 사실 유일하고 위대한 지성체이며, 예배의 형식은 전혀 중요하지 않고 신을 숭배하는 인간의 동기야말로 그를 평가하는 가장 중요한 기준이라고 설명한다.

요기 철학, 그리고 인종과 교리를 불문한 모든 오컬트 전통의 가르침에 따르면 인간은 어떤 책무를 지닌 존재라고 한다. 인간은 자신이 처한 상황을 스스로 만들어내며, 행동에 따른 결과의 형태로 자연스럽게 자기 자신에게 벌과 보상을 내린다. 또한 인간은 자기가 성취한 선은 박탈당하는 법이 없다. 여러 차례의 생을 통해 백 번 뒤로 넘어지더라도 언제나 조금씩이나마 성장하며, 종국에는 물질을 향한 집착을 정복하고 최종 목적지를 향해 나아가게 된다. 우리가 선호하는 형태의 예배가 어떻든, 우리는 모두 신의 자녀들이다. 신의 호적에서 삭제되거나 영원히 저주받을 자녀는 단 한 명도 없다.

이전 강의에서도 언급했지만, 죄를 지은 대가로 벌을 받는 것이 아니라 인과관계의 법칙에 의해 행위에 따른 필연적인 결과가 나에게 찾아오는 것이다. 오컬트 전통에서는 '뿌린 대로 거둔다.'는 가르침의 중요성을 강조하며, 왜 내가 뿌린 것은 내가 반드시 거두게 되어있는지 설명한다. 나의 저속한 욕망과 갈망이 어떻게 나를 아래로 끌어내리는지 적나라하게 보여준다. 내가 그런 것들을 끝내 정복할 수 있도록, 그 저속함에 완전히 질려 토가 나올 때까지 추락하는 경험을 하도록 유도한다. 물질만을 탐했던 과거의 나를 되돌아보며 그 끔찍함에 치를 떨고, 이제부터는 올바른 방향으로 나아가야겠다고 굳게 결심하는 계기를 마련해주는 상황이 조성되는 과정을 설명해준다. 또한 영은 언제나 우리와 함께하고, 우리에게 도움과 지침을 주기 위해 항시 옆에서 대기 중이며, 우리는 이 영을 통해 우주 모든 생명과 힘의 원천과 상시 연결되어 있다는 사실을 보여준다.

돌아온 탕아의 우화 (윤민의 『센과 치히로의 신곡』 중에서)

앞서 소개했던 '돌아온 탕아'의 우화에도 돼지와 관련한 이야기가 나온다. 아버지로부터 물려받은 재산을 들고 이집트로 가서 방탕한 생활을 일삼던 탕아는 결국 알거지가 되어 돼지에게 사료를 주는 신세가 된다. 하도 배가 고파서 사료를 먹는 돼지들이 부럽다는 생각까지 하며 인생의 밑바닥을 친 탕아는 그 순간에 깨달음을 얻는다. 이집트에서 돼지는 게으름, 어리석음, 죽음을 상징하는 심볼로 사용되었다. 돼지를 돌본다는 것은 무지를 섬긴다는 뜻이다. 자기가 무지를 사랑하는 바람에 비참한 처지로 추락했다는 뼈저린 사실을 알게 된 탕아는 오디세우스처럼 집으로 돌아가겠다는 목표를 세운다.

제발트 베함(Sebald Beham)의 《The Prodigal Son with the Swine》. 돼지에게 사료를 주고 있는 탕아.

세상은 다양한 성향을 가진 사람들로 구성되어 있고, 한 사람에게 맞는 삶의 방식이 다른 사람에게는 적합하지 않을 수도 있다. 어떤 사람은 특정 방향으로 나아가며 진화와 성장을 추구하고자 하고, 어떤 사람은 이와 또 다른 방향을 택할 수도 있다. 요기 철학에서는 사람의 기본 성향과 기질에 가장 적합한, 그의 마음에 제일 와닿는 길을 택하는 것이 현재로서는 최선이라고 설명한다.

요기들은 깨달음에 이르는 길을 크게 세 가지로 분류한다: (1) 라자 요가(Raja Yoga), (2) 카르마 요가(Karma Yoga), 그리고 (3) 그나니 요가(Gnani Yoga).[25] 세 형태의 요가 모두 인간을 위대한 길로 인도하는 역할을 하며, 역사적으로 수많은 구도자가 이 중 자기 취향에 맞는 길을 선택하여 긴 여정에 올랐다. 물론 세 길 모두 같은 종착지로 연결된다. 이번 강의에서는 요기 철학에서 '세 갈래의 길'이라 불리는 이 세 요가 형태의 특성을 간략하게 설명한다.[26]

---

[25] 일반적으로 '즈나나 요가(Jnana Yoga)'로 불리기도 하나, 저자는 요기 철학을 다루는 이 책의 고급 편에서 '그나니 요가'와 '즈나나 요가'를 구분하고 있어서 책에서도 저자의 표기법을 따랐다.

[26] 유대교의 신비주의 사상인 카발라(Qabalah)를 '서양의 요가'로 표현한 디온 포춘(Dion Fortune) 역시 세 갈래의 신비주의를 언급했다. 1) 티파레트(Tiphareth)를 경유하는 헌신의 신비주의(Devotional Mysticism; 생명 나무의 중간 기둥), 2) 넷자흐(Netzach)를 경유하는 자연 신비주의(Nature Mysticism; 생명 나무의 오른쪽 기둥), 그리고 3) 호드(Hod)를 경유하는 지적 신비주의(Intellectual Mysticism; 생명 나무의 왼쪽 기둥). 이 세 개의 길은 각각 카르마 요가(또는 박티 요가), 그나니 요가, 라자 요가에 상응한다고 할 수 있을 것 같다.

'박티 요가(Bhakti Yoga)'라 불리는 분야를 앞서 언급한 세 가지 길과 다른 또 하나의 길로 취급하는 교사들도 있는데, 우리는 박티 요가를 '종교적' 형태의 요가, 즉, 종교와 종파를 막론하고 신을 향한 사랑과 예배를 가르치는 요가로 여기고 있으며, 따라서 별도의 길이라기보다는 세 길 모두에 공통으로 걸쳐있는 것으로 보고 있다. 세 가지 요가의 갈래 중 하나를 따르면서 모든 생명의 중심, 절대자, 즉, 수많은 이름으로 불리는 신을 향한 사랑과 존경심이 솟아나지 않을 수는 없다. '박티 요가'는 '헌신의 길'을 의미하는 표현이다. 학생들이 세 개의 길 중 어느 것을 택하고 따르든, 어떤 종교의 신도로 등록되어 있든, '박티 요가'에 담긴 헌신의 정신을 언제나 마음속에 간직하기 바란다. 또한 이번 강의에서 설명하는 세 가지 길 중 하나를 택했다고 해서 어린 시절부터 소중하게 지켜온 신앙생활을 포기해야 하는 것은 아니라는 점도 기억하기 바란다. 오히려 요기 철학을 깊게 공부하면 종교에 대한 관심이 되살아나며, 지금까지 그저 맹목적으로 믿기만 했던 내용의 진짜 의미를 이해하고 신앙심이 더욱 깊어지리라 생각한다.

'라자 요가'는 인간에 내재한 힘의 계발에 헌신하는 요가로, 의지를 발휘하여 정신의 힘을 통제하고, 자신의 하위 속성을 다스리고, 영혼이 펼쳐질 수 있도록 정신의 힘을 계발하는 것을 두루 포함한다. 라자 요가의 첫 번째 단계는 '하타 요가'의 가르침에 따라 육신을 다스리는 법을 터득하는 것이다. 육신을 효율적인 도구로 만들고, 이 도구를 자기 의지대로 활용할 수 있어야 정신적으로 성장하고 초자연적 힘의 계발도 효과적으로 이루어질 수 있다. 근래에 서양에서 '정신과학' 또는 이와 유사한 이름으로 선풍적인 인기를 얻고 있는 분야도 '라자 요가'의 일부라 할 수 있다.

　라자 요가에서는 잘 단련된 인간의 정신과 의지에 담긴 굉장한 힘의 실체, 그리고 그 힘을 연마하고 지혜로운 방향으로 집중하고 적용함으로써 놀라운 일들을 성취할 수 있다는 사실을 인정한다. 정신의 힘을 밖으로 겨냥하여 외부의 사물에 영향을 줄 수 있을 뿐만 아니라, 그 힘이 내면을 향하게 하고 내 앞에 주어진 대상에 집중시킴으로써 숨겨져 있던 지식을 끄집어내고 빛을 비출 수도 있다. 세계의 위대한 발명가들이 하는 일은 따져 보면 정신의 힘을 자신의 내면에 적용함으로써 무의식적으로 라자 요가를 행하는 것이라 할 수 있다. 마찬가지로 인류가 직면한 다양한 문제들을 해결하기 위해 노력하는 세계 지도자들은 이 힘을 밖으로 겨냥하여 라자 요가를 행하고 있는 것이라고 할 수 있다.

　하지만 라자 요가의 길을 걷는 구도자는 위에서 언급한 힘의 계발과 성취만으로 만족하지 않는다. 이보다 더 높은 경지에 이르고자 하는 그는 라자 요가 또는 이와 유사한 방법으로 정신을 집중하여 어두컴컴한 자기 내면에 서치라이트를 환하게 비추고, 자기 영혼 안에 감춰진 비밀을 캐낸다. 요기 철학의 가르침 중 상당 부분도 사실 이런 방식으로 빛을 보게 되었다. 라자 요가의 수행은 매우 실용적이며, 공부하는 학생이 한 걸음을 내디딜 때마다 배운 내용을 스스로 입증할 수 있다는 점에서 화학을 공부하고 실습하는 것과 여러모로 유사하다. 라자 요가는 애매하고 모호한 이론을 운운하지 않고 처음부터 끝까지 실험과 결과, 사실관계를 다룬다. 가까운 미래에 학생들에게 라자 요가를 주제로 한 실용서를 제공하게 되기를 기대하고 있다. 라자 요가의 이론은 파악했으나 이를 실천하는 방법은 아직 익히지 못한 작가들의 증언만 난무하고 있는 가운데, 오늘날 이 지식의 활용법을 절실하게 기다리고 있는 서양인들을 위한 자료의 출간이 시급한 상황이다.

'카르마 요가'는 업(Work)의 요가로, 즐거운 마음으로 일하기 좋아하고, 머리 또는 손으로 '무언가를 하기' 좋아하고, 말 그대로 일 자체를 즐기는 사람들이 택하는 길이다. '카르마'는 산스크리트어 단어로, 지난 강의에서 다룬 '영적 인과관계의 법칙'을 지칭하는 것이다. 카르마 요가는 나를 물질에 속박시키고 영적 진화를 지연시키는 새로운 인과관계를 만들어내는 이기적인 생각과 행동의 영향을 피하고, 일을 수행하면서, 행동을 중시하면서 삶을 영위하는 방법을 제시한다. 일의 결과에 대한 집착이나 욕심보다는 일을 수행하는 것 자체의 중요성을 가르친다.

서양 독자들에게는 이상하게 들릴지 모르지만, 인생에서 많은 것을 성취한 서양인 중 상당수는 자기도 모르게 이런 마음으로 일에 임했다. 꼭 노동의 대가를 바라서라기보다는 일을 하고 창의력을 발휘하는 것 자체로 즐거움을 느끼면서 하다 보니 성공도 자연스럽게 따라온 것이다. 물질적 이득을 위해서만이 아니라 '일을 하지 않고는 배길 수가 없어서' 열심히 일했다고 증언하는 사람들도 있다. 카르마 요가의 길을 가는 사람은 자기가 일을 하는 것이 아니라는 느낌을 받을 때가 종종 있다. 나의 정신과 몸이 일하는 것이고, 나는 곁에서 그 모습을 지켜보는 것 같은 기분이 드는 것이다. 카르마 요가에도 하위 차원과 상위 차원이 있지만, 각 형태의 요가 하나하나가 굵직한 별도의 주제이므로 이번 강의에서는 자세히 다루지 않는다.

'그나니 요가'는 '지혜의 요가'로, 오컬트 지식을 대상으로 논리적으로 추론하고, 입증하고, 실험하고, 분류하는 것이 적성에 맞는, 과학적이고 지적인 유형에 적합한 길이다. 말하자면 학자의 길이라 할 수 있으며, 이 길을 걷는 사람들은 형이상학에 강력하게 이끌리는 경향이 있다. 그나니 요가의 길을 걷는 사람들의 사례를 보면 겉으로는 굉장히 광범위한 것처럼 보일 수 있다. 한편에는 고대와 현대의 위대한 철학자들이 있고, 반대편에는 형이상학의 가르침에서 매력을 느끼는 이들이 있다. 사실 요기 철학을 공부하는 학생들도 표면적으로는 세 가지 길 중 하나를 따른다고는 하지만, 대부분 그나니 요가에 이끌리는 성향을 지니고 있다. 지금 진행하고 있는 강의에도 여러 형태의 요가에 관한 내용이 포함되어 있기는 하지만, 기본적으로는 그나니 요가 강의라고 할 수 있다. 여러 형태의 요가 중 천성적으로 자기에게 맞는 하나를 택하여 집중적으로 공부하는 요기 중에도 다른 요가 형태의 속성을 두루 결합하고 활용하는 사람들이 많다.

세 가지 형태의 요가 중, 학생들이 따르기 가장 쉬운 것은 아마도 카르마 요가가 아닐까 싶다. 그나니 요가의 길을 가는 사람보다 덜 연구해도 되고, 라자 요가의 길을 가는 사람보다 덜 수련해도 되기 때문이다. 카르마 요가를 수행하는 요기는 그저 올바르게 살기 위해 노력하고, 노력에 따른 보상을 받게 될 것이라는 소망에 현혹되지 않은 상태에서 매사에 자기가 할 수 있는 최선을 다할 뿐이다. 그리고 이 과정을 통해 자신의 본질에 관한 진리를 깨닫고, 여러 생을 거치면서 높은 성취의 수준에 도달하는 날까지 한 송이 장미처럼 서서히 꽃을 피우는 것으로 충분히 만족한다. 그는 놀라운 초자연적 힘의 소유를 바라지도 않으며, 따라서 이런 역량을 계발하려 시도하지도 않는다. 자연과 생명이 직면한 중대한 문제들의 해결을 간절히 바라기보다는, 종국에는 모든 일이 잘 풀릴 것이라는 믿음과 확신으로 하루하루 착실하게 살아갈 뿐이다. 미국의 '신사고' 사상에 심취해 있는 다수의 미국인이 사실은 카르마 요기라 할 수 있다.

이와 대조적으로 라자 요기는 자신에게 내재한 힘을 계발하고 자신의 정신을 깊게 연구하고 싶다는 열망을 품는다. 자기 안에 숨겨진 힘과 능력을 실현하고, 이를 위해 이것저것 실험해보고 싶어 한다. 그는 심리학과 '초자연적 현상,' 모든 유형의 오컬트 현상과 관련 가르침에도 지대한 관심을 보인다. 그는 끊임없는 노력으로 많은 것을 성취하며, 의지와 정신력을 집중함으로써 종종 놀라운 결과를 얻는다.

그나니 요가의 길을 걷는 사람은 형이상학적 사색과 추론, 오묘한 지적 탐구를 통해 즐거움을 얻는다. 그는 철학자이자, 학자이자, 설교가이자, 교사이자, 학생이며, 자기가 깊게 빠진 특정 분야를 추구하기 위해 그나니 요가의 다른 측면들은 다 제쳐두고 한 우물만 파고드는 극단적인 면모도 종종 보인다.

오컬트 분야에서 전반적으로 고른 성장을 이루기에 가장 적합한 사람은 여러 형태의 요가 중에서도 자신의 적성에 맞는 하나를 택하여 꾸준히 따르되 어느 특정 분야의 잔가지에 매달리며 극단적으로 치우치지 않고, 동시에 이 위대한 철학 체계의 모든 측면을 두루 공부하면서 기본적인 소양을 닦을 줄 아는 사람이다. 인간은 어차피 언젠가는 자신의 모든 면을 골고루 다듬어야 한다. 따라서 하나의 길을 선택하여 걸을지언정, 다른 길에도 어느 정도 관심을 두며 광범위하게 공부하는 편이 바람직하다. 이와 같은 기본적인 원칙을 지키면 수행의 과정에서 편파, 광신, 편협, 근시안적 사고, 편견 등을 피할 수 있을 것이다.

요가를 공부하는 학생은 또 다음과 같은 세 그룹으로 분류할 수 있다.

(1) 첫째는 전생에서 이미 요가 공부를 시작하여 일정 수준의 경지에 도달했고, 이번 생에서도 오컬트와 관련 분야에 강력하게 이끌리는 성향을 지닌 사람들이다. 이들은 빠른 속도로 가르침을 흡수하며, 예전에 배웠던 것들을 이번 생에서 다시 배우고 있다는 사실을 의식한다. 그리고 본능적으로 오컬트 가르침에 담긴 진리를 파악하고, 이런 공부를 양식으로 삼으면서 영혼의 굶주림을 달랜다. 물론 이들의 성장 수준은 사람마다 다르다. 전생에서 이런 공부를 시작한 지 얼마 되지 않아서 기초적인 내용만 띤 초급자들도 있고, 이보다 상대적으로 많은 공부를 해서 현생에서 더 많은 진도를 나갈 수 있는 중급자들도 있고, 이미 많은 공부를 통해 거의 '의식적으로' 환생하는 단계, 즉, 환생한 후에도 전생을 다 기억할 수 있을 정도의 높은 경지에 근

접한 상급자들도 있다. 이 '상급자'들의 경우 세상 사람들에게, 특히 어린 시절에 '애 늙은이,' '이상한 아이'로 비치고 '희한한 놈'이라는 소리를 듣는 경우가 많다. 이들은 이상한 나라에 온 이방인이 된 듯한 어색한 느낌으로 살아가지만, 때가 되면 자기와 비슷한 사람들과 만나게 되거나 자기에게 필요한 공부를 이어가기 위한 새로운 가르침을 접하게 된다.

(2) 두 번째는 (사람마다 정도의 차이는 있지만) 전생에서의 삶, 그리고 그때 배운 것들을 의식하는 사람들이다. 이 그룹에 해당하는 사람은 비교적 소수이지만, 우리가 일반적으로 생각하는 것보다는 훨씬 많다. 이들은 전생의 지식과 기억을 신성한 것으로 여기기에 아무에게나 털어놓지 않는다. 이들은 이번 생을 통과하면서 여기저기 씨앗을 뿌린다. 비옥한 땅에 떨어진 씨앗이 장차 열매를 맺어 미래 세대에 도움을 주리라는 마음으로 묵묵히 삶에 임하는 사람들이다.[27]

(3) 세 번째는 전생에서 오컬트 진리의 일부, 자기보다 먼저 길을 걸었던 현자들이 남긴 지혜의 한마디, 지식, 또는 조언을 접했던 사람들이다. 정신의 토양이 비옥한 사람이라면 선대의 현자들이 남긴 씨앗이 자기 안에 깊게 뿌리를 내리도록 허락하고, 다음 생에서 싹이 트는 모습을 보게 될 것이다. 이들은 세상에 관한 기존의 설명을 받아들이지 못하여 불만을 품고 있으며, 이를 해소하기 위해 다른 곳에서 진

---

[27] 여기서 '씨'는 진리의 메시지, 그리고 '비옥한 땅'은 가르침을 받을 준비가 될 사람을 상징한다. 신약성경 마태복음 13장 1~23절 참조.

리를 찾으려 한다. 주류가 아닌 다른 어딘가에 진리가 숨어있음을 직관적으로 알고 있기 때문이다. 그렇게 사방을 수소문하며 진리를 구하다 보니 한동안 거짓 선지자를 따르기도 하고, 이 스승, 저 스승 갈아타면서 진리의 조각들을 줍기도 하고, 이렇게 경험을 쌓으면서 그동안 잘못 알고 있었던 것들을 바로잡기도 한다. 충분한 시간이 흐른 후에 이들은 비로소 한곳에 정착하며, 육신을 벗어던지고 휴식을 취하는 동안 다음 생에서 유용하게 쓸 수 있도록 이전 생에서 수집한 방대한 지식을 정리한다. 이들은 아스트랄계에서 머무르는 동안 이 지식을 소화하여 자기 것으로 만드는 작업을 수행한다.

씨앗의 비유

(마태복음 13:1) 그 날에 예수께서 집에서 나가사 바닷가에 앉으시매

(마태복음 13:2) 큰 무리가 그에게로 모여 들거늘 예수께서 배에 올라가 앉으시고 온 무리는 해변에 섰더니

(마태복음 13:3) 예수께서 비유로 여러 가지를 저희에게 말씀하여 가라사대 씨를 뿌리는 자가 뿌리러 나가서

(마태복음 13:4) 뿌릴새 더러는 길가에 떨어지매 새들이 와서 먹어 버렸고

(마태복음 13:5) 더러는 흙이 얇은 돌밭에 떨어지매 흙이 깊지 아니하므로 곧 싹이 나오나

(마태복음 13:6) 해가 돋은 후에 타져서 뿌리가 없으므로 말랐고

(마태복음 13:7) 더러는 가시떨기 위에 떨어지매 가시가 자라서 기운을

막았고

(마태복음 13:8) 더러는 좋은 땅에 떨어지매 혹 백 배, 혹 육십 배, 혹 삼십 배의 결실을 하였느니라

(마태복음 13:9) 귀 있는 자는 들으라 하시니라

(마태복음 13:10) 제자들이 예수께 나아와 가로되 어찌하여 저희에게 비유로 말씀하시나이까

(마태복음 13:11) 대답하여 가라사대 천국의 비밀을 아는 것이 너희에게는 허락되었으나 저희에게는 아니 되었나니

(마태복음 13:12) 무릇 있는 자는 받아 넉넉하게 되되 무릇 없는 자는 그 있는 것도 빼앗기리라

(마태복음 13:13) 그러므로 내가 저희에게 비유로 말하기는 저희가 보아도 보지 못하며 들어도 듣지 못하며 깨닫지 못함이니라

(마태복음 13:14) 이사야의 예언이 저희에게 이루었으니 일렀으되 너희가 듣기는 들어도 깨닫지 못할 것이요 보기는 보아도 알지 못하리라

(마태복음 13:15) 이 백성들의 마음이 완악하여져서 그 귀는 듣기에 둔하고 눈은 감았으니 이는 눈으로 보고 귀로 듣고 마음으로 깨달아 돌이켜 내게 고침을 받을까 두려워함이라 하였느니라

(마태복음 13:16) 그러나 너희 눈은 봄으로, 너희 귀는 들음으로 복이 있도다

(마태복음 13:17) 내가 진실로 너희에게 이르노니 많은 선지자와 의인이 너희 보는 것들을 보고자 하여도 보지 못하였고 너희 듣는 것들을 듣고자 하여도 듣지 못하였느니라

(마태복음 13:18) 그런즉 씨 뿌리는 비유를 들으라

(마태복음 13:19) 아무나 천국 말씀을 듣고 깨닫지 못할 때는 악한 자가

> 와서 그 마음에 뿌리운 것을 빼앗나니 이는 곧 길가에 뿌리운 자요
> (마태복음 13:20) 돌밭에 뿌리웠다는 것은 말씀을 듣고 즉시 기쁨으로 받되
> (마태복음 13:21) 그 속에 뿌리가 없어 잠시 견디다가 말씀을 인하여 환난이나 핍박이 일어나는 때에는 곧 넘어지는 자요
> (마태복음 13:22) 가시떨기에 뿌리웠다는 것은 말씀을 들으나 세상의 염려와 재리의 유혹에 말씀이 막혀 결실치 못하는 자요
> (마태복음 13:23) 좋은 땅에 뿌리웠다는 것은 말씀을 듣고 깨닫는 자니 결실하여 혹 백 배, 혹 육십 배, 혹 삼십 배가 되느니라 하시더라

학생마다 자기에게 필요한 것이 다르기에 유형별로 자세한 지침을 제공하기란 거의 불가능하다는 사실을 짐작했을 것으로 본다. (유능한 선생을 만나 개인 지도를 받는 사람들도 있겠지만) 우리가 할 수 있는 일이라곤 일반적인 조언을 제시하고 학생들을 격려해주는 정도다. 하지만 그렇다고 실망할 필요는 없다. "학생이 준비되면 스승이 나타난다."는 오컬트 진리를 꼭 기억하라. 공부가 깊어지면 단계마다 길이 열릴 것이다. 영적으로 새로 필요한 것이 생기면 그때마다 얻는 방법이 제공될 것이다. 내게 필요한 것은 밖에서 찾아올 수도, 내 안에서 솟아날 수도 있지만, 어떤 경로를 통해서든 온다는 사실에는 변함이 없다. 성장에 별로 도움이 되지 않는 불리한 환경에 둘러싸여 있다는 이유로, 내 정신 안에서 펼쳐지고 있는 놀라운 진리에 관해 터놓고 얘기할 수 있는 사람이 주변에 없다는 이유로 낙담할 필요 없다. 자립심을 키우고 타인에게 기대려는 안 좋은 습관을 고치기 위해 꼭 필요한 일이

라서 지금 고립되어 있을 가능성이 높다. 우리에겐 이것 말고도 배워야 할 교훈이 많다. 한 번 배운 것은 잊어버리는 일이 없도록, 우리 안에 가르침을 확실하게 새겨놓기 위해 걷기 가장 어려운 길이 우리 앞에 놓이는 경우가 많다.

요기 철학의 기본 사상을 파악한 사람은 지금껏 자기에게 붙어있던 두려움의 딱지가 시원하게 떨어져 나가는 것을 느끼게 된다. 나의 실체를 알았는데 두려워할 게 뭐가 있단 말인가? 나를 진정으로 해칠 수 있는 것이 없는데 왜 두려워한단 말인가? 두려움이 사라지면 두려움을 졸졸 따라다니던 '걱정'을 포함한 여러 정신적 결점들도 함께 자취를 감춘다. 부러움, 질투, 증오, 적의, 무자비, 비난…. '이해한' 사람의 정신에는 이런 생각들이 존재할 수가 없다. 깨어난 영혼의 마음속에서는 영, 그리고 그 영의 원천에 대한 무한한 믿음과 신뢰가 솟아난다. 이런 사람은 영이 자기를 지도하고 있음을 자연스럽게 인식하며, 주저하지 않고, 두려움과 의심 하나 없이 영을 따른다.

이런 사람은 타인을 따뜻하고 친절하게 대할 수밖에 없다. 아직 깨우치지 못한 사람들이 잘 보듬어줘야 할 어린아이(상당수는 아직 태어나지도 않은 태아에 비유할 수 있다)처럼 보이기에 언제나 너그럽게 그들을 대한다. 그들의 실체를 알고 있으므로 마음속으로도 비난하지 않는다. 이런 사람은 자기 앞에 별 볼 일 없는 사소한 일이 놓이든, 자기를 한껏 높여주는 영광스러운 일이 놓이든, 어떤 경우에도 개의치 않고 그저 묵묵히 소임을 다한다. 이런 일들 모두 자신의 행동과 갈망으로 인해 나타났거나 자기에게 필요한 일이라서 주어진 것이고, 어떤 경우든 더 크고 높은 곳에 이르는 과정에서 밟는 디딤돌에 불과하다는 사실을 잘 알고 있다. 이런 사람은 삶도, 죽음도 두려워하지 않는다. 삶과 죽음은 동전의 양면과 같은 것으로, 어느 한쪽이 좋고 한쪽이 나쁜 개념이 아니라는 사실을 잘 알고 있기 때문이다.

영적 성장을 바란다면 자신의 철학이 삶의 일부가 되어야 한다. 어딜 가든 그 철학과 함께해야 한다. 자신의 관점과 의견을 타인에게 강요하라는 얘기는 아니다. 이는 오히려 오컬트의 가르침에 정면으로 반하는 행위다. 세상 누구도 자신의 의견을 타인에게 강요할 권리가 없으며, 이는 영혼의 자연스러운 성장과 자유를 방해하는 행위이기도 하다. 하지만 이 공부를 하는 학생이라면 자신이 소유한 철학의 진실성을 믿고 신뢰해야 한다. 이 철학은 삶의 모든 측면에 공통으로 적용되므로 어딜 가더라도 실천과 적용을 두려워해선 안 된다. 예를 들어, 직장에서 실천할 수 없는 철학이라면 그 철학에 문제가 있거나 학생에게 문제가 있는 것이다.

철학이 있으면 일도 더 효율적으로, 더 진심으로 할 수 있다. 내가 지금 하는 일은 나에게 부족한 부분을 계발하기 위해 주어진 과제다. 나에게 도움이 되지 않는 일이라면 애초에 주어지지도 않는다. 지금은 너무나 하기 싫은 일이더라도 내가 누구인지, 그리고 어떤 일들이 나를 기다리고 있는지 알면 즐거운 마음으로 노래하며 일에 임할 수 있다. 사슬로 묶인 노예 신세라 하더라도 영혼에 평온이 깃들고 머릿속에 진리의 지식이 담겨있다면 이런 것을 가지지 못한 왕보다 훨씬 덜 불행한 사람이다. 내가 해야 할 일을 회피하거나 내 운명으로부터 도망치려 해선 안 된다. 어차피 내가 직접 해내지 않으면 내 삶에서 사라지지도 않는다. 내가 싫어하는 일들이 주는 교훈을 제대로 받아들이면 나의 인품은 더욱 강화된다. 그리고 이런 고난의 세월도 다 지나가게 되어있다는 사실을 기억하자.

오컬트 공부의 상위 단계, 특히 (초자연적) 현상을 다루는 경지에 이르는 과정을 방해하는 가장 큰 요소는 자기통제력의 부족이다. 잘못 또는 함부로 사용되었을 경우 본인과 타인에게 위해를 가할 수도 있는 강력한 힘을 얻고자 한다면 그 전에 자기를 정복하는 것, 즉, 자신의 감정을 다스리는 역량을 계발하는 일이 무엇보다 필수 요건이다. 가공할 오컬트 힘을 지닌 사람이 갑자기 이성을 잃고 광분하여 증오와 분노의 파동을 사방으로 발산하면 어떻게 되겠는가? 그의 강력한 힘이 실린 부정적 에너지가 얼마나 큰 파괴력을 지니고 있겠는가? 그가 발산하는 힘은 그 위력이 증폭되는 차원에서 작용하기 때문에 본인에게도 매우 해롭다.

공부하는 과정에서 아스트랄계를 여행하는 사람은 이처럼 자기를 통제하지 못하고 이성을 잃는 일이 없도록 특히 주의해야 한다. 자칫 잘못하면 본인에게 치명적일 수 있다. 하지만 언제나 절묘한 균형을 유지하는 상위 차원의 힘은 다혈질적인 사람, 자기를 다스리지 못하는 사람에게는 큰 힘을 허락하지 않는다. 이런 사람들로 인해 힘의 균형이 깨지는 일이 없도록 보장하는 일종의 안전장치인 셈이다. 따라서 오컬트 공부를 깊게 하고자 하는 학생이 가장 먼저 해야 할 일은 자신의 감정을 다스리고 통제하는 법을 익히는 것이다.

아스트랄계에서는 희한한 광경과 현상을 체험하게 되므로 고차원의 용기도 필요하며, 아스트랄계를 여행하고자 하는 학생은 두려움도 정복해야 한다. 차분함과 침착성도 요구된다. 걱정, 그리고 이와 유사한 감정을 품으면 특정한 진동이 발산되어 나를 감싸게 되는데, 이런 정신 상태로는 초자연적 현상을 연구하기 힘들다. 이런 감정부터 해소되어야 최선의 결과를 얻을 수 있다.

강력한 힘을 얻고자 하는 오컬티스트는 저속하고 이기적인 목적을 위해 오컬트를 공부하겠다는 마음부터 뿌리를 뽑아야 한다. 이기적인 목적으로 오컬트 힘을 추구하는 행위는 언제나 고통과 실망으로 이어지며, 초자연적 힘의 오용은 반드시 부메랑이 되어 매우 바람직하지 않은 형태로 나에게 되돌아온다. 진정한 오컬티스트는 인류에 대한 사랑과 형제애로 충만해 있으며, 그들의 성장을 방해하기보다는 언제나 돕기 위해 팔을 걷고 나선다.

오컬트의 길을 걷고자 하는 학생을 위해 쓰인 수많은 책 중에서도 상위 차원에 거주하는 지성체들의 적극적인 독려로 메이블 콜린스[28]가 집필한 책자, 『길을 비추는 빛(Light on the Path)』만큼 훌륭한 작품은 찾아보기 힘들 것 같다. 동양 특유의 시적 스타일로 메시지를 베일로 가린 이 책을 처음 접하면 역설과 모순의 집합체처럼 느껴질 수도 있다. 하지만 이 책은 제대로 읽을 줄 아는 사람들을 위해 오컬트 지혜

---

28) M.C.: Mabel Collins (1851~1927). 영국의 신지학자, 작가.

중에서도 핵심만 간추려서 정리한 작품이다. 이 책의 내용을 올바르게 흡수하려면 '행간'을 읽어야 하며, 집중해서 자세히 읽는 독자는 이 책에 담긴 특별한 무언가를 느끼게 될 것이다. 오늘 읽으면 오늘의 내가 소화할 수 있는 만큼의 진리를 파악할 수 있을 것이고, 같은 부분을 읽더라도 내일은 오늘 파악했던 것보다 조금 더 많이 이해할 수 있다. 1년 후에 또 읽으면 새로운 진리가 홍수처럼 몰려올 것이다. 진리의 알갱이들이 우아하고 세련되게, 반쯤 가려진 상태로 적혀있는 책이다. 영적 분별력이 나날이 조금씩 향상되고 더 많은 진리를 받아들일 준비가 될 때마다 책을 덮고 있는 껍질을 한 겹씩 차례대로 벗겨내고, 종국에는 중심에 있는 눈부신 광채를 보고 넋을 잃게 될 것이다.

현재 곤경에 처해있거나 깊은 슬픔에 빠진 사람들에게 따뜻한 위안을 전해주는 효과를 지닌 책이기도 하다. (내용은 절반밖에 이해하지 못하더라도) 단어 하나하나가 독자의 귀에서 음악 소리를 울리고, 아름다운 멜로디처럼 듣는 이를 달래고, 어루만지고, 편하게 해줄 것이다. 모든 독자에게 이 작은 책자를 여러 번, 집중하면서 자세히 읽어보라고 권하고 싶다. 여러분이 앞으로 통과하게 될 다양한 영적 체험도 묘사되어 있고, 여정의 다음 단계를 준비하는 데도 도움을 줄 것이다. 지금까지 많은 학생이 이 책의 해설서를 출간해 달라고 우리에게 요청해 왔는데, 영의 지도에 따라 언젠가 학생들의 그런 소망이 실현될 수도, 실현되지 않을 수도 있을 것이다.[29]

---

29) 요기 철학의 가르침 '고급편'을 다루는 후속작에서 이 책자의 번역본을 제공할 예정이다.

강의를 마치는 마지막 몇 마디를 전하려니 슬픔과 비슷한 감정이 솟아오른다. 첫 번째 강의를 집필하면서, 지금부터 굵직한 여러 주제에 관한 설명을 시작할 테니 차분하게 앉아서 들어달라고 학생들에게 주문했었다. 그게 다였다. 학생과 독자들이 우리가 전달하는 내용에 관심을 가지고 더 높은 차원의 진리를 추구하도록 유도하기 위해 위대한 진리의 가르침을 최대한 쉽고 단순한 형태로 전달하려고 애썼다. 첫 번째 강의부터 학생들로부터 많은 사랑과 격려를 받았다고 느꼈고, 강의에 임하는 학생들의 공감대도 끌어냈다고 확신했다. 하지만 강의를 끝내고 되돌아보니 아직도 전하지 못한 내용이 너무나 많다는 아쉬움이 든다. 그래도 제한된 지면 안에서 방대한 범위에 걸친 개념들을 압축하여 전달하기 위해 최선을 다했다.

강의를 이제 막 본격적으로 시작한 것 같은 기분인데 벌써 작별의 시간이 왔다. 하지만 어쩌면 이번 강의를 통해 특정 주제에 관해 혼란스러워했던 소수의 독자에게 의문 해결의 실마리를 제공했을지도 모른다. 성전에 들어가기 위해 주변을 서성거리던 몇몇 학생에게 문을 열어주는 역할을 했는지도 모른다. 어찌 알랴? 단 한 사람에게 약간의 도움이라도 주었다면 시간 낭비는 아니었다고 생각한다.

언제가 될지 모르는 미래에 학생들에게 요기 철학이라는 주제의 더 깊은 차원의 지식을 전달하는 임무가 주어져 다시 여러분을 만나게 될지도 모르겠다. 우리의 재회 여부는 여러분의 열망에 달려있다. 요기 철학을 공부하면서 우리의 도움이 필요하다면 언제든 다시 다가가 여러분과 함께 공부할 준비가 되어있다. 하지만 다음 단계로 넘어가기 전에 이번 강의에서 다룬 기초 내용을 완전히 숙지하고 복습하기 바란다. 원리를 완전히 숙지할 때까지 반복해서 읽어라. 읽을 때마다 새로운 것들을 발견하고 이해가 깊어질 것이다. 정신의 힘이 펼쳐지면서 지금까지 여러 번 읽은 페이지에서도 새로운 진리를 찾아내게 될 것이다. 우리가 발간한 책에 특별한 힘이 담겨있어서가 아니라 철학 자체에 내재한 진리가 독자에게 화두와 진지하게 사색할 대상을 제시하기 때문에 그런 현상이 나타나는 것이다.

학생들이여, 이제 작별을 고한다. 지금까지 오랜 시간에 걸쳐 강의를 들어준 것에 대해 감사의 마음을 전한다. 여러분의 공감과 사랑을 느꼈으며, 여러분도 우리의 공감과 사랑을 느꼈으리라 생각한다. 여러분을 가족처럼 생각하며 진심으로 쓴 이 글을 읽으면서 우리가 영으로 여러분 곁에 있다는 것을, 비록 거리상으로는 멀리 떨어져 있어도 여러분을 끌어주기 위해 우리의 따뜻한 손을 뻗어 내밀고 있다는 것을 느끼게 될 것이다.

『길을 비추는 빛』에 적힌 이 말을 기억하고 또 기억하라. "제자가 준비되면 스승이 그를 받아들이고, 인정하고, 알아본다. 자기 안의 램프를 켜서 그 빛을 이제는 숨길 수 없기 때문이다."

모두에게 평온이 깃들기를 기원하면서….

부록

부록 1. 힌두 요기 호흡의 과학

제1장. 살람(Salaam) _395
제2장. "호흡은 곧 생명이다." _399
제3장. 호흡에 관한 통속적 이론 _405
제4장. 호흡에 관한 비의적 이론 _411
제5장. 신경계 _417
제6장. 비강호흡 vs. 구강호흡 _421
제7장. 호흡의 네 가지 방식 _426
    상단 호흡
    중단 호흡
    하단 호흡
    요기 완전 호흡
제8장. 요기 완전 호흡법 _435
제9장. 완전 호흡의 생리적 효과 _439
제10장. 요기의 다양한 호흡법 _446
    요기 정화 호흡
    요기 신경 활성화 호흡

요기 목소리 호흡

제11장. 일곱 가지 요기 수련 _451

    (1) 숨 머금기

    (2) 폐 세포 자극

    (3) 늑골 스트레칭

    (4) 가슴 확장

    (5) 걷기 운동

    (6) 아침 운동

    (7) 순환 촉진

제12장. 일곱 가지 가벼운 요기 수련 _459

    수련 I

    수련 II

    수련 III

    수련 IV

    수련 V

    수련 VI

    수련 VII

제13장. 진동과 요기 리듬 호흡 _464

제14장. 요기 초자연적 호흡 _471

    (1) 요기 초자연적 호흡에 관한 전반적 지침

    (2) 프라나의 분배

    (3) 통증 완화

    (4) 순환 통제

    (5) 자기 치유

(6) 타인의 치유

　　　(7) 원격 치유

제15장. 요기 초자연적 호흡(계속) _480

　　　(1) 생각 투사

　　　(2) 오라의 형성

　　　(3) 자기 재충전

　　　(4) 타인 재충전

　　　(5) 물 충전

　　　(6) 정신적 역량의 습득

　　　(7) 신체적 역량의 습득

　　　(8) 감정의 조절

　　　(9) 생식 에너지의 변환

　　　(10) 두뇌 자극

　　　(11) 위대한 요기 초자연적 호흡

제16장. 요기 영적 호흡 _492

　　　영혼의 의식

　　　우주 의식

　　　일반적 지침

제1장
살람(Salaam)

　서양인들은 대개 요기 철학과 수련에 관해 그릇된 인식을 하는 경향이 있다. 지금까지 인도에 다녀온 서양의 많은 여행객이 '요기'를 자청하며 길거리를 가득 메운 고행 수도자, 탁발승, 거짓 스승의 행렬에 관한 놀랍고 믿기 어려운 이야기들을 전한 바 있다. '요기'라는 말을 들은 대다수 서양인이 몸이 딱딱하게 경직될 때까지 가부좌를 틀고 장시간 앉아 있거나, 감각이 사라질 때까지 쓸데없이 두 팔을 든 채 미동도 하지 않는 자세로 있거나, 손톱이 손바닥의 살을 뚫고 들어갈 때까지 미련하게 주먹을 쥐고 있는, 수척하고, 광적이고, 남루하고, 무지한 힌두교도의 모습을 떠올리는 것도 무리가 아니다. 물론 인도에 가면 이런 사람들이 실제로 있다. 하지만 이들을 '요기'라 칭하는 것은 진짜 요기의 관점에서 보면 참으로 우스운 일이다. 이건 마치 옥수수 껍질을 벗기는 사람을 '의사'라 부르고, 길가에서 가짜 만병통치약을 파는 사기꾼 약장수를 '교수님'이라 부르는 것과 다름이 없는 일이다. 유능한 외과 전문의와 하버드 또는 예일대학 학장의 관점에서 이들을 바라보면 얼마나 터무니없는 일이겠는가?

　인도를 비롯한 동양의 여러 국가에는 오래전부터 인간의 신체적, 정신적, 영적 계발을 위해 많은 시간과 노력을 들인 사람들이 있었다.

이 진지한 구도자들이 쌓아온 소중한 경험은 수백, 수천 년에 걸쳐 스승에서 제자에게로 전해졌고, 이 과정을 통해 점차 요기 과학의 체계가 정착되기에 이르렀다. 이 전통적 가르침에 산스크리트어로 '연결하다, 합친다.'를 의미하는 'Yug'에서 유래된 'Yogi'라는 단어가 붙여졌다. '얽어맨다.'를 의미하는 영어 단어 'yoke'도 같은 어원을 가지고 있다. 이 단어('yoke')와 동양의 옛 가르침 간의 상관관계에 관한 역사를 정확하게 추적하기는 어렵다. 학자마다 각기 다른 견해를 제시하고 있는데, 그중에서도 가장 흥미로운 것은 영어 표현 'getting into harness(마구를 채우다)' 또는 'yoking up(멍에를 씌운다.)'의 개념과 가장 유사한 의미를 가진 힌디어와 연결을 시킨 것이라는 이론이다. 요기가 자신의 의지를 활용하여 몸과 정신을 다스릴 때 대상에 마구를 채우거나 멍에를 씌운다는 자세로 임한다는 점에서 착안한 아이디어라는 것이다.

요가는 몸을 다스리는 일에서부터 최고의 영적 계발을 성취하는 것에 이르기까지, 여러 가지 유형으로 나뉘어 있다. 이 책에서는 '호흡의 과학'과 직접 연관되어 있지 않은 한, 상위 차원의 요가에 관해서는 자세히 다루지 않을 예정이다. '호흡의 과학'은 주로 육신을 계발하고 다스리는 문제와 관련이 있으나, 초자연적 측면과 심지어 영적 계발의 여러 측면과도 닿아있다.

인도에는 수천여 명의 뛰어난 스승이 이끄는 다양한 요가학파가 있고, 수많은 인도 국민이 요가 철학을 삶의 신조로 삼으며 일상을 영위하고 있다. 하지만 순수한 형태의 요기 가르침(비의적 가르침)은 소수에게만 전해지고, 일반 대중은 고급 수도자들의 식탁에서 떨어진 지혜의 조각(통속적 가르침)을 얻어먹는 것으로 만족하고 있다. 가르침을 전파하는 면에서 동양과 서양 전통의 차이점 중 하나라고 할 수 있겠다. 하지만 최근에는 서양의 방식이 동양에도 영향을 미치기 시작했으며, 한때 소수만 누렸던 요기의 비밀 가르침이 이제는 준비된 모든 구도자에게 조금씩 공개되고 있다. 날이 갈수록 동서양은 가까워지고 있으며, 상호 교류를 통해 영향을 주고받으며 함께 발전하고 있다.

힌두 요기는 예전부터 호흡의 과학을 매우 중시해 왔다. 독자들도 이 책을 정독하면서 그 이유를 이해하게 될 것이다. 지금까지 많은 서양 작가들이 요기 가르침의 일부인 호흡을 주제로 다룬 바 있으나, 서양의 구도자들에게 요기 호흡의 과학에 관한 기본 원리와 다양한 주요 호흡법을 쉬운 언어로 요약하여 전달하는 임무는 이 책의 저자에게 부여되었다고 생각하고 있다. 우리는 이 책에서 호흡에 관한 동서양의 이론을 함께 제시하여 둘의 상관관계를 보여주기 위해 노력했다. 또한 서양 독자가 쉽게 이해할 수 있도록 산스크리트어로 된 원어의 사용은 대부분 배제하고, 우리가 일상에서 사용하는 영어로 개념을 설명했다.

책의 앞부분에서는 호흡의 과학을 신체적인 관점에서 조명했고, 그 이후부터는 초자연적, 정신적 관점, 그리고 마지막에는 영적 관점까지 다룰 것이다.

우리가 누구나 쉽게 이해할 수 있는 단어와 용어로 작은 분량의 책에 요기 가르침의 핵심을 담아내는 데 성공했다고 자평하는 것을 너그럽게 봐 주기 바란다. 우리가 우려하는 단 한 가지는, 이 책이 너무 쉽게 쓰여서 독자들이 그 안에 담긴 내용을 진지하게 대하지 않고 이보다 훨씬 신비스럽고 이해하기 어려운, '심오한' 가르침을 찾아 떠나는 것이다. 하지만 서양인은 기본적으로 실용성을 추구하는 성향을 가지고 있다. 단순함에 실망을 느끼고 떠난 사람들도 결국에는 본 저서의 실용성에 매료되어 언젠가는 되돌아올 것으로 생각한다.

이 책을 읽는 독자들에게 진심을 담아 인사를 건넨다. 그럼 이제부터 요기 호흡의 과학을 본격적으로 살펴보자.

제2장
"호흡은 곧 생명이다"

사람은 숨을 쉬지 않으면 생명을 유지할 수 없다. 말 그대로 "호흡은 곧 생명이다." 이론과 용어상의 세부적인 사항에는 차이가 있을 수 있지만, 동양과 서양은 이 근본적인 원칙에 관해서는 같은 시각을 가지고 있다. 숨을 쉬어야 살 수 있고, 숨을 쉬지 못하면 생명도 있을 수 없다. 고등 생명체뿐 아니라 하등 생물도 호흡해야 생명 유지는 물론이고 건강을 지킬 수 있으며, 식물도 공기가 있어야만 명을 지속할 수 있다.

세상에 갓 태어난 아기는 크게 숨을 들이마시며 한동안 몸 안에 머금는다. 그리고 그 안에 담긴 생명의 에너지를 충분히 추출한 후, 힘차게 숨을 내쉬며 새로운 삶을 개시한다. 반면 죽음을 앞둔 노인은 약하게 숨을 내쉬다가 호흡이 멈추면서 육신의 삶을 마무리한다. 갓난아기의 첫 숨결부터 노인의 마지막 헐떡거림까지, 삶은 곧 호흡이라고 해도 과언이 아니다. 숨을 쉬는 것이 삶이라고 할 수 있다.

호흡은 신체의 모든 기능 중에서도 가장 중요한 기능이라고 할 수 있다. 다른 모든 기능이 호흡에 전적으로 의존하기 때문이다. 인간은 음식 없이도 한동안 생존할 수 있다. 물이 없으면 생존할 수 있는 기간이 더 짧아지지만, 그래도 며칠은 버틸 수 있다. 하지만 단 몇 분이라도 호흡하지 않으면 생존할 수 없다.

지혜를 얻는 방법 (맥스 하인델의 『장미십자회의 우주 창조론』 중에서)

어느 날 한 젊은이가 현자를 찾아가 물었다. "스승이시여, 지혜를 얻기 위해 제가 해야 할 일은 무엇입니까?" 현자는 아무런 대답도 하지 않았다. 젊은이가 같은 질문을 반복해도 대답이 없자 그는 일단 자리에서 물러나고, 다음날 또 찾아와 같은 질문을 올렸다. 둘째 날에도 상황은 달라지지 않았다. 셋째 날에도 젊은이는 현자에게 물었다. "스승이시여, 지혜를 얻기 위해 제가 해야 할 일은 무엇입니까?"

드디어 현자는 고개를 돌리더니 근처에 있는 강을 향해 걸어갔다. 물속으로 들어가며 현자는 젊은이에게 따라오라고 손짓했다. 수심이 어느 정도 깊은 곳에 다다르자 현자는 젊은이의 어깨를 잡더니 그의 머리를 물속에 처박았고, 젊은이는 수면 위로 올라오기 위해 몸부림쳤다. 시간이 흐른 후 손에서 힘을 푼 현자는 헐떡이고 있는 젊은이에게 물었다.

"물속에 있었을 때 네가 가장 절실히 바랐던 것은 무엇이냐?"

젊은이는 망설임 없이 대답했다. "공기! 공기! 공기를 바랐습니다!"

현자가 다시 물었다. "부, 쾌락, 권력, 사랑은? 이런 것들은 바라지 않았

> 느냐?"
>
> 젊은이가 대답했다. "아닙니다! 저는 오로지 공기, 공기만을 바랐습니다!"
>
> 현자가 말했다. "지혜를 얻기 원한다면 네가 물속에서 공기를 바랐던 심정으로 지혜를 갈구하면 된다. 삶의 다른 모든 목표를 제쳐두고 지혜를 구하기 위해 투쟁해야 한다. 매일, 낮과 밤을 불문하고 너의 유일한 열망이 되어야 한다. 이런 자세로 지혜를 구하면 반드시 얻을 수 있을 것이다."

인간은 단지 생존만을 위해 호흡에 의존하는 것이 아니다. 활력을 유지하고 질병으로부터 자유로우려면 올바른 호흡 방법을 익히고 습관을 들여야 한다. 호흡의 힘을 지혜롭게 조절하고 활용하면 활력이 높아지고 병마에 대한 저항력이 강해져 자연스럽게 육신의 수명이 늘어난다. 반대로 생각 없이 아무렇게나 호흡하면 활력이 떨어지고 몸이 각종 질병에 노출되어 육신의 수명이 짧아진다.

정상적인 상태의 인간은 올바르게 호흡하는 방법을 따로 배울 필요가 없었다. 하등 동물과 갓난아이처럼 인간은 오래전부터 자연의 본래 의도대로 올바른 호흡을 생활화하며 살아왔다. 하지만 문명이 발전(?)하면서 인간은 정상적으로 호흡하는 방법을 비롯하여 자연이 선사한 많은 것을 잊어버리고 말았다. 올바르게 걷고, 서고, 앉는 방법을 망각하면서 나쁜 습관에 길들었고, 그 결과 인간의 태생적 권리인 자연스럽고 정확한 호흡을 상실하고 말았다. 문명을 이룩하는 과정에서 아주 큰 대가를 치른 것이다. 반면 현대 문명에 오염되지 않은 오늘날의 야만족은 지금까지도 자연스럽고 정상적으로 호흡하며 건강을 유지하고 있다.

오늘날 정확한 방법으로 호흡하는 문명인의 비율은 상당히 낮은 수준이다. 그 결과 가슴이 수축하고 어깨가 굽어져 호흡 계통의 발병률이 높아지고, 폐결핵[30]이라는 공포의 괴물도 확산하는 추세다. 이 분야의 권위자들에 따르면 단 한 세대만이라도 올바르게 호흡하는 법을 익히면 인류 전체가 갱생되고, 폐결핵의 확산 추세가 완전히 역전되어 발병률이 특이한 희소병 수준까지 줄어들 것이라고 한다. 동서양 어느 관점에서 바라보더라도 올바른 호흡과 건강의 밀접한 상관관계를 쉽게 짐작할 수 있을 것이다.

서양에서는 올바른 호흡이 육신의 건강과 직결되어 있다고 명확하게 설명한다. 동양의 스승들은 서양 형제들의 생각이 옳음을 인정할 뿐 아니라, 올바른 호흡으로 인간의 정신력, 행복, 자기통제, 통찰력, 도덕심이 성장하고, 심지어 '호흡의 과학'에 관한 이해를 바탕으로 영적 성장까지도 이룰 수 있다고 덧붙인다. 호흡의 과학을 기반으로 세워진 동양 철학의 학파도 많다. 서양인들이 이 과학을 접하고, 수용하

---

[30] 참고로 이 책은 폐결핵이 확산하던 20세기 초에 쓰였다.

고, 그들의 강점인 특유의 실용성을 바탕으로 이 지식을 실천으로 옮기면 놀라운 일들이 일어날 수 있다. 동양의 이론과 서양의 실용이 만나 합을 이루면 그야말로 신동이 탄생할 것이다.

이 책에서는 서양의 생리학자와 위생사가 소유한 모든 지식뿐 아니라 오컬트 측면의 지식까지 모두 아우르는 요기 '호흡의 과학'을 다룰 것이다. 요기 호흡의 과학은 서양 과학자들이 '심호흡'이라 부르는 기법이 육신의 건강에 미치는 영향뿐 아니라 힌두 요기가 호흡의 과학을 활용하여 자신의 몸을 다스리고, 정신력을 향상하고, 영적 계발을 성취하는, 상대적으로 덜 알려진 측면에 관해서도 설명한다.

요기는 자신의 몸을 완전하게 다스리는 방법을 수련하며, 몸의 특정 부위 또는 장기에 활력 에너지 또는 '프라나'를 집중적으로 보냄으로써 해당 부위를 강화하고 활기를 북돋는 방법을 연마한다. 요기는 서양 과학자가 올바른 호흡의 생리학적 효과에 관해 보유한 모든 지식뿐 아니라, 인간이 매 순간 들이마시는 공기에는 산소, 수소, 질소 이외의 '특별한 물질'이 포함되어 있고, 이 특별한 물질은 혈액을 산화하는 것 이외의 많은 역할을 한다는 사실도 잘 알고 있다. 즉, 요기는 서양의 형제들이 잘 모르는 프라나의 정체까지 꿰차고 있다. 에너지의 작용 원리인 프라나의 속성과 이를 취급하는 법, 그리고 프라나가 인간의 몸과 정신에 미치는 영향에 관해서도 정통하다. 인간은 리듬 호흡으로 자연과 조화를 이루는 진동 상태에 이를 수 있고, 이 과정을 통해 자기 내면에 잠재된 힘을 끌어낼 수 있다. 호흡을 다스림으로써 자기 자신과 타인의 병을 고치고 건강을 회복하는 것은 물론이고, 두려움과 걱정을 비롯한 저속한 감정과도 영원히 작별할 수 있다.

  이 책은 방금 언급한 주제들에 담긴 가르침을 독자에게 전하는 목적으로 쓰였다. 앞으로 몇 장에 걸쳐서 이 주제에 관한 설명과 지침을 요약한 형태로 제시할 예정이다. 서양인들도 요기 호흡의 과학에 내재한 가치를 이해하고 깨어나는 계기가 되었으면 하는 바람이다.

제3장
호흡에 관한 통속적 이론

이번 장에서는 호흡 기관의 기능과 호흡이 인체 내에서 하는 역할에 관한 서양 과학계의 이론을 간략하게 설명할 것이다. 그 이후의 장부터는 이 주제에 관한 동양의 추가 이론과 사실로 검증된 지식을 제공할 것이다. 동양에서는 서양의 형제들이 오늘날 내세우는 이론을 인정하고 있으며(동양에서는 이미 수백 년 전부터 알고 있었던 것들이다), 서양에서 아직 받아들이지 않았지만 때가 되면 '새롭게 발견'하고 이름을 바꿔 전 세계에 공표하게 될 지식까지 함께 제시하고 있다.

서양의 관점을 설명하기 전에, 우선 인체의 호흡 기관의 대략적인 설명부터 하는 것이 좋을 것 같다.

호흡 기관은 폐, 그리고 폐까지 연결되는 기도로 구성된다. 폐는 두 개이고, 중선을 기준으로 흉곽(가슴) 양쪽의 흉막에 자리해 있다. 심장, 굵고 큰 혈관 및 기관이 두 폐를 분리한다. 각 폐는 기관과 심장으로 연결되는 기관지, 동맥, 정맥으로 구성되는 뿌리 부분을 제외하고 모든 방향으로 확장할 수 있다. 수많은 구멍이 뚫려있는 폐는 스펀지처럼 말랑말랑하며, 조직은 매우 탄력적이다. 폐는 흉막(가슴막 주머니)이라 불리는, 섬세하지만 강한 주머니로 뒤덮여 있다. 흉막낭의 한면(폐흉막)은 폐에 붙어있고, 다른 면(벽측흉막)은 흉부의 내벽에 붙어 있으며, 숨을 쉴 때 두 면이 마찰 없이 미끄러지듯 움직일 수 있도록 흉수라는 액체가 분비된다.

기도는 코의 내부, 인두, 후두, 숨통 또는 기관, 그리고 기관지로 구성된다. 우리는 숨을 쉴 때 코를 통해 공기를 들이마시고, 이 공기는 풍부한 혈액을 공급받는 점막과 접촉하며 데워진다. 콧구멍을 통해 유입된 공기는 인두와 후두를 거쳐 기관지라 불리는 여러 개의 작은 관으로 나뉘는 기관을 통과한 후, 또 많은 작은 관으로 나뉘는 경로를 통해 폐에 나 있는 수백만 개의 작은 공기주머니에 도달한다. 폐의 모든 폐포(허파꽈리)를 평평한 면에 펼치면 면적이 무려 1,300㎡에 이른다.

공기는 흉곽을 가로지르며 길게 펼쳐져 가슴과 복부를 분리하는, 크고, 단단하고, 납작한 판처럼 생긴 횡격막의 움직임에 의해 폐로 유입된다. 횡격막의 작용은 심장이 뛰는 것처럼 자동으로 이루어지지만, 의지에 따라 반자발적인 근육으로 변할 수도 있다. 횡격막이 확장하면 흉곽과 폐도 더불어 확장하며, 이로 인해 발생한 공간으로 공기가 유입된다. 그리고 다시 이완하면서 흉곽과 폐가 수축하여 공기가 폐에서 빠져나간다.

폐로 유입된 공기가 그 후 어떻게 처리되는지 살펴보기 전에, 잠시 혈액순환에 관한 얘기를 해 보자. 알다시피 혈액은 심장의 펌프 작용으로 동맥을 거쳐 모세혈관을 통해 몸 구석구석까지 전달되어 생기를 불어넣고, 영양분을 공급하고, 몸의 각 장기와 부위를 강화한다. 그다음에는 모세혈관을 거쳐 (동맥과 다른 경로인) 정맥을 통해 심장으로 복귀하여 폐로 돌아간다.

혈액은 붉고, 진하고, 생명력을 부여하는 속성으로 충만한 상태에서 동맥을 통과하는 여정을 시작한다. 그리고 체내의 노폐물을 일괄 수거한 후 푸르고 칙칙한 색을 띠는 정맥을 통해 심장으로 복귀한다. 말하자면 산꼭대기에서 흘러나오는 신선한 물처럼 몸속 전체를 적셨다가 쓰레기를 모은 하수가 되어 원천으로 되돌아가는 것이다.

더러워진 혈액은 심장의 우심방으로 진입한다. 우심방이 가득 차면 수축하면서 우심실에 나 있는 틈을 통해 더러운 혈액을 폐로 보낸다. 그리고 앞서 설명한 대로 폐에서는 머리카락처럼 가느다란 수백만 개의 혈관을 통해 이 혈액을 수많은 폐포로 분배한다. 그럼 이 시점에서 폐가 어떻게 작용하는지 살펴보자.

이제 더러워진 혈액이 수백만 개의 작은 폐포에 골고루 분배된 상태다. 이때 숨을 들이쉬면 폐로 유입된 산소가 머리카락처럼 가느다란 혈관으로 구성된 벽을 통해 불순한 혈액과 접촉한다. 이 벽은 혈액을 담을 수 있을 정도로 두껍고, 산소는 통과시킬 수 있을 정도로 얇다. 폐에 유입된 산소가 혈액과 접촉하면 일종의 연소작용이 일어나고, 혈액은 몸 구석구석을 돌면서 수거한 노폐물과 독성 물질에 내포된 탄산가스를 배출한다. 이 과정을 거치면서 정화되고 산화된 혈액은 다시 붉고, 진하고, 생명력을 가진 상태로 바뀌어 심장으로 되돌아간다. 심장의 좌심방에 도달한 후 좌심실을 통과하고, 다시 동맥을 타고 흐르면서 몸 전체에 생명력을 부여하는 작업을 재개한다. 하루 24시간 동안 약 40,000ℓ의 혈액이 이런 식으로 폐의 모세혈관을 통과한다고 한다. 혈구는 차례대로 하나씩 모세혈관을 통과하며 공기를 통해 유입된 산소에 양면이 노출된다. 지금까지 설명한 세부적인 절차를 생각해보면 자연의 무한한 보살핌과 지능이 얼마나 놀라운지 감탄할 수밖에 없을 것이다.

충분한 양의 신선한 공기가 폐에 도달하지 않으면 정맥을 통해 수거된 더러운 피가 정화될 수 없으며, 이에 따라 몸에 영양분을 공급하는 과정에 차질이 생길 뿐 아니라, 산소에 의해 파괴되어야 할 노폐물이 정상적으로 처리되지 않은 상태로 다시 혈관 속을 흐르게 되어 몸을 오염시키고 죽이는 결과로 이어진다. 불순한 공기도 더러운 혈액보다는 덜하지만, 같은 식으로 인체에 피해를 준다. 또한 충분한 양의 공기를 마시지 않으면 혈액도 정상적으로 순환하지 않고, 몸이 충분한 영양분을 공급받지 못해 병이 나거나 전반적인 건강 상태가 나빠진다. 정상적으로 호흡하지 않는 사람의 피는 순수한 동맥혈처럼 진하고 붉지 않고 어둡고 푸른빛을 띠게 된다. 혈액이 건강하지 않으면 안색에서 금세 티가 난다. 반면 정상적으로 호흡하고, 이에 따라 혈액 순환이 원활하게 이루어지면 얼굴도 깨끗해지고 밝은색을 띤다.

조금만 생각해봐도 정상적인 호흡이 건강에 얼마나 중요한지 이해할 수 있을 것이다. 폐의 회생 작용에 의해 혈액이 완전하게 정화되지 않으면 비정상 상태의 혈액이 다시 동맥을 타고 흐르게 된다. 정맥을 타고 흐르면서 회수한 노폐물이 처리되지 않은 채 다시 몸속을 누비고 다니게 되는 것이다. 정화되지 않은 노폐물이 체내로 다시 유입되면 혈액질환이나 충분한 영양분을 공급받지 못한 장기 또는 조직에 문제가 생기는 등, 어떤 형태로든 병이 날 수밖에 없다.

혈액이 폐 내의 공기에 정상적으로 노출되면 그 안에 포함된 노폐물과 유독성 탄산가스가 제거될 뿐 아니라, 공기 안의 산소를 일부 흡수하여 몸 구석구석 전달함으로써 자연이 제 기능을 정상적으로 수행하도록 돕는 구실도 한다. 산소가 혈액과 접촉하면 혈액 안의 헤모글로빈과 결합하여 체내의 모든 세포, 조직, 근육, 장기에 전달되어 활력을 불어넣고 강화하며, 이 과정에서 낡은 세포와 조직이 새로운 물질로 대체된다. 정상적으로 공기에 노출된 동맥혈에는 약 25%의 유리산소(遊離酸素; free oxygen)가 함유되어 있다.

산소는 몸의 모든 부위에 활력을 불어넣는 역할만 하는 것이 아니다. 소화의 과정도 음식물 일부가 산화되어야 정상적으로 이루어질 수 있다. 그러기 위해서는 혈액에 함유된 산소가 음식물과 접촉하여 연소작용이 일어나야만 한다. 역시 충분한 양의 산소가 폐를 통해 흡수되어야 가능한 일이다. 그래서 폐가 약한 사람은 소화불량에도 시달리는 경향이 있다. 아주 중요한 얘기다. 인간의 몸은 음식물의 흡수와 동화작용을 통해 영양분을 공급받으며, 음식물의 동화가 완전하게 이루어지지 않으면 몸이 영양실조에 걸리게 되어있다. 심지어 폐도 영양분 공급에 의존한다. 호흡이 정상적으로 이루어지지 않아 음식물의 동화에 지장을 주게 되면 폐의 기능이 약해지고, 폐의 약화로 정상적인 호흡이 어려워져 몸이 전체적으로 더욱 약해지는 악순환이 시작된다. 우리가 섭취하는 모든 음식물과 음료가 몸이 필요로 하는 영양분을 제공하기 위해서는 산화의 과정을 거쳐야 하고, 체내에 쌓인 노폐물도 몸 밖으로 배출될 수 있도록 적절한 수준으로 줄어들어야 한다. 즉, 산소가 부족하면 영양 공급, 배설, 건강 모두 나쁜 영향을 받게 되는 것이다. 말 그대로 '호흡은 곧 생명'이다.

체내의 노폐물이 공기와 접촉하여 화학반응을 일으키면 열이 생성되고, 이 열은 체온을 조절한다. 호흡을 잘하는 사람은 따뜻한 혈액이 항상 풍부하므로 외부 기온에 대한 저항력도 강하고, 감기에 잘 걸리지도 않는다.

위에서 설명한 여러 중요한 요소 외에 호흡은 몸 안의 장기와 근육을 운동시키는 작용도 한다. 서양에서는 일반적으로 이 부분을 무시하지만, 요기들은 이 작용도 매우 중요시한다.

호흡이 완전하지 않거나 얕으면(shallow breathing) 폐 세포의 일부만 호흡 작용에 관여하며, 따라서 폐활량의 상당 부분을 상실하고 산소 유입 부족으로 산화 작용이 이루어지지 않은 만큼 몸이 피해를 보게 된다. 야생의 동물은 자연스럽게 호흡한다. 우리의 먼 조상인 원시인도 그랬을 것이다. 하지만 문명인이 채택한 삶의 방식은 정상적이고 자연스러운 호흡 습관을 앗아가고 말았다. 인류가 육체적으로 구원받을 수 있는 유일한 방법은 '자연으로 되돌아가는 것'이다.

제4장

호흡에 관한 비의적 이론

다른 모든 분야의 가르침과 마찬가지로 호흡의 과학에도 비의적(esoteric) 또는 심층적 측면이 있고 통속적(exoteric) 또는 표층적 측면이 있다. 전 장에서 설명한 호흡의 생리학적 측면이 이 주제의 표층적 또는 통속적 측면이라 할 수 있고, 이번 장에서는 비의적 또는 심층적 측면에 대해 다룰 것이다.

시대와 지역을 불문하고 세계 각지의 오컬티스트들은 우리가 매일 들이마시는 공기 속에 모든 활동, 활력, 생명을 주관하는 물질 또는 원리가 내포되어 있다는 비밀 가르침을 소수의 제자에게 전파했다. 이 신비스러운 힘에 부여된 명칭과 이론의 세부적인 사항은 이를 전하는 스승에 따라 조금씩 달랐지만, 핵심 원리는 모든 오컬트 가르침과 철학에서 공통으로 발견되며, 수 세기에 걸쳐 동양 요기 가르침의 일부로 지금까지 전해지고 있다.

이 위대한 원리를 설명하는 여러 이론 간의 사소한 차이점에서 발생할 수 있는 혼동과 오해를 피하고자 이 책에서는 산스크리트어로 '절대적 에너지'를 의미하는 '프라나'라는 단어로 이 원리를 지칭할 것이다. 많은 오컬트 스승들이 힌두 전통에서 '프라나'라 부르는 원리는 에너지 또는 힘의 보편적 원리이며, 우주상에 존재하는 모든 에너지 또는 힘은 이 원리에서 비롯되었거나 이 원리가 구체화한 형태라고 설명한다. 이 책에서는 여러 학파에서 제시하는 다양하고 세세한 이론을 일일이 다루지 않고, 프라나는 살아있는 모든 것에 내재한 에너지의 원리라는 관점에서 이 개념을 조명할 것이다. 즉, 모든 생명체에는 프라나가 내재해 있다. 말하자면 프라나는 '생명의 능동적 원리' 또는 '활력'이라 할 수 있다. 아메바에서 인간에 이르기까지, 가장 단순한 형태의 식물에서 고등 동물에 이르기까지, 프라나는 모든 생명체에서 발견된다. 프라나는 온 세상에 편재해 있다.

오컬트 전통에서는 우주 만물에 생명이 깃들어 있다고 가르친다. 미세한 원자 하나하나도 살아있는 생명체다. 따라서 우리 눈에는 죽은 것처럼 보이는 것들에도 생명이 깃들어 있다. 구체화의 수준이 낮아 생명의 흔적이 쉽게 겉으로 드러나지 않을 뿐이다. 모든 영혼 안에 깃든 신성한 영의 한 조각이자 물질과 에너지로 둘러싸인 에고를 프라나와 혼동해선 안 된다. 프라나는 물질의 형태(육신)로 구체화한 에고가 사용하는 에너지일 뿐이다. 에고가 육신을 떠나는 순간(육신의 죽음) 프라나는 에고의 통제에서 해방되며, 이때부터 프라나는 육신을 구성했던 원자 또는 원자 집단 차원의 통제만 받는다. 죽은 육신이 해체되고 본래의 원소로 돌아가면서 육신을 구성했던 모든 원자는 새로운 형상을 창조하기 위해 필요한 만큼의 프라나만 취한 후 떠나고, 남은 프라나는 고향인 우주의 원천으로 돌아간다. 에고가 통제권을 쥐고 있는 동안(육신이 살아있는 동안)에는 원자들의 결합 상태가 유지된다. 에고의 의지가 육신을 구성하는 원자들이 아무런 질서도 없이 사방으로 흩어지지 않도록 꽉 붙들어 매고 있어서 육신의 형태가 유지될 수 있는 것이다.

프라나는 우주의 모든 움직임, 힘, 또는 에너지의 본질인 보편적인 원리를 지칭하는 용어다. 중력과 전기의 작용, 행성과 천체들의 운행, 그리고 모든 생명의 존재를 관장하는 것이 바로 프라나. 다양한 형태로 세상에 발현되는 '모든 힘 또는 에너지의 영혼,' 또는 구체적인 작용으로 생명에게 활동성을 부여하는 원리라 부를 수도 있다.

이 원리는 모든 형태의 물질에 내재하지만, 프라나 자체는 물질이 아니다. 공기 중에도 프라나가 있다. 하지만 프라나는 공기도 아니고 공기를 구성하는 화학성분 중 하나도 아니다. 동물과 식물은 호흡하면서 공기와 프라나를 함께 마신다. 하지만 프라나가 그 안에 포함되어 있지 않으면 아무리 많은 공기를 마셔도 생명을 유지할 수 없다. 우리가 숨을 들이마시면 공기 중의 산소가 체내로 유입되는데, 산소도 프라나가 아니다. 구약성경 창세기를 집필한 작가는 대기에 포함된 공기와 그 안에 담긴 신비스럽고 강력한 원리의 차이를 잘 이해한 사람이었다. 그는 '생명의 영이 내뱉는 숨'을 의미하는 'neshemet ruach chayim'을 언급했다. 히브리어로 'neshemet'은 대기 중의 공기를 마시는 일반적인 호흡, 'chayim'은 생명, 그리고 'ruach'는 '생명의 영'을 의미하며, 오컬티스트들에 따르면 이 'ruach'가 프라나와 같은 원리라고 한다.

프라나는 대기뿐 아니라 우주 모든 곳에 존재한다. 심지어 공기가 닿을 수 없는 곳에도 프라나가 있다. 공기 중의 산소는 동물의 생명을 유지하는 데 중요한 역할을 하며, 탄소는 식물의 생존을 위해 필수적인 요소다. 하지만 프라나는 이런 생리학적인 기능과 별도로 생명 유지를 위해 필요한 매우 독특한 임무를 수행한다.

우리는 매 순간 프라나로 가득한 공기를 마시며, 공기 중의 프라나를 추출하여 생명 유지에 활용한다. 프라나는 대기의 공기 안에서 가장 자유로운 형태로 발견되며, 신선한 공기일수록 많은 프라나가 함유되어 있다. 신선한 공기야말로 우리가 쉽게 프라나를 확보할 수 있는 최고의 원천이다. 우리는 보통 호흡을 통해 정상적인 양의 프라나를 흡수하고 추출한다. 하지만 호흡을 적절하게 조절하고 통제하면 (즉, '요기 호흡'을 수행하면) 평소보다 많은 양의 프라나를 확보하여 뇌와 신경 중추에 여분을 저장하고, 필요할 때 언제든 꺼내 쓸 수 있다. 마치 배터리에 전력을 저장하듯이, 프라나도 비축할 수 있다는 얘기다. 고급 오컬티스트들이 소유한 여러 가지 놀라운 능력도 대부분 프라나에 관한 지식과 요기 호흡을 통해 비축한 프라나의 올바른 활용에서 나오는 것이다.

요기들은 적절한 호흡법으로 프라나의 공급을 조절하고, 필요에 따라 이 프라나를 자신의 의지대로 활용할 수 있다는 사실을 잘 알고 있다. 요기는 프라나를 이용하여 몸의 모든 부위를 튼튼하게 만들고 건강한 상태로 유지할 뿐만 아니라 보통 사람보다 더 많은 에너지를 뇌에 공급하여 자기 안에 잠재된 초자연적 힘을 계발하고 강화하기도 한다. 의식적으로든 무의식적으로든, 프라나를 비축하는 기술을 터득한 사람은 자연스럽게 자신의 활력과 힘을 사방에 발산하며, 그의 근방에 있는 사람들도 이를 쉽게 인지한다. 이런 사람은 주변에 있는 사람들에게 자기의 힘을 나눠주고 활력과 건강을 불어넣는 능력도 지니고 있다. 자기가 소유한 힘이 정확히 어디에서 나오는 건지 모르는 치유사들도 많지만, 소위 말하는 '마그네틱 치유'도 프라나의 작용을 통해서 이루어지는 것이다.

서양의 과학자들도 공기 속에 함유된 프라나의 원리를 어렴풋이 짐작하고는 있으나, 프라나의 화학적 흔적을 발견하거나 측정 도구로 실체를 확인할 수 없기 때문에 결국엔 동양의 이론을 무시하기에 이르렀다. 자기들의 언어로 이 원리를 설명하지 못하니까 아예 존재를 부정해버린 것이다. 하지만 그들도 특정 지역의 공기에 '정체불명의 무언가'가 더 많이 함유되어 있다는 사실은 인지하고 있는 듯하며, 환자의 건강 회복을 위해 이런 지역을 방문하라고 권하는 깨어있는 의사들도 있다.

공기 중의 산소는 혈액과 순환계에서 사용되고, 공기 중의 프라나는 신경계의 작용을 위해 사용된다. 산화된 혈액이 몸 전체에 전달되어 낡은 것을 새것으로 교체하듯이, 프라나는 신경계를 통해 몸 전체로 퍼져 힘과 활력을 불어넣고 강화한다. '활력'의 능동적 원리라는 관점으로 바라보면 프라나가 우리의 삶에서 얼마나 중요한 역할을 하는지 더 명확하게 이해할 수 있을 것이다. 혈액 내의 산소가 몸의 필요에 의해 사용되듯이, 신경계에 공급된 프라나는 우리가 생각하고, 의지를 발휘하고, 행동할 때마다 소진된다. 따라서 공기처럼 매 순간,

꾸준히 보충되어야 한다. 우리의 모든 생각, 행동, 의지의 발휘, 근육의 움직임 등은 신경의 힘, 즉, 프라나를 연료로 태움으로써 이루어진다. 근육 하나를 움직일 때마다 뇌는 신경을 통해 신호를 보내고, 근육의 수축 과정에서 프라나가 소진된다. 인간이 흡수하는 프라나 대부분이 공기를 통해 조달된다는 점을 고려할 때, 올바른 호흡이 얼마나 중요한 일인지 짐작할 수 있을 것이다.

제5장
신경계

서양에서는 호흡의 과학을 산소의 흡수와 산소가 순환계에서 수행하는 작용에 한정을 짓고 있지만, 요기 이론에서는 프라나의 흡수와 프라나가 신경계에서 작용하는 원리까지 아우르고 있다는 점을 이제 이해했을 것이다. 다음 주제로 넘어가기 전에, 이번 장에서는 신경계에 관한 내용을 간략하게 다루고자 한다.

인간의 신경계는 크게 뇌척수신경계와 교감 신경계의 두 체계로 나뉘어 있다. 뇌척수신경계에는 두개강(두개골에 둘러싸인 공간) 안에 위치한 신경계의 모든 요소와 척추관, 즉, 뇌와 척수, 그리고 척수에서 가지처럼 뻗어 나오는 신경이 포함된다. 뇌척수신경계는 자유 의지, 감각 등, 동물적 삶의 기능을 관장한다. 교감 신경계는 흉강(가슴 속의 공간), 복강(뱃속의 공간), 골반강(골반 속의 공간) 안에 위치하고 인체의 장기에 두루 분배되는 신경계 요소들로 구성되며, 성장, 영양 흡수 등, 인체의 비자발적 기능들을 통제한다.

뇌척수신경계는 시각, 청각, 미각, 후각, 촉각 등을 주관한다. 말하자면 활동 개시를 위해 시동을 거는 역할을 한다. 에고는 일상에서 생각하고 의식을 동원하여 활동하기 위해 뇌척수신경계를 활용한다. 에고는 뇌척수신경계라는 도구의 도움을 받아 외부 세상과 접촉하고 소통한다. 뇌척수신경계는 뇌는 전화국, 척추와 신경은 각각 케이블과 전선 역할을 하는 전화 시스템에 비유할 수 있다.

뇌는 거대한 신경조직 덩어리로, 크게 세 개의 요소로 구성된다. 첫째, 두개골의 상단, 앞부분, 중간, 그리고 뒷부분을 차지하는, 뇌의 본체라 할 수 있는 대뇌, 둘째, 두개골의 아래와 뒷부분을 차지하는 소뇌 또는 '작은 뇌,' 그리고 셋째, 소뇌 앞에 위치한, 척수의 넓은 연장선이라 할 수 있는 숨뇌다.

대뇌는 지능의 작용이라는 형태로 드러나는 정신의 부분을 관장하는 장기다. 소뇌는 우리가 자발적으로 제어하는 수의근의 움직임을 조절한다. 숨뇌는 척수 끝에 달린 큰 부위로, 이 부위와 대뇌에서 머리의 여러 부위, 특수 감각을 다스리는 장기, 가슴과 복부의 일부 장기, 그리고 호흡 관련 장기로 연결되는 뇌 신경이 뻗어 나온다.

척수는 척주 또는 '등뼈' 안의 척추관을 채우는 기다란 신경조직으로, 척추골마다 여러 개의 가지로 나뉘어 뻗어 나오는 신경을 통해 몸의 모든 부위와 소통한다. 척수는 말하자면 거대한 전화 케이블이고, 척수에서 뻗어 나오는 신경은 개별 전화기와 연결되는 전화선에 비유할 수 있다.

교감 신경계는 척추를 따라 양쪽에 위치한 이중 사슬 모양의 신경절, 그리고 머리, 목, 가슴, 복부에 골고루 분포한 신경절로 구성된다. (신경절은 신경세포를 포함한 신경 물질을 의미한다) 신경절은 단섬유로 서로 연결되고, 운동신경과 감각신경을 통해 뇌척수신경계와도 연결된다. 신경절에서 뻗어 나온 수많은 섬유는 장기, 혈관 등에 연결된다. 이처럼 광범위한 네트워크의 여러 지점에서 신경이 만나 총(叢; plexus)을 형성한다. 교감 신경계는 혈액순환, 호흡, 소화 등, 몸의 비자발적 작용을 실질적으로 통제한다.

뇌는 신경을 통해 몸 전체에 힘을 전달한다. 서양에서는 이 힘을 '신경의 힘'이라 칭하는데, 요기는 이 힘이 프라나의 작용이라는 사실을 잘 알고 있다. 이 힘의 특성과 전달 속도는 전류와 유사하다. '신경의 힘'이 없이는 심장도 뛸 수 없다. 혈액순환도 이루어질 수 없고, 폐가 호흡할 수도 없고, 다른 모든 장기도 정상적으로 기능할 수 없다. 신경의 힘(프라나)이 없으면 인체의 작동이 일시에 멈춘다. 그뿐이 아니다. 프라나가 없으면 뇌도 기능을 멈춰 생각도 할 수 없게 된다. 이런 점들을 두루 고려했을 때 프라나의 흡수가 얼마나 중요한지 짐작할 수 있으리라 생각한다. 호흡의 과학은 서양 과학에서 주장하는 것보다 훨씬 중요하다.

서양 과학에서는 깊게 설명하지 않는 요기 가르침의 중요한 영역 중 하나가 바로 신경계와 관련한 내용이다. 특히 서양 과학에서 '태양 신경총'이라 부르는 '명치(solar plexus)'의 기능이 아주 중요하다. 서양에서는 태양 신경총을 그저 신경절이 몸 곳곳에 연결된 여러 교감 신경망 중 하나 정도로 취급하고 있다. 반면 요기 과학에서는 태양 신경총이 신경계에서 매우 중요한 부분이며, 인체에서 핵심 역할을 하는 제2의 뇌라고 가르친다.

최근 들어 서양 과학계에서도 동양의 요기들이 수백 년 동안 상식으로 알고 있었던 이 사실을 서서히 인지하기 시작한 것 같다. 심지어 이 부위에 '복부 뇌'라는 명칭을 부여한 작가도 있다. 태양 신경총은 명치 바로 뒤, 척추 양쪽의 상복부에 위치하며, 뇌처럼 백질과 회백질로 구성되어 있다. 태양 신경총은 인체의 주요 내부 장기를 통제하며, 우리가 아는 것 이상으로 매우 중요한 역할을 한다. 이 책에서 태양 신경총에 관한 요기의 이론을 자세히 설명하지는 않겠지만, 일단 체내의 프라나를 저장하는 창고라는 점 정도로만 기억하기 바란다. 결투 도중 태양 신경총을 강타당하여 즉사한 사람들도 있으며, 이 약점을 잘 알고 있는 프로 권투선수들도 상대방을 일시적으로 마비시키기 위해 종종 명치 부위를 가격한다.

일종의 '뇌'인 태양 신경총에 'solar'라는 단어가 들어간 것은 매우 적절하다. 이곳에서 몸 전체에 힘과 에너지를 공급하고, 심지어 두개골 안의 뇌도 태양 신경총을 프라나의 저장소로 활용하기 때문이다. 언젠가는 서양 과학계도 태양 신경총의 진짜 기능을 이해하고 오늘날의 교과서와 강의에서 다루는 수준보다 훨씬 큰 중요성을 부여하게 될 것이다.

제6장

비강호흡 vs. 구강호흡

요기 호흡 과학의 가장 기초적인 가르침 중 하나는 콧구멍으로 호흡하는 법을 터득하고 입으로 호흡하는 나쁜 버릇을 고치는 것이다. 인간의 몸은 입 또는 코로 숨을 쉴 수 있게 만들어졌지만, 어느 기관으로 호흡하는 것이 올바른지 아는 것은 매우 중요하다. 둘 중 하나는 건강과 힘을 가져다주고, 다른 하나는 질병을 유발하고 몸을 약화하기 때문이다.

콧구멍으로 호흡하는 것이 올바르다는 사실은 지극히 상식적인 내용이라 자세히 설명할 필요성조차 못 느끼지만, 이 간단한 진리를 모른 채 생활하는 현대인이 충격적일 정도로 많다. 계층을 불문하고 입으로 호흡하고, 자녀마저 이 역겨운 습관을 따르도록 방치하는 사람이 너무나 많은 실정이다.

현대인이 취약한 많은 질병이 입으로 호흡하는 나쁜 습관에서 비롯된다. 입으로 호흡하는 습관이 몸에 밴 상태의 아이들은 떨어진 활력과 나약한 체질을 안고 성장하며, 성인이 된 후에도 병을 달고 살며 시름시름 앓게 될 가능성이 크다. 오히려 우리가 '야만인'이라 부르는 원시 부족의 엄마가 이런 면에서는 우리보다 훨씬 낫다. 콧구멍을 통해 공기를 들이마시고 폐에 공급하는 것이 올바른 방식이라는 것을 본능적으로 아는 원시 부족의 엄마는 아기가 입을 다물고 코로 호흡하도록 훈련한다. 아기가 잘 때 입이 닫히고 콧구멍으로 숨을 쉴 수밖에 없도록 고개를 앞으로 살짝 올린다. 현대의 엄마들이 이런 방식의 육아를 채택한다면 인류 전체에 혜택이 돌아갈 것이다.

많은 종류의 전염병은 물론, 감기와 카타르성 질환(코와 목의 점막에 생기는 염증)도 구강호흡이라는 최악의 습관에서 비롯되는 경우가 많다. 결례를 범하지 않기 위해 낮에 타인 앞에서는 입을 닫고 있는 사람도 밤에는 구강호흡이 일상화되어 병마를 불러들이는 사례가 많다. 여러 차례의 과학적 실험 결과에 따르면 막사에서 입을 벌리고 자는 군인은 콧구멍으로 호흡하는 군인에 비해 전염병에 걸릴 가능성이 높다고 한다. 예전에 군함에서 천연두가 발병한 해외 사례가 있었는데, 사망자 전원이 구강호흡을 하는 군인들이었고, 비강호흡을 하는 군인 중에는 단 한 명의 피해자도 없었다고 한다.

호흡을 담당하는 기관의 보호장치, 필터 또는 '집진장치'는 콧구멍에만 있다. 입으로 숨을 쉬면 입과 폐 사이를 통과하는 공기를 점검하여 유사시 제동을 걸거나 먼지와 이물질을 걸러낼 장치가 하나도 없다. 이물질과 불순물이 아무런 제재 없이 입에서 폐로 직행하고, 호흡기관 전체가 무방비 상태로 노출되는 것이다. 게다가 입으로 숨을 쉬면 차가운 공기가 유입되어 호흡기를 해친다. 호흡 기관의 염증은 입으로 차가운 공기를 마실 때 생기는 경우가 많다. 밤에 입을 벌리고 자는 사람은 항상 입과 목이 건조한 상태로 잠에서 깬다. 이건 자연의 법칙을 위반하면서 질병의 씨앗을 뿌리는 것이나 다름없는 짓이다.

다시 한번 강조하지만, 입으로 숨을 쉬면 호흡 기관을 보호할 방도가 없으며, 차가운 공기, 먼지, 불순물, 병원균 등이 곧바로 몸속으로 직행한다. 반면 콧구멍과 비강은 자연이 우리 몸을 보호하기 위해 얼마나 세심하게 신경을 썼는지 잘 보여주고 있다. 콧구멍은 두 개의 길고 좁은 통로로 구성되며, 그 안에는 공기에 섞인 불순물을 걸러내는 필터 또는 체 역할을 하는 뻣뻣하고 꺼칠꺼칠한 수많은 털이 나 있다. 우리가 숨을 내쉴 때 콧구멍에서 걸러진 불순물은 외부로 배출된다. 콧구멍은 이처럼 중요한 역할뿐 아니라 우리가 들이마신 공기를 따뜻하게 덥히는 기능도 한다. 길고, 좁고, 구불구불한 콧구멍은 따뜻한 점막으로 채워져 있으며, 이 점막은 코를 통해 유입된 공기를 데워 목구멍과 폐처럼 섬세한 호흡 기관이 다치지 않도록 보호하는 구실을 한다.

인간을 제외한 어떤 동물도 입을 벌린 채 잠자거나 구강호흡을 하지 않는다. 사실 인간 중에서도 '문명인'만 자연의 기능을 왜곡하고 있다. 우리가 '야만인'이라 부르는 사람들은 거의 예외 없이 정상적인 방법으로 호흡한다. 사람의 기력을 떨어트리는 사치와 지나치게 따뜻한 생활환경 등, 부자연스러운 생활 습관으로 인해 이처럼 나쁜 습관이 굳어졌을 가능성이 크다.

콧구멍은 체내로 유입되는 공기를 정제하고, 거르고, 검증함으로써 목구멍과 폐가 감당할 수 있는 상태로 변환한다. 호흡 기관에 적합하지 않은 공기는 함부로 통과시키지 않는다. 콧구멍의 체와 점막에 의해 출입이 제한된 불순물은 숨을 내쉴 때 배출되고, 너무 빠른 속도로 유입되는 바람에 콧구멍의 보호장치를 통과하여 금단영역까지 침투한 불순물은 재채기라는 자연의 강렬한 반응에 의해 제거된다.

물탱크 안에 저장된 물과 증류한 물이 다르듯이, 대기 중의 공기와 폐로 유입된 공기는 질적으로 다르다. 호흡을 통해 체내로 들어오는 공기 중의 불순물을 걸러내는 콧구멍 안의 세련된 정화시설은 과일 씨와 생선 가시가 위장에 진입하지 못하도록 저지하는 입의 기능만큼이나 중요하다. 코로 음식을 섭취하는 사람이 없듯이, 입으로 숨을 쉬는 일도 있어선 안 될 일이다.

구강호흡이 가진 또 하나의 나쁜 특징은, 평소 비강을 자주 사용하지 않다 보니 청결 상태를 유지하기 어렵고, 그 결과로 코가 막히고 질병에 노출될 수 있다는 점이다. 정기적으로 보수하지 않고 방치한 도로가 잡초와 쓰레기로 뒤덮이듯이, 사용하지 않은 콧구멍 역시 불순물과 더러운 물질로 오염된다.

비강호흡을 생활화한 사람은 콧구멍이 막혀서 고생하는 일도 없다. 지금까지 습관으로 자리 잡은 구강호흡을 중단하고, 자연적이고 합리적인 호흡 방식으로 돌아가고 싶은 사람들을 위해 콧구멍을 청결하게 유지하고 불순물을 제거하는 방법을 몇 가지 제시하겠다.

동양에서 선호하는 방식은 약간의 물을 콧구멍으로 빨아들여 목구멍까지 넘긴 후 입으로 뱉어내는 것이다. 힌두 요기 중에는 물이 담긴 대야에 얼굴을 통째로 담가 많은 양의 물을 코로 들이마시고 입으로 내뱉는 사람도 있다. 하지만 이 방법은 많은 연습이 필요하므로, 초보자들에게는 훨씬 쉽고 효과도 같은 첫 번째 방법을 권하고 싶다.

창문을 활짝 열고 손가락으로 한쪽 콧구멍을 막은 후, 반대편 콧구멍으로 공기를 힘차게 들이마시는 것도 좋은 방법이다. 콧구멍을 번갈아 가면서 여러 차례 반복 진행한다. 이 방식으로 콧구멍에 쌓인 불순물을 대부분 제거할 수 있다.

카타르성 질환에 의해 코에 문제가 생겼다면 약간의 바셀린, 장뇌 연고 또는 유사한 물질을 발라보는 것도 좋은 방법이다. 가끔 위치하젤 추출물을 코로 흡입하는 방법도 눈에 띄는 효과를 줄 것이다. 이처럼 조금만 신경 쓰면 콧구멍을 언제나 청결한 상태로 유지할 수 있다.

이번 장에서 비강호흡의 중요성에 관해 상당한 지면을 할애했다. 비강호흡은 건강에 중요할 뿐 아니라, 앞으로 다룰 각종 호흡법의 선결 조건이자 요기 호흡 과학의 가장 기초적인 원리이기도 하다.

아직도 비강호흡의 중요성을 깨닫지 못한 독자에게는 지금부터라도 이번 장을 숙지한 후 실천으로 옮길 것을 권하고 싶다. 중요하지 않다고 생각하며 무시해선 안 될 내용이다.

제7장
호흡의 네 가지 방식

호흡을 제대로 이해하기 위해서는 우리가 숨을 쉴 때 몸속에서 움직이는 각종 신체 부위의 메커니즘부터 살펴봐야 한다. 호흡의 메커니즘은 (1) 폐의 탄력적인 움직임과 (2) 폐를 감싸고 있는 흉강의 옆과 아랫부분의 움직임을 통해 이루어진다. 흉곽은 목과 복부 사이에 있는 영역이며, 그 안의 공간인 흉강은 주로 폐와 심장이 차지하고 있다. 그리고 척추, 늑골과 연골, 가슴뼈, 횡격막(가로막)이 흉곽을 둘러싸며 경계를 이루고 있다. 우리가 일반적으로 '가슴'이라 칭하는 부분으로 이해하면 된다. 좁은 부분이 위로 향하고 뒷부분은 척추, 앞부분은 가슴뼈, 그리고 측면은 늑골로 구성된 콘 모양의 닫힌 상자에 비유할 수 있다.

늑골(갈비뼈)은 척추에서 양쪽으로 각각 12개씩 뻗어 나온 총 24개의 뼈로 구성된다. 가슴뼈에 직접 연결되어 고정된 상단의 일곱 쌍은 진늑골(true ribs), 그리고 가슴뼈에 고정되지 않은 하단의 다섯 쌍은 가늑골(false ribs 또는 floating ribs)로 불린다. 가늑골 중에서도 상단의 세 쌍은 연골을 통해 다른 늑골과 고정되며, 나머지 두 쌍은 연골이 없어 앞쪽 끝부분이 자유롭게 떠 있다.

우리가 숨을 쉬면 늑간근이라 불리는 두 개의 근육층에 의해 늑골이 움직인다. 앞서 언급했던 횡격막은 가슴과 복강을 분리하는 근육막이다.

숨을 들이마시면 근육이 폐를 확장하여 공간을 확보하며, 물리학의 법칙에 따라 공기가 폐 안으로 유입된다. 호흡은 결국 관련 근육의 움직임에 좌우된다. 편의상 이 근육들을 '호흡근'으로 칭하겠다. 호흡근의 도움 없이는 폐가 확장할 수 없으며, 호흡의 과학도 호흡근의 적절한 활용과 통제에 달려있다. 호흡근을 올바르게 다스리면 폐를 최대한으로 확장할 수 있으며, 그 결과 공기 내 생명력을 부여하는 속성(프라나)을 최대한 많이 체내로 흡수할 수 있다.

요기는 호흡을 다음과 같은 네 개의 큰 범주로 분류한다.

(1) 상단 호흡 (High Breathing)
(2) 중단 호흡 (Mid Breathing)
(3) 하단 호흡 (Low Breathing)
(4) 요기 완전 호흡 (Yogi Complete Breathing)

우선 (1)~(3)번 호흡법의 대략적인 개요를 설명하고, 요기 호흡 과학의 근본인 네 번째 방식의 자세한 설명을 제시할 것이다.

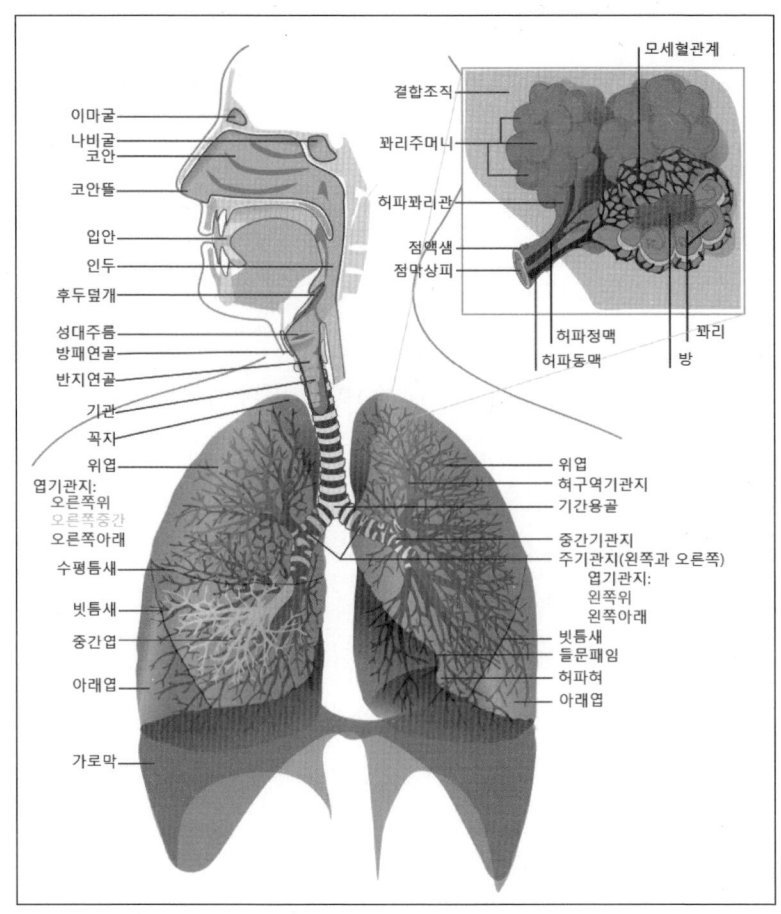

(1) 상단 호흡

상단 호흡은 서양에서 '쇄골 호흡'이라는 이름으로도 알려져 있다. 쇄골 호흡을 하면 늑골과 쇄골, 어깨가 위로 올라가고, 동시에 복부와 그 안의 내용물이 당겨지고 횡격막을 위로 누르게 된다.

상단 호흡에서는 가슴과 폐의 가장 작은 부분인 상단만이 호흡의 과정에서 사용되므로 최소한의 공기만 폐로 유입된다. 게다가 횡격막이 위로 눌리기 때문에 그 방향(폐의 아래)으로는 폐가 확장할 수 없다. 가슴의 해부학적 구조를 공부해본 학생이라면 이와 같은 호흡 방식은 최대한의 노력을 들이고 최소한의 이득을 얻는, 매우 비효율적인 호흡이라는 사실을 잘 알고 있을 것이다.

최대한 많은 에너지를 소모하면서 최소한의 이득을 얻는 상단 호흡은 아마도 인간이 할 수 있는 최악의 호흡법일 것이다. 그야말로 에너지는 있는 대로 다 낭비하고 얻는 것은 거의 없는, 크게 밑지는 장사다. 서양에서 쉽게 볼 수 있는 호흡법으로, 특히나 여성들, 심지어 호흡의 중요성을 누구보다 잘 알 법한 가수, 성직자, 변호사들마저 상단 호흡에 중독된 상황이다.

발성 기관과 호흡 기관 계통의 많은 질병이 이처럼 야만적인 호흡법에 직접 뿌리를 두고 있으며, 상단 호흡으로 인해 섬세한 기관들이 혹사당하여 거칠고 듣기 거북한 목소리를 초래하기도 한다. 상단 호흡에 길든 사람은 전 장에서 경고한, 반드시 피해야 할 구강호흡에 중독되는 경향도 있다.

상단 호흡의 설명에서 의심스러운 부분이 있다면 직접 실험해보기 바란다. 폐 안의 공기를 모두 내뱉은 후, 꼿꼿하게 선 상태에서 두 손을 옆에 두고, 어깨와 쇄골을 위로 올리며 숨을 들이마신다. 평소보다 훨씬 적은 양의 공기가 폐로 유입되었음을 느낄 수 있을 것이다. 다음에는 어깨와 쇄골을 들어 올리지 않은 상태에서 깊게 숨을 들이마셔 본다. 글이나 말로 전하는 것보다 직접 실험해보고 차이를 몸으로 느끼면 이 중요한 교훈이 기억 속에서 더 오래 남을 것이다.

(2) 중단 호흡

중단 호흡은 서양에서 '측부 호흡'이라는 이름으로도 알려져 있다. 상단 호흡보다는 그래도 나은 편이지만, 역시 잠시 후에 살펴볼 하단 호흡과 요기 완전 호흡보다는 훨씬 바람직하지 않은 호흡법이다. (상단 호흡과 마찬가지로) 중단 호흡에서는 횡격막이 위로 올려지고 복부가 당겨진다. 늑골도 약간 올라가고 가슴은 부분적으로만 확장한다. 호흡법을 공부해보지 않은 보통 사람들이 많이 하는 호흡이다. 상단, 중단 호흡보다 우수한 두 개의 호흡법이 더 있으므로 간단하게 부작용 정도만 강조하는 선에서 설명을 마치고, 다음 호흡법으로 넘어가자.

(3) 하단 호흡

하단 호흡은 앞서 언급한 두 가지 형태의 호흡법보다 훨씬 우수하며, 최근 서양의 작가들도 '복식호흡,' '심호흡,' '횡격막 호흡' 등의 이름을 붙여가며 이 호흡법의 장점을 부각하고 있다. 덕분에 대중이 호흡의 중요성을 인식하기 시작했고 몸에 안 좋은 상단과 중단 호흡법을 중단하고 이제부터는 하단 호흡을 생활화해야겠다고 마음먹는 사람들이 늘어나는 긍정적인 효과도 나타나고 있다. 이에 따라 하단 호흡을 중심으로 한 다양한 '호흡 기법'이 여기저기서 솟아났고, '새로운' 호흡 체계를 익히기 위해 지갑을 여는 사람들도 늘어나고 있다. 하지만 그래도 전반적으로 봤을 땐 긍정적인 현상이라고 생각한다. 오래전부터 있었던 호흡법을 새롭고 예쁘게 포장한 상품을 사기 위해 거금을 들였다 하더라도 이를 계기로 상단 호흡과 중단 호흡이라는 악습과 영원히 이별하게 되었다면 돈값은 충분히 한 것이다.

서양의 전문가들은 하단 호흡을 최고의 호흡법으로 내세우고 있으나, 요기 체계에서는 하단 호흡도 '완전 호흡'이라 불리는, 요기들이 수백 년 동안 수행해 온 호흡법의 일부에 불과하다. 하지만 완전 호흡의 개념을 이해하기 전에 하단 호흡의 원리부터 정복해야 하므로 완전 호흡에 도달하기 위한 중요한 중간 단계라고 할 수 있겠다.

이쯤에서 횡격막이 정확히 무엇인지, 다시 한번 생각해보자. 횡격막은 흉부와 그 안의 내용물, 그리고 복부와 그 안의 내용물을 분리하는 큰 근육막이라는 사실은 앞서 설명했다. 움직이고 있지 않을 때 횡격막은 복부의 관점에서 오목한 면으로 보인다. 즉, 마치 지구에서 하늘을 보는 것처럼 아치형 돔의 내부처럼 보인다. 따라서 반대편에 있는 흉부의 관점에서는 볼록 튀어나온 언덕처럼 보일 것이다. 횡격막을 사용하기 위해 움직이면 언덕처럼 솟아오른 부분이 아래로 내려가고 복부와 그 안의 장기들을 살며시 누른다.

하단 호흡에서는 상단과 중단 호흡과 비교해 폐가 더 자유롭게 움직일 수 있고, 따라서 더 많은 공기가 폐로 유입된다. 이런 이유로 대다수 서양 작가들은 하단 호흡(복식호흡)이야말로 과학적으로 입증된 최고의 호흡법이라고 주장하며 이를 칭송하는 글을 쏟아내고 있다. 하지만 동양의 요기들은 하단 호흡보다도 나은 호흡법이 있다는 사실을 오래전부터 알고 있었으며, 서양의 몇몇 작가들도 이를 인지하고 있다.

'요기 완전 호흡' 이외의 모든 호흡법이 안고 있는 근본적인 문제는, 어떤 방법을 써도 폐를 공기로 완전히 채우지는 못한다는 점이다. 심지어 그 좋다는 하단 호흡도 기껏해야 폐 일부분을 공기로 채우는 데 그친다. 상단 호흡은 폐의 좁은 윗부분만 공기로 채운다. 중단 호흡은 폐의 중간과 윗부분 일부만, 그리고 하단 호흡은 폐의 아래와 중간 부분만 공기로 채운다. 폐 일부분에만 공기를 공급하는 호흡보다는 폐 전체를 공기로 가득 채우는 호흡법이 더 바람직하고 월등하리라는 것은 자명하다. 폐 전체를 공기로 채우는 호흡법은 최대한 많은 양의 산소를 흡수하고 최대한 많은 프라나를 체내에 저장할 수 있게 하므로 인간에게 큰 도움이 될 것이다. 완전 호흡은 요기들이 알고 있는 최고의 과학적 호흡법이다.

(4) 요기 완전 호흡

요기 완전 호흡은 상단, 중단 및 하단 호흡의 장점은 전부 취하고 단점은 모두 배제한, 가장 이상적인 호흡법이다. 완전 호흡을 하면 호흡과 관련된 모든 기관, 즉, 폐 전체, 모든 폐포, 모든 호흡근이 움직이면서 호흡의 과정에 참여한다. 호흡 기관 전체가 반응하면서 최소한의 에너지 소모로 최대한의 이득을 얻을 수 있는 것이 바로 완전 호흡이다. 완전 호흡을 하면 흉강이 모든 방향으로 정상 한계점까지 확장하고, 호흡에 관여하는 모든 부위가 자연스럽게 제 기능을 수행한다.

완전 호흡의 매우 중요한 특징 중 하나는 호흡근 일부만 사용하는 다른 호흡법과는 달리, 모든 호흡근을 완전하게 사용한다는 점이다. 특히 완전 호흡을 하면 늑골을 제어하는 근육이 활발하게 움직이며, 이에 따라 폐가 확장할 수 있는 공간이 늘어나고, 호흡의 과정에서 지렛대 원리가 완벽하게 작용하여 호흡 기관들을 견고하게 지탱하는 효과가 나타난다. 일부 호흡근은 하단의 늑골을 단단하게 고정하고, 나머지 호흡근은 늑골이 밖으로 펼쳐지도록 움직이면서 흉강이 확장하는 것이다. 완전 호흡에서는 또한 횡격막이 완벽하게 통제되어 그 기능을 올바르게 수행함으로써 최대한의 효과를 얻을 수 있게 된다.

위에 언급한 늑골의 움직임에서 하단의 늑골은 횡격막에 의해 아래로 살짝 당겨지고, 나머지 근육들이 이를 고정하고, 늑간근의 작용으로 밖으로 벌어지는 움직임이 함께 일어나면서 흉강의 중간 부분이 최대한으로 확장된다. 또한 늑간근이 늑골의 상단을 위로 밀어냄으로써 흉강의 윗부분도 최대한으로 확장된다.

지금까지 설명한 네 가지 호흡법의 특징을 공부하고 나면 완전 호흡은 나머지 세 가지 호흡법의 장점을 모두 갖추고 있을 뿐 아니라, 흉강의 윗부분, 중간 부분, 그리고 횡격막 영역의 동시 작용에 따른 반대급부로 이득을 취하면서 정상적인 리듬을 확보할 수 있는 이상적인 호흡법이라는 사실을 알 수 있다.

다음 장에서는 완전 호흡의 실천과 이 우수한 호흡법을 터득하는 방법과 실습을 제시할 것이다.

제8장

요기 완전 호흡법

　요기 완전 호흡은 요기의 호흡 과학 전반을 아우르는 근본적인 호흡법으로, 앞으로 이 책에서 제시할 다양한 호흡 기법을 익히고 효과를 얻기 위해서는 완전 호흡부터 확실하게 터득하고 정복해야 한다. 대충 아는 것으로 만족해선 안 된다. 몸에 완전히 배어서 가능하면 일상적으로 자연스럽게 완전 호흡을 하는 수준에 이르러야 한다. 물론 이를 위해서는 노력, 시간, 인내심이 요구되지만, 세상에서 가치 있는 뭔가를 성취하기 위해서는 어차피 투자해야 할 것들 아니겠는가?

　호흡의 과학을 정복하는 왕도는 따로 없다. 원하는 결과를 얻으려면 진지하게 연습하고 공부하는 수밖에 없다. 하지만 호흡의 과학을 정복함으로써 얻는 이득이 대단히 커서 한 번 터득한 후에는 누구도 과거의 호흡 습관으로 회귀하려 하지 않을 것이며, 그동안 들인 시간과 노력이 전혀 아깝지 않았다고 친구들과 체험담을 나누게 될 것이다. 독자들이 요기 호흡의 기초를 대충 훑고 지나가고 뒤에 나오는 신기하고 매력적으로 보이는 변종 호흡법부터 시작하는 일이 없도록 이 시점에서 기본 원리를 완전히 익혀야 할 필요성과 중요성을 강조하는 것이다. 다시 한번 말한다. 시작이 바르면 결과도 바르게 되어있다. 하지만 기초가 부실하면 건물 전체가 언젠가는 붕괴한다는 사실을 반드시 명심하자.

우선 호흡 자체와 호흡법에 관한 간단한 지침과 일반적인 의견을 제시하고, 지금까지 불완전한 방식으로 호흡하는 바람에 발달하지 못한 가슴, 호흡근, 폐를 단련하는 실습을 제공하는 순서로 진행하는 것이 독자들에게 요기 완전 호흡법을 전수하는 좋은 방법인 것 같다. 완전 호흡을 계발하기 위해 노력하는 일은 억지로 하는 것도, 비정상적인 것도 아니라, 자연이 의도했던 방식으로 돌아가는, 자연의 원리를 되찾는 것이라는 사실을 강조하고 싶다.

건강하게 성장한 야만족 성인과 건강한 문명인 아기는 자연스럽게 완전 호흡을 수행하지만, 보통의 문명인 성인은 비자연적인 생활양식, 의류 등에 길들어 올바르게 호흡하는 태생적인 권리를 상실하고 말았다. 완전 호흡을 한다고 해서 숨을 들이마실 때마다 폐를 공기로 가득 채워야 하는 것은 아니라는 점도 말하고 싶다. 완전 호흡법으로 적당한 양의 공기를 들이마시고, 이 공기의 양이 적든 많든, 폐의 모든 부위에 골고루 분배하기만 하면 된다. 숨을 들이마실 때마다 완전 호흡을 해야 하는 것은 아니지만, 육신을 최상의 상태로 유지하기 위해 기회가 될 때마다 하루 중에도 폐를 공기로 가득 채우는 완전 호흡을 여러 차례 수행하는 것이 바람직하다.

다음의 간단한 수련을 통해 완전 호흡이 무엇인지 명확하게 이해할 수 있을 것이다.

요기 완전 호흡

(1) 똑바로 서 있거나 허리를 꼿꼿이 세우고 앉은 상태에서 콧구멍을 통해 천천히 공기를 들이마신다. 우선 폐의 하단을 공기로 가득 채운다. 횡격막이 아래로 내려가면서 복부 내 장기에 살며시 압력을 가하고 복부의 앞부분을 밀어내면서 폐의 하단을 공기로 채운다. 다음에는 늑골(갈비뼈) 하단, 흉골(가슴뼈), 흉곽(가슴우리)을 밀어내면서 폐의 중간 부분을 공기로 채운다. 그다음에는 가슴 상단을 앞으로 내밀고, 이 움직임을 통해 상단의 여섯 또는 일곱 쌍의 늑골을 포함하여 흉곽을 위로 올리며 폐의 상단을 공기로 채운다. 마지막 동작에서 복부의 하단은 살짝 안으로 당겨지고, 이 움직임은 폐를 지탱하고 폐의 최상단이 공기로 채워지도록 돕는다.

이 대목을 처음 읽고 나면 완전 호흡이 세 개의 별도 동작으로 구성된 것처럼 여겨질 수 있다. 하지만 그런 관점에서 생각하면 안 된다. 한 번의 연속적인 호흡을 통해 아래로 밀려난 횡격막부터 쇄골 부근의 흉곽 최상단에 이르기까지, 가슴 전체가 통일된 동작으로 확장하는 것이다. 호흡 동작을 끊지 말고 가능하면 연속 동작으로 할 수 있도록 노력하자. 꾸준히 연습하다 보면 세 동작으로 나누어 숨을 들이마시려는 습관이 점차 사라지고 한 번의 연속 동작으로 해낼 수 있을 것이다. 충분히 연습하고 나면 2초 정도 만에 숨을 다 들이마실 수 있을 것이다.

(2) 숨을 머금은 상태를 몇 초 정도 유지한다.

> (3) 가슴을 고정한 상태에서 마치 폐 속의 공기가 서서히 빠져나가듯이, 복부를 천천히 당기고 위로 올리면서 아주 천천히 숨을 내쉰다. 폐의 공기를 완전히 배출한 후에는 가슴과 복부를 이완한다. 조금만 연습하면 숨을 내쉬는 과정은 쉽게 익히고, 한 번 터득하고 나면 거의 자동으로 매번 할 수 있을 정도로 몸에 밸 것이다.

직접 해 보면서 느꼈겠지만, 완전 호흡을 하면 모든 호흡 기관이 동원되어 일사천리로 움직이고, 가장 먼 곳에 떨어진 폐포까지 포함해서 폐의 모든 부위가 운동하고 흉강도 모든 방향으로 확장한다. 또한 완전 호흡이라는 것은 결국 하단, 중단, 상단 호흡을 하나의 통일된 연속 동작으로 빠르게, 차례대로 수행하는 것이라는 사실도 알게 되었을 것이다.

대형 거울 앞에서 두 손을 복부 위에 올려놓고 움직임을 느끼면서 완전 호흡을 연습하면 큰 도움이 될 것이다. 숨을 다 들이마신 후에 가끔 어깨를 살짝 들어 쇄골을 위로 올림으로써 결핵의 번식장 역할을 하는 경우가 많은 오른쪽 폐의 작은 상엽으로 공기가 자유롭게 통과하도록 하는 것도 좋은 생각이다.

완전 호흡을 처음 연습할 때는 터득하는 데 다소 어려움을 겪을 수 있으나, 꾸준히 연습할수록 완벽에 가까워질 것이다. 그리고 한 번 터득한 후에는 절대로 과거의 바람직하지 않은 호흡법으로 돌아갈 일이 없을 것이다.

제9장

완전 호흡의 생리적 효과

완전 호흡의 실천이 가져다주는 장점은 워낙 많아서 일일이 열거해도 끝이 없을 것이나, 전 장의 내용을 충실하게 읽은 독자라면 이미 장점들을 잘 파악했을 것으로 생각되므로 추가적인 설명은 필요 없을 것 같다.

완전 호흡을 생활화하면 누구나 결핵을 비롯한 폐 관련 질병에 대한 면역력을 갖게 되고, 감기와 기관지 관련 질환을 앓게 될 일도 없어진다. 결핵은 충분한 양의 공기를 마시지 못했을 때 활력이 저하되어 발병하는 경우가 많다. 공기 부족으로 활력이 떨어져 몸이 다양한 병원균의 공격에 노출되는 것이다. 호흡이 완전하지 않으면 폐의 상당 부분이 운동하지 않아 비활성 상태로 있게 되고, 이런 부위는 체내의 취약한 조직을 공격하여 대혼란을 유발하는 바실루스(간균)를 끌어들이게 된다. 건강한 폐의 조직은 이런 병균에 강력하게 저항하며, 건강한 폐 조직을 얻는 유일한 방법은 폐를 올바르게 활용하는 것이다.

결핵 환자들을 보면 대부분 '가슴이 좁다.' 이게 무슨 의미일까? 부적절한 호흡법에 의존하다 보니 가슴이 발달하고 확장하지 못했다는 뜻이다. 하지만 완전 호흡을 실천하는 사람은 가슴이 넓어지고 완전하게 확장되며, 가슴이 좁은 사람도 완전 호흡을 시작하면 가슴을 발달시키고 정상적인 비율로 확장할 수 있다. 육신의 생명을 소중하게 여긴다면 지금부터라도 완전 호흡으로 흉강을 발달시키는 작업을 시작해야 한다. 추위에 지나치게 노출된 것 같은 기분이 들 때 몇 분 동안만 격렬하게 완전 호흡을 하면 온몸이 열기로 채워지는 것을 느낄 수 있고, 감기도 예방할 수 있다. 완전 호흡과 하루 정도의 간헐적 단식만으로 대부분 감기를 치료할 수 있다.

혈액의 질은 폐에서 얼마나 제대로 산화되느냐에 크게 좌우된다. 산화가 정상적으로 이루어지지 않으면 혈액에 온갖 불순물이 섞여 질이 떨어지게 되고, 육신은 영양실조에 시달릴 뿐 아니라 산화 작용을 통해 혈액에서 제거되지 않은 노폐물로 인해 독성에 오염된다. 우리의 몸 전체, 모든 장기와 부위가 혈액을 통해 영양분을 공급받는다는 사실을 고려했을 때, 불순물로 오염된 혈액이 몸 전체에 심각한 영향을 주리라는 사실을 쉽게 짐작할 수 있을 것이다. 해법은 간단하다. 요기 완전 호흡을 실천하는 것이다.

위장을 포함하여 영양의 흡수와 관련된 장기들은 부적절한 호흡에 따른 큰 대가를 치르는 피해자들이다. 폐를 통해 유입되는 산소 부족으로 필요한 영양분을 충분히 흡수하지 못할 뿐만이 아니다. 음식물을 소화하고 동화하기 이전에 혈액에 포함된 산소를 이용하여 음식물을 산화해야 하는데, 부적절한 호흡으로 인해 이 산화 과정이 제대로 이루어지지 않으면 소화와 동화작용도 당연히 악영향을 받게 된다. 동화작용이 정상적으로 이루어지지 않으면 몸은 충분한 영양분을 확보하지 못하고, 식욕은 떨어지고, 몸의 전반적인 활력은 약해지고, 에너지는 줄어들고…. 한마디로 몸이 시들어 말라 죽는 지경에 이르게 된다. 호흡 하나 제대로 하지 않은 탓으로 이런 사태까지 이어지게 되는 것이다.

호흡이 적절하지 않으면 신경계도 영향을 받게 된다. 뇌, 척수, 신경 중추, 그리고 신경 자체도 혈액을 통해 충분한 영양분을 공급받지 못하면 신경 전류(nerve current)를 생성하고, 저장하고, 전송하는 기능을 효율적으로 수행하지 못하는, 성능이 저하된 도구로 전락하고 만다. 폐를 통해 충분한 산소를 공급받지 못하면 영양분도 제대로 확보할 수 없다. 부적절한 호흡으로 인해 신경 전류 자체 또는 신경 전류의 원천이 악영향을 받는 문제도 있는데, 이 내용은 책의 다른 장에서 다룰 예정이므로 여기서는 자세히 설명하지 않겠다. 이번 장에서는 호흡이 적절하게 이루어지지 않으면 신경계의 메커니즘도 영향을 받아 신경의 힘을 체내에 전달하는 기능을 정상적으로 수행할 수 없다는 사실을 이해하고 넘어가기 바란다.

생식기관이 전반적인 건강에 주는 영향은 워낙 잘 알려진 사안이라 여기서 길게 설명할 필요는 없을 것 같다. 한마디로 말해, 생식기관이 약해지면 몸 전체가 이에 반사적으로 작용하며 함께 고통받게 된다. 하지만 완전 호흡을 일상화하면 자연이 의도했던 대로 생식기관을 정상적이고 건강한 상태로 유지하는 리듬이 생성되며, 생식 기능이 강화되고 활력을 되찾으면 이에 대한 반사작용으로 몸 전체에 생기가 돌기 시작한다.

생식기관의 건강을 되찾은 후 저속한 성적 충동이 전보다 강해진다는 의미는 전혀 아니다. 요기들은 기본적으로 금욕과 순결을 옹호하며, 동물적 충동과 욕망을 다스리는 법을 익힌 사람들이다. 성적 욕망을 다스린다는 것은 성적 힘이 약하다는 뜻이 아니다. 요기 가르침에 따르면 생식기관이 정상적이고 건강하면 자기를 다스리고자 하는 의지도 그만큼 강해진다고 한다. 요기들은 몸의 전반적인 건강 상태가 정상에서 벗어났을 때 신체의 놀랍고 중요한 기능 중 하나인 성 기능이 왜곡된다고 믿는다. 즉, 생식기관이 정상이 아니라 병든 상태에 있기 때문에 변태 행위에 집착하게 된다는 것이다. 이 문제에 관해 조금만 깊게 생각해보면 요기의 가르침이 옳다는 사실을 확신할 수 있을 것이다.

이 책에서 이 주제를 완전하게 논하기는 어렵지만, 요기들은 무지한 사람들처럼 비자연적인 방법으로 성 에너지를 무분별하고 과도하게 낭비하는 대신, 성 에너지를 보존하여 몸과 정신을 계발하는 목적으로 활용할 수 있다는 사실을 잘 알고 있다. 특별 요청에 따라 뒤에서 요기들이 성 에너지를 바람직한 방향으로 활용하기 위해 수행하는 기법 하나를 소개할 것이다. 금욕과 청결한 삶에 관한 요기 이론을 수용하든 거부하든 간에, 완전 호흡을 꾸준히 수행하다 보면 세상에 존재하는 그 어떤 기법보다도 생식기관의 건강을 회복하는 최고의 비법이 바로 완전 호흡이라는 사실을 알게 될 것이다. 지금 설명하는 내용은 생식기관의 건강을 정상 수준으로 회복하는 것이지, 보통 수준보다 훨씬 강력하게 만들어준다는 의미가 아니다. 호색한에게 있어 생식기관의 건강을 정상 수준으로 회복한다는 것은 과도한 성욕이 줄어

든다는 의미고, 성적 기능이 약한 사람의 경우에는 성적 활력을 회복하고 지금까지 그를 억눌렀던 나약함에서 해방되어 전반적인 건강까지 되찾는다는 것을 의미한다. 이 주제에 관한 우리의 입장에 오해가 없었으면 좋겠다. 요기는 자기를 다스릴 수 있는 수준으로 계발된 의지와 높은 이상으로 몸을 통제하고 움직임으로써 신체의 모든 부위가 튼튼하고 건강하게 유지되는 상태를 이상적인 목표로 삼는다.

완전 호흡으로 숨을 들이마실 때 횡격막은 수축하면서 간, 위장 등, 복부 내의 장기에 부드럽게 압력을 가하며, 폐의 리듬과 연동하여 이 장기들을 살며시 어루만지고 자극함으로써 정상적으로 기능하도록 유도한다. 우리가 숨을 들이마실 때마다 이와 같은 장기의 운동이 내부에서 일어나며, 영양 흡수와 배설을 담당하는 기관에 혈액이 정상적으로 순환하도록 돕는다. 상단 또는 중단 호흡에서는 이와 같은 '내부 마사지'로 장기들을 이롭게 하는 효과가 나타나지 않는다.

서양이 근래에 들어 '신체 문화[31]'에 많은 관심을 기울이고 있다는 점은 바람직한 현상이다. 하지만 운동에 너무 들떠서 겉으로 드러나는 근육의 단련이 전부라는 착각에 빠지면 안 된다. 몸 안의 장기도 운동이 필요하며, 자연은 올바른 호흡을 통해 장기들을 운동시키는 방법을 제공한다. 횡격막이 바로 내부의 장기들을 단련하는 가장 중요한 운동기구다. 횡격막이 움직이면서 영양 흡수와 배설을 담당하는

---

[31] Physical Culture. 19세기 독일, 영국 및 미국에서 일어나기 시작한 운동으로, 건강과 근력운동의 중요성을 강조한다. .

주요 장기들을 진동시키고, 호흡할 때마다 부드럽게 어루만지고 주물러서 장기에 혈액을 주입했다가 다시 짜냄으로써 전체적으로 활력을 제공한다. 인체 내 모든 장기 또는 부위는 운동하지 않으면 점차 쇠퇴하여 정상적으로 기능할 수 있는 상태에 이르게 되며, 횡격막의 움직임으로 인한 내부 운동이 이루어지지 않으면 장기들도 병이 든다. 완전 호흡을 실천하면 횡격막이 올바르게 움직이고, 가슴의 중간과 윗부분도 운동하게 된다. 그야말로 모든 면에서 '완전한' 호흡법이다.

굳이 동양의 철학과 과학을 논하지 않고 서양인의 생리학적 관점에서만 생각해봐도 요기 완전 호흡이 건강을 회복하고 유지하고자 하는 모든 인간에게 필수 불가결한 요소임을 쉽게 짐작할 수 있다. 아쉽게도 이 기법이 너무 간단하다는 이유로 무시하고, 그 대신 복잡하고 비싼 '호흡법 체계'를 배우기 위해 거금을 쏟아붓는 사람들이 많다. 건강이 문을 두드리고 있는데 문전박대하고 있는 셈이다. 건축가들이 내다 버린 돌이야말로 건강의 성전을 지탱하는 진짜 초석임을 명심해야 할 것이다.

건축자들이 버린 돌 (The stone which the builders rejected)

(시편 118:22) 건축자의 버린 돌이 집 모퉁이의 머릿돌이 되었나니

(마가복음 12:1) 예수께서 비유로 저희에게 말씀하시되 한 사람이 포도원을 만들고 산울로 두르고 즙 짜는 구유 자리를 파고 망대를 짓고 농부

들에게 세로 주고 타국에 갔더니

(마가복음 12:2) 때가 이르매 농부들에게 포도원 소출 얼마를 받으려고 한 종을 보내니

(마가복음 12:3) 저희가 종을 잡아 심히 때리고 거저 보내었거늘

(마가복음 12:4) 다시 다른 종을 보내니 그의 머리에 상처를 내고 능욕하였거늘

(마가복음 12:5) 또 다른 종을 보내니 저희가 그를 죽이고 또 그외 많은 종들도 혹은 때리고 혹은 죽인지라

(마가복음 12:6) 오히려 한 사람이 있으니 곧 그의 사랑하는 아들이라 최후로 이를 보내며 가로되 내 아들은 공경하리라 하였더니

(마가복음 12:7) 저 농부들이 서로 말하되 이는 상속자니 자 죽이자 그러면 그 유업이 우리 것이 되리라 하고

(마가복음 12:8) 이에 잡아 죽여 포도원 밖에 내어 던졌느니라

(마가복음 12:9) 포도원 주인이 어떻게 하겠느뇨 와서 그 농부들을 진멸하고 포도원을 다른 사람들에게 주리라

(마가복음 12:10) 너희가 성경에 건축자들의 버린 돌이 모퉁이의 머릿돌이 되었나니

(마가복음 12:11) 이것은 주로 말미암아 된 것이요 우리 눈에 기이하도다 함을 읽어 보지도 못하였느냐 하시니라

제10장
요기의 다양한 호흡법

이번 장에서는 요기들이 일상적으로 수행하는 세 가지 호흡 형태를 소개한다. 첫 번째는 비교적 잘 알려진 '요기 정화 호흡(Yogi Cleansing Breath)'이다. 요기들의 뛰어난 폐활량도 이 호흡 기법의 꾸준한 실천에서 탄생한 것이다. 요기들은 보통 호흡 수련을 할 때 정화 호흡으로 세션을 끝내며, 우리도 이 책에서 요기들의 전통을 따르고 있다. 두 번째는 '요기 신경 활성화 수련(Yogi Nerve Vitalizing Exercise)'이다. 오랜 세월에 걸쳐 전해져 내려온 기법으로, '신체 문화'를 가르치는 서양의 교사들도 요기의 가르침을 능가하지 못하고 일부 교사들만 차용하는 상황이다. 세 번째는 '요기 목소리 호흡(Yogi Vocal Breath)'이다. 활기찬 노랫소리처럼 들리는 상당수 동양 요기들의 아름다운 음성도 이 호흡법의 수련에서 비롯된 것이다. 이 책 전체에 이 세 개의 기법만 수록되어 있다고 해도 서양 독자들에게는 매우 중요한 가르침이 될 것으로 생각한다. 동양의 형제들이 보내준 소중한 선물로 여기고 열심히 실천할 것을 당부한다.

요기 정화 호흡

요기들이 폐를 환기하고 정화할 필요성을 느낄 때마다 수행하는 호흡법이다. 요기들은 호흡 수련을 할 때 정화 호흡으로 세션을 마무리하며, (뒤에 나올 예제들을 보면 알겠지만) 우리도 이 책에서 그 전통을 따르고 있다. 정화 호흡은 폐를 환기하고 정화할 뿐만 아니라, 폐 세포를 자극하고 호흡 기관에 전반적인 활기를 더해주며 건강을 촉진한다. 호흡 기관뿐 아니라 몸 전체의 생기를 되찾게 해주는 효과도 있다. 연설과 공연 후 피로가 쌓인 연설가, 가수 등이 정화 호흡을 하면 특히나 큰 휴식 효과를 얻을 수 있을 것이다.

(1) 완전 호흡으로 숨을 들이마신다.
(2) 숨을 머금은 상태를 몇 초 정도 유지한다.
(3) 휘파람을 불듯이 입술을 오므리고(하지만 볼을 부풀리지는 않는다) 힘차게 약간의 숨을 내쉰다. 숨을 여전히 머금고 있는 상태에서 잠시 멈췄다가 다시 약간의 숨을 내쉰다. 숨을 다 내쉴 때까지 반복한다. 오므린 입을 통해 숨을 내쉴 때 힘차게 해야 한다는 점을 꼭 기억하기 바란다.

몸이 피곤하고 탈진 상태에 이르렀을 때 정화 호흡을 하면 원기가 충전된 듯한 느낌이 든다. 직접 해 보면 그 진가를 확인할 수 있을 것이다. 이 책에서 소개하는 여러 수련법을 마무리할 때 사용하는 호흡법이므로 정확하게 이해하고 자연스럽고 쉽게 수행할 수 있을 때까지 연습하기 바란다.

요기 신경 활성화 호흡

　요기들에게 매우 익숙한 호흡법으로, 그들의 가르침에 따르면 신경을 자극하고 몸에 활력을 부여하는 가장 강력한 방법이라고 한다. 신경계의 자극과 신경의 힘, 에너지, 활력의 계발을 목표로 하는 호흡법이다. 이 호흡법을 수행하면 주요 신경 중추를 자극하는 압박이 가해지고, 그 작용이 신경계 전체를 자극하고 활력을 더해주면서 몸의 모든 부위에 더 많은 신경 전류를 공급하게 된다.

(1) 똑바로 선다.
(2) 완전 호흡으로 숨을 들이마시고 잠시 머금는다.
(3) 두 팔을 앞으로 쭉 뻗는다. 손바닥은 위를 향한다. 팔을 지탱할 수 있을 정도의 힘만 준 상태에서 팔의 긴장을 풀고 이완한다.
(4) 천천히 두 손을 어깨 쪽으로 당기고, 조금씩 근육을 수축하면서 힘을 준다. 손이 어깨에 닿을 시점에는 손이 떨리는 느낌이 들 정도로 주먹을 꽉 쥔 상태여야 한다.
(5) 근육에 여전히 힘을 준 상태에서 천천히 주먹을 앞으로 내민 후, 빠른 속도로 (계속 힘을 준 상태에서) 다시 당긴다. 이 동작을 여러 차례 반복한다.
(6) 힘차게 숨을 내쉰다.

(7) 마무리로 정화 호흡을 수행한다.

이 기법의 효과는 주먹을 잡아당기는 속도, 근육의 긴장 정도, 그리고 호흡할 때 폐 전체를 사용하는지 여부에 달려있다. 역시 직접 해 봐야 효과를 실감할 수 있다. 그야말로 최고의 '원기 회복제'라 할 수 있다.

요기 목소리 호흡

요기들은 목소리를 계발하는 호흡 수련도 한다. 요기들은 강하고, 매끄럽고, 깨끗하고, 마치 트럼펫처럼 사방으로 음성을 전달할 수 있는 뛰어난 목소리의 소유자로 유명하다. 요기들은 이번에 소개하는 '목소리 호흡' 수련을 통해 부드럽고, 아름답고, 유연하고, 말로 설명하기 어려운, 마치 바람처럼 허공을 가로지르는 듯하면서도 큰 힘이 실린 목소리를 갖게 되었다. 아래 소개하는 수련을 꾸준히, 충실하게 하다 보면 독자들도 조금 전 언급한 특성을 두루 갖춘 목소리, 소위 말하는 '요기 음성'을 소유하게 될 것이다. 물론 평소에 이렇게 호흡하라는 것은 아니라, 틈틈이 호흡 수련을 할 때 곁들이면 좋다는 의미다.

(1) 아주 천천히, 꾸준하게 콧구멍으로 완전 호흡을 수행하면서 최대한 오랜 시간에 걸쳐 숨을 들이마신다.

(2) 숨을 머금은 상태를 몇 초 정도 유지한다.
(3) 입을 활짝 벌리고 힘차게, 단 한 번 만에 숨을 크게 내쉰다.
(4) 정화 호흡으로 폐를 이완한다.

말을 하고 노래할 때의 발성에 관한 요기 이론을 여기서 자세히 다루지는 않겠지만, 요기들은 목소리의 음색, 속성, 힘이 목 안의 발성 기관뿐 아니라 안면근육 등과도 깊은 연관이 있다는 사실을 경험적으로 터득했다. 세상에는 크고 넓은 가슴을 지녔음에도 목소리가 보잘것없는 사람이 있는가 하면, 가슴이 작지만 놀라운 힘과 특색을 지닌 목소리를 소유한 사람도 있다. 독자들이 해 볼만한 흥미로운 실험을 하나 소개한다. 거울 앞에 서서 입을 오므리고 휘파람을 불며 입의 모양과 표정 전반을 살펴본다. 그다음 자연스럽게, 평소 하던 대로 말하거나 노래를 부르며 차이점을 확인해본다. 그다음에는 또 몇 초간 휘파람을 불다가 입술과 얼굴을 움직이지 않은 상태에서 노래를 몇 소절 해 본다. 이번에는 생기 넘치고, 깊이 울리는, 깨끗하고 아름다운 음색이 생성될 것이다.

제11장

일곱 가지 요기 수련

 이번 장에서는 요기들이 폐, 근육, 인대, 폐포 등을 강화하고 발달시키기 위해 즐겨 사용하는 일곱 가지 호흡 수련법을 소개한다. 이 수련법들 역시 단순하지만, 매우 효과적이라는 공통점을 갖고 있다. 쉽고 단순하다는 이유로 시시하게 여기거나 무시해선 안 된다. 요기들이 수백 년에 걸쳐 신중하게 실험과 실천을 거듭한 끝에 도출한 결과다. 시중에 나와 있는 수많은 세련되고 복잡한 수련법에서 필수적이지 않은 군더더기를 다 걷어내고 진짜 중요한 알맹이만 남긴 알짜배기라고 보면 된다.

(1) 숨 머금기

 폐뿐만 아니라 호흡근을 골고루 강화하고 발달시키는 수련으로, 자주 할수록 가슴이 확장된다. 요기들은 가끔 완전 호흡으로 폐를 공기로 가득 채운 상태에서 한동안 숨을 머금는 것이 호흡 기관뿐 아니라 영양분의 흡수와 동화를 관장하는 장기들, 신경계, 그리고 혈액 자체에도 이롭다는 사실을 경험적으로 발견했다. 요기들에 따르면 공기를 가득 들이마신 상태에서 가끔 숨을 머금으면 이전에 들이마셨다가 배출되지 않고 폐에 남은 공기를 정화할 수 있으며, 혈액을 더욱 완전하게 산화할 수 있다고 한다. 또한 숨을 머금는 동안 폐 안의 모든 노폐물이 수거되고, 머금었던 숨을 내쉴 때 체내의 찌꺼기가 밖으로 배출되고, 설사약으로 장을 청소하듯이 폐를 청소하는 효과를 얻을 수 있다고 한다. 요기들은 위장, 간, 혈액과 관련한 다양한 질병을 치유하기 위해 숨 머금기 운동을 꾸준히 할 것을 권한다. 폐의 환기가 정상적으로 이루어지지 않았을 때 종종 발생하는 구취 해소에도 좋다. 장점이 많은 수련이라 독자들도 주의를 기울이고 열심히 해 볼 것을 권하고 싶다. 다음 지침을 따라서 하면 된다.

(1) 똑바로 선다.
(2) 완전 호흡으로 숨을 들이마신다.
(3) 불편하지 않은 범위 내에서 최대한 숨을 머금는다.
(4) 입을 벌려 힘차게 숨을 내쉰다.
(5) 마무리로 정화 호흡을 수행한다.

처음에는 숨을 오래 참지 못하더라도 조금만 연습하면 머금을 수 있는 시간이 길어질 것이다. 개선 정도를 기록하기 위해 타이머를 사용하는 것도 좋은 생각이다.

(2) 폐 세포 자극

폐 내의 세포를 자극하기 위한 수련이다. 하지만 초보자는 무리하지 않도록 주의하고, 어떤 경우에도 지나치게 몰두하면 안 된다. 이 수련을 처음 해 보고 현기증이 나는 사람도 있을 수 있다. 그런 경우에는 몇 걸음 걸으면서 안정을 취하고 잠시 수련을 중단하는 것이 좋다.

(1) 두 팔을 옆에 둔 채 똑바로 선다.
(2) 아주 천천히, 서서히 숨을 들이마신다.
(3) 숨을 들이마시면서 손가락 끝으로 위치를 계속 바꿔가면서 가슴 여기저기를 가볍게 두드린다.
(4) 폐가 공기가 가득 차면 숨을 머금고 손바닥으로 가슴을 두드린다.
(5) 마무리로 정화 호흡을 수행한다.

아주 잘 알려진 요기 호흡 수련으로, 몸 전체를 자극하고 원기를 회복해주는 효과를 지니고 있다. 불완전한 호흡으로 인해 많은 폐포가 비활성화되고 거의 쇠퇴한 지경에 이른 사람이 많다. 수년간 불완전한 호흡에 길들었다면 완전 호흡만으로는 그동안 사용하지 않았던 폐포를 자극하기 어려울 것이다. 하지만 방금 소개한 방법을 통해 원하는 결과를 얻을 수 있으므로 자세히 공부하고 수련하면 좋을 것이다.

(3) 늑골 스트레칭

말랑말랑한 연골에 의해 고정된 늑골은 호흡의 과정에서 크게 확장될 수 있다고 이미 설명한 바 있다. 올바른 호흡에서 늑골은 중요한 역할을 하며, 따라서 늑골의 탄력성을 유지하기 위해 주기적으로 특별한 운동을 해줄 필요가 있다. 서양 사람들처럼 부자연스럽게 서거나 앉는 나쁜 습관을 들이면 늑골이 뻣뻣해지고 탄력성을 상실하게 되는데, 이번 수련을 꾸준히 함으로써 이런 문제를 해소할 수 있을 것이다.

(1) 똑바로 선다.
(2) 두 손을 몸의 양쪽, 무리하지 않는 선에서 최대 겨드랑이까지 올린다. 엄지는 가슴 뒤, 손바닥은 가슴 옆, 그리고 나머지 네 손가락은 가슴 앞을 덮도록 한다.
(3) 완전 호흡으로 숨을 들이마신다.
(4) 잠시 숨을 참는다.
(5) 부드럽게 두 손으로 가슴 양쪽을 누르면서 천천히 숨을 내쉰다.
(6) 마무리로 정화 호흡을 수행한다.

무리하지 않고 적당한 선에서 수련한다.

(4) 가슴 확장

일하면서 몸을 자주 구부리다 보면 가슴이 위축될 가능성이 높다. 이번 수련은 정상 상태를 회복하고 가슴을 본래의 모습으로 확장하는 데 도움이 된다.

(1) 똑바로 선다.
(2) 완전 호흡으로 숨을 들이마신다.
(3) 숨을 참는다.
(4) 주먹을 쥔 채 두 팔을 앞으로 뻗어 주먹을 어깨와 같은 높이로 올린다.
(5) 주먹을 뒤로 힘차게 휘두른 다음, 두 팔이 어깨와 일직선을 이루도록 옆으로 뻗는다.
(6) 4번의 위치로 돌아갔다가 다시 5번의 위치로 주먹을 휘두른다. 이 동작을 여러 차례 반복한다.
(7) 입을 벌리고 힘차게 숨을 내쉰다.
(8) 마무리로 정화 호흡을 수행한다.

무리하지 않고 적당한 선에서 수련한다.

(5) 걷기 운동

(1) 고개를 쳐들고, 턱을 살짝 당기고, 어깨를 뒤로 당기고, 박자에 맞춰 걷는다.
(2) 완전 호흡으로 천천히 숨을 들이마시면서 한 발자국 걸을 때마다 마음속으로 수를 센다. (하나, 둘, 셋, 넷, 다섯, 여섯, 일곱, 여덟) 여덟 발자국을 걷는 동안 수를 세면서 숨을 한 번 들이마시면 된다.
(3) 2번 단계와 마찬가지로 한 발자국 걸을 때마다 하나부터 여덟까지 수를 세며 콧구멍을 통해 숨을 내쉰다.
(4) 한 번의 호흡(들숨과 날숨)을 마무리할 때마다 잠시 휴식을 취하되 위와 같은 방식으로 하나부터 여덟까지 세며 계속 걷는다.
(5) 피로를 느낄 때까지 반복한다. 잠시 휴식을 취한 후 편하게 다시 걷는다. 하루 중 여러 차례 수행한다.

하나부터 넷까지 세며 숨을 머금고, 하나부터 여덟까지 세며 숨을 내쉬는 요기들도 있다. 독자들도 다양한 방식으로 실험해보고 자기에게 맞는 리듬을 찾아내기 바란다.

(6) 아침 운동

(1) 군인처럼 차렷 자세로 선다. 고개를 쳐들고, 눈은 전방을 주시하고, 어깨는 당기고, 무릎에는 힘을 주고, 두 손은 몸 옆에 둔다.
(2) 서서히, 천천히 완전 호흡으로 숨을 들이마시면서 발가락만 땅에 닿은 상태(까치발)에서 몸을 위로 천천히 들어 올린다.
(3) 까치발 상태를 유지한 채 몇 초간 숨을 참는다.
(4) 천천히 1번 자세로 돌아오면서 콧구멍을 통해 천천히 숨을 내쉰다.
(5) 마무리로 정화 호흡을 수행한다.
(6) 여러 차례 반복한다. 한 번은 오른쪽 다리만 올렸다가, 다음번에는 왼쪽 다리만 올리는 식으로 다리를 번갈아 가면서 수련한다.

(7) 순환 촉진

(1) 똑바로 선다.
(2) 완전 호흡으로 숨을 들이마시고 잠시 숨을 참는다.
(3) 손으로 막대기 또는 지팡이를 꽉 붙잡은 상태에서 몸을 앞으로 살짝 구부린다. 서서히 온몸의 힘을 막대기를 잡은 손에 집중한다.
(4) 막대기를 잡은 손에서 힘을 풀고 1번 자세로 돌아가면서 천천히 숨을 내쉰다.
(5) 여러 차례 반복한다.

(6) 마무리로 정화 호흡을 수행한다.

　실제 막대기 또는 지팡이 없이도 할 수 있는 수련이다. 손에 막대기를 쥐고 있다고 상상하며 의지를 발휘하여 압력을 가하면 된다. 동맥혈이 사지 끝부분까지 흐르도록 유도하고 정맥혈이 새로 유입된 산소와 접촉하도록 심장과 폐로 끌어당김으로써 순환을 촉진하는 수련이다. 혈액순환이 원활하게 이루어지지 않으면 완전 호흡으로 늘어난 폐 안의 산소를 흡수할 혈액이 충분하지 않아 호흡 개선에 따른 이득을 취할 수 없다. 이런 경우 순환 촉진 수련에 간헐적으로 완전 호흡 수련을 곁들여 수행하면 좋은 효과를 볼 수 있을 것이다.

제12장
일곱 가지 가벼운 요기 수련

이번 장은 일곱 개의 가벼운 요기 수련으로 구성되었다. 수련 별로 제목을 지정하지는 않았으나 각각 독특하고 다양한 목적을 위해 고안된 기법들이다. 독자마다 자기에게 적합하고 특별히 필요한 수련법을 찾아낼 수 있을 것이다. 장의 제목은 '가벼운 수련'이라고 지었지만, 다 쓸모 있고 유용한 수련법들이다. 쓸모가 없었더라면 애초에 책에 수록하지도 않았을 것이다. 각각의 수련은 '신체 문화'와 '폐 발달'의 핵심을 하나로 압축한 것으로, 마음만 먹으면 살을 붙여 수련 별로 책 한 권을 쓸 수도 있을 것이다. 물론 이 책에서 소개하는 수련은 요기 호흡을 동반하므로 효과가 더 크다. '가벼운'이라는 수식어가 붙었다고 해서 가볍게 지나치지 않기 바란다. 이 중 독자에게 지금 꼭 필요한 수련법이 있을 수도 있다. 직접 해 보고 도움이 되는지 확인해보기 바란다.

수련 1

(1) 두 손을 몸 옆에 두고 똑바로 선다.
(2) 완전 호흡으로 숨을 들이마신다.

(3) 두 팔을 천천히 위로 올린다. 두 손이 머리 위에서 맞닿을 때까지 팔에 힘을 준다.

(4) 두 손을 머리 위로 든 상태에서 몇 초간 숨을 참는다.

(5) 천천히 숨을 내쉬면서 두 손을 다시 내린다.

(6) 마무리로 정화 호흡을 수행한다.

수련 II

(1) 두 팔을 앞으로 곧게 뻗은 상태에서 똑바로 선다.

(2) 완전 호흡으로 숨을 들이마시고 숨을 참는다.

(3) 팔을 최대한 뒤로 흔들며 뻗었다가 1번 상태로 돌아오는 동작을 반복한다. 숨은 계속 참고 있어야 한다.

(4) 입으로 힘차게 숨을 내쉰다.

(5) 마무리로 정화 호흡을 수행한다.

수련 III

(1) 두 팔을 앞으로 곧게 뻗은 상태에서 똑바로 선다.

(2) 완전 호흡으로 숨을 들이마신다.

(3) 두 팔을 뒤로 몇 차례 돌리면서 원을 그린다. 그다음에는 반대로 앞

방향으로 돌리면서 원을 그린다. 동작을 수행하는 동안 숨은 계속 참고 있어야 한다. 풍차의 날개처럼 두 팔을 번갈아 돌려도 된다.

(4) 입으로 힘차게 숨을 내쉰다.

(5) 마무리로 정화 호흡을 수행한다.

수련 IV

(1) 얼굴이 바닥을 향하고, 손바닥이 바닥에 닿은 상태로 눕는다. (팔굽혀펴기 자세로 눕는다.)

(2) 완전 호흡으로 숨을 들이마시고 숨을 참는다.

(3) 몸이 뻣뻣해지도록 힘을 주고 두 팔의 힘으로 몸을 들어 올린다. 손과 발가락으로 몸을 지탱한다.

(4) 몸을 내려 1번 상태로 돌아가는 동작을 여러 차례 반복한다.

(5) 입으로 힘차게 숨을 내쉰다.

(6) 마무리로 정화 호흡을 수행한다.

수련 V

(1) 손바닥을 벽에 댄 채 똑바로 선다.

(2) 완전 호흡으로 숨을 들이마시고 숨을 참는다.

(3) 손으로 몸무게를 지탱하며 팔을 구부려 가슴을 벽에 댄다.

(4) 몸에 힘을 주고 뻣뻣하게 유지한 상태에서 팔 근육만 이용하여 다시 똑바로 선다.

(5) 입으로 힘차게 숨을 내쉰다.

(6) 마무리로 정화 호흡을 수행한다.

수련 VI

(1) 두 손을 옆구리에 댄 상태에서 똑바로 선다.

(2) 완전 호흡으로 숨을 들이마시고 숨을 참는다.

(3) 다리와 엉덩이에 힘을 주고 마치 절하듯이 상체를 앞으로 구부리며 동시에 천천히 숨을 내쉰다.

(4) 1번 상태로 돌아간 후 다시 완전 호흡으로 숨을 들이마시고 참는다.

(5) 이번에는 몸을 뒤로 젖히면서 천천히 숨을 내쉰다.

(6) 1번 상태로 돌아간 후 다시 완전 호흡으로 숨을 들이마시고 참는다.

(7) 몸을 옆으로 구부리며 천천히 숨을 내쉰다. (오른쪽과 왼쪽을 번갈아가며 수행한다.)

(8) 마무리로 정화 호흡을 수행한다.

수련 VII

(1) 척추를 꼿꼿하게 세운 상태로 서거나 앉는다.

(2) 완전 호흡으로 숨을 들이마신다. 하지만 이번에는 공기를 한 번에 완전히 들이마시지 않고 마치 향의 냄새를 맡듯이, 한꺼번에 강한 향기를 흡입하는 것을 피하기라도 하듯이, 여러 차례에 걸쳐 '킁킁대며' 조금씩 숨을 들이마신다. 조금씩 들이마신 숨을 중간에 내쉬면 안 된다. 폐 전체가 공기로 찰 때까지 계속 더한다는 기분으로 계속 들이마신다.

(3) 몇 초간 숨을 참는다.

(4) 마치 한숨을 쉬듯이 콧구멍을 통해 길게, 편하게 숨을 내쉰다.

(5) 마무리로 정화 호흡을 수행한다.

제13장
진동과 요기 리듬 호흡

 우주 만물은 진동한다. 아주 작은 원자에서부터 가장 큰 태양에 이르기까지, 모든 것은 매 순간 진동하고 있다. 자연계에 완전한 정지 상태로 있는 것은 존재하지 않는다. 단 하나의 원자라도 진동을 멈추면 우주 전체가 붕괴하고 만다. 우주는 모든 것이 진동하는 상태에서 운영된다. 매 순간 물질에 에너지가 가해지면서 헤아릴 수 없을 정도로 많고 다양한 형상들이 만들어지며, 이 형상들도 영구적이지는 않다. 만들어진 순간부터 변하기 시작하고, 이 변화를 통해 또 수많은 형상이 만들어지고, 이 형상들이 또 변화하고…. 이런 식으로 한도 끝도 없이, 영원히 변화를 거듭한다. 형상의 세상(물질계)에서 영구적인 것은 없지만 실재(Reality)는 절대 변하지 않는다. 형상이란 겉으로 보이는 외형에 불과하다. 외형은 수시로 이렇게도 저렇게도 바뀌지만, 실재는 영원하며 변하지 않는다.

 인체를 구성하는 원자들도 계속 진동하고 있다. 끊임없이 변하고 있다. 몇 개월의 시간이 흐르면 인체를 구성하는 모든 물질이 완전한 변화를 거치게 된다. 지금 내 몸을 구성하고 있는 원자들도 몇 개월이 지나면 다른 원자들로 교체되어 있을 것이다. 지속적인 진동, 지속적인 변화…. 이것이 우주의 법칙이다.

모든 형태의 진동에는 리듬이 내재한다. 리듬은 우주를 관통한다. 태양 주위를 공전하는 행성들, 솟아올랐다가 가라앉기를 반복하는 파도, 심장의 박동, 밀물과 썰물 모두 리듬의 법칙을 따르며 움직인다. 우리에게 내리쬐는 따뜻한 태양광선, 우리 몸을 적시는 촉촉한 비도 같은 법칙을 따른다. 모든 성장은 리듬 법칙의 작용을 보여주는 사례다. 우주의 모든 움직임도 리듬의 법칙에 따라 이루어진다.

행성들이 리듬 법칙의 영향으로 태양 주위를 돌듯이, 우리의 몸도 이 법칙의 영향을 받는다. 요기 호흡 과학의 비의적 측면 대부분이 바로 이 자연의 법칙(리듬의 법칙)을 근간으로 하고 있다. 요기는 인체에 내재한 리듬에 자신을 맞춤으로써 대량의 프라나를 흡수하고, 구체적인 목적 달성을 위해 이 프라나를 활용한다.

내가 점유하고 있는 육신은 바다와 육지 사이에 있는 작은 만에 비유할 수 있다. 이 작은 만은 겉으로 보기에는 자기만의 고유 법칙을 따르고 있는 것으로 보이지만, 사실은 바닷물의 조수를 관장하는 법칙의 지배를 받는다. 생명의 바다도 크게 부풀었다가 줄어들고, 솟아났다가 내려오는 주기적인 운동을 반복하고 있으며, 우리는 그 진동과 리듬에 반응한다. 정상적인 상황에서 우리는 생명의 바다가 내보내는 진동과 리듬을 수신하고 이에 적절하게 반응하나, 만의 입구에 쓰레기 따위가 쌓여 막히면 어머니 바다가 보내는 파동을 받지 못하고 몸이 부조화 상태에 이르게 된다.

리듬과 하모니의 중요성 (맨리 P. 홀의 『음악의 심리학』 중에서)

그리스의 철학자들은 하나됨(The One), 선(The Good)과 더불어 아름다움(The Beautiful)을 신의 대표적인 속성으로 보았고, 피타고라스와 플라톤은 제자를 받을 때 음악에 대한 지식을 필수 조건으로 삼았다. 인도에서는 음악을 통해 영적 메시지를 대중에게 전달했고, 동양에서는 마음을 다스리고 정신을 수련하기 위해 음악을 공부했다. 그리고 종교에 헌신하는 독실한 신자들은 음악에서 신성을 체험하고 축복을 받았다. 모든 형태의 예술 중에서도 가장 쉽게 접할 수 있고, 인간의 의식에 직접 작용하는 음악을 올바르게 활용하면 개인의 치유뿐 아니라 미래까지 바람직한 방향으로 바꿀 수 있다. 자연은 언제나 가장 효율적인 방식으로 일을 처리하며, 효율적인 일 처리에는 항상 리듬이 담겨있다.

- 역자 서문 중에서

"리듬은 인간을 신바람 나게 만들 수도 있고, 버림받은 듯한 기분이 들 정도로 우울하게 만들 수도 있습니다. 가슴에 불을 지필 수도 있고 차분하게 진정시킬 수도 있습니다. 쉽게 말해, 자유자재로 사람을 들었다 내렸다 할 수 있습니다."

"불협화음으로 가득한 세상은 인간에게 고통을 안겨주며, 균형이 깨진 인간이 만들어낸 음악은 부메랑이 되어 자신에게 다시 돌아옵니다."

> "영혼의 하모니를 간직한 사람은 행복하고 하모니가 결여된 사람은 불행합니다. 하모니가 결여된 사람은 자기에게 주어진 모든 책임과 의무를 경멸하며 모든 일을 억지로 하므로 이미 벌을 받고 있는 것입니다. 그는 삶을 즐길 수 있는 특권을 반납한 사람입니다."
>
> – 맨리 P. 홀

리듬에 맞춰 바이올린으로 특정 음을 반복적으로 연주하면 진동(공명 주파수)이 일어나고, 이 상태를 충분한 시간 지속하면 다리도 무너트릴 정도의 위력을 발휘한다는 말을 들어본 적이 있을 것이다. 군인들이 발맞춰 다리를 건널 때도 같은 원리로 붕괴 사태가 벌어지지 않도록 지휘관이 가끔 '걸음 바꿔가!' 구령을 붙인다. 리듬이 내재한 움직임이 발휘하는 위력의 사례를 보면 리듬에 맞춘 호흡도 인체에 중대한 영향을 주리라고 쉽게 짐작할 수 있을 것이다. 리듬 호흡을 하면 몸 전체가 진동을 감지하며 내 의지와 조화를 이루고, 이에 따라 폐도 리듬에 맞춰 움직이고 온몸이 완벽한 조화를 이루면서 내 의지를 따르게 된다. 이처럼 몸이 이상적인 조화를 이룬 상태에서 요기는 자신의 의지만으로 몸 어느 부위로든 혈액 공급을 늘릴 수 있으며, 특정 장기 또는 부위에 평소보다 많은 신경 전류를 보내 자극하고 강화할 수 있다.

요기는 리듬 호흡을 통해 '리듬을 타면서' 더 많은 프라나를 흡수하고 다스려 자기가 원하는 목적으로 활용할 수 있다. 이렇게 확보한 프라나를 매개로 삼아 타인에게 어떤 생각의 파동을 내보내고, 같은 주파수로 진동하는 생각을 자기에게 끌어당길 수도 있다. 요기들은 수백 년 전부터 자세히 알고 있었으나 서양에서는 최근 들어서야 많은 주목을 받는 텔레파시, 생각의 전이, 정신적 치유, 메스머리즘 등도 리듬 호흡을 수행한 후에 작업을 시작하면 훨씬 더 강력한 효과를 얻을 수 있다. 정신적 치유, 마그네틱 힐링 등도 리듬 호흡을 한 후에 진행하면 효과가 수백 퍼센트 증가한다.

리듬 호흡의 핵심은 리듬의 개념을 마음속으로 파악하고 이해하는 것이다. 음악을 조금이라도 아는 사람은 수를 헤아림으로써 시간을 측정하는 개념에 익숙할 것이다. 리듬에 맞춰 행진하는 군인도 비슷한 개념이다. "왼발, 오른발, 왼발, 오른발, 왼발, 오른발; 하나, 둘, 셋, 넷; 하나, 둘, 셋, 넷."

요기는 자신의 심장박동을 리듬의 단위로 삼는다. 사람마다 심장박동 주기는 다르며, 따라서 내 심장의 박동이 내가 하는 리듬 호흡의 기준이 되는 것이다. 맥박을 짚고 숫자를 세면서 나의 정상 심장박동 주기를 확인해보자. "하나, 둘, 셋, 넷, 다섯, 여섯; 하나, 둘, 셋, 넷, 다섯, 여섯." 나만의 리듬이 뇌리에 확실하게 각인될 때까지 해 보자. 조금만 연습하면 리듬이 몸에 배어 쉽게 재현할 수 있을 것이다. 초보자는 보통 여섯까지 세는 동안(심장이 여섯 번 뛰는 동안) 숨을 들이마시며, 꾸준한 연습을 통해 이 수치를 늘릴 수도 있다.

리듬 호흡에 관한 요기의 규칙은 (1) 들숨과 날숨의 단위 개수가 같아야 하고, (2) 숨을 참는 시간과 호흡 간의 단위 개수는 들숨/날숨의 절반이어야 한다는 점이다. (아래 소개하는 리듬 호흡 절차를 보면 이해할 수 있을 것이다.)

아래의 리듬 호흡 수련은 이후 소개할 여러 수련의 기초이므로 확실하게 익히도록 한다.

리듬 호흡

(1) 허리를 꼿꼿이 세우고 편한 자세로 앉는다. 가슴, 목, 머리가 최대한 일직선이 되도록 자세를 잡고, 어깨는 뒤로 살짝 당기고, 두 손은 가볍게 무릎 위에 올린다. 이런 자세로 앉으면 늑골이 몸의 체중을 대부분 지탱하고 같은 자세를 쉽게 유지할 수 있다는 장점이 있다. 요기들에 따르면 가슴이 당겨지고 복부가 튀어나온 자세에서는 리듬 호흡의 효과를 최대한으로 얻기 어렵다고 하니 방금 언급한 자세 유지에 신경을 쓰자.

(2) 여섯까지 세며(심장이 여섯 번 뛰는 동안) 완전 호흡으로 천천히 숨을 들이마신다.

(3) 셋까지 세며(심장이 세 번 뛰는 동안) 숨을 참는다.

(4) 여섯까지 세며(심장이 여섯 번 뛰는 동안) 콧구멍을 통해 천천히 숨을 내쉰다.

(5) 셋까지 세며(심장이 세 번 뛰는 동안) 호흡 사이 휴식을 취한다.

(6) 위 과정을 여러 차례 반복하되, 초반부터 피로를 느끼지 않도록 주의한다.

> (7) 수련을 마무리할 준비가 되면 폐를 청소하고 휴식을 돕는 정화 호흡을 수행한다.

조금만 연습하면 들숨과 날숨을 더 길게 지속하여 심장이 열다섯 번 박동하는 수준까지 끌어올릴 수 있을 것이다. 이 경우에도 숨을 참는 시간과 호흡 간의 간격은 들숨/날숨의 절반이어야 한다는 점을 기억하자.

들숨/날숨의 지속 시간을 늘리겠다는 일념으로 무리하기보다는 '리듬'을 파악하는 일에 더 집중해야 한다. 호흡 시간을 늘리는 것보다 리듬을 익히는 것이 더 중요하다. 심장박동 리듬의 '스윙'이 몸에 밸 때까지 연습하면 거의 온몸에서 진동의 리듬을 느낄 수 있을 것이다. 노력과 인내가 필요한 일이지만, 하면서 건강이 개선되는 효과를 느끼면 즐거운 마음으로 임할 수 있을 것이다. 요기들은 뛰어난 인내심을 지닌 사람들이다. 이들이 위대한 것들을 성취하는 것도 다 인내심 덕분이라는 사실을 기억하자.

제14장
요기 초자연적 호흡

지금까지 소개한 수련법 중에서 요기 리듬 호흡을 제외한 모든 기법은 물질계의 측면과 관련이 있다. 이런 수련법도 물론 그 자체로서 매우 중요하며, 요기들은 이를 초자연적 및 영적 영역에서 수행하는 여러 작업의 근본으로 삼고 있다. 어떤 경우에도 '물질적 측면'이라는 이유로 무시하거나 가볍게 여겨선 안 된다. 건강한 정신이 존재하기 위해서는 건강한 육신이 있어야 하며, 육신은 진아가 거하는 신성한 성전이자 불타는 영의 빛을 간직한 램프이기도 하다는 점을 한시도 잊어선 안 된다. 모든 것이 저마다의 역할을 띠고 있으며, 원래 있어야 할 곳에서 해야 할 일을 하고 있다. 진정으로 성장한 사람은 '올라운더'다. 즉, 육신, 정신, 영의 중요성을 모두 인식하고 이에 걸맞은 대접을 해주며 전체적인 균형과 건강을 유지하는 사람이다. 어느 하나라도 무시하는 것은 큰 실수다. 언젠가는 이자를 부쳐서 갚아야 할 큰 빚을 만들어내는 것과도 같다.

그럼 이제부터 몇 가지 수련을 통해 요기 호흡 과학의 초자연적 측면을 살펴보도록 하자. 수련법마다 부연 설명도 함께 제시할 것이다.

지금부터 소개할 수련마다 리듬 호흡을 하는 단계에서 '내가 원하는 결과를 머릿속에서 떠올려라'는 식의 지시가 나올 것이다. 이처럼 정신을 목표에 집중하면 의지가 힘을 최대한으로 행사할 수 있는 깔끔한 통로가 만들어진다. 이 책에서 '의지가 지닌 힘'이라는 주제를 자세히 다룰 수는 없으므로 독자들이 이미 어느 정도 알고 있으리라고 가정할 수밖에 없다. 이 주제에 관해 아는 바가 없다면 이번 장에서 소개하는 수련을 실제로 수행하면서 몸으로 깨달을 수 있을 것이다. 아무리 이론을 떠드는 것보다는 직접 했을 때 이해가 깊어지는 법이다. 오래된 힌두 속담에도 이런 말이 있다. "겨자씨 한 톨을 먹어본 사람이 산더미처럼 쌓여있는 겨자씨를 본 사람보다 그 맛을 더 잘 안다."

(1) 요기 초자연적 호흡에 관한 전반적 지침

모든 요기 초자연적 호흡의 기본은 이전 장에서 소개한 리듬 호흡이다. 이번 장에서 소개하는 수련법에서는 같은 내용을 되풀이하지 않기 위해 '리듬 호흡을 수행한다.'는 표현을 사용하고, 리듬 호흡의 진동과 연계하여 초자연적인 힘 또는 방향성을 지닌 의지력을 발휘하는 방법을 제시할 것이다. 어느 정도 연습한 후에는 정신이 시간과 리듬을 완전하게 익혀 수련할 때 첫 번째 리듬 이후부터는 숫자를 세지 않아도 편하게, 거의 자동으로 리듬 호흡을 할 수 있는 수준에 도달하게 될 것이다. 자동으로 리듬 호흡이 이루어지면 의지의 지시에 따라 초자연적 진동을 내보내는 일에 정신을 집중할 수 있다. 아래 소개하는 수련을 통해 의지력을 활용하는 법을 익혀보자.

(2) 프라나의 분배

바닥 또는 침대 위에 반듯하게 누워 온몸의 긴장을 완전히 풀고, 두 손을 태양 신경총(늑골이 분리되기 시작하는 명치 바로 위) 위에 가볍게 올려놓은 상태에서 리듬 호흡을 수행한다. 리듬을 완전히 확립하고 나면 의지력을 동원하여 숨을 들이마실 때마다 더 많은 프라나 또는 활력 에너지를 우주의 원천으로부터 끌어와서 신경계에 전달하고 태양 신경총에 저장하라고 지시한다. 그리고 숨을 내쉴 때마다 역시 의지력을 동원하여 몸 전체에, 모든 장기와 부위, 근육, 세포, 원자, 신경, 동맥, 정맥, 머리끝에서 발바닥까지 이 프라나 또는 활력 에너지를 골고루 분배하고, 모든 신경에 활력을 더하고, 강화하고, 자극하고, 모든 신경 중추를 재충전하고, 온몸에 에너지와 힘을 공급하라고 지시한다. 의지력을 발휘하면서 숨을 들이쉴 때마다 프라나가 내 폐로 유입되고 태양 신경총에 의해 흡수되는 모습과, 숨을 내쉴 때마다 프라나가 손가락 끝과 발가락 끝까지 온몸에 속속 전달되는 모습을 떠올린다. 의지력을 발휘할 때 애를 쓸 필요까지는 없다. 내가 원하는 결과가 이루어지도록 단순하게 명령하고 그 모습을 떠올리기만 하면 된다. 억지로 기를 쓰면서 불필요하게 힘을 낭비하기보다는 내가 원하는 결과물을 머릿속에서 그리며 차분하게 지시를 내리는 것이 훨씬 더 효과적이다. 위에서 소개한 수련은 신경계를 강화하고, 생기를 북돋우고, 몸 전체가 이완하면서 편하게 휴식을 취하도록 유도하는 데 매우 효과적이다. 피로하거나 에너지가 부족할 때 특히나 유용한 수련이다.

(3) 통증 완화

반듯하게 눕거나 허리를 꼿꼿하게 세우고 앉은 상태에서 리듬 호흡을 수행하며 프라나를 들이마시는 내 모습을 떠올린다. 숨을 내쉴 때 프라나를 통증이 있는 부위로 보내 신경 전류의 순환을 재확립한다. 그다음 통증을 유발하는 원인을 몰아낼 목적으로 더 많은 프라나를 들이마시고, 통증의 원인을 몸 밖으로 몰아내는 모습을 떠올리면서 숨을 내쉰다. 이 두 가지 명령, 즉, 1) 통증이 있는 부위를 자극하는 명령과 2) 통증의 원인을 몰아내는 명령을 번갈아 내린다. 일곱 번 호흡하면서 이 작업을 수행하고, 정화 호흡으로 마무리한 뒤 잠시 휴식을 취한다. 그리고 통증이 완전히 사라질 때까지 같은 작업을 반복한다. 그리 오래 걸리지 않을 것이다. 호흡을 일곱 번 마치기도 전에 대부분 통증이 완화될 것이다. 통증이 있는 부위에 손을 올려놓으면 더 빠르게 효과를 얻을 수 있다. 팔을 통해 통증이 있는 부위로 프라나를 보내면 된다.

(4) 순환 통제

반듯하게 눕거나 허리를 꼿꼿하게 세우고 앉은 상태에서 리듬 호흡을 수행한다. 숨을 내쉴 때마다 순환 장애로 인해 아픈 부위에 순환이 원활하게 이루어지도록 지시한다. 발이 차갑거나 두통이 있을 때 사용하기 좋은 수련이다. 둘 중 어느 경우든 혈액이 몸 아래로 흐르도록 하면 차가운 발을 따뜻하게 데워주며, 머리가 아플 때는 뇌에 가해지는 압력을 완화할 수 있다. 두통의 경우에는 (3)번에서 설명한 통증 억제 기법을 먼저 수행하고, 그다음에 혈액이 아래로 흐르도록 유도하는 작업을 수행한다. 혈액이 아래로 흐르면서 두 다리가 따뜻해지는 것을 느낄 수 있을 것이다. 혈액순환은 의지력에 크게 좌우되며, 리듬 호흡을 동반하면 작업도 그만큼 더 쉬워진다.

(5) 자기 치유

긴장을 풀고 편하게 누운 상태에서 리듬 호흡을 하며 숨을 들이마실 때 많은 양의 프라나를 흡수하도록 지시한다. 숨을 내쉴 때는 치유가 필요한 부위를 자극하기 위해 프라나를 해당 영역으로 보낸다. 가끔은 숨을 내쉴 때 병과 병의 원인이 사라지도록 정신적으로 명령을 내림으로써 작업에 약간의 변화를 준다. 자기 치유를 할 때는 손을 사용하는 것이 좋다. 머리에서부터 시작해서 아픈 부위까지 손으로 몸을 쓸어내린다. 자기 자신 또는 타인을 치유하기 위해 손을 사용할 때는 언제나 프라나가 내 팔을 타고 흐르고 손가락 끝을 통해서 몸 안으로 들어가 아픈 부위에 도달하여 치유하는 모습을 머릿속에서 떠올린다. 이 책에서는 여러 유형의 질병마다 세부적으로 언급하지는 못하고 일반적인 지침만 줄 수밖에 없다. 하지만 위에서 언급한 수련을 꾸준히 연습하고, 상황에 맞춰 조금씩 변형하여 적용하면 좋은 결과를 얻을 수 있을 것이다. 아픈 부위에 두 손을 얹혀놓고 리듬 호흡을 수행하면서 마치 펌프를 이용하여 더러운 물로 가득한 양동이에 깨끗한 물을 쏟아붓듯이, 병든 장기 또는 부위에 프라나를 콸콸 투입하고 자극함으로써 환부를 제거하는 모습을 떠올리는 요기들도 있다. 펌프 손잡이를 올릴 때 숨을 들이마시고, 내릴 때 숨을 내쉬는 이미지를 머릿속에서 선명하게 유지하면 아주 효과적인 결과를 얻을 수 있다.

(6) 타인의 치유

프라나를 이용하여 초자연적인 방법으로 질병을 치료하는 방법은 이 책의 본래 취지를 넘어서므로 자세히 다룰 수는 없다. 하지만 타인이 겪고 있는 통증을 완화하기 위해 독자들이 할 수 있는 일은 쉽고 단순하게 제시해 보겠다. 치유의 과정에서 무엇보다 기억해야 할 기본 원리는 리듬 호흡을 수행하고 생각을 통제함으로써 상당히 많은 양의 프라나를 흡수할 수 있는 상태에 도달하고, 확보한 프라나를 다른 사람의 몸에 전달하여 약해진 부위와 장기를 자극하고 질병을 몰아냄으로써 건강을 회복할 수 있다는 점이다. 우선 내가 원하는 (환자의) 건강한 상태를 머릿속에서 선명하게 그리고 떠올리는 법을 익혀야 한다. 그래야 프라나가 내 몸에 유입되고, 내 팔을 거쳐 손가락 끝을 통해 환자의 몸으로 전달되는 것을 느낄 수 있다.

몇 차례 리듬 호흡을 수행하면서 리듬을 확립하고, 환자의 아픈 부위에 손을 가볍게 올려놓는다. 그리고 이전 섹션('자기 치유')에서 소개한 '펌프' 기법을 이용하여 병이 사라질 때까지 환자를 프라나로 채운다. 치유를 수행하면서 간헐적으로 손에 묻은 병원균을 털어내듯이 손을 들어 손가락을 튕겨낸다. 또한 환자가 갖고 있던 질병의 흔적이

나에게 묻지 않도록 치유 세션을 마친 후 손을 깨끗이 씻고 여러 차례 정화 호흡을 수행하는 것이 좋다. 치유를 진행하는 동안 프라나의 흐름이 끊기지 않고 연속으로 환자의 몸으로 흘러 들어가도록 해야 한다. 치유사의 역할은 프라나의 원천과 환자를 연결하는 도관이 되어 프라나가 자유롭게 흐를 수 있는 통로를 만들어주는 것이다. 손을 열심히 놀릴 필요는 없다. 그저 프라나가 아픈 부위를 향해 흐를 수 있도록 움직여주면 된다. 리듬을 정상으로 유지하고 프라나가 자유롭게 흐를 수 있도록 치유 도중 수시로 리듬 호흡을 수행하는 것이 좋다. 손은 환자의 피부 위에 직접 대는 것이 가장 좋으나, 여의치 않을 때는 옷 위에 대도 괜찮다. 손가락 사이를 살짝 띄운 상태에서 가끔 손가락 끝으로 환자의 몸을 부드럽게 쓰다듬는 식으로 변형해도 좋다. 환자의 통증을 누그러뜨리는 효과를 낼 것이다.

앓은 지 오래된 질병을 치유하는 경우에는 상황에 따라 마음속으로 "나가라! 나가라!" 또는 "강해져라! 강해져라!"와 같은 구호를 외치며 진행하는 것도 좋은 생각이다. 단어의 힘을 동원함으로써 의지력을 더욱 강하고 정확하게 발휘할 수 있을 것이다. 지금까지 설명한 기본 지침을 상황에 맞춰 변형하고, 스스로 판단하여 새로운 응용법을 만들어내도 좋다. 우리가 제시한 기본적인 원리를 수백 가지 다양한 방식으로 적용할 수 있다. 얼핏 쉬워 보이는 위 설명을 깊게 공부하고 적용하면 소위 말하는 유명 '마그네틱 치유사'들이 다소 번거롭고 복잡한 '시스템'으로 할 수 있는 일들도 얼마든지 해낼 수 있다. 그들도 사실 자기도 모르게 프라나를 이용한 치유를 수행하면서 이를 '마그네티즘'이라고 칭하고 있을 뿐이다. 그들 역시 '마그네틱' 치유를 수행하면서 리듬 호흡을 곁들이면 두 배 이상의 효과를 얻을 수 있을 것이다.

(7) 원격 치유

치유사가 발산하는 프라나에 그의 생각이 실리면 지리적으로 먼 곳에 떨어져 있는, 치유사의 파동을 받아들일 의지가 있는 환자에게 도달하여 치유가 일어날 수 있다. 이것이 바로 최근 서양에서 붐을 일으키고 있는 '원격 치유'의 비밀이다. 치유사가 자신이 발산하는 프라나에 생각을 실어 색을 입히고, 이렇게 치유사의 생각으로 충전된 프라나가 공간을 가로질러 환자의 정신에 안착하면서 치유가 시작되는 것이다. 이 파동은 물론 눈으로는 볼 수 없으며, 마르코니 파동처럼 치유사와 환자 사이에 놓인 사물을 다 통과하여 이를 수신할 준비가 된 환자에게 전해진다.

원격지에 있는 환자를 치유하려면 그와 라포를 형성할 수 있을 정도로 환자의 이미지를 머릿속에서 뚜렷하게 떠올려야 한다. 치유사가 환자의 이미지를 얼마나 선명하게 떠올리느냐에 좌우되는 초자연적 치유기법이다. 라포가 형성되면 비록 환자가 지리적으로 먼 곳에 떨어져 있더라도 가까이 있는 것처럼 느껴지게 된다. 최대한 단순하게 설명하려 노력했는데, 이 이상 말로 설명하기는 어려울 것 같다.[32]

이 기법의 활용 역시 연습을 통해 향상될 수 있으며, 처음부터 잘하는 사람도 가끔 있다. 라포가 형성되고 나면 마음속으로 환자에게 다음과 같이 말한다. "지금부터 당신에게 활력을 더해주고 병을 치료해 줄 힘과 에너지를 보냅니다." 그리고 리듬 호흡을 수행하면서 숨을 내쉴 때마다 프라나가 먼 거리를 가로질러 환자에게 도달하여 치유를 개시하는 모습을 머릿속에서 떠올리고 유지한다. 시간을 딱 정해놓고 치유 세션을 진행할 필요는 없다. 환자가 치유사가 발산하는, 치유사의 생각으로 충전된 프라나를 받아들이기 위해 준비하고 마음을 열어 놓은 상태라면 언제, 어디서든 그 파동을 수신할 수 있다. 물론 시간을 정해서 진행해도 된다. 약속된 시간에 맞춰 치유사가 보내는 파동을 제대로 수신하기 위해 편한 자세를 취하면 좋을 것이다. 이번 섹션에서 소개한 내용이 바로 서양의 '원격 치유'의 배후에 있는 원리다. 독자들도 꾸준히 연습하면 세계적으로 유명한 치유사들과 같은 능력을 얻게 될 것이다.

---

32) 마름돌 출판사의 유튜브 채널에 올라와 있는 영상, '〔릴루 마세(Lilou Mace)〕 웨인 다이어(Wayne Dyer)와의 인터뷰 - 백혈병과의 싸움, John of God, 그리고 깨달음'에서 원격 치유의 사례를 접할 수 있다.

제15장
요기 초자연적 호흡 (계속)

(1) 생각 투사

이전 장의 후반부('원격 치유')에서 설명한 원리에 따라 내 생각을 타인에게 전파할 수도 있으며, 내가 보낸 생각을 수신한 사람은 그 영향을 느끼게 된다. 하지만 누군가가 악의가 담긴 생각을 발산했더라도 선하고 긍정적인 생각을 하는 사람은 절대 해칠 수 없다는 사실을 꼭 기억하자. 좋은 생각은 언제나 나쁜 생각보다 위에 있고, 나쁜 생각은 언제나 좋은 생각보다 아래에 있다. 하지만 이처럼 내가 전달하고자 하는 메시지를 프라나에 실어 파동의 형태로 보냄으로써 타인의 관심을 끌거나 주목을 유도할 수는 있다. 누군가의 사랑 또는 공감을 바라고, 그를 향한 사랑과 공감을 품고 있다면 이런 방식으로 상대에게 내 마음을 전할 수도 있다. 물론 순수한 동기에서 비롯된 마음이어야 한다.

어떤 경우에도 타인에게 상처를 주거나 불순하고 이기적인 동기에서 나온 욕망을 실현하기 위해 생각의 파동을 발산하는 일은 절대 없도록 주의해야 한다. 이런 생각은 반드시 부메랑이 되어 두 배의 위력으로 내게 돌아와 상처를 입히고 무고한 상대에게는 아무런 영향도 주지 않는다. 초자연적 힘을 올바른 목적으로 사용하는 것은 문제가 없지만, '흑마술' 또는 적절하지 않고 불경스러운 목적의 활용은 마치 어린이가 강력한 발전기를 가지고 노는 것이나 다름이 없는 일이다. 이런 짓을 시도하는 사람은 그 행위 자체로 인한 대가를 피할 수 없다. 그나마 다행스러운 것은, 불순한 동기를 지닌 사람은 강력한 초자연적 힘을 계발할 수 없게 되어있고, 순수한 마음과 정신은 그 어떤 불순한 초자연적 공격도 막아낼 수 있는 든든한 방패로 작용한다는 점이다. 순수함을 간직한 사람은 상처를 받을 수 없다는 사실을 언제나 기억하자.

(2) 오라의 형성

나보다 의식 수준이 낮은 사람들이 많이 모여있는 곳에 머무르면서 그들의 저속한 생각이 내 기분까지 우울하게 만들 경우, 리듬 호흡을 몇 차례 수행하여 프라나의 체내 유입을 늘리고 달걀 모양의 '생각 오라'가 나를 둘러싸고 있는 모습을 머릿속에서 떠올리면 타인의 부정적인 생각과 영향으로부터 나를 보호할 수 있다.

(3) 자기 재충전

활력과 에너지가 바닥을 치고 새로운 에너지의 공급이 시급하다고 느껴질 때는 두 발을 붙이고(두 발이 평행을 이루도록) 두 손으로 깍지를 껴 보자. 내가 느끼기에 편한 자세면 된다. 이렇게 두 발과 손을 붙이면 에너지의 '회로'가 폐쇄되어 체내의 프라나가 사지를 통해 유출되는 사태를 방지할 수 있다. 이 자세에서 리듬 호흡을 몇 차례 수행하면 몸이 재충전되는 효과를 느낄 수 있을 것이다.

(4) 타인 재충전

가족 또는 친구가 활력이 떨어져 허덕이고 있다면 내 발가락과 상대의 발가락이 맞닿도록 앞에 앉아서 그의 두 손을 잡는다. 이 상태에서 두 사람이 함께 리듬 호흡을 수행하고, 나는 상대에게 프라나를 보내는 이미지를, 그리고 상대는 내가 발산한 프라나를 받는 이미지를 머릿속에서 각각 떠올린다. 활력이 떨어지거나 수동적인 성향을 지닌 사람은 이 실험을 할 때 (자기를 치유해 줄) 상대를 잘 골라야 한다. 불순한 동기를 지닌 사람을 파트너로 택했을 경우 그가 숨기고 있는 악의가 자기에게 전달되어 일시적으로 그의 지배를 받을 수도 있기 때문이다. 하지만 그런 상황에서도 두 사람 간에 형성된 '폐쇄된 회로'를 끊어버리고, 리듬 호흡을 몇 차례 수행하고 정화 호흡으로 마무리하면 나쁜 영향을 차단할 수 있다.

(5) 물 충전

물도 프라나로 충전할 수 있다. 리듬 호흡을 수행하는 중에 물잔을 왼손 위에 올려놓고, 마치 손가락 끝에 묻은 물을 털어내듯이 오른손의 손가락을 오므려 잔 속으로 프라나를 튕겨낸다. 이때도 내 손가락에서 발산된 프라나가 물로 들어가고 있는 이미지를 머릿속에서 떠올린다. 이렇게 프라나로 충전된 물은 나약하거나 병든 환자를 자극하며, 물을 마실 때 그 안을 가득 채운 프라나가 내 몸 안으로 콸콸 유입되는 이미지를 상상하면 효과가 더욱 강력해진다. 위험성은 상대적으로 낮지만, 이 기법에도 이전 섹션('타인 재충전')에서 언급했던 주의사항이 적용된다. 좋은 의도로 충전된 물을 마셔야 효과를 얻을 수 있다.

(6) 정신적 역량의 습득

의지력을 발휘함으로써 정신의 힘으로 육신을 통제할 수 있을 뿐 아니라, 정신 자체를 단련시키고 강하게 키울 수 있다. 서양에서 '정신과학'이라 칭하는 이 분야도 요기들은 수백 년 전부터 익히 알고 있었던 개념이다. 차분하게 의지력을 동원하는 것만으로도 굉장한 일을 해낼 수 있는데, 여기에 리듬 호흡이 더해지면 더욱 강력한 효과를 얻을 수 있다. 리듬 호흡을 수행하면서 내가 바라는 결과의 이미지를 머릿속에서 떠올리고 유지하면 내가 원하는 정신적 역량을 습득할 수 있다. 이 원리를 활용하여 침착성, 자기통제 등, 바람직한 정신적 역량을 얻고 계발할 수 있다. 바람직하지 않은 속성을 내 안에서 제거하고 싶다면 이와 반대편에 있는 속성을 계발하면 된다. '정신과학'의 범주에 포함되는 모든 수련, '치유,' '확언'에 리듬 호흡을 결합할 수 있다. 다음은 바람직한 정신적 역량을 습득하고 계발하는데 유용한 일반적 수련법이다.

수동적인 자세로 눕거나 허리를 펴고 똑바로 앉는다. 소유하고자 하는 정신적 역량을 머릿속에서 떠올리고, 내가 이미 그 역량을 확보했다고 상상하고, 지금 당장 그 역량을 계발하라고 내 정신에 요구한다. 리듬 호흡을 수행하면서 머릿속의 이미지를 뚜렷하게 유지한다. 최대한 그림을 선명하게 유지하며 내가 머릿속에서 만들어낸 이상적인 모습을 실천하고 현실화하기 위해 노력한다. 그러다 보면 점차 이상을 향해 성장하는 내 모습을 보게 될 것이다. 리듬 호흡은 정신이 다양하고 새로운 조합을 만들어내도록 도움을 주며, 지금까지 서양의 방식을 공부해온 독자들도 요기 리듬 호흡이 '정신과학'의 위력을 배가해주는 훌륭한 동맹군임을 느끼게 될 것이다.

(7) 신체적 역량의 습득

전 섹션에서 소개한, 정신적 역량을 습득하는 방법을 이용하여 신체적 역량도 습득할 수 있다. 물론 키가 작은 사람이 갑자기 키가 자라거나, 절단된 사지가 다시 돋아나는 기적이 일어난다는 뜻은 아니다. 하지만 이 기법에 리듬 호흡을 곁들임으로써 표정을 밝게 바꾸고, 의지력을 통제하여 용기를 얻고, 전반적인 신체적 특성을 개선하는 것은 가능하다. 사람은 어떤 생각을 하고 있느냐에 따라 표정, 외모, 걷고 앉는 자세 등이 정해진다. 생각의 질이 개선되면 외모와 행동도 함께 개선된다. 신체의 특정 부위를 계발하고 싶다면 리듬 호흡을 수행하면서 해당 부위에 관심을 집중하고, 그곳으로 평소보다 많은 양의 프라나 또는 신경의 힘을 투입하여 활력이 강화되고 역량이 발달하는 모습을 머릿속에서 떠올린다. 신체의 어느 부위든 원리는 똑같다. 서양의 운동선수 중 이 기법을 변형하여 운동에 활용하는 사람들도 많다. 지금까지 충실하게 우리가 전달한 내용을 숙지한 독자는 신체적 역량 습득을 위해 어떻게 요기의 원리를 적용해야 할지 이미 잘 알고 있으리라 생각한다. 기본적인 규칙은 바로 '정신적 역량의 습득' 섹션에서 설명한 내용과 같다. 이전에 설명한, 신체의 질환을 치유하는 방법과 관련한 내용도 함께 참고하기 바란다.

(8) 감정의 조절

두려움, 걱정, 불안감, 증오, 분노, 질투, 선망, 우울감, 흥분, 비탄 등과 같은 바람직하지 않은 감정은 의지력에 의해 다스려질 수 있으며, 의지력을 발휘할 때 리듬 호흡을 곁들이면 감정을 다스리는 작업도 그만큼 더 수월해진다. 숙련된 요기는 영적으로 성장하면서 위에서 언급한 부정적 감정들을 이미 다 초월했으므로 굳이 필요하지도 않지만, 공부를 시작한 지 얼마 되지 않은 학생들은 다음 수련을 통해 큰 효과를 보고 성장의 과정에서 도움을 얻을 수 있을 것이다.

태양 신경총에 정신을 집중한 상태에서 리듬 호흡을 수행하며 마음속으로 다음과 같은 명령을 내린다. "꺼져라!" 숨을 내쉬면서 마음속으로 단호하게 명령을 내리고, 부정적인 감정들이 씻겨 내려가는 모습을 떠올린다. 이 작업을 일곱 번 반복하고, 정화 호흡으로 세션을 마무리한 후 기분이 어떤지 느껴보자. 마음속으로 내리는 명령에는 진심이 담겨있어야 한다. 장난하듯이 하면 아무런 효과가 없다.

(9) 생식 에너지의 변환

요기는 남녀 간에 이루어지는 생식 원리의 사용과 오용에 관한 방대한 지식을 보유하고 있다. 요기들이 소유한 비의 지식 일부가 유출된 후 서양의 작가들이 이를 참조하여 이 주제에 관한 책을 여러 권 집필했고, 결과적으로 사회에 긍정적인 영향을 준 측면도 있다. 이 작은 책자에서는 이 굵직한 주제를 수박 겉핥기식으로 다루고 넘어갈 수밖에 없다. 일단 기본적인 이론을 제시하고, 부부 생활이든 혼외정사든, 생식 에너지를 육체적 성욕을 풀기 위한 목적으로 버리고 낭비하는 대신, 이를 변환하여 몸 전체에 활력을 더해주는 목적으로 사용하는 실용적인 호흡법을 설명하는 선에서 마무리할 것이다. 생식 에너지는 곧 창조 에너지이며, 따라서 이 에너지를 몸에 공급하여 힘과 활력으로 변환하면 새로운 생명을 탄생시키는(Generation) 일반적 목적 대신 몸을 재생하는(Regeneration) 목적으로 사용할 수 있다. 서양의 젊은이들이 이 원리를 이해하고 일찍부터 실천하면 지금보다 정신적으로, 도덕적으로, 육체적으로 더 강인해지는 것은 물론이고, 나이 들어서 불필요한 고통과 불행도 피할 수 있을 것이다.

위에서 설명한 것처럼 생식 에너지를 재생의 용도로 변환하는 사람은 활력이 넘친다. 온몸을 가득 채운 활력이 사방으로 발산되어 소위 말하는 '개인 마그네티즘'의 형태로 나타나게 된다. 이렇게 변환된 에너지를 새로운 채널로 활용함으로써 큰 이득을 얻을 수 있다. 자연은 프라나의 가장 강력한 측면을 생명 창조를 목적으로 하는 생식 에너지에 압축했다. 가장 많은 양의 활력을 가장 작은 부위에 농축하여 넣은 것이다. 생식기관은 동물의 형태를 띤 생명체가 소유한 가장 강력한 배터리이며, 이 안에 저장된 힘은 위로 끌어올려 사용되거나 생식을 위해 또는 무분별한 성욕 충족을 위해 소진될 수 있다. 독자 대다수는 생식의 이론에 관해 어느 정도 알고 있으므로 이론의 이야기는 이 정도 선에서 마치고, 이를 입증하려는 시도는 따로 하지 않을 것이다.

생식 에너지를 변환하는 요기 수련법은 간단하다. 역시 리듬 호흡과 결합하여 쉽게 할 수 있다. 언제든 해도 되는 수련이지만, 특히 성욕이 강하게 느껴질 때, 즉, 생식 에너지가 충만할 때 하면 이 에너지를 재생 목적으로 변환하는 작업도 그만큼 수월하다. 수련법은 다음과 같다.

에너지의 개념에 정신을 집중하고 성적인 생각 또는 상상은 배제한다. 성적인 생각이 떠올라도 좌절할 필요는 없다. 어디까지나 내 몸과 정신을 강화하기 위한 목적으로 사용할 강력한 힘이다. 수동적인 자세로 눕거나 허리를 펴고 똑바로 앉은 상태에서 생식 에너지를 태양 신경총으로 끌어올리는 모습을 상상한다. 이곳에서 이 힘의 변환이 이루어지고 예비 활력 에너지의 형태로 저장될 것이다. 숨을 들이마실 때마다 의지력을 통해 생식기관에 저장된 에너지를 태양 신경총으로 끌어올리라고 명령한다. 호흡의 리듬이 확립되고, 바라는 결과의 이미지가 뚜렷하면 생식 에너지가 위로 올라오면서 몸을 자극하는 효과를 느낄 수 있을 것이다. 신체적 힘이 아닌 정신적 힘을 강화하고 싶다면 이 에너지를 태양 신경총 대신 뇌까지 끌어올리면 된다. 이번에도 생식 에너지가 뇌까지 뻗어 올라가는 이미지를 떠올리면서 명령을 내리면 된다.

머리를 쓰거나 몸을 이용하여 무언가를 창조하는 일에 종사하는 사람이라면 위의 지침대로 숨을 들이마시면서 에너지를 끌어올리고, 내쉬면서 이 에너지를 필요한 곳에 보냄으로써 그 안에 내재한 창조의 힘을 활용할 수 있다. 끌어올린 에너지 중 일에 필요한 만큼만 밖으로 발산되고 나머지는 태양 신경총에 저장된다.

물론 '생식 에너지를 끌어올린다.'는 것은 생식에서 사용되는 체액을 끌어올린다는 뜻이 아니라, 체액에 움직임을 부여하는, 말하자면 생식기관의 영혼이라 할 수 있는 에테르 형태의 프라나 에너지를 끌어올린다는 의미다. 생식 에너지를 변환하는 수련 도중 머리를 자연스럽게 앞으로 숙여도 좋다.

(10) 두뇌 자극

이번 섹션에서는 요기들이 명확한 사고와 추론을 목적으로 뇌의 활동을 자극하는 수련법을 소개한다. 뇌와 신경계의 정화에 아주 효과적인 방법으로, 머리를 많이 쓰는 일에 종사하는 사람들에게 특히나 유용하다. 일을 더욱 효과적으로 하는 데 도움이 될 뿐 아니라, 장시간의 정신노동 후 뇌를 정화하고 생기를 회복하는 데도 좋다.

척추를 꼿꼿하게 세우고 앉는다. 시선은 전방을 향하고 두 손은 허벅지 위에 가볍게 올려놓는다. 리듬 호흡을 수행하되, 일반적인 수련법과는 달리 엄지손가락으로 왼쪽 콧구멍을 막은 상태에서 오른쪽 콧구멍으로 숨을 들이마신다. 그다음 엄지손가락을 떼고 이번에는 오른쪽 콧구멍을 막은 후 왼쪽 콧구멍으로 숨을 내쉰다. 그다음에는 손가락 위치를 바꾸지 않은 상태에서 왼쪽 콧구멍으로 다시 숨을 들이마시고, 손가락 위치를 다시 바꾼 후 오른쪽 콧구멍으로 숨을 내쉰다. 이런 식으로 콧구멍을 엄지 또는 검지로 번갈아 막고 두 콧구멍을 교대하면서 호흡을 수행한다. 아주 오래된, 상당히 중요하고 유용한 요기 호흡법 중 하나로, 습득하면 큰 도움이 될 것이다. 요기들은 이 수련법을 요기 호흡의 전부이자 '비결'로 생각하는 서양 사람들을 보며 재미있다고 여긴다. 대다수 서양인에게 있어 '요기 호흡'이란 그저 정자세로 앉은 상태에서 콧구멍을 교대하며 숨을 쉬는 힌두교도의 전형적인 모습에 지나지 않는다. 이 작은 책자를 통해 서양이 요기 호흡과 이를 기반으로 수행하는 여러 수련법에 담긴 무한한 가능성에 눈을 뜨게 되기를 기대한다.

(11) 위대한 요기 초자연적 호흡

  요기들이 가끔 수행하는 초자연적 호흡법 중 '위대한 요기 초자연적 호흡'이라는 것이 있다. (이 제목은 산스크리트어 원문을 있는 그대로 번역한 것이다) 지금까지 여러 수련법을 익히면서 습득했으리라 보는 리듬 호흡과 이미지 떠올리기 기법을 종합하는 수련이기 때문에 이번 장의 마지막에서 소개한다. '위대한 호흡'의 기본적인 원리는 "뼈를 통해 호흡하는 법을 익힌 요기는 축복받은 자다."라는 힌두 격언으로 설명할 수 있을 것 같다. 몸 전체를 프라나로 가득 채우는 이 수련을 수행하고 나면 모든 뼈, 근육, 신경, 세포, 조직, 장기, 부위가 프라나와 호흡의 리듬을 통해 에너지로 채워지고 균형을 되찾게 된다. 이 수련법은 몸을 전체적으로 정화하는 효과를 가져다주며, 방법을 충실하게 따르며 수행하면 머리 꼭대기부터 발끝까지 마치 새로운 몸을 선물로 받은 것 같은 기분이 들 것이다. 말로 계속 설명하는 것은 의미가 없다. 직접 해 보고 느껴보자.

위대한 요기 초자연적 호흡

(1) 편한 자세로, 완전히 긴장을 푼 상태로 눕는다.
(2) 완벽한 리듬을 확립할 때까지 리듬 호흡을 수행한다.
(3) 호흡하면서 다리뼈를 통해 숨을 마시고 내쉬는 이미지를 머릿속에서 떠올린다. 다음에는 팔의 뼈를 통해 숨을 마시고 내쉬는 이미지를 떠올린다. 그다음은 두개골 윗부분을 통해, 위장을 통해, 생식기관이 있

는 부위를 통해 숨을 마시고 내쉬는 이미지를 차례대로 떠올린다. 그다음에는 숨이 척추를 타고 위로 쭉 올라갔다가 내려오는 이미지, 몸에 난 모든 모공을 통해 숨을 마시고 내쉬는 이미지를 떠올린다. 이 과정을 통해 온몸이 프라나와 생명력으로 가득 채워지는 모습을 상상한다.

(4) (계속 리듬 호흡을 수행하면서) 위에서 설명한 대로 이미지를 머릿속에서 떠올리며 프라나 전류를 다음 일곱 개의 활력 센터로 흘려보낸다.

   (a) 이마.

   (b) 뒤통수.

   (c) 뇌 하단.

   (d) 태양 신경총.

   (e) 엉치뼈부. (척추 하단)

   (f) 배꼽 부위.

   (g) 생식기관이 있는 부위.

머리부터 발끝까지 프라나 전류를 여러 차례 휘저으면서 작업을 마무리한다.

(5) 정화 호흡으로 전체 세션을 마무리한다.

제16장
요기 영적 호흡

요기들은 의지력과 리듬 호흡을 결합하여 자신이 바라는 정신적 역량과 특성을 현실화할 뿐만 아니라, 같은 방법으로 영적 역량을 계발하거나 영이 펼쳐지도록 돕는 작업도 한다. 동양 철학에 따르면 인간은 아직 계발되지 않고 잠들어있는 역량을 다수 소유하고 있으며, 인류가 집단 차원에서 진화하면서 장차 이런 역량들이 하나둘씩 펼쳐질 것이라고 한다. 또한 유리한 조건 또는 환경하에서 의지력을 발휘하면 일반적인 진화보다 빠른 속도로 이런 영적 역량을 계발하고 펼칠 수 있다고 한다. 다시 말해, 오랜 세월이 흘러 먼 훗날, 우리의 후손들이 점차 갖게 될 의식의 영적 역량을 지금이라도 계발하고 소유할 수 있다는 얘기다. 이번 장에서 소개할, 영적 역량을 계발하는 모든 수련법에서도 리듬 호흡이 중요한 역할을 한다. 물론 호흡 자체에 어떤 신비로운 힘이 담겨서 놀라운 결과를 가져다주는 것은 아니다. 하지만 요기 호흡을 통해 생성되는 리듬은 뇌를 포함하여 몸 전체를 완벽하게 다스리고 완벽한 조화를 이룰 수 있도록 해주며, 이를 통해 잠들어 있는 역량을 펼치는 가장 이상적인 환경과 조건을 형성할 수 있다.

이 책자에서는 영적 계발과 관련한 동양 철학의 가르침을 깊게 다루지는 않을 것이다. 제대로 설명하기 위해서는 여러 권의 책으로도 충분하지 않을 것이고, 평범한 독자가 읽기에는 너무 난해할 수도 있기 때문이다. 그리고 현재 시점에서 이 지식을 널리 공유할 수 없는, 오컬티스트들만 알고 있는 또 다른 이유도 있다. 하지만 걱정할 필요는 없다. 독자들도 다음 단계로 넘어갈 준비가 되면 그 지식을 받을 수 있는 문이 열릴 것이다. "제자가 준비되면 스승이 나타난다."는 격언을 기억하도록 하자.

이번 장에서는 영적 의식의 두 측면, 즉, (1) 영혼의 본질에 관한 의식과 (2) 영혼과 우주 생명의 관계에 관한 의식을 계발하는 방법을 제시할 것이다. 아래 소개할 두 수련법은 단순하며, 역시 리듬 호흡을 수행하면서 머릿속에서 이미지를 떠올리고 유지하는 작업을 동반한다. 처음부터 큰 효과를 기대해선 안 된다. 때에 맞춰 씨가 발아하고 꽃이 피어나듯이, 서서히 의식이 계발되는 것으로 만족해야 한다.

영혼의 의식

진아는 내 몸도, 심지어 내 정신도 아니다. 몸과 정신 같은 것들은 나의 인격(personality), 나의 하위 자아의 일부에 불과하다. 진아는 에고이며, 이 에고는 개성(individuality)의 형태로 드러난다.[33] 진아는 육

---

33) 13번 주석의 내용을 다시 옮겨본다. 'Person'이라는 단어는 본래 '마스크,' '거짓 얼굴'이라는 의미를 지니고 있으며, '다른 사람 눈에 비치는 모습'을 의미하는 '페르소나(persona)'도 'person'에서 유래되었다. 여기서 인격(personality)은 이번 생에서 내게 주어진 여러 가지 특징, 즉, 나의 이름, 인종, 외모, 성별, 가문, 국적, 성장환경 등을

신과 독립적인 개념이다. 진아는 육신 안에 거하는 그 무언가다. 진아는 정신의 작용과도 무관하다. 정신도 진아가 사용하는 도구 중 하나다. 진아는 신성한 바다의 물방울 하나에 비유할 수 있는 개념으로, 영원불멸의 속성을 지니고 있다. 죽을 수도, 파괴될 수도 없으며, 육신이 어떤 운명을 맞든, 나의 진아는 항상 존재한다. 진아는 나의 영혼이다. 영혼을 '나'와 별개의 어떤 것으로 생각하면 안 된다. 내가 곧 영혼이다. 육신은 지금, 이 순간에도 변하고 있는, 일시적인 속성을 지닌 나의 일부분이다. 내가 가진 육신은 '진짜'가 아니므로 언젠가는 사라지게 된다. 이번 섹션에서는 영혼의 실체, 그리고 영혼은 육신과 독립적이라는 의식을 계발하기 위한 수련법을 소개한다. 요기들은 리듬 호흡과 진아 또는 영혼을 대상으로 명상을 수행하면서 이 의식을 계발한다. 가장 간단한 형태의 수련법을 아래 소개한다.

영혼의 의식 수련

의자에 편하게 앉은 상태에서 온몸의 긴장을 이완한다. 리듬 호흡을 수행하면서 진아를 대상으로 명상한다. 나는 육신과 독립적인 존재이며, 그 안에 임시로 거주하고 있긴 하지만 언제든 내 의지대로 나를 육신으로부터 분리할 수 있다는 생각에 집중한다. 나는 육신이 아니라 영이며, 내 육신은 안락하고 쓸모도 많으나 진아의 일부는 아니며, 잠시 사용하

총칭하는 것으로, 이번 생에서만 의미를 지닌다. 반면 개성(individuality)은 우리가 여러 생을 거치면서도 변하지 않는 것으로, 나의 자아, 인품, 영혼에 가까운 개념이다.

> 는 껍데기라는 사실을 떠올리자. 육신은 우리가 물질계에서 활동하는 동안 편의를 위해 사용하는 도구다. 명상 도중 육신의 존재 자체를 무시하면 육신을 의식하지 못하는 상태에 종종 이를 수 있으며, 내가 육신에서 완전히 빠져나왔다가 수련(명상)을 마칠 때 다시 육신 안으로 돌아가는 느낌을 받을 수 있을 것이다.

이것이 바로 요기 명상 호흡의 핵심이다. 꾸준히 수련하면 영혼의 실체를 느끼는 놀라운 경험을 하고, 나는 육신에 매여있는 존재가 아니라는 생각이 강해질 것이다. 영혼에 대한 의식이 강해지면서 나는 불멸의 존재라는 확신이 솟아나고, 본인은 물론이고 주변 사람들도 영적으로 성장한 나의 면모를 느끼게 될 것이다. 하지만 '고고한' 상위 영역에만 너무 오래 머무르거나, 영적인 것을 추구한답시고 육신을 멸시해서는 안 된다. 우리가 물질계에 온 데는 어떤 이유가 분명히 있으며, 따라서 이곳에서 경험하고 배울 기회를 경시하거나, 영이 거주하는 성전인 육신을 존중하지 않고 방치해선 안 된다.

우주 의식

인간 안에 거하는 영은 영혼이 최상의 수준으로 발현된 것으로, 무한한 영의 바다에 속한 물방울 하나에 비유할 수 있다. 모든 사람의 내면에 거하는 영은 겉으로는 독립적이고 저마다 고유성을 지닌 것처럼 보이지만, 전부 영의 바다와 그 바다 안의 모든 물방울과 연결되어 있다. 영적 의식이 펼쳐지면서 인간은 자기와 우주의 영 또는 우주의 정신 간의 관계를 조금씩 인식하게 된다. 때로는 마치 우주의 영과 하나가 된 듯한 기분이 들다가, 연결과 관계가 다시 끊어지는 경험도 하게 된다. 요기들은 명상과 리듬 호흡을 통해 이와 같은 우주 의식의 상태에 도달하려고 노력하며, 이 중에는 이 수련을 꾸준히 실천하여 현재의 인간이 성취할 수 있는 최고의 영적 경지에 이른 요기들도 많다. 이 책자를 공부하는 학생이라면 지금 수준에서 배우고 습득해야 할 일이 많으니 최상위 영적 경지의 가르침은 현재로서는 필요하지 않을 것이다. 하지만 우주 의식을 계발하는 기초 요기 수련을 제시하는 것은 적절하다고 여겨지며, 진심으로 수련하면 책자에서 제시한 방법 이후의 단계로 넘어갈 수 있는 수단과 방법을 스스로 발견하게 될 것이다. 길을 걷고자 하는 사람 앞에는 항상 길이 나타나는 법이다. 아래 소개하는 수련을 충실하게 수행하면 우주 의식을 계발하는 데 큰 도움이 될 것이다.

우주 의식의 수련

의자에 편하게 앉은 상태에서 온몸의 긴장을 이완한다. 리듬 호흡을 수행하면서 나와 우주의 정신 간의 관계에 관해 명상한다. 나는 우주적 관점에서 볼 때 하나의 원자에 불과하다. 하지만 나는 전체(ALL)와 연결되어 있고, 전체와 하나이기도 하다. 전체는 하나(ONE)고, 내 영혼은 그 하나에 속한 일부다. 위대한 우주정신이 내보내는 파동을 수신하고 느끼며, 나도 그 힘과 지혜에 동참하고 있다고 상상한다. 다음 두 가지 명상법을 수행한다.

(a) 숨을 들이마실 때마다 우주정신의 힘을 끌어당기고 있고, 숨을 내쉴 때마다 그 힘을 주변 사람들에게 나눠준다고 상상한다. 살아있는 모든 것을 향한 사랑으로 충만한 상태에서 세상 모든 생명체가 내가 지금 받은 축복을 똑같이 누리기를 기원한다. 우주의 힘이 나를 통해 흐르도록 허락한다.

(b) 경건한 자세로 우주정신의 장엄함을 대상으로 명상하고, 나를 깨달음의 지혜로 가득 채워줄 신성한 지혜를 향해 마음을 활짝 연다. 그리고 내 안으로 유입된 지혜가 사랑하는 사람들, 돕고 싶은 사람들에게 흘러갈 수 있도록 허락한다.

이 수련을 하고 나면 새로운 힘과 지혜가 솟아나면서 영적 황홀경과 지복의 감정이 밀려온다. 진지하게, 경건한 마음가짐으로 수행해야 한다. 장난삼아서 가볍게 하면 아무런 소용이 없다.

일반적 지침

이번 장에서 소개한 수련을 제대로 수행하려면 무엇보다 경건한 자세와 환경이 요구된다. 너무 가볍거나 진지하지 않은 사람, 또는 영적인 것에 대한 관심이나 경배하는 마음이 없는 사람은 얻을 것이 하나도 없으니 시도조차 할 필요가 없다. 높은 차원에 있는 것을 의도적으로 조롱하는 행위가 이득을 가져다줄 리 만무하다. 다시 강조하지만, 이 수련은 그 깊은 의미를 이해하는 소수만을 위한 것이며, 그 이외의 사람들은 시도하고 싶은 마음조차 들지 않을 것이다.

명상할 때마다 이번 장에서 간단하게 설명한 개념들을 떠올리기 바란다. 머릿속에서 명확하게 이해되고 내면의 의식에 새겨질 때까지 해 보기 바란다. 하다 보면 정신이 수용하는 자세를 취하며 정지 상태에 이르고, 이미지가 선명하게 떠오를 것이다. 하지만 이런 수련에 너무 자주 빠지는 것은 바람직하지 않다. 명상을 통해 체험하는 황홀경으로 인해 일상이 시시하고 불만스럽게 느껴져선 안 된다. 내가 처한 현실이 아무리 암울하더라도 나에게 분명 쓸모가 있고 필요하기 때문에 그런 상황에 놓인 것이다. 일상 속에서 얻을 수 있는 교훈은 어떤 것이라도 회피해선 안 된다. 의식이 펼쳐지면서 얻는 기쁨으로 무장하여 삶의 도전 과제에 당당하게 맞서야지, 현실에 불만을 품거나 경멸하는 것은 아무런 도움이 되지 않는다. 세상 모든 것은 이미 잘 흘러가고 있다. 모든 것이 다 제자리에 있다. 지금까지 제시한 여러 수련법을 열심히 공부하고 실천하면 더 알고 싶은 간절한 마음이 솟아나는 시점이 올 것이다. 그때가 오면 다음 단계로 이끌어줄 스승이 나타날 것이니 미리 걱정할 필요 없다. 용기와 자신감을 가지고 해가 뜨는 동쪽 하늘을 바라보며 꾸준히 전진하기 바란다. 독자들 모두에게, 세상 모든 인간에 평온이 깃들기를 기원하면서 글을 마친다.

옴 (AUM)

부록 2. 생각의 힘과 치유

제1장. 치유의 힘 _500
제2장. 영양 흡수의 장기를 강화하는 방법 _508
제3장. 변비의 원인과 결과 _514
제4장. 부인병 _521
제5장. 신경과민 _525
제6장. 자기 치유기법에 관하여 _529
맺음말 _535

제1장
치유의 힘

'자기 치유'라는 주제에 관한 이야기를 시작하기에 앞서, 우선 정신의 힘을 이용한 다양한 치유기법은 표면적인 형태만 다를 뿐, 다 같은 힘을 기반으로 하고 있다는 점부터 얘기하고 싶다. 나는 암시요법, 정신과학, 크리스천 사이언스, 신앙치료 등이 모두 근본적으로 같은 힘을 활용하여 치유의 효과를 발휘하며, 이 힘을 적용하는 세부적인 방식에만 차이가 있다고 생각한다. 자기만의 치료법을 절대적으로 신봉하고, 그 이외의 모든 치료법은 신뢰할 수 없는 아류라고 광적으로 확신하는 사람은 나의 이런 주장에 반기를 들겠지만, 그건 말도 안 되는 소리다. 세상 누구도 진리와 지식을 독점할 수 없다. 지금까지 모든 시대에 걸쳐 전 세계의 여러 민족이 다양하고 효과적인 치유법을 개발하고 제시해 왔다. 내가 보기에 (현대의 기법을 포함하여) 역사에 기록된 여러 치유법은 자연에 내재한 하나의 힘을 다양한 방식으로 활용한 것에 불과하다. 이 '힘'은 처음부터 치유를 받는 환자의 내면에 잠재해 있었고, 그 힘을 자극하고 일깨워 치유의 과정을 개시하도록 암시하는 방법에만 차이가 있을 뿐이다.

이 내면의 힘을 일깨우는 '외부의 영향'에 관해 오해는 없기 바란다. 나는 수년간의 훈련을 거치고 경험을 쌓으면서 환자에게 내재한 치유의 힘에 영향을 주는 정신적인 방법을 터득한 유능한 치유사들도 많다고 생각한다. 치유사가 쓸모없다는 얘기가 아니다. 다만 나는 실질적인 치유는 대부분 환자의 뇌와 신경 중추를 통해 이루어진다고 생각할 따름이다. 치유사의 역할은 기운을 되찾고 건강을 회복하는 환자의 능력을 자극함으로써 올바르게 기능하도록 도움을 주는 것이다. 나의 이러한 주장은 원격 치유, 정신요법, 자기 요법, 또는 다른 여러 치유기법의 원리에 어긋나는 것이 아니다. 치유사의 힘이 병든 신체 부위를 직접 치유하는 것이 아니라, 그의 도움으로 환자의 뇌와 신경 중추를 통해 치유의 힘이 아픈 부위 또는 장기로 전달되어 작용한다는 점을 얘기하는 것이다.

모든 인간은 기능을 상실했거나 병든 장기를 본래의 정상적인 상태로 되돌릴 수 있는 회복의 힘을 지니고 있다. 하지만 대부분의 경우, 이 힘이 잠들어있는 것이 문제다. 이 치유의 힘은 치유사의 정신력, 환자 본인의 의지, 믿음, 의식, '치유기법' 등을 통해 자극을 받아 깨어날 수 있다. 이 힘이 평소에 제 기능을 발휘하지 못하도록 방해하는 가장 큰 요인은 환자의 두려워하는 마음이다. 치유의 본질은 두려움의 감정을 희망과 믿음으로 대체하는 것이다. 즉, 환자가 몸의 자연적인 치유 과정에 인위적으로 걸어놓은 제동을 풀어주는 것이 곧 치유다.

자연은 몸의 아픈 부위에 평소보다 많은 신경 전류를 보내 혈액순환을 자극하고 약해진 기능을 회복함으로써 치유의 목적을 달성한다. 환자 본인은 신경 중추와 신경계를 통해서 이루어지는 이 비자발적인 프로세스를 잘 인지하지 못한다. 알다시피 "육체의 생명은 피에 있다.³⁴⁾" 자연은 혈액으로 육신을 생성하고 유지한다. 혈액은 동맥을 타고 흐르면서 장기를 포함한 인체 내 모든 영역에 액체 형태의 살과 영양분을 전달하며, 이 과정을 통해 몸을 생성하고, 보수하고, 보충하고, 교체하고, 공급하는 작업을 수행한다. 그리고 혈액이 심장으로 복귀하는 여정을 통해 파괴된 조직과 체내 노폐물 등을 수거한다. 인체 내 어떤 부위도, 어떤 장기도 적절한 영양분을 공급받지 못하면 제 기능을 수행할 수 없는데, 영양분은 혈액을 통해서만 공급될 수 있다. 따라서 혈액 공급이 부족하거나 순환이 정상적으로 이루어지지 않으면 영양분도 적절하게 공급될 수 없어 건강에 문제가 생긴다. 몸이 병드는 것이다.

그렇다면 자연은 어떻게 혈액순환을 정상적으로 유지할까? 바로 우리 몸 안의 발전기라 할 수 있는 뇌에서 발사하는 신경 전류를 통해서다. 이 과정에서 우리는 자연의 법칙 중 하나인 호혜의 법칙(Law of Reciprocity)이 작용하는 것을 확인할 수 있다. 신경 전류는 혈액순환이 원활하게 이루어지도록 영향을 주고, 이 전류의 매체인 신경과 신경 전류를 실제로 발사하는 뇌는 정상적인 순환의 결과로 공급되는 혈액에 의존하여 영양분을 얻는다. 인체의 각 부위는 이런 식으로 서로 도움을 주고받는다. 호혜의 법칙과 보상의 법칙이 인체 내에서 실현되는 것이다. 하나를 가지면 다른 하나를 더 가지게 되고, 하나가 부족하면 다른 하나도 부족해지는 이치다. "무릇 있는 자는 받아 넉넉하게 되되 무릇 없는 자는 그 있는 것도 빼앗기리라.[35)]"는 구절을 입증

---

34) "육체의 생명은 피에 있음이라." (구약성경 레위기 17장 11절)

하는 사례라고 할 수 있다. 하지만 정신의 힘을 생성하고 활용하는 인간의 능력은 어떤 경우에도 사라지지 않는다. 그 힘을 올바르게 적용하는 방법을 몰라서 방치할 수도 있고, 불필요하게 제동을 걸어서 작용을 막을 수는 있지만, 그 힘 자체는 사라지지 않는다. 언제든 우리가 끌어다 쓸 수 있는 상태로 남아있다.

인간의 자연적인 치유의 힘을 가로막는 정신적 제동장치는 주로 잘못된 생각에서 나온다는 점을 잊어서는 안 된다. 두려움, 증오심, 질투심, 이런 것들은 전부 자연치유를 방해하는 제동장치다. 상징적으로 그렇다는 얘기가 아니라, 문자 그대로 제동을 건다는 뜻이다. 인간이 어떤 감정을 느낄 때 심장의 박동이 빨라지거나 느려진다는 것은 다 잘 알고 있을 것이다. 감정 상태에 따라 얼굴이 붉어지기도 하고 창백해지기도 한다. 정신 상태가 혈액순환에 영향을 준다는 뜻이다. 불쾌하거나 슬픈 생각을 할 때 소화불량이 생기는 것도 같은 현상이다. 정신의 상태가 육신을 통해 드러나는 대표적인 사례들이다. 나는 기본적으로 '사고(事故)'를 제외한 모든 질병이 잘못된 삶의 방식과 생각에 기인하며, 사고를 당한 후의 회복 속도도 환자의 정신 상태에 따라 달라질 수 있다고 생각한다. ('사고'와 '우연'이라는 것은 존재하지 않고, 인과관계의 법칙에 따라 일어날 일은 일어나게 되어있으며, 이 과정에서 인간의 정신 상태가 중요한 역할을 한다고 주장하는 사람들도 물론 있다. 이 주제에 관해서는 이번 책에서 깊게 들어가지 않을 예정이므로, 여기서 '사고'는 통상적인 의미의 사고로 이해해주기 바란다.)

---

35) 신약성경 마태복음 12장 13절.

이 책의 목적은 신경의 힘, 신경 충동, 또는 다른 어떤 이름으로 불리는, 인간에 내재한 이 힘을 활용하여 건강 상태를 개선할 수 있다는 사실을 독자들에게 전달하는 것이다. 나는 이 힘을 '생각의 힘'으로 부를 것이다. 따라서 책에서 이 용어가 언급될 때 내가 어떤 의미로 사용한 것인지 이해할 것이라 본다. 내가 아는 사람 중에는 의식적으로 생각의 힘을 발휘하여 신체 모든 부위의 혈액순환을 조절하고 손이나 발을 뜨겁게, 또는 차갑게 만드는 능력을 지닌 사람들도 있다. 이들은 생각의 힘을 신체 모든 부위와 장기에 전달하여 해당 부위에 공급되는 혈액의 양을 늘리고 자극하는 방법을 터득한 사람들이다. 이들은 또한 뇌에서 남아도는 혈액을 취하여 사지로 전달함으로써 몇 분 만에 깊은 잠에 빠지는 방법도 알고 있다. 소위 말하는 '암시' 또는 '자기암시'의 원리도 똑같다. (참고로 여기서 말하는 '암시'는 '최면'과는 다른 개념이다. 하지만 최면 역시 같은 원리를 사용한다) 모든 형태의 정신요법이 이와 같은 방식으로 작용한다. 환자의 입장에서는 몸에 전달되는 신경의 힘과 혈액 공급의 증가가 비자발적으로 이루어지는 경우가 많아 스스로 의식하지 못할 뿐이다. 하지만 누구나 약간의 연습을 통해 자발적으로 혈액순환과 신경 전류를 자극하는 방법을 익힐 수 있다. 보통 사람이 단순한 의지만으로 이 경지에 이르기는 어렵다. 따라서 대부분 정신의 힘에 기댈 수 있는 도구가 필요하다. 즉, 정신을 통일하여 생각의 힘을 환부에 집중하기 위해 손을 사용해야 한다. 유능한 치유사들도 이런 이유로 환자를 치유할 때 손을 사용하는 것이다.

지금까지의 설명을 듣고 혈액의 자유로운 체내 순환이 얼마나 중요한지 잘 이해했으리라 생각한다. 그럼 이제부터 생각의 힘을 이용하여 혈액순환의 균형을 이루는 실용적인 방법을 제시하겠다. 이 방법이 실질적인 효과를 발휘하려면 우선 마음속에서 증오, 질투, 두려움 등의 부정적인 감정부터 제거해야 한다는 점을 잊어선 안 된다. 제동장치를 해제해야 기계가 올바르게 작동할 수 있는 법이다. 자, 그럼 사전 준비를 마쳤다고 가정하고 첫 번째 자기 치유 절차를 살펴보자.

혈액순환 정상화를 위한 첫 번째 자기 치유

1. 바깥 풍경과 소음을 최소화한 안전하고 조용한 장소를 확보한다. 자리에 눕는다. 모든 근육을 이완하고, 모든 신경의 긴장을 푼다. 마치 전신에서 온 힘이 빠져나간 것처럼, 납덩어리처럼 무거워진 몸이 부드러운 깃털로 만든 침대를 누르듯이 최대한 편하게 눕는다. 천천히, 깊게 호흡한다. 내쉬기 전에 한동안 숨을 머금는다. 온몸이 차분하고, 편안하고, 고요한 상태에 이를 때까지 천천히 호흡을 반복한다.

2. 두 손을 머리 양쪽에 갖다 댄다. 네 손가락 끝은 이마 중앙 윗부분에 닿고, 양 엄지손가락의 살이 있는 부위는 관자놀이를 가볍게 누른다. 엄지는 위를 향해야 한다. 눈을 감는다. 손가락이 몸에 닿은 영역에 집중한다. 나는 지금 뇌에서 생각의 힘을 생성하는 중이고, 의식적으로 이 힘을 몸의 모든 부위에 보낼 것이라고 상상한다. 뇌에서 내보내는 신경 전류를 따라 혈액도 원활하게 공급될 것이다. 이렇게 몇 분 동안 집중하면 내가 사용할 수 있는 힘이 점차 생겨나는 것을 느낄 수 있을 것이다.

> 이제 천천히 머리에 댄 손을 아래로 내린다. 네 손가락은 눈 위를 통과하고, 양 엄지는 뻗은 상태로 목의 측면을 훑으며 내려간다. 엄지가 쇄골에 닿으면 잠시 멈추고, 그 지점에서 힘을 다시 모은다. 어깨, 몸통을 따라 천천히 손을 내린다. 양 엄지의 끝은 몸의 측면을 따라 내려가고, 양손의 네 손가락은 마치 몸의 중앙에서 만나려 하는 것처럼 몸의 중심을 향한 상태로 내린다. 옆구리에 이르면 다시 한번 멈춰 새로운 중심에서 힘을 재정비하고, 누운 상태에서 일어나 앉은 자세에서 같은 식으로 허벅지, 하퇴(아랫다리), 발을 거쳐 발가락까지 내려간다.

천천히 손을 아래로 내리는 동안 신경 전류가 몸 전체로 퍼지면서 체내의 모든 부위를 자극하며 활기를 북돋고 있다는 사실을 깨달아야 한다. 건강하지 않은 장기가 있다면, 몸을 타고 손을 내리는 동안 해당 부위에서 잠시 멈춘다. 즉각적인 증상 완화를 느낄 수 있을 것이다. 특별히 신경을 써줘야 하는 부위에서 멈추는 시간을 제외하면 머리에서부터 발까지 내려오는 데 약 1분에서 3분 정도 소요된다. 이 작업을 수행하고 몇 분 쉰 후 같은 작업을 반복하되, 일곱 번 이상은 하지 않을 것을 권고하고 싶다. 일곱 번이면 빈틈없이 아주 꼼꼼하게 진행한 것이고, 세 번 정도만 해도 몸이 눈에 띄게 개운해지는 치유 효과를 얻을 수 있다. 낮이든 밤이든, 편한 시간에 언제든 자기 치유의 시간을 가져도 되지만, 모든 일이 그러하듯이 절제와 균형이 중요하다. 밤에 잠들기 직전에 자기 치유 세션을 수행하면 곧바로 깊은 잠에 빠지는 효과를 얻을 수 있을 것이다. 몸을 강하게 누르면 안 된다. 손으로 내 몸을 주무르고 조작하는 것이 목적이 아니다. 손은 단지 생각의 힘이 잘 흐를 수 있도록 보조하는 역할만 한다. 말하자면 전류가 흐르는 방향을 마음속으로 제시해주는 것이다. 손이 여러 부위를 통과하면서 몸이 점차 따뜻해지고 긍정적인 자극을 받고 있다는 기분을 느끼게 될 것이다. 자기 치유를 진행하는 중에도 천천히, 깊게 호흡한다. 숨을 들이마실 때는 잠시 손의 움직임을 멈추고, 천천히 내쉬면서 손을 아래로 내린다. 처음에는 별 효과를 느끼지 못할 수도 있지만, 꾸준히 연습하면 원하는 결과를 얻을 수 있을 것이다. 꾸준한 연마로 요령을 터득하면 언제든 의식적으로 혈액순환을 조절하여 원하는 부위와 장기를 자극하고 강화할 수 있다.

혈액순환의 정상화는 모든 치유에 공통으로 도움이 되는 기법이다. 이후의 장들에서 자세히 보겠지만, 문제가 있는 특정 장기를 치유하기 전에도 이 기본적인 작업을 선행하는 것이 바람직하다. 이번 강의 시리즈를 통해 몸의 다양한 부위와 증상을 치유하는 방법을 소개할 예정이다. 첫 번째 주제는 위장 질환의 치유다.

제2장
영양 흡수의 장기를 강화하는 방법

전 장에서 자연이 혈액의 순환으로 몸을 만들고 고장 난 부위를 수리하는 원리에 관해 설명했다. 혈액이 인체의 모든 부위, 장기, 세포에 영양분을 공급하고, 이 과정을 통해 몸을 만들고, 보수하고, 교체하고, 강화하고, 치유하는 원리에 관해서도 설명했다. 인체의 어떤 부위와 장기도 적절한 영양분을 공급받지 못하면 건강할 수도, 정상적으로 기능할 수도 없으며, 이 영양분은 혈액을 통해서만 공급할 수 있다는 점도 얘기했다. 혈액순환을 정상화하고 인체를 자극함으로써 치유의 효과를 얻는 가장 기본적이고 유용한 기법도 소개했다. 혈액순환의 중요성, 그리고 혈액순환에 장애가 생길 경우 어떤 결과로 이어지는지에 대해서도 설명했다. 이번 장에서는 혈액을 통해 몸에 영양을 공급하는 과정에 관해 이야기해 보자.

알다시피 인간은 음식, 물, 공기를 통해 힘을 얻는다. 음식을 섭취하지 않으면 매일 소진되는 신체 부위를 대체할 영양분을 확보할 수 없다. 물이 없으면 장기가 제 기능을 수행할 수 없다. 공기를 마시지 않으면 생명 자체를 유지할 수 없다. 공기에서 확보한 산소는 혈액을 산화하는 역할을 한다. 산소가 부족하면 체내를 돌면서 노폐물을 수거하여 심장으로 복귀하는 진한 불순물로 가득한 정맥의 혈액을 밝고, 붉고, 순수한 혈액으로 정화하고, 동맥으로 다시 내보냄으로써 몸의 모든 부위에 영양분을 공급하는 신체 기능을 정상적으로 수행할 수 없다.

이번 장에서는 위장과 관련한 문제를 다룬다. 인간이 겪는 질병 중 대다수는 영양을 흡수하는 장기의 문제에서 비롯된다. 이런 장기들은 정신의 영향에 쉽게 반응한다. 나의 정신 상태에 따라 좋은 영향을 받을 수도 있고, 반대로 나쁜 영향을 받을 수도 있다. 사람은 불쾌한 장면을 목격하거나, 심지어 오래전에 경험했던 추악한 장면을 머릿속에서 떠올리기만 해도 밥맛을 잃는다. 슬픈 소식, 걱정거리, 두려움, 질투심, 증오심 등과 같은 감정도 식욕에 영향을 준다. 음식물의 소화와 흡수에 지장을 주는 모든 요인은 결국 몸에 공급되는 영양분의 감소로 이어지며, 이에 따라 자연이 선사한 회복과 생성의 힘도 약해진다. 오랫동안 음울한 정신 상태로 두려움에 사로잡혀 사는 동안 소화와 흡수의 기능이 약해지고 혈액 공급도 정상적으로 이루어지지 않아 건강을 해친 사람이 참 많다. 고품질의 혈액이 충분히 체내에 공급되지 않으면 장기가 영양분을 흡수하지 못해 올바르게 기능하지 못한다. 그 결과로 몸 전체가 고통을 받는 것은 당연하다. 섭취하는 음식의 양이 중요한 것이 아니다. 음식을 얼마나 잘 소화하고 흡수하느냐가 관건이다. 따라서 건강 유지의 중요한 전제조건 중 하나는 영양분을 소화하고 흡수하는 장기의 정상적인 기능이라 할 수 있다.

두려움, 걱정, 증오, 질투, 적대감 등이 소화기관에 얼마나 해로운 영향을 끼치는지에 대해서는 이미 설명했다. 만성적으로 뭔가를 걱정하거나 늘 불만을 표출하는 사람이 건강을 유지하는 것은 사실상 불가능하다. 두려움의 감정은 위장부터 공격한다. 위장을 점령한 후, 혈액의 공급량과 품질을 떨어뜨리고 장기와 세포에 전달해야 할 영양분을 차단함으로써 몸 전체를 뒤흔든다.

이 문제를 근본적으로 해결하는 방법은 딱 하나, 바로 마음가짐을 긍정적인 방향으로 바꾸는 것이다. 영양분의 소화/흡수를 담당하는 장기의 건강이 좋지 않은 상태라면 해당 부위에 더 많은 신경 전류와 생각의 힘을 집중적으로 보내 정상 상태로 회복할 수 있으나, 환자의 마음가짐이 바뀌지 않으면 치유 효과도 영구적일 수 없다. 이번 장에서 이런 부위와 장기를 치유하고 정상 상태로 되돌리는 기법을 소개하겠지만, 회복은 어디까지나 환자의 정신 상태, 즉, 생각의 질에 달려있다는 점을 다시 한번 강조하고 싶다. 두려움이라는 독소를 몸속에 계속 품고 있는 한, 위험으로부터 완전히 벗어날 수 없다.

이번 장에서는 손을 이용한 자기 치유에 자기암시 또는 확언을 추가하는 방법을 제시할 것이다. 이 기법을 오랫동안 수련하고 정신의 힘을 다루는 방법을 어느 정도 익힌 사람은 굳이 자기암시나 확언을 활용하지 않아도 된다. 이런 사람은 손을 사용하지 않고도 생각의 힘을 자기가 원하는 신체 부위에 집중하여 자극할 수 있다. 하지만 이 책을 읽고 있는 대다수 독자는 아직 이 경지에 이르지 못했을 것이고, 그런 경지에 이르기 위한 인내심을 연마하는 연습도 부족할 것으로 생각되므로 초기에는 자기암시와 손의 사용을 동시에 적용하는 방법을 권하고 싶다. 이를 위해 전 장에서 보았던 '혈액순환 정상화' 기법에 자기암시 관련 내용을 추가하였다. 자기 치유를 진행하면서 조용히 속삭이거나 평소의 목소리로 암시 문구를 되뇌기 바란다. 여기서 중요한 것은 말에 진심이 담겨야 한다는 점이다. 그래야 언어가 생각의 힘을 전달하는 도구 역할을 할 수 있다.

위장 관련 질병의 자기 치유

(1) 지금부터 제시하는 자기암시 구문을 입으로 외우며 전 장에서 다룬 혈액순환 정상화 치유기법을 진행한다. 천천히 손을 머리부터 발끝까지 어루만지고 내려오면서 말한다. "**나는 혈액을 정상적으로 순환시키면서 내 몸의 모든 부위를 자극한다.** 혈액이 내 몸속의 모든 부위, 장기, 세포까지 구석구석 도달하면서 영양분을 공급하고, 새로운 몸을 만들고, 온몸을 강화한다. 혈액이 순환하면서 체내에서 생성된 노폐물을 수거해가고 새로운 몸으로 교체한다. 내 몸 안의 모든 장기가 자극을 받아 창조의 힘이 본래 의도했던 대로 정상적이고 자연스럽게 기능한다. 나는 몸 안의 모든 세포를 열어 내 정신에서 내보내고 있는 생각의 힘을 받아들인다."

(2) 몇 분간 휴식을 취한 후, 명치 위에 손을 올려놓고 그 부위에 생각의 힘을 집중하여 전류를 보내며 말한다. "**나는 영양분의 소화와 흡수를 담당하는 장기가 정상적이고 자연적으로 기능하도록 생각의 힘을 보낸다.**" 진심을 담아 이 자기암시 구문을 여러 차례 반복하여 되뇐다. 따뜻하면서도 기력을 북돋아 주는 전류가 전신을 통과하면서 아픈 부위를 어루

만지고 영양분을 골고루 공급하는 느낌을 받을 수 있을 것이다.

(3) 천천히 손을 복부 쪽으로 이동한다. 부드럽게 복부를 애무하면서 생각의 힘이 영양분 소화/흡수를 주관하는 장기의 모든 부위를 관통하도록 한다. 동시에 다음의 자기암시 문구를 왼다. "**나는 소화와 흡수를 주관하는 장기에 강력한 생각의 힘을 보냄으로써 장기를 강화하고 올바르게 기능하도록 한다. 나는 건강한 사람과 같은 식욕을 가지고 있다. 내 위장은 강하다, 강하다, 강하다! 내 위장은 내 입을 통해 들어오는 모든 음식을 소화할 수 있다. 음식물의 입자 하나하나까지 정상적으로 소화할 수 있다. 나는 음식에서 추출한 영양분의 모든 입자를 흡수한다. 내가 섭취하고 소화한 모든 음식물에서 내게 힘과 영양분을 제공하는 모든 입자를 추출한다. 이렇게 흡수한 영양분은 붉고 풍부한 혈액으로 변환되어 내 몸 전체로 퍼져나가고, 세포, 장기, 부위를 다시 생성함으로써 새로운 나를 만든다. 나는 강하고, 건강하고, 이상적인 몸을 가졌다. 나는 건강한 사람처럼 생활하며, 모든 면에서 건강한 사람의 표본이다. 내 몸의 소화력은 날마다 강해지고 있으며, 자연의 도움을 받아 건강한 몸과 힘을 얻고 있다. 나는 밝고, 유쾌하고, 행복한 사람이다. 나는 내 안에서 두려움을 몰아냈다. 내 위장은 강하다, 강하다, 강하다. 강하다, 강하다, 강하다. 강하다, 강하다, 강하다! 날이 갈수록 내 위장은 강해지고 있다. 내 위장은 본래의 역할을 훌륭하게 수행하고 있다. 내 위장은 본래의 역할을 훌륭하게 수행한다. 훌륭하게, 훌륭하게, 훌륭하게 수행한다!**"

"강하다, 강하다, 강하다"와 "훌륭하다, 훌륭하다, 훌륭하다"를 되널 때는 긍정적인 마음가짐으로, 단어 하나하나에 진심을 담아서 하기 바란다. 말은 정신적 충동의 표현이라는 점을 이해하면 왜 자기암시가 놀라운 효과를 발휘하는지, 그 원리를 이해할 수 있을 것이다. 이 시스템을 이용하여 급체, 소화불량 등 위장 관련 질환이 완치된 사례가 많다. 이번 장에서 다룬 내용을 완전하게 숙지하고, 진지한 마음으로 꾸준히 작업을 수행하면 위장 관련 질환의 99%가 완치될 수 있으리라 확신한다. 지금 이론을 설명하는 것이 아니라 실질적인 방법을 전달하고 있다는 사실을 꼭 기억하기 바란다.

제3장
변비의 원인과 결과

"옷을 다 벗은 상태에서 자기 치유 세션을 진행해야 하나요?" 이런 질문을 하는 사람들이 많은데, 꼭 그렇지는 않다는 점을 얘기하고 싶다. 옷을 입은 상태에서도 손을 몸 위에서부터 아래로 훑으면서 자기 치유 세션을 진행할 수 있다. 하지만 잠자리에 들기 전에 탈의하고 편안한 옷으로 갈아입은 상태라면 그때 하는 것이 더 좋다. 이유는 알 수 없지만, 손으로 맨몸과 접촉하면서 세션을 진행하면 생각의 힘이 원하는 부위에 더 잘 전달되는 경향이 있기 때문이다. 따라서 밤에 잠자리에 들기 직전에, 또는 아침에 기상한 직후에 잠옷 아래로 손을 넣어 진행할 것을 권하고 싶다. 그리고 일과 중에는 옷을 입은 상태에서 진행하면 된다.

이번 장에서는 환자들이 많이 호소하는 증상 중 하나인 변비를 해소하는 방법을 제시할 것이다. 변비의 원인을 설명하는 수많은 이론이 있지만, 내가 생각하는 가장 합리적인 설명은 다음 세 가지 중 하나다. (1) 잘못된 생각과 정신 상태, (2) 불충분한 수분 흡수, 그리고 (3) 생리적 요구의 무시.

첫 번째 원인인 '잘못된 생각'에 관해서는 이전 장들에서 이미 자세히 다뤘으므로 설명을 생략한다. 잘못된 생각이 즉각적으로 영향을 미치는 부위는 영양분 소화/흡수를 주관하는 장기이며, 몸에서 가장 먼저 드러나는 증상은 소화불량과 변비다. 변비와 관련 질환으로 고생하는 사람이 치유를 시작하기 전에 먼저 해야 할 일은 두려움, 걱정, 증오, 분노 등의 부정적인 감정부터 마음속에서 말끔히 씻어내는 것이다.

두 번째 원인인 '불충분한 수분 섭취'는 이 주제에 관해 조금이라도 관심이 있는 사람이라면 이미 잘 알고 있는 상식적인 내용이다. 정신치료를 신봉하는 사람 중에는 운동, 호흡, 식단 또는 수분 흡수에 관한 이야기를 무시하고, 이런 요소들은 몸을 치유하는 정신의 힘과 무관하다고 주장하는 사람이 많다. 육신은 정신보다 아래에 있으므로 고려 대상도 아니라는 식으로 얘기한다. 고상하게 들릴 얘기인지는 모르겠으나, 우리가 정신의 힘을 이용하여 몸을 치유하려는 이유는 애초에 정신 또는 육체와 관련한 법칙을 어겨서 문제가 생겼기 때문이라는 점을 기억하기 바란다. 정신의 힘이든 다른 치유기법이든, 효과를 발휘하려면 건강을 유지하는 기본적인 정신적, 육체적 법칙부터 준수해야 한다. 그래야만 정상적인 건강 상태를 되찾을 수 있다. 정신의 법칙을 어겨서 건강상의 문제가 생긴 것이라면, 잘못된 생각을 바로잡는 것만으로도 건강을 회복할 수 있다. 하지만 육신의 법칙을 어겨서 문제가 생긴 것이라면, 육체적으로 건강한 사람처럼 생활양식을 바꾸고, 생각의 힘으로 장기의 기능을 회복하고, 올바른 생각, 올바른 생활을 습관화하는 일련의 과정이 필요하다. 그래야만 건강을 되찾을 수 있다. 지극히 상식적인 얘기다.

나는 특정 시간에, 특정 음식을 특정 양만 섭취해야 한다는 식으로 주장하는 사람의 의견에는 동의하지 않는다. 나도 그들의 주장대로 다 따라 해 보고 내린 결론이다. 나는 건강한 사람은 인간이 먹을 수 있는 음식이라면 언제든, 적당량을 섭취해도 괜찮다고 생각하는 쪽이다. 하지만 인간이 정상적인 양의 음식과 수분을 섭취하지 않으면 건강할 수 없다고 생각한다. 매일 충분한 양의 수분을 섭취하는 사람은 그리 많지 않다. 그래서 고통에 시달린다. 수분 섭취량이 적절한 수준으로 회복되기 전에는 정상적인 사람처럼 건강을 유지할 수도 없다. 우리는 아직 육신 없이 기능할 수 있는 경지에 이르지 못했다. 따라서 육신을 걸치고 있는 동안에는 잘 관리해야 한다. 최소한 내가 소유한 말이나 가축보다는 소중하게 여기고 지켜야 하지 않겠는가?

수분이 인체에서 얼마나 중요한 역할을 하는지 생각해보면 인간이 자연적인 습관과 풍습으로부터 멀어지는 바람에 고통을 자초해 왔다는 사실을 알게 될 것이다. '문명화'된 현대인이라는 이유로 채택한 비정상적인 습관은 오히려 우리의 건강을 해치고 있다.

생리학적 관점에 봤을 때, 정상적인 인간은 신체의 요구를 충족하기 위해 매일 최소 4파인트(약 1.9 리터)의 수분을 섭취해야 한다. 이 정도의 수분을 흡수하지 못하면 음식물의 소화와 흡수, 노폐물의 배설과 배출을 위한 수분이 체내에서 충분히 분비되지 않는다. 그리되면 간도 장의 자연스러운 배변 활동을 위한 담즙을 충분히 분비하지 못하고, 신장과 방광을 통해 노폐물을 씻어내리는 수분도 확보되지 못한다. 그 결과 하나 이상의 장기에 문제가 생겨 궁극적으로 몸 전체에 영향을 주게 된다. 인체의 2/3는 물로 구성되어 있는데, 충분한 수분을 섭취하지 못하면 몸이 마른 사과처럼 변해버린다. 충분한 수분을 공급받지 못하여 정상 기능을 수행할 수 없게 된 자연은 분노하여 변비라는 결과를 즉각적으로 생성한다. 반대로 변비를 해소하는 가장 빠르고 효과적인 방법은 충분한 수분 흡수를 통해 장의 배변 활동을 정상화하는 것이다. 자연이 공기 다음으로 중요시하며 요구하는 것이 바로 물이다. 물 부족 사태를 맞은 자연이 화를 내는 것은 지극히 당연하다.

변비의 세 번째 원인은 '생리적 요구의 무시'다. 다른 자연의 법칙과 마찬가지로, 이 법칙을 어기면 대가를 치르게 되어있다. 인간은 좋든 나쁘든, 지금까지 살면서 키워온 여러 가지 습관의 지배를 받는다. 현대적인 삶의 방식을 신성시하면서 우리는 대자연으로부터 멀어졌고, 지금 그로 인한 고통을 받고 있다. 인체의 활력 메커니즘을 주관하는 잠재의식은 우리 몸이 날마다 필요로 하는 여러 가지 일을 요구하는데, 그 목소리를 무시하면 대가를 치를 수밖에 없다. 매일 바쁘고 정신없이 살면서 우리는 체내의 노폐물을 배출하는 자연의 생리적 요구를 수시로 무시했고, 바람직하지 않고 정상적이지도 않은 습관을 생활화했다. 이런 상태에 이르면 자연도 더는 목소리를 내지 않는다. 어차피 우리가 들으려 하지도 않기 때문이다. 자연은 불쾌감을 느끼며 너희 마음대로 해 보라는 식으로 방관하고, 우리는 일상에서 신경 써야 할 일도 많고 너무 바쁘다는 이유로 자연의 부름을 외면하며 나쁜 습관을 계속 키운다. 이렇게 생리적 요구를 무시하면 배설물의 수분이 체내에서 다시 흡수되어 변비가 발생한다. 그뿐 아니라 장의 정상적인 운동을 장기간 방해하며 습관적으로 변을 참으면 괄약근도 나쁜 버릇에 길들여지고, 정해진 시간에 자연스럽게 배변을 하는 대신 때가 되어도 자연의 일을 훼방하는 결과로 이어진다.

자꾸 변과 관련한 얘기를 하니 불결하다고 생각하는 독자도 있을 것 같다. 아름다운 생각과 미학적인 취향을 계발하는 일에 빠져 있느라 인간에게는 생리적 욕구가 있다는 진리를 인정조차 하지 않으려는 사람도 있을지 모른다. 이건 큰 실수다. 자연은 어떤 형태로 발현되든, 경이롭고 아름답다. 신의 작품에서 불순하고 불결한 것만 보는 것은 내 정신이 불순하다는 뜻이다. 순수한 사람에게는 모든 것이 순수하게 보인다. 넓고, 자연스럽고, 우주적인 정신의 소유자에게는 인간의 몸 전체가 깨끗하고 아름답게 보인다. 수치스러움을 가지지도 않는다. 내 지인 중에는 너무나도 고고(?)해서 '생리적 요구'라는 말을 들을 때마다 소름이 끼친다는 듯이 반응하는 사람도 있다. 이런 사람들이 육신의 부조화라는 방식을 통해 강제적으로 진리의 가르침을 받게 되는 것은 전혀 이상한 일이 아니다. 독자 중에도 이런 부류에 속한 사람이 있다면 당장 그 생각부터 고치기 바란다. 아래 소개하는 변비 치유법을 숙지하면서 내가 한 말을 꼭 염두에 두기 바란다.

변비 자기 치유

이전 장에서 설명한 '혈액순환 정상화' 기법을 수행하여 전신의 균형부터 바로잡는다. 그다음 장 부위에 손을 올려놓고 단호하지만 부드럽게,

> 마치 애무하듯이 매만지며 두뇌에서 나오는 생각의 힘을 그 부위에 집중적으로 보낸다. 동시에 다음의 자기암시 구문, 또는 같은 의미를 지닌 구문을 되뇐다. "나는 생각의 힘을 보내 장을 강화하고 영양분을 공급한다. 장이 자연의 의도대로 작용할 수 있도록 기능을 강화한다. 내 장은 강하다, 강하다, 강하다! 내 장은 제 기능을 올바르게 수행할 수 있고, 본래의 역할대로 그 기능을 수행할 것이다. 나는 자연이 내 장을 올바르게 사용할 수 있도록 매일 충분한 양의 수분을 섭취하고 있다. 나는 자연이 요구하는 것을 매일 제공하고 있으며, 따라서 자연은 본래의 역할을 훌륭하게 수행할 것이다. 나는 구체적인 목적을 위해 매일 충분한 양의 수분을 섭취하며, 이에 따른 긍정적인 결과를 체험하고 있다. 내 장은 매일 자유롭게, 자연스럽게, 쉽게 운동한다. 경직된 괄약근의 긴장은 풀렸다, 풀렸다, 풀렸다! 다시 정상 상태로 되돌아왔다. 내 장은 매일 아침 __시(독자가 지정한 시간)에 자연스럽게 운동을 시작하며, 나는 그 약속 시각에 맞춰 쾌변을 볼 것이다. 매일 아침 __시에, __시에, __시에 나는 원하는 결과를 얻을 것이다. 나는 강하고 건강하며, 자연은 이런 나를 위해 완벽한 결과를 얻어 낼 것이다. 나는 자연의 생리적 요구와 과정에 순응한다."

이 기법을 꾸준히 실천하다 보면 단시일 내에 새로운 습관을 들이고, 자연이 다시 내 몸의 고삐를 쥐게 될 것이다. 귀찮더라도 매일 아침 나 자신과 한 약속을 지켜야 한다. 24시간 동안 최소 4파인트의 수분을 흡수할 때까지 양을 점차 늘려야 한다. (물 뿐 아니라 국물을 포함한 모든 형태의 수분 포함) 한꺼번에 많은 물을 마시기보다는, 조금씩, 천천히 자주 마시면 도움이 될 것이다. 물을 마실 때마다 자신에게 말한다. "나는 자연이 내 장을 정상적으로 움직일 수 있도록 돕기 위해 이 물을 마신다."

지금까지 설명한 것 외에도 밤에 잠들기 직전, 그리고 아침에 기상 후 옷을 입기 전에 괄약근 부위를 부드럽게 마사지하며 마치 몸을 상대로 대화하듯이 말한다. "긴장을 풀어라, 긴장을 풀어라, 긴장을 풀어라!" 이 말을 반복하면 생각이 행동을 통해 드러나고 경직된 근육이 이완될 것이다.

너무 쉽게 들릴지 모르겠지만, 약을 전혀 쓰지 않고 이 방법으로 변비 문제를 해소한 사람이 수천에 이른다. 약물로 증상을 치료하느라 많은 돈을 날리고 영구적인 결과를 얻지 못한 사람들도 이 방법으로 효과를 보았다. 약물처럼 일시적인 효과를 얻는 데 그치는 것도 아니다. 이 기법으로 자기치료를 하고, 올바른 삶, 올바른 생각을 실천하는 기본 원칙을 지키면 완치 상태가 계속 유지될 것이다.

제4장
부인병

　나는 전반적으로 건강한 여성, 건강 유지에 필요한 기본적인 규칙을 잘 지키고 있는 여성은 부인병으로부터 고통받을 가능성도 매우 낮다고 생각한다. 그리고 지금 부인병으로 신음하고 있는 여성이라도 올바른 생각과 올바른 생활을 통해 건강을 개선하면 부인병 증상도 사라지리라 생각한다.

　제1장에서 우리는 인간의 정신이 신체의 모든 부위에 신경 전류를 보내 혈액순환을 개선함으로써 기능을 회복하고 몸을 다시 만드는 것이 자기 치유의 기본이라고 설명한 바 있다. 잠재의식은 신경 중추와 교감 신경계를 통해 이 작업을 수행한다. 혈액이 치유의 매체라는 점도 얘기했다. 정신은 혈액을 도구로 활용하여 몸을 만든다. 혈액은 동맥을 타고 흐르면서 액체 형태의 살과 영양분을 신체 모든 장기와 부위에 공급하고, 이 과정을 통해 몸을 만들고, 이상이 있는 부위를 수리하고, 부족한 부분을 보충하고, 복구하고, 대체하며, 망가진 조직, 노폐물, 찌꺼기 등을 수거하여 심장으로 복귀한다. 우리 몸의 어떤 장기와 부위도 혈액을 통해 영양분을 제대로 공급받지 못하면 정상적으로 기능할 수 없고, 건강도 유지할 수 없다고 얘기했다. 따라서 공급되는 혈액의 양이 부족하거나 순환에 문제가 생기면 영양분도 완전하

게 전달될 수 없고, '병'이라는 결과로 이어질 수밖에 없다. 자연은 우리 몸 안의 발전기인 뇌에서 발사되는 신경 전류를 체내 구석구석까지 전달함으로써 혈액순환을 정상 상태로 유지한다. 뇌에서 발사된 신경 전류는 혈액순환의 방향을 지시하고 주도하며, 신경 전류를 전달하는 신경과 신경 전류를 생성하는 뇌는 그 혈액을 통해 공급되는 영양분에 의존한다는 상호보완적 관계에 관해서도 설명했다.

부인병에 시달리는 환자의 경우 전반적인 건강이 이미 안 좋은 상태일 가능성이 크다. 올바른 생각과 올바른 생활이 곧 건강의 비결이라는 규칙을 외면해왔기에 부인병 외의 다른 여러 증상도 가지고 있는 경우가 많다. (올바른 생각은 올바른 생활로 이어지기 마련이므로 두 규칙을 동시에 위반했을 가능성이 크다) 건강했던 시절에는 부인병 증상도 없었을 것이다. 하지만 건강 관리를 제대로 하지 않아서 부인병이 생긴 것이 아니라, 부인병 때문에 몸이 아픈 것이라고 잘못 생각하는 사람이 많다. 전반적인 건강이 개선되면 부인병도 자연스럽게 사라진다.

그렇다면 어떻게 전반적인 건강 상태를 개선해야 할까? 영양 공급을 늘려주면 된다. 영양 공급을 늘리는 방법은 무엇일까? 영양분의 소화와 흡수를 관장하는 주요 장기의 기능을 강화하거나 되살리면 된다. 장기의 기능을 회복하는 방법은 무엇일까? 어떻게 해야 음식물을 소화하고 흡수하는 장기의 기능을 강화할 수 있을까? 앞서 설명했던 위장 관련 질환의 자기 치유기법을 활용하면 된다. 영양을 담당하는 장기의 기능이 정상화되면 금세 전반적인 건강 상태가 개선된다. 그리고 건강이 좋아지면 부인병도 사라지거나 빠른 속도로 개선된다.

부인병에 시달리는 여성이 건강한 여성처럼 먹고, 마시고, 충분한 영양분을 확보하고, 올바르게 생각하고, 올바르게 생활하면 부인병을 걱정할 필요가 없다. 이렇게만 하면 모든 면에서 건강한 여성이 될 수 있다.

부인병의 자기 치유

심한 생리통의 해소에 '위장 관련 질병의 자기 치유' 기법과 '변비 자기 치유' 장에서 언급한 수분 공급의 증가를 결합하는 것보다 더 효과적인 치유법은 없다. 사실 부인병에 시달리는 환자 대부분은 변비 증상도 가지고 있다. 같은 원인이 두 가지 형태로 드러난 것이라 할 수 있다. 영양 공급의 증가와 적절한 양의 수분 흡수, 여기에 혈액순환을 정상화하고 생각의 힘을 아픈 부위에 집중하는 기법까지 더해지면 탁월한 효과를 얻을 것이다. 장기 꼬임 현상 역시 혈액순환 정상화와 해당 부위의 집중 치유, 그리고 영양분 소화와 흡수를 담당하는 장기 기능의 강화로 좋은 효과를 얻을 수 있다.

생리가 늦어지거나 주기가 불규칙한 경우에도 같은 치유기법으로 좋은 효과를 얻을 수 있다. 영양분 흡수와 배변이 정상적이지 않아 부인병 증상을 겪는 여성이 많다. 영양분 공급에 더 신경을 쓰고, 배변을 주관하는 장기가 원활하게 기능을 수행하도록 수분 흡수를 늘리고, 혈액순환 개선을 위한 자기 치유기법을 실천하고, 이상이 있는 부위로 더 많은 신경 전류를 보내 자극하면 문제가 해소된다.

불규칙한 생리에는 암시기법이 큰 효과를 발휘한다. 생리 주기가 불규칙한 상태라면 한 3주 전부터 예상 일자에 정신을 집중한다. 그리고 매일 그날을 떠올리며 내가 지정한 날에 생리가 시작될 것이라고 확언 또는 자기암시를 한다. 방에 달력을 준비해 두고 예상 일자가 도래할 때까지 하루씩 지워나간다. 이런 습관을 들이면 내가 지정한 날에 정확히 생리가 시작되는 경우가 많다. 사람마다 차이가 있지만, 1~2개월 후에 습관으로 자리를 잡고 효과가 나타나는 사례도 있다.

구체적인 치유기법은 이미 언급했고, 간단하게 다시 한번 요약한다.

부인병 자기 치유

(1) 혈액순환 정상화를 위한 자기 치유기법을 수행한다.
(2) 영양분 공급 과정을 자극하기 위해 위장 치유기법을 수행한다.
(3) 변비 치유기법을 수행하고, 충분한 수분을 흡수한다.
(4) 자기암시 또는 확언을 수행하면서 부인병의 영향을 받는 부위에 생각의 힘을 집중하여 전달한다. 마지막 단계를 통해 약해진 장기가 강해지면서 제 기능을 발휘하게 될 것이다.

제5장
신경과민

 주변을 둘러보면 신경계통의 이상으로 고통을 받는 사람이 수도 없이 많다. 세계 어딜 가나 걱정하는 사람은 많지만, 특히 미국에 많아서 '미국인의 병'으로 불리기도 하는 질환이다. 신경질환의 근본적인 원인은 걱정과 두려움이며, 이 두 괴물을 몰아내면 빠른 속도로 건강이 회복된다. 문제는 신경질환에 시달리고 있는 환자는 대부분 허약해질 대로 허약해져서 내면의 힘을 끌어내어 자기 치유를 하기 어려운 상태라는 점이다. 하지만 그런 상황에서도 치유가 이루어질 수 있다.

 신경질환에 시달리고 있는 환자가 가장 먼저 해야 할 일은 희망, 자신감, 용기, 힘에 관한 생각을 강화하는 것이다. 머릿속에서 부정적인 생각을 없애는 가장 실용적인 방법은 긍정적인 생각으로 채워 넣어 나쁜 생각을 밖으로 몰아내는 것이다. 긍정적인 생각에 열심히 물을 주고 햇볕을 쬐어주면 빠르게 자라나 지금껏 정신과 몸을 병들게 했던 부정적인 생각의 잡초들이 오래 버티지 못한다. 부정적인 생각을 완력으로 쫓아내기란 쉬운 일이 아니다. 희망과 용기로 가득한 생각을 머릿속에 주입하여 부정적인 생각에 압박을 가하고 밀어내는 것이 가장 효과적이다. 오늘부터 긍정적인 생각의 식물을 심고 키우기 바란다. 꾸준히 관심을 가지고 물을 주는 것도 잊지 않기 바란다.

자기암시와 확언 기법을 꾸준히 활용하면 머릿속에서 강력하고 견고한 긍정적 생각이 뿌리를 내리고 자라난다. 긍정적인 생각이 건강하게 쑥쑥 크면 부정적인 생각이 힘을 잃고 결국 시들해진다. 빛이 어둠을 몰아내듯이, 강력하고 활기찬 생각이 우울한 생각의 원인인 두려움과 걱정을 억누르는 것이 자연의 이치다. 부정적인 생각의 근본인 두려움과 걱정이 사라지면 나머지 잡초들도 다 말라죽는다. 증오, 분노, 질투, 악의, 부러움, 탐욕 등의 감정이 사라지며, 정신의 정원은 아름다움, 기쁨, 힘의 꽃을 피우며 활짝 만개한다.

직접 해 보면 내가 지금까지 부정적인 생각을 놓지 않고 보듬어왔기 때문에 건강이 나빠졌다는 사실을 알게 될 것이다. 부정적인 생각으로 인해 소화불량이 생기고, 혈액순환이 나빠지고, 뇌에 충분한 영양분이 공급되지 않고, 신경계 자체도 영양실조와 불충분한 혈액 공급으로 신음한다. 진심을 담아서 자기 치유를 진행하면 이 모든 증상이 개선된다. 소화불량이 사라져 영양분을 충분히 흡수하게 되고, 이에 따라 혈액 공급도 양적으로, 질적으로 개선된다. 뇌도 정상적으로 영양분을 확보하면서 몸의 모든 부위와 장기에 신경 전류를 보내는 힘이 강해져 전반적으로 건강이 좋아진다. 신경계도 혈액 공급의 개선으로 충분한 영양분을 확보하면 기능이 강해져 지금까지 나를 괴롭혔던 여러 가지 증상들이 사라진다. 기계가 올바르게 작동하도록 손을 보면 모든 방면에서 성능이 개선되는 것과 같은 이치다.

신경질환, 불면증 등의 자기 치유

신경질환 치유를 시작하기에 앞서 우선 나의 정신 상태부터 점검해야 한다. 앞서 설명한 대로 두려움과 걱정의 감정을 내려놓고 잠시 후 소개할 자기암시 기법을 활용한다. 그다음에는 혈액순환 정상화 자기 치유기법을 수행한다. 신경질환 치유의 특효약도 결국엔 혈액순환을 정상화하는 것이다. 이 기법을 꾸준히 활용하면 몸의 모든 부위에 영양분이 골고루 공급되어 기능이 강화되고, 신경이 안정되고, 전반적으로 마음이 평온해지고 행복해지는 체험을 하게 될 것이다. 효과가 거의 즉각적으로 나타난다. 다른 수단에 의존하지 않고 이 기법만으로 불면증을 치료하고 극단적인 신경증세 등이 크게 호전된 사례가 많다. 방법이 워낙 간단해서 효과를 인정하려 하지 않고 가치를 깎아내리는 사람들도 많다. 하지만 이 기법은 수년간에 걸친 연구와 조사를 통해 효과가 입증되었다. 아이도 따라 할 수 있도록 쉬운 형태로 고안한 기법이다.

"먹어봐야 맛을 알 수 있다."는 속담이 있다. 직접 해 보면 진짜 효과가 있는지 없는지 확인할 수 있다. 내가 알기론 신경질환 문제를 해소하는데 앞서 제시한 혈액순환 정상화 기법보다 더 좋은 방법은 없다. 다시 한번 강조하지만, 치유 효과가 영구적이려면 병의 근본적인 원인도 함께 제거해야 한다. 자기 치유 세션을 꾸준히 진행하는 동안 몸과 마음이 전보다 편안해질 것이다. 그리고 몸과 마음이 조금씩 편해지면서 애초에 신경질환을 유발한 원인을 제거하기 위해 필요한 힘도 서서히 생겨날 것이다.

신경질환을 치료하기 위해 다음의 자기암시 또는 확언 문구를 활용하기 바란다.

신경질환의 자기 치유

"나는 평화, 조화, 휴식에 관한 생각으로 내 머리를 채운다. 내 몸은 머리부터 발끝까지 평온하며, 신경의 힘은 내 몸 전체에 골고루 퍼지고 있다. 나는 강하다, 강하다, 강하다! 내 신경은 강하며, 날마다 더욱 강해지고 있다. 나에게 두려움이란 없다. 나에게는 걱정거리도 없다. 나는 내가 해야 할 일을 명확하게 알고 있으며, 해야 할 일을 할 것이다. 나의 목표는 건강이며, 그 목표를 향해 힘차게 나아가고 있다. 나는 건강하다. 나는 강하다. 나는 활력이 넘친다. 나는 생명과 건강과 힘으로 충만하다. 나는 밝고, 쾌활하고, 행복하며, 이 기분을 지금 그대로 간직할 것이다. 나는 밝고, 쾌활하고, 행복하고, 강하고, 건강하다. 쾌활하고, 행복하고, 강하고, 건강하다."

위 문구를 반복해서, 최대한 자주 암송하기 바란다. 단순히 읽는 것만으로도 기분이 좋아질 것이다. 즉각적으로 효과를 발휘하는 것을 느끼고 놀랄 것이다. 이 문구는 곧바로 여러분에게 도움이 될 것이다. 강하고, 건강하고, 긍정적이고, 나에게 도움이 되는 생각을 무럭무럭 키워줄 것이다. 직접 해 보고 효과를 확인하기 바란다.

제6장
자기 치유기법에 관하여

자기 치유를 할 때는 내가 원하는 결과에 관한 명확한 생각이 머릿속에 자리를 잡아야 한다는 점을 꼭 기억하기 바란다. 위장이 좋지 않은 상태라면 강한 위장에 생각을 집중한다. "내 위장은 강하다, 강하다, 강하다!"라고 하루에도 몇 번씩 반복해서 생각한다. 약한 위장에 관한 생각은 절대로 내 머릿속에 끼어들 틈을 주지 말고 오로지 내 위장은 강하다는 생각만 한다. 내 위장은 아주 강하기 때문에 모든 음식을 잘 소화하고 흡수하여 몸에 충분한 영양분을 공급하고, 진하고, 붉고, 강한 혈액으로 변환하여 온몸을 통해 흐르면서 머리부터 발끝까지 모든 부위와 장기를 강화하면서 내 몸을 튼튼하게 만들어준다고 생각한다. 내 위장은 강하다! 이것 외의 가능성에 관해서는 아예 생각조차 하지 않는다. 지금까지 다룬 여러 기법을 실천할 때도 항상 이런 생각을 염두에 두고 진행하기 바란다. '강하다'는 개념이 위장에 영구적으로 각인되도록 하기 바란다. 마치 설명할 수 없는 어떤 힘이 내 위장으로 들어온 것 같은 기분이 들면서 위장이 따뜻해지고 자극을 받는 느낌이 들 것이다.

위장뿐 아니라 몸의 모든 부위에 대해서도 똑같이 적용할 수 있는 원리다. 내가 원하는 몸의 상태를 머릿속에서 명확하게 그리면서 진행하면 내 몸이 생각에 반응하면서 점차 내 목표에 맞춰 변하기 시작한다. 내 몸의 과거 모습을 떠올리지 말고, 미래의 모습을 그려보기 바란다. 불완전한 상태가 아니라 완벽한 상태의 몸을 그려본다. 이 기법은 신비스러운 것도, 마법도 아니다. 불편한 현실을 외면한다고 해서 치유가 이루어지는 것이 아니라, 내가 머릿속에서 떠올린 이미지에 맞춰 몸이 반응하는 것이다. 생각은 행동을 통해 형태를 지니게 되며, 몸은 생각에 반응한다. 나의 사고방식은 내 몸을 통해 모습을 드러난다. 이 비밀을 이해하면 치유도 아주 쉽다.

나는 이 작은 책자에서 치유의 핵심 개념을 최대한 분명하고, 단순하고, 실용적으로 설명하기 위해 노력했다. 너무 쉽게 들려서 의심하는 독자도 있을 것이다. 쉽고 단순한 것보다는 뜬구름 잡는 이론과 신비스러운 공식을 활용하여 병마를 물리치는 방법을 선호하는 사람도 있을 것이다. 하지만 나는 이 주제에 불필요한 신비주의를 덧입힐 필요성을 느끼지 못한다. 자기암시 또는 확언에서 사용하는 단어 자체도 그리 중요하지는 않다. 아무리 예쁜 단어라도 말할 때 진심이 담겨 있지 않으면 아무런 소용이 없다. 단어는 생각을 전파하는 수단에 불과하다. 마음이 내키지 않은 상태에서 가식적으로 좋은 구문과 확언 문구를 앵무새처럼 반복하면 큰 실망을 피할 수 없을 것이다.

내가 이 책에서 제시한 문구와 구문이든, 아니면 다른 사람이 만든 것이든, 말할 때 진심이 담겨있다면 어떤 것을 사용해도 무방하다. 다른 작가가 만든 문체가 더 마음에 든다면 얼마든지 사용해도 된다. 감정에 호소하는 스타일을 선호하는 독자는 그런 문구를 찾아서 사용하면 된다. 내가 만든 문구보다 더 큰 효과를 얻을 수 있을 것이다. 하지만 어떤 경우든, 내 확고한 생각이 뒷받침되어야 확언도 효과가 있다는 점을 다시 한번 강조하고 싶다. '신사상' 치유 분야의 여러 계파가 자기네 방식과 이론이 유일무이하고 완벽하다고 주장하며 싸우는 모습을 보면 좀 허탈하다. 어떤 단체의 어떤 기법이든, 많은 사람이 좋은 효과를 보고 있다. 환자마다 자기에게 조금 더 맞는 방식이 있고, 그렇지 않은 방식도 있을 수 있다. 하지만 이들 모두 근본적으로 같은 힘을 이용하여 자기 치유를 하고 있다. 부르는 이름만 다를 뿐이다. 치유사마다 자기만의 색깔과 스타일이 있고, 환자도 자기에게 잘 맞는 방식이 있다. 하지만 내 방식이 나에게 잘 맞는다고 해서 나 혼자 진리를 독점하고 있고, 다른 치유사의 방식은 조금 다르다는 이유만으로 다 엉터리라고 매도할 필요는 없다. 이런 유치한 싸움은 그만두고 더 넓은 마음을 품을 필요가 있다.

나는 개인적으로 단순한 방식을 선호한다. 실용적이고, 상식적이고, 이론적인 내용은 너무 깊게 들어가지 않는 방식. 나는 이 방식을 직접 적용해 봤다. 적용하고 실험하면서 검증하는 과정을 통해 완성했다. 하지만 내 방식만 옳다고 얘기하지는 않을 것이다. 독자 여러분에게 맞는 방식을 선택해서 시도하면 된다. 내가 고안한 방법이든 아니면 다른 사람이 만든 기법이든, 본인에게 가장 잘 맞고 도움이 되는 방법이면 된다. 나에게 맞는 방식이 누구누구의 이론 덕분이라고 굳이 주장할 필요는 없다. 내가 택한 방식의 특유한 이론이 기발해서 효과를 발휘하는 것이 아니라, 그런 방식을 택했음에도 효과를 발휘하는 것이다. 이 책에서 설명한 치유의 힘은 누구나 활용할 수 있다. 이 힘으로 자기 치유를 할 수도 있고, 다른 환자를 치유할 수도 있다. '치유의 비밀'을 얻기 위해 누군가에게 거금을 지급할 필요도 없다. '비밀'이랄 것도 없기 때문이다. 치유의 힘은 자연의 법칙 중 하나다. 다른 법칙, 다른 힘과 마찬가지로 누구나 원하면 언제든 끌어다 쓸 수 있다. 치유를 독점할 수 있는 치유사와 스승은 없다. 자신감과 인내심만 있다면 여러분도 얼마든지 할 수 있다.

물론 여느 분야와 마찬가지로 치유도 많은 연습을 해야 완벽의 경지에 이를 수 있다. 처음부터 자신감으로 충만한 사람도 있고, 꾸준히 인내심을 발휘하면서 천천히 자신감을 얻는 사람도 있다. 치유에 있어 가장 중요한 요소 중 하나가 바로 자신감이다. 치유의 힘은 언제나 그곳에 있지만, 치유사에게 자신감이 있어야 그 힘이 잘 흐르는 것 같다. 나는 어느 날 갑자기 자기에게 치유의 능력이 있다는 사실을 발견한 사람의 사례를 여러 번 보았다. 갑자기 자신감이 생겨 처음부터 뛰어난 치유능력을 발휘하는 사람들이다. 이와 반대로 천천히, 조금씩 치유의 능력을 기르는 사람도 보았다. 이들의 경우, 시간이 흐르면서 치유의 힘이 강해진 것이 아니라, 자신감이 조금씩 상승하면서 치유의 성과가 더 명확하게 나타난 것이다. 다시 말해, 치유의 힘은 치유사의 자신감에 비례하여 작용한다. 물론 치유를 받는 환자의 정신 상태도 매우 중요하다. 치유 자체가 환자의 정신을 통해서 일어나는 것이기 때문이다. 자기 치유든, 아니면 치유사가 환자를 치유하는 형태든, 치유사가 하는 것은 환자에게 내재한 치유의 힘을 일깨우고 흐름의 방향을 설정하는 것이다. 환자가 이 과정에 저항하고 치유의 힘을 거부하면 치유의 효과도 그만큼 지연된다.

나는 이번 강좌에서 자기 치유를 위한 효과적이고 실용적인 방법을 제시했다. 이 기법을 활용하여 타인을 치유할 수도 있다. 나를 대상으로 사용했던 자기암시 구문을 환자에게 적용하면서 치유를 진행하면 된다. 아픈 부위 또는 장기를 하나의 인격체로 대하면서 치유를 진행하면 효과가 더욱 커진다. 해당 부위를 상대로 대화를 시도하고, 장기가 내 말을 알아들었다고 생각하기 바란다. 빠른 속도로 몸이 반응하는 모습을 보고 놀랄 것이다. 몸의 특정 부위가 정상적으로 기능하도록 명령하면 해당 부위에 치유사와 환자의 생각의 힘이 집중된다. 생각이 강력할수록 그 부위에 전달되는 에너지도 강해진다. 상태가 안 좋은 위장, 말을 안 듣는 간, 자꾸만 변덕을 부리는 심장을 대상으로 대화를 시도한다는 것이 이상하게 느껴질 수 있겠지만, 한번 해보고 직접 효과를 확인하기 바란다. 몸이 계속 말썽 피우는 것이 지긋지긋하니 앞으로는 내가 직접 개입하여 건강을 챙기겠다고 해당 부위에 직접 선포한다. 내가 원하는 것이 무엇인지 설명하고, 지금부터 당장 그대로 시행하라고 명령한다. 말을 빙빙 돌리지 말고, 차분하지만 단호한 어조로, 장난이 아니라 진지하다는 투로 직설적으로 얘기한다. 강력한 명령을 접한 해당 부위 또는 장기는 처음에는 저항하지만, 포기하지 않고 꾸준히 실천하면 몸도 점차 내 말에 귀를 기울이며 순응하기 시작한다. 정신은 장기보다 위에 있다는 점을 기억하기 바란다. 때가 되면 정신이 결국 이기게 되어있으니 장기가 한동안 반항하더라도 겁먹을 필요가 없다. 장기를 내 의지대로 다스릴 수 있는 상황이 된 후에는 따뜻한 목소리로 달래보라. 감사를 표시할 것이다. 정상화된 장기에 대해 자신감을 가지면, 장기도 자신감을 얻어 내 뜻을 잘 따를 것이다.

너무 말이 안 된다고 생각되나? 다시 한번 말하지만, 본인 또는 타인을 대상으로 실험해본 후에 결과를 지켜보기 바란다. 장난삼아서 하지 말고 진지한 태도로 임해야 원하는 결과를 얻을 수 있다. 이 치유기법은 견고한 심리적, 생리학적 근거를 바탕으로 하고 있다. 우리는 자연의 법칙 중 하나인 이 원리를 일상에서 적용할 뿐이다. 나는 이 분야에 관해 나름대로 많이 공부했고, 여러분도 직접 해 보면 내 말이 사실인지 아닌지 여부를 확인할 수 있을 것이다.

― 맺음말 ―

건강하고 온전한 몸과 마음을 갖고 싶은 독자들이여, 오늘부터 질병과 고통이라는 부정적인 생각을 말끔하게 지워버리자. 이런 생각을 머릿속에서 반복 재생하는 것은 아무런 도움이 되지 않는다. 주변 사람들에게 내 통증과 고통, 부정적인 감정을 세세하게 설명하는 것도 백해무익하다. 남에게 해만 끼치고 나에게도 아무런 쓸모가 없는 고약한 버릇이다. 그렇지 않아도 세상을 병들게 하는 '질병의 생각'에 내 몫을 보태는 대신, 건강, 힘, 활력에 관한 생각을 생산하여 열심히 퍼트리자. 내 몸 어디가 어떻게 아파서 지금 기분이 우울하다는 말은 삼가자. 부정적인 생각을 고수하면서 오히려 새로운 병과 고통을 불러들이는 지름길이다.

주변을 조금만 신경 써서 둘러보면 내 말이 옳다는 것을 입증하는 사례를 쉽게 찾아볼 수 있는데도 이 원칙을 지키지 않는 사람이 많다는 것은 정말 불가사의한 일이다. 항상 자기가 겪고 있는 문제와 고통을 호소하며 주변 사람들까지 우울하게 만드는 사람을 다들 한두 명쯤은 알고 있을 것이다. 이런 사람과 함께 있으면 나도 기운이 빠진다. 즐겁게 시간을 보내고 있는 사람들로 가득한 공간에 이런 사람이 입장하면 몇 분 만에 분위기가 우중충해진다. 질병, 고통, 아픔, 죽음의 진동이 공간을 채운다. 세상에는 우울해야만 행복감을 느끼는 사람이 있다. 이런 사람으로부터 우울한 감정의 원인을 갑자기 제거하면 대화의 소재가 사라져버려 오히려 불만을 품고 불행해진다. 여러분이 이런 부류에 속하는 일은 제발 없었으면 한다. 건강을 주제로 대화하는 습관을 들이면 내 주변의 모든 것도 덩달아 건강해진다. 정신 바이러스를 퍼트리는 사람이 되지 말고 건강의 에너지를 널리 나눠주는 사람이 되기 바란다.